TAKAHASHI KAZUYUKI
高橋和之

立憲主義と日本国憲法
第5版

Constitutionalism
and
the Constitution
of Japan
5th ed.

YUHIKAKU 有斐閣

第5版はしがき

　今回の改訂の最も大きな点は，財産権について制度保障説を否定する立場に改説したことである。通説の唱える制度保障論は，憲法による財産権保障を法律上の保障に解消する解釈を採用したことから必要となったものである。主観的権利としての財産権保障を客観法的な制度保障に転換したのである。しかし，憲法が財産権を保障する以上，法律の侵し得ない財産権の内容を憲法の保障する内容として解釈すべきではないか。そして，そのように解釈すれば，制度保障という解釈は不要となる。そう考えたのである。

　これは，日本国憲法が保障する権利の内容は，基本的には自然権論的な思考枠組みで理解すべきであるという考えを財産権についても徹底したことから生じたものである。哲学的に自然法思想を信奉するということではないが，現代立憲主義が法の段階構造を基礎に構成されているという理解から，憲法の保障する主観的権利は法律に優位する内容をもたねばならないし，また，憲法上の権利は前憲法的な権利観念の実定化であるという思考枠組みによって解釈すべきだと考えるのである。

　第4版以降の法改正と新判例も，従来通りフォローした。その作業の過程で，情報法制に関連する憲法問題が今後益々重要性を増大させていくだろうという思いを強くした。

　本改訂は有斐閣編集部の小野美由紀さんにお助けいただいた。彼女には，本書の初版を担当していただいている。振り返って感無量。心より御礼申し上げます。

　2020年3月

高　橋　和　之

第4版はしがき

　本書の基本モティーフは，立憲主義を指導理念として日本国憲法を読み解くことである。その立憲主義が，かって，この数年間ほど盛んに引証されたことはなかった。このことは，一方で，立憲主義の思想が日本社会の中でそれなりの定着を見るに至っていること，他方で，政治の場において立憲主義を浸食する事態が進行しているのではないかという危惧の存在することを表している。日本国憲法は，いま重大な岐路にさしかかっているのかもしれない。選択するのは我々自身である。そのことを忘れないようにしたい。

　今回の改訂を急いだのは，日本国憲法の構造あるいは運用を根本的に修正する可能性のある立法および最高裁の憲法判例が生み出されているからである。それを立憲主義の視点から説明し位置づけておくことは，自覚的な進路選択に多少なりとも役立つのではないかと思ったのである。もっとも，本書の性格を考慮し，これまでの方針通り，著者自身の考えの押しつけになることはできる限り控えたつもりである。

　憲法に関係する重要立法は，まず第1に，憲法9条に関係する領域で出現している。しかし，それに劣らぬ重要性を将来もつことになるのではないかと思うのは，情報の保護・管理・統制に関する領域の諸立法である。立憲主義の空洞化が生じるとすれば，これら諸領域の運用の仕方に始まろう。しかし，私が最も注目しているのは，最高裁が今後果たしていくであろう役割である。立憲主義の帰趨は，最高裁の手中にあるといっても過言ではない。

　本改訂作業をお助け下さった有斐閣書籍編集部の笹倉武宏さんに心より感謝申し上げます。

　　2017年2月

高橋和之

第3版はしがき

本書の第2版を2010年の初めに上梓したとき，初版へのかなりの加筆・補正を行ったという意識をもっていたので，しばらくは改訂の必要はないだろうと考えていた。しかし，その後の研究の過程でそれまでの見解を修正し，あるいは，新たな見解を抱くに至ったところが生じ，それを論文にして学界に問題提起もした。そうした点につき，本書の叙述を以前のままにしておくのは，研究者として怠慢で無責任ではないかという強迫観念にとらわれた。改訂を急ぐことになった所以である。

見解を修正したのは，生存権に関する判例の流れの理解に関してである。憲法25条の法的性格につき，主観的権利と客観法を区別して読み解くと，最高裁の見解は，客観法的には法的効力を認めるが，主観的権利としては法的効力をもたないという立場であると理解するのが，先例を最も整合的に理解しうる方法ではないかと考えるに至ったのである。他方，新たに構成した見解というのは，人権に関する「内容確定型」と「内容形成型」の類型区分である。違憲審査方法の違いという観点から，この類型区別が重要ではないかと思うに至ったのである。

改訂に際して，この間の法令変更と新たな重要判例の補充も行った。その分量が予想以上に多かった点に，最近の憲法政治の展開の早さが表れているのを感じた。

本改訂にあたり有斐閣編集部の笹倉武宏さんと小林久恵さんには大変お世話になった。心から御礼申し上げる。

2013年7月

高 橋 和 之

第2版はしがき

　本書の初版は予想を超える多数の読者に利用していただく恩恵に浴した。感謝に堪えないと同時に責任の重さを痛感している。より良い内容に改善すべく早期の改訂を目指したが，諸般の事情で思うにまかせず，初版出版後5年を経過するに至った。やっと改訂に漕ぎ着け一息ついているところである。

　この間に少なからぬ読者から直接・間接に有意義なコメントをいただいた。本書の内容に関するコメントについては，可能な限り改善の役に立てさせていただいた。しかし，なかには「改善」にはなじまないコメントもいただいた。たとえば，本書においては憲法の骨格に属するようないくつかの部分で通説と対立する見解が採られており，初心者には使いにくいのではないかといった感想である。たしかに，私自身は通説を絶えず見直していくことこそ学問の重要な役割であると考えているので，強固に確立されているように見える通説に対しいくつかの点で異論を唱えている。しかし，そのことが通説の理解やひいては憲法そのものの理解を困難にするということはありえない。むしろその逆で，通説が対立説による照射を得てより良く，より深く理解されるはずである。通説を要領よく覚えることが効率的な勉強方法だと考えている人にとっては，通説以外を理解するなどということは無駄なことに思われるかもしれないが，そのような勉強方法では物事の表面的な理解しか得られず，真の思考力を養うことはできないであろう。思考力をつける最善の方法は，見解の対立をその根源にまで突き詰めて，それを原理的対立のレベルで理解する努力・訓練をすることである。そのような勉強を志す者にとっては，本書は恰好の教材となるであろう。本書の立場を最終的に受け入れるかどうかは，読者自身が決めることであるが，著者が本書にかける期待は，読者の憲法的思考力を高めるのに少しでも役立ちたいということに尽きる。

　ちなみに，本書が通説的見解と大きく異なる点は，①私人間効力論の理解の仕方，②議院内閣制の運用に関する理解の仕方，③司法権の概念に関する理解の仕方の三点であろう。①は立憲主義とは何かという根本的問題に関わっており，②は現代国家における憲法政治をどう構想するかという根本的問題に関わっており，③は権力分立論をどう理解するかという根本的問題に関わっている。いずれもが現代憲法をどう理解するかをめぐる基本的論点をなすものであり，それに関する通説との違いを原理的レベルで理解する努力を惜しまないならば，憲法の深層的理解と思考力を高めるのに役立つはずである。

　何人かの知人や学生から，高橋憲法学を体系化した教科書を早く出して欲しいという要望と励ましをいただいた。本書の体系化がまだまだ不十分であるとの批判と受け止めて，『立憲主義と日本国憲法』という『教科書らしきもの』はすでに出版させていただ

いているのですが……」と応えると，「えっ，あれは論文集ではないのですか」という驚きの反応を一様に示された。それで分かったのであるが，本書のタイトルの「立憲主義と」という用語が，本書の内容についての誤った印象を与えているようである。誤解を避けるために，この用語を削除することも考えなかったわけではないが，この言葉には私なりの思い入れがあって削除するのは忍びない。本書のモティーフは，日本国憲法を立憲主義の様々な具体化のあり方の一つという比較憲法的観点から捉えようということにあり，それゆえに立憲主義の基本原理に関する叙述を本書の最初に配しているのである。

　改訂の主要な目的は，初版出版以降の重要な法令改正と新判例のうち本書で扱うべきものを補充することにあったが，それに加えて，この間に進展した私の研究成果を採り入れることにも配慮した。ロースクールにおける授業負担が予想以上に重いために，原理論的な研究を腰を据えて行うという余裕がなくなり，最近の私の研究は授業の準備の過程で触発された問題意識を中心とするものになっているが，この数年間，人権論の領域における憲法訴訟のあり方に興味をもち研究を進めてきた。それにより得た知見の一部を人権論の議論構造や審査基準論における比例原則の叙述に採り入れ加筆している。その他の点で基本的な論旨に変更はないが，唯一の改説として，被選挙権を憲法上の権利としては認めないとした点がある。憲法が明示していない人権を解釈により認めることに対しては，私は限定的な立場を採っているが，被選挙権に関してもその論理を徹底することにしたためである。

　本改訂にあたっては初版出版のときと同様に小野美由紀さんをはじめとする有斐閣編集部の方々に大変お世話になった。記して謝意を表する。

　　2010 年 3 月

　　　　　　　　　　　　　　　　　　　　　　　　　　高 橋 和 之

初版はしがき

　本書は，2001 年から 4 年間に亘り放送大学で放映された講義の教材『立憲主義と日本国憲法』に大幅な修正・加筆をほどこしたものである。

　本書が最も重視した目標は，憲法の基本原理をできる限り易しく説明することである。読者に憲法独自の思考様式を習得してもらうためには，憲法の基本原理を理解してもらわねばならない。憲法の基本原理は，憲法を組み立てている骨格である。憲法には分野ごとに様々な理論が存在するが，それらはすべてこの骨格の上に構成されており，骨格により輪郭を与えられている。したがって，表層的な輪郭だけ見ていても，その真の意味は見えてこない。常に骨格と関連づけた理解が必要なのである。

　日本国憲法を構成する基本的な諸原理は，立憲主義の原理と呼ばれるが，それは日本国憲法を制定した際に突如考え出されたものではない。起源をたどればギリシャの都市国家にまで遡り，その後中世ヨーロッパに継受され近世を経て近代へと展開する長い歴史のなかで様々な試練を経ながら少しづつ造型され確立するに至ったものなのである。ゆえに，その意味を真に理解するには，生成史を抜きにすることはできない。そのため，本書の基本モティーフは，日本国憲法を立憲主義の歴史的展開のなかに位置づけて理解することにおかれている。

　日本が立憲主義を継受したのは，明治憲法においてであった。当時，立憲主義は日本では新参の思想で，日本の伝統，日本文化の特殊性に反するものと意識されていた。しかし，日本の立憲主義も，今や 100 年を越える歴史をもち，外国文化を積極的に摂取・同化する日本文化の特殊性に支えられて，すでに日本の伝統の一部をなすに至っている。明治憲法に存在したわずかばかりの立憲主義を日本の偏狭な特殊性によって押しつぶしたとき，あの惨禍を招いたこと，その反省にたって採択した，より完全な立憲主義を基礎にする日本国憲法の下で奇跡と言われる復興と繁栄を実現し，いまや圧倒的多数の国民が立憲主義の理念を支持していることを考えれば，立憲主義が日本の伝統となったと述べても，決して過言ではなかろう。日本国憲法は日本の伝統を無視した「押しつけ憲法」であるとの主張もあるが，立憲主義という「人類普遍の原理」は，日本人をも含めた人類の伝統であり，日本の特殊性もこの普遍的意義を担った伝統と調和していかねばならない。

　伝統は，現実の憲法問題の処理に際して想起し参照することを通じて生き続ける。しかし，伝統は過去による拘束にとどまってはならない。常に未来に向かって開かれている必要がある。その意味で，持続的形成過程にあるものと理解されねばならない。そのような伝統に基礎づけられた憲法の現実の運用形態が「生ける憲法」である。日本国憲法を日々現実に運用していく主体は，我々日本人であり，その運用は我々の憲法理解に

従ってなされる。したがって,「生ける憲法」が真に立憲主義的な内容となるかどうかは,我々が立憲主義の伝統を正しく理解しているかどうかにかかっている。本書は,日本国憲法の解釈論の細部にこだわらず,立憲主義の基本的思考方法を叙述することに重点をおいているが,その理由は,立憲主義の伝統の正しい理解こそが,日本の立憲主義の一層の定着を可能とすると考えるからである。

　本書で述べた考えは,そのほとんどを先人の研究成果に負うている。本来ならオリジナルな学説の主唱者を個々的に引用すべきところであるが,本書が初学者を対象としていることを考慮して,注記を一切省略した。先輩・同僚研究者のご寛恕を請う。

　本書がなるについては,有斐閣の方々に大変お世話になった。なかでも,編集部の小野美由紀さんからは,用語の選択や初学者の抱きそうな疑問などについて多くの貴重なご指摘をいただいた。少しでも初学者に読みやすいものになったとすれば,彼女のご示唆に負うところが大きい。皆様に心より御礼申し上げる。

　2005 年 9 月

高 橋 和 之

目　次

第 1 部　憲 法 総 論

第1章　国家と憲法 ────────────────── 3

Ⅰ　国家とは何か ───────────────── 3

1 国家の歴史的成立──社会学的意味での国家　3

2 法学的国家論　4

   (1) 国家法人論　4　(2) ハンス・ケルゼンの理論　5

Ⅱ　憲法とは何か──憲法の意味と種類 ───────── 8

1 固有の意味の憲法と立憲的意味の憲法　8

   (1) 固有の意味の憲法　8　(2) 立憲的意味の憲法　8

   (3) 立憲主義の母国イギリス　10　(4) ドイツの外見的立憲主義

   10　(5) 日本の立憲主義　11

2 実質的意味の憲法と形式的意味の憲法　12

   (1) 区別と理由　12　(2) 形式的効力の最高性　12　(3) 硬

   性憲法と軟性憲法　13

3 憲法の法源　14

   (1) 法源の意味と種類　14　(2) 憲法慣習法　14　(3) 憲法

   判例　15

4 憲法規範の特質　15

   (1) 基本価値秩序としての憲法　15　(2) 授権規範・制限規範と

   しての憲法　16　(3) 最高法規としての憲法　16

第2章　立憲主義の基本原理 ────────────── 19

1 近代立憲主義の成立　19

   (1) 中世立憲主義　19　(2) ローマ法思想と絶対主義国家の形成

   20　(3) 絶対主義との闘いと近代立憲主義の成立　20

2 近代立憲主義の内容　21

   (1) 近代立憲主義の基本原理　21　(2) 近代立憲主義の二つのモ

   デル　29

viii

3 近代立憲主義の現代的変容　31

　　　(1)　人権論における変化　31　　(2)　国民主権から人民主権へ　32

　　　(3)　権力分立制の変容　33　　(4)　法の支配の再編　33

4 日本における立憲主義の継受と展開　34

　　　(1)　明治憲法と立憲君主政モデルの採用　34　　(2)　日本国憲法と
　　　国民主権モデルの採用　35

第3章　日本国憲法の普遍性と特殊性 ——————————— 39

Ⅰ　象徴天皇制 ———————————————————— 40

1 天皇統治から象徴天皇制へ　40

　　　(1)　国体論争　41　　(2)　八月革命説　43

2 象徴天皇制の内容　44

　　　(1)　象徴としての地位の根拠　44　　(2)　何を象徴するか　44

　　　(3)　国事行為　45　　(4)　「象徴」であることの法的効果　47

3 天皇制運用上の規則と機関　48

　　　(1)　皇位継承のルール　48　　(2)　国事行為の代行　49

　　　(3)　皇室の経費　49　　(4)　皇室事務に関する諸機関　50

Ⅱ　平和主義と戦争の放棄 ———————————————— 50

1 立憲主義との順接　50

2 憲法9条の制定経緯と初期の解釈学説　51

　　　(1)　9条制定の発端　51　　(2)　審議過程における政府答弁　52

　　　(3)　芦田修正　53　　(4)　学　説　53

3 自衛隊の創設と有事法制の確立　54

　　　(1)　政府による9条解釈の変遷　54　　(2)　自衛隊違憲訴訟　58

　　　(3)　有事法制の確立　59

4 安保条約をめぐる憲法問題　61

　　　(1)　日米安保条約の締結とその性格　61　　(2)　砂川事件判決　61

　　　(3)　日米防衛協力のための新ガイドライン　62　　(4)　重要影響事
　　　態安全確保法の制定　63

5 国際協力と憲法9条　64

　　　(1)　停戦合意後の国連平和維持活動への協力　64　　(2)　戦闘時の
　　　後方支援　65

6 立憲主義からの選択　67

　　　(1)　改正論　67　　(2)　改正反対論　68　　(3)　憲法解釈の変更
　　　69

第2部　基本的人権

第4章　人権総論 ―――――――――――――――――――― 75
  1 人権の歴史　75
      (1) 前　史　76　　　(2) 成　立　77　　　(3) 普及と変容　77
      (4) 両大戦間の動き　78　　　(5) 第二次世界大戦後の動向　79
  2 人権の観念　80
      (1) 自然権としての人権　80　　　(2) 個人の尊厳　80　　　(3) 幸
      福追求権　83
  3 人権の類型　84
      (1) 人権の構造的類型論　84　　　(2) 人権の内容的類型論　85
      (3) 審査基準を基礎にした分類　86　　　(4) 審査方法を基準とする
      分類　87　　　(5) 制度保障　88
  4 人権の主体　90
      (1) 国民の範囲　90　　　(2) 外国人　94　　　(3) 法人・団体　102

第5章　人権の適用範囲と限界 ―――――――――――――― 107
  1 人権規定の法的性格　107
      (1) 議論の由来　107　　　(2) 日本における議論　108
  2 私人間における人権の効力　109
      (1) 問題の意味　109　　　(2) 学説・判例　111
  3 人権の限界　119
      (1) 人権制限の議論構造――人権の正当化と人権制限の正当化
      120　　　(2) 人権制限の根拠――公共の福祉　123　　　(3) 人権制限
      の法形式　131　　　(4) 利益衡量の方法　135

第6章　包括的人権と法の下の平等 ――――――――――― 145
  I　包括的人権としての幸福追求権 ―――――――――――― 145
  1 幸福追求権の法的性格　146
      (1) 個別人権の源泉　146　　　(2) 一般的行為自由説と人格的利益
      説　147　　　(3) 裁判所による「新しい人権」創設の根拠　149
  2 新しい人権　150
      (1) プライバシーの権利と個人情報の保護　150　　　(2) 自己決定

権　155　　(3) 人格権　158　　(4) 適正な行政手続　159

(5) 特別犠牲を強制されない権利　159

Ⅱ　法の下の平等　160

1　平等の観念　161

(1) 機会の平等と結果の平等　161　　(2) 形式的平等と実質的平
等　162　　(3) 国家による平等　163

2　日本国憲法における平等保障　164

(1) 解釈上の諸論点　165　　(2) 列挙事項の意味　166　　(3) 別
異処遇の合理性を判断する枠組　169　　(4) 平等権侵害の場合の
救済方法　171　　(5) 代表的な判例　173

第7章　精神活動の自由 (1)　187

Ⅰ　思想・良心の自由　188

1　保障の意味　188

2　思想・良心の意味　189

(1) 事実の知・不知　189　　(2) 人格の核心と表層　189

3　「侵してはならない」の意味　191

(1) 内心に反する行為の強制　191　　(2) 内心を理由とする不利
益処分　193　　(3) 内心の告白の強制　194　　(4) 内心の操作
194

Ⅱ　信教の自由　195

1　日本における歴史　195

(1) 明治憲法下における信教の自由　195　　(2) 日本国憲法にお
ける信教の自由　196

2　信教の自由　197

(1) 信仰の自由　197　　(2) 宗教的行為の自由　198　　(3) 宗教
的結社の自由　200

3　政教分離　201

(1) 政教関係の諸類型　201　　(2) 政教分離の理念　201
(3) 政教分離の法的性格　202　　(4) 政教分離の具体的内容　203
(5) 政教分離原則と信教の自由（狭義）の緊張関係　211

Ⅲ　学問の自由　211

1　意　義　211

2　学問の自由　212

3　大学の自治　213

xi

第8章 精神活動の自由 (2) —————————— 217

I 表現の自由 —————————— 218

A) 表現の自由の体系的位置　218

1 表現の自由の基礎づけ　218

2 現代社会における表現の自由の意義　219

　　(1) 国民の知る権利と情報公開法　219　　(2) アクセス権　227

B) 表現の自由の保障の範囲と程度　228

1 表現の自由の範囲　229

　　(1) 表現方法における拡大　229　　(2) 表現内容における拡大　229　　(3) 時間的拡大　230　　(4) 表現受領補助行為への拡大　231

2 表現の自由の限界　232

C) 類型論のアプローチ　232

1 事前抑制と事後抑制　233

　　(1) 事前抑制の原則禁止　233　　(2) 検閲の禁止　234

2 内容規制と内容中立規制　236

　　(1) 内容規制　237　　(2) 内容中立規制　250

3 パブリック・フォーラムと非パブリック・フォーラム　252

4 規制と援助　253

5 青少年の保護のための規制　254

II 集会・結社の自由 —————————— 260

1 総　説　260

2 集会の自由　261

　　(1) 施設管理権を通じての規制　261　　(2) 公安条例による規制　262　　(3) 破壊活動防止法による規制　264

3 結社の自由　264

　　(1) 意　義　264　　(2) 結社の自由をめぐる諸問題　265

III 通信の秘密 —————————— 268

1 通信の秘密の意義　268

2 通信制度と通信の秘密の範囲　269

3 通信の秘密の制限　269

第9章 経済活動の自由 —————————— 273

I 総　説 —————————— 273

1　経済活動の自由の意義　　273

　　2　経済的自由権を保障する理由　　274

　　3　経済的自由権の種類と営業の自由　　275

Ⅱ　居住・移転の自由 ―――――――――――――――――――― 276

Ⅲ　外国移住・国籍離脱の自由 ―――――――――――――――― 278

　　1　外国移住の自由　　278

　　2　国籍離脱の自由　　279

Ⅳ　職業選択の自由 ―――――――――――――――――――― 279

　　1　意　　義　　279

　　2　判 例 理 論　　280

　　　　(1)　規制目的二分論　280　　(2)　小売市場判決　280　　(3)　薬局
　　　　開設距離制限違憲判決　281

　　3　学説の対応　　282

　　4　判例の展開　　284

　　5　「通常審査」とその緩和理由の究明　　285

Ⅴ　財産権の保障 ――――――――――――――――――――― 286

　　1　財産権保障の意義　　286

　　2　保障の内容と制限　　289

　　　　(1)　財産権の内容と公共の福祉による制限　289　　(2)　財産権の
　　　　内容制限と行使の制限　291　　(3)　保障の理由　292　　(4)　独占
　　　　財産と生存財産の区別　293

　　3　審 査 基 準　　293

　　4　公用収用と正当補償　　294

　　　　(1)　「公共のために用ひる」　295　　(2)　正当補償　295　　(3)　予
　　　　防接種事故補償判決　297

第 10 章　人身の自由と刑事手続上の諸権利 ――――――――― 299

Ⅰ　奴隷的拘束および苦役からの自由 ――――――――――――― 300

Ⅱ　適正手続の保障 ―――――――――――――――――――― 300

Ⅲ　刑事手続上の諸権利 ――――――――――――――――――― 302

　　1　裁判を受ける権利　　302

　　2　身体の拘束に対する保障　　304

　　　　(1)　不当逮捕からの自由　304　　(2)　不当な抑留・拘禁からの自
　　　　由　305　　(3)　行政手続等における身体の拘束　306

xiii

3 証拠の収集・採用に関する保障　306

　　(1) 不法な捜索・押収からの自由　306　　(2) 自白の強要からの
　　自由　308　　(3) 証人審問権および証人喚問権の保障　310

4 公平な裁判所の迅速な公開裁判　311

　　(1) 公平な裁判所　311　　(2) 迅速な裁判を受ける権利　311

　　(3) 公開の裁判を受ける権利　312

5 弁護人依頼権および国選弁護人権　312

　　(1) 弁護人依頼権　312　　(2) 国選弁護人権　313

IV　拷問および残虐な刑罰の禁止 ──────────── 313

1 拷問の禁止　314

2 残虐な刑罰の禁止　314

V　刑罰法規の不遡及と二重の危険の禁止 ────── 315

1 遡及処罰の禁止　315

2 二重の危険の禁止　316

第11章　参政権・国務請求権・社会権 ─────────── 319

I　参 政 権 ──────────────────── 320

1 総　　説　320

2 選 挙 権　321

　　(1) 選挙権の性質　322　　(2) 選挙の基本原則と選挙権の価値の
　　平等　323　　(3) 選挙権行使の実質的保障　326　　(4) 被選挙権
　　327

II　国務請求権 ──────────────────── 329

1 請 願 権　329

2 国家賠償請求権　330

3 刑事補償請求権　331

4 裁判を受ける権利　332

　　(1) 事件の種類と裁判を受ける権利　332　　(2) 「裁判を受ける権
　　利」の保障内容　333

III　社 会 権 ──────────────────── 335

1 生 存 権　336

　　(1) 法的性格　336　　(2) 25条1項・2項の関係と審査基準　341

　　(3) 不利益変更の場合の裁量統制　342

2 教育を受ける権利　343

　　(1) 学習権　343　　(2) 公教育　344　　(3) 教科書訴訟　347

xiv

3 勤労の権利　347

4 労働基本権　348

　　(1) 保障の意義と内容　348　　(2) 公務員の労働基本権の制限
　　350

第3部　統治のメカニズム

第12章　国政のメカニズム ———————————————— 353

1 統治機構の全体構造　353

　　(1) 政治の領域と法の領域　353　　(2) 政策決定過程と政策遂行
　　過程　354　　(3) 国民の役割　354

2 議院内閣制　356

　　(1) 大統領制との違い　356　　(2) 内閣総理大臣の指名　357
　　(3) 内閣不信任と解散の制度　357

3 選挙制度　360

　　(1) 二つのモデル　360　　(2) 現行の選挙制度　362　　(3) 選挙
　　活動の規制　368

4 政党制度　372

　　(1) 議会制と政党　372　　(2) 国民意思の統合過程と政党の役割
　　373　　(3) 政党制の分類　374

5 政治資金の規制　375

　　(1) 選挙運動資金の規制　376　　(2) 政治活動資金の規制　377

第13章　国会と内閣の組織・権限・活動 ———————————— 383

I　国　会 ————————————————————————— 383

1 国政上の地位と性格　383

　　(1) 国民の代表機関　383　　(2) 国権の最高機関　386　　(3) 唯
　　一の立法機関　387

2 国会の組織と権限　389

　　(1) 二院制　389　　(2) 院の構成と権限　394

3 議員の地位　396

　　(1) 議員の特典　396　　(2) 議員の権能　397

4 国会の活動　398

(1) 会期制 398 (2) 委員会中心主義 399 (3) 会議に関する原則 400

II 内　閣 ・・・・・・・・・・・・・・・・・・・・・・・・・・・・・・・・・ 400

1 国政上の地位と性格 400

(1) 政治の中心 400 (2) 行政権の担い手 401 (3) 行政各部の統制 402

2 内閣の組織・権限・活動 403

(1) 内閣の組織 403 (2) 内閣の権限 405 (3) 内閣の活動 409

3 内閣の責任 409

(1) 連帯責任 409 (2) 独立行政委員会と内閣の責任 410

第14章　地方政治のメカニズム——地方自治 ————— 411

1 地方自治の意義 411

(1) 沿革 411 (2) 国政における地方自治の位置づけ 412 (3) 地方自治の法的根拠に関する学説 413 (4) 地方自治の本旨 414

2 地方公共団体 415

(1) 地方公共団体の意味 415 (2) 二層制 416 (3) 自治体の権限 416

3 国と自治体の関係 418

(1) 事務の配分 418 (2) 関与と参加 420 (3) 特別法の住民投票 422

4 自治体の統治機構 423

(1) 住民自治 423 (2) 議会と長 426

第15章　法の支配と裁判所 ————————————— 431

1 法の支配と司法権 431

(1) 法の支配の目的と構造 431 (2) 司法権の意味 432 (3) 司法権の限界 435

2 裁判所の組織と権限 437

(1) 特別裁判所の禁止 437 (2) 最高裁判所 439 (3) 下級裁判所 441 (4) 陪審制・参審制と裁判員制度 442

3 裁判所の活動上の原則 443

目　　次

(1)　司法権の独立　443　　(2)　裁判の公開　447

第16章　憲法の保障と違憲審査制 ———————— 451

I　憲 法 保 障 ———————————————————— 451

A)　違憲審査制　452

1　司法審査型と憲法裁判所型　452

(1)　アメリカ型司法審査　452　　(2)　ドイツ型憲法裁判所　453

2　日本の違憲審査制度の性格と運用の仕方　454

(1)　性　格　454　　(2)　権利保障型とその憲法保障型運用　455

3　違憲審査権行使の限界　455

(1)　司法権からくる限界　455　　(2)　違憲審査の対象からくる限界　457

4　憲法判断の方法　460

(1)　司法消極主義と司法積極主義　460　　(2)　憲法判断の回避と合憲解釈のアプローチ　461　　(3)　適用上判断と文面上判断　464

5　違憲判決の種類と効力　465

(1)　違憲判決の種類　465　　(2)　違憲判決の効力　467

B)　抵抗権と国家緊急権　469

1　抵 抗 権　469

2　国家緊急権　470

II　憲 法 適 応 ———————————————————— 471

1　憲 法 改 正　472

(1)　改正の手続　472　　(2)　改正の限界　474

2　憲法変遷論　475

事 項 索 引　479

判 例 索 引　499

xvii

凡　例

1　本書における表記

条文・判決文の引用

条文・判決文を「　」で引用してある場合は，原則として原典どおりの表記とするが，以下の点を変更している。また，解説文中では「　」を用いて条文・判決文の趣旨を書いているものもある。

● 漢数字は，成句や固有名詞などに使われているものを除き，原則として算用数字に改めた。
● 漢字の旧字体は新字体に改めた。
●「　」引用中の筆者による注記は〔　〕で示した。

裁判例の表示

本文（地の文）

例／昭和 51 年 4 月 14 日最高裁大法廷判決（民集 30 巻 3 号 223 頁）

本文のかっこ内

例／最大判昭和 51 年 4 月 14 日民集 30 巻 3 号 223 頁
　　最一判昭和 25 年 11 月 9 日民集 4 巻 11 号 523 頁

＊ 最高裁の法廷名は，大法廷判決（決定）は「最大判（決）」として，小法廷については，第一小法廷判決（決定）は「最一判（決）」のように，その小法廷番号を入れて示す。引用頁の表示は，その判例集の通し頁とする。

2　法令名略語

＊ 日本国憲法は，特に断りなき限り，条数のみで示した。その他については，原則として，有斐閣『六法全書』巻末の「法令名略語」によった。

3　判例集・雑誌名略語

民　集	：最高裁判所民事判例集	刑　集	：最高裁判所刑事判例集
高民集	：高等裁判所民事判例集	高刑集	：高等裁判所刑事判例集
下民集	：下級裁判所民事裁判例集	下刑集	：下級裁判所刑事裁判例集
行　集	：行政事件裁判例集	労民集	：労働関係民事裁判例集
集　民	：最高裁判所裁判集民事	集　刑	：最高裁判所裁判集刑事
家　月	：家庭裁判月報	訟　月	：訟務月報
判　時	：判例時報	判　タ	：判例タイムズ

第 1 部

憲 法 総 論

　実定法秩序は，社会が依拠する理念・原理を強制力により担保することを目的とする。憲法はこの実定法秩序の頂点に位置する。では，頂点に君臨し，実定法秩序との関係でどのような役割を果たすのか。伝統的な立憲主義の論理によれば，その理念は自然権としての人権の保障であり，憲法は国家が理念の実現を目指して実定法を制定し改変していく手続を定めると同時に，その際に尊重すべき「人権」を確認するものである。その意味で，憲法は実定法が展開していく「法のプロセス」を定めた法規範であり，実定法秩序は，この法のプロセスの産出として存在するのである。これが本書の立場である。

　この憲法イメージに対して，最近その修正を迫る見解が唱えられている。憲法は実定法秩序の頂点にあって，全実定法秩序が実現すべき基本価値を実定法的価値として定めるものだというのである。ここでは憲法の定める権利は，国家の法制定を枠づけ制限するだけでなく，その具体化を要求する規範となる。

　二つのイメージの違いがいかなる相違を生み出すに至るのかは，現段階では明確ではないが，立憲主義そのものの修正に向かう可能性も秘めている。その射程を正確に測るためにも，伝統的な立憲主義が何であったのかを理解することが重要である。

第1章

国家と憲法

　憲法とは，国家権力の組織および行使に関する基本ルールである。換言すれば，社会の政治権力を誰がどのように行使すべきかを定めた基本法である。今日では政治権力は国家に集中され，国家権力として組織されている。そこで，憲法とは何かを見る前に，国家とは何かについて最初に見ておくことにする。

I　国家とは何か

1　国家の歴史的成立——社会学的意味での国家

　人間は，社会を形成して生活するが，その社会が一定の特徴を備えているとき，それを国家と呼ぶ。近代国家は，ヨーロッパの歴史においては，それに先行した封建制社会を解体しつつ登場したため，その特徴の理解は，通常，封建制と対比することにより行われる。封建制社会においては，封建諸侯（領主）が地方の支配権を握っており，政治権力は国王の下に集権化されることなく地方分散的な状態にあった。国王権力は，王国全土を直接的に支配することはできず，地方領主との封建契約を通じて間接的に統治しえたにすぎない。しかも，地方領主の中には，国王より強力な者も存在し，国王権力の優越性の保証もなかったし，また，ローマ教皇や神聖ローマ皇帝など外部の勢力からの干渉も受け，対外的な独立性も存在しなかった。したがって，国王の支配権が直接的に

3

第1部 憲法総論

及ぶ領域という意味での「領土」の観念も，国王の支配権に直接に服する「臣民」の集合としての「国民」の観念も，なかった。こういう状態から出発し，国王は，この封建的な構造を徐々に解体し，領土と国民に直接的支配権を及ぼす中央集権的な最高・独立の統治権（主権）を確立していくが，それが「絶対王政」と呼ばれる体制であり，国家は絶対王政とともに始まるのである。この国家は，絶対王政の段階では，王国の隅々にまで張り巡らされた国王の手足としての官僚機構を中心に観念され，国王の支配のための道具として国王に帰属する王家の「家産」と捉えられていた。そこでは，国民は，国家を通じて国王に統治される客体にすぎなかったのである。その国民が，近代市民革命により国王の統治権を奪取し，統治権の客体から主体へと転化するとき，国家が「一定の領土を基礎に統治権を備えた国民の団体」として観念されるようになる。領土・国民・統治権（主権）が国家の三要素といわれるのは，このためである。

国家の成立により，国際社会は，相互に独立の「主権国家」から成るものと理解されるようになる。主権国家が典型的に成立するのは，まずヨーロッパにおいてであったが，国際社会の行動主体が主権国家ということになると，国際社会で独立の主体として自己を確立したい集団は，主権国家性の実現を余儀なくされ，かくして多くの主権国家が叢生することになったのである。

2 法学的国家論

このように成立した（社会学的・歴史的）国家を，法的にいかなる存在として説明するかが，法学的国家論の課題となる。これまでに社会契約をはじめとして様々な学説が唱えられてきたが，ここでは，我が国の憲法学に大きな影響を与えた国家法人論およびケルゼンの学説を簡単に紹介しておこう。

(1) 国家法人論

複数人から成る団体に一つの法人格を認めて，権利義務関係を扱いやすくするという法技術は，私法における財産関係の処理の場面では普通にみられるところであるが，これを統治権の帰属・行使の説明についても応用しようというのが，国家法人論の眼目である。たとえば，株式会社は法人格を有し，会社の

機関である代表取締役が表明した意思（たとえば，契約を締結する意思）は，代表取締役個人の意思ではなく，法人の意思とみなされ，その法的効果（たとえば契約による財産取得や支払義務）は法人に帰属するものとして扱われる。同様に，国家法人論は，国家に法人格を認め，統治権はこの国家＝法人格に帰属すると考える。そこでは，統治権を行使するための意思表明（法律の制定，行政処分，判決等）は，国家＝法人格の機関（国会，内閣，裁判所等）により行われる。機関とは，法人格の意思を表明する地位を指すのであるが，その地位に誰がどのようにして就くのかは，憲法によって定められる。

　国家法人論にも様々なバリエーションが存在するが，代表的な見解はドイツの国法学者ゲオルク・イェリネック（Georg Jellinek, 1851-1911）が唱えたもので，日本の美濃部達吉（1873-1948）はこれから大きな影響を受けた。戦前に「国体の異説」として弾圧を受けた美濃部の天皇機関説とは，この国家法人論に基礎を置くもので，明治憲法の解釈として，天皇を「統治権の主体（主権者）」としてではなく，「国家法人の機関」として捉えることを主張した学説である。そのねらいは，統治権を天皇ではなく国家法人格に帰属するものと捉え，天皇は帝国議会と同じく国家法人格の機関であるとすることにより，天皇と帝国議会との格差を狭めることにあったといわれる。弾圧を受ける以前は，この天皇機関説は学界の通説であった。

　ドイツの国家法人論は，統治権（主権）を君主でも人民（国民）でもなく，国家に帰属すると構成することにより，君主主権論と人民主権論の歴史的対立の決着を回避し棚上げする意味をもつものであった。君主・貴族階級と市民階級（ブルジョワジー）の対立の中で，市民階級が革命によって支配権を確立するだけの力をもちえなかった 19 世紀後半ドイツの状況を反映した理論であり，その意味で保守的性格をもつと一般に評されている。その理論が，日本においては，天皇機関説にみられたように，民主的役割を果たしたことは興味深い。一つの理論，学説がどのような機能を果たすかは，その社会の置かれた歴史的・国際的等の状況により異なりうることを示しているのである。

(2)　ハンス・ケルゼンの理論

　国家法人論の説明で，法人の機関が法人の意思を表明すると述べたが，なぜ

第1部 憲法総論

機関の地位にある自然人の表明した意思が，法人の意思とされるのか。それは，法が機関の地位に在る者にそのような権限を授けており，その授権に従って意思表明がなされたからである。では，なぜその法はそのような効力（妥当性）をもっているのか。それは，その法自体が，正当な権限をもつ機関により制定されたからである。では，なぜその機関はそのような権限をもったのか，といえば，法によりそのような権限を授けられていたからである。このように考えてみると，あらゆる法は，自己の妥当根拠を先行する上位の法規範から得ていることが分かる。様々な法規範が授権・受権関係を通じて上下関係を形成している様子を，ケルゼン（Hans Kelsen, 1881-1973）は法の段階構造と呼んだが，憲法は，通常その最上位に位置している。憲法は，国家の機関を創設し，それに一定の権限を授ける。機関がその権限内で活動する限り，その行為は法的効力（妥当性）を承認され，その法的効果は国家に帰属する。では，憲法自体はなぜ効力をもつのか。憲法の妥当性はどこからくるのか。ケルゼンは，これを説明するために，憲法の上位に位置する根本規範というものを仮設的に想定した。憲法は，根本規範によって憲法制定権力を授権された機関により制定されることによって，その妥当性を獲得するというのである。

　純粋法学の創始者ケルゼンは，事実と当為を峻別する立場に立つから，憲法の妥当性を説明するのに，たとえばイェリネックのような「事実の規範力」といった観念に訴えることを事実と当為の混同として否定し，上位規範による授権という論理を延長して究極的な妥当根拠としての根本規範を仮設したのである。こうして，法秩序は根本規範を頂点に授権関係を基礎とする段階構造をなすものと捉えられた。そこでは，下位規範は上位規範（授権規範）を具体化し執行・実現していくものと捉えられる。そして，ケルゼンによれば，国家とはこの法秩序のことだとされる。自然人の意思が国家の意思とみなされるのは，法によってであり，法なくして国家の意思は存在しない。国家は，法秩序としてしか存在しえず，法秩序と別個に法を制定する主体として，あるいは，法に拘束される対象として国家が存在するわけではない。国家イコール法秩序なのである。

第1章　国家と憲法

法の段階構造のイメージ

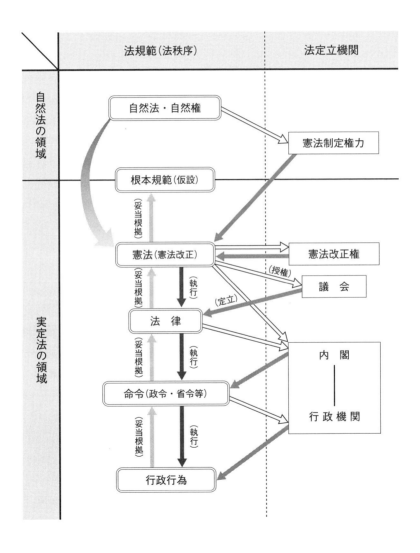

第1部 憲法総論

II 憲法とは何か
——憲法の意味と種類

　憲法は様々な意味に使われるので，議論の混乱を避けるために憲法の意味が区別・整理されてきた。その中で最も重要なのは，①固有の意味の憲法と立憲的意味の憲法の区別と，②実質的意味の憲法と形式的意味の憲法の区別である。①は憲法の内容に着目した区別であるのに対し，②は憲法の存在の仕方に着目した区別である。

1 固有の意味の憲法と立憲的意味の憲法

(1) 固有の意味の憲法

　憲法とは，どのような自然人の意思が国家の意思とみなされるべきかを定めた基本法である。国家の意思は，法律，命令，規則など，憲法の定める様々な形式で表明されるが，それが強制力の独占を正統化された国家の意思である以上，国家権力により強制される力を獲得する。国家意思を形成し執行していく権力を統治権と呼ぶが，この統治権が誰に帰属し，どのように行使されるべきかを定めているのが憲法なのである。この意味での憲法は，あらゆる国家に存在する。憲法なくして国家は存在しえない。この意味での憲法を「固有の意味の憲法」という。絶対王政にも，固有の意味での憲法は存在した。絶対君主は，まさに憲法により絶対的な権力を授権されていたのである。

(2) 立憲的意味の憲法

　我々が憲法という語により通常思い浮かべるのは，上述のような意味の憲法ではない。我々にとって憲法とは，人権保障を謳い，国民主権や権力分立を定めた憲法であり，それは通常一つの統一的な憲法典の形で存在している。絶対王政期には，このような憲法典はいまだ存在せず，憲法は慣習法として存在し

8

ていたにすぎなかった。たとえば、フランス絶対王政期に王位継承のルールなどを定めていた「王国の基本法」は、そのような性格の慣習憲法であった。そこでは、憲法は、人為的に制定するものではなく、自然に成るものと観念されていたのである。

　これに対して、絶対王政末期になると、イギリスに中世以来存在した、国王権力をも拘束する「高次の法」（higher law）という思想と、ロック的な社会契約論の影響下に、社会構成員の合意書としての憲法典を制定しようという考えが生じた。これを歴史上最初に実行に移したのは、イギリスから独立した直後のアメリカ諸邦であった。独立の過程で、まず最初、1776年6月にヴァージニアのウィリアムズバーグで開催された革命評議会が、天賦・不可侵の自然権を基礎とする権利宣言を採択する。このヴァージニア権利宣言は、直後に採択された「政府の機構」（Frame of Government）という法典と一体を成すものとされ、その後の憲法が人権部分と統治機構部分から構成されるモデルとなった。翌月（7月）には有名なアメリカ独立宣言が出されるが、そこでも同様の自然権思想を基礎に母国イギリスからの独立の正統性が主張されている。引き続き諸邦で同種の権利宣言を伴った憲法が制定されていくが、1787年には13邦（州）が一つの連邦国家を形成する合衆国憲法が制定される。

　同じ時期、フランスでも、1789年に革命が起きると、第三階級の代表者が「国民議会」を名のって「人及び市民の権利宣言」（フランス人権宣言）を行い、国民主権、人権保障、権力分立が国家の基本原理となるべきことを宣言し、1791年にそれに基づく最初の憲法を制定した。これらの憲法は、いずれも人権保障と権力分立原理を採用し、権力を制限して自由を実現するという立憲主義（constitutionalism）の思想を基礎にしている。立憲主義とは、政治は憲法に従ってなされなければならないという思想をいうが、そこでいう憲法はいかなる内容の憲法でもよいのではなく、人権保障と権力分立の原理に支えられたものでなければならないと考えられたのである。1789年のフランス人権宣言16条は「権利保障が確保されず、権力分立が定められていない社会は、すべて憲法をもつものではない」と規定したが、立憲主義の典型的な宣言といわれている。このような立憲主義を基礎にした近代の憲法を「立憲的意味の憲法」と呼ぶのである。

第1部　憲法総論

(3)　立憲主義の母国イギリス

　立憲主義のねらいが，国王の権力を制限して国民の自由を保障することにあったとすれば，それを他国に先駆けて歴史上最初に実現したのは，イギリスであった。イギリスは，成文の憲法典を制定することはしなかったが，立憲主義的な国家構造をすでに17世紀に実現し，立憲主義の母国といわれるのである。

　イギリスにおける国民の権利の確立は中世のマグナ・カルタ（1215年）に遡る。マグナ・カルタは，実際には，封建貴族（バロン）がロンドンの商人の支持を得て国王に対し封建契約に基づく権利（身分的自由）の尊重を約束させた文書にすぎなかった。しかし，そこで約束された権利は，その後何度も国王により確認されるとともに，裁判所による判決を通じてコモン・ローの一部として発展し，特に17世紀に，絶対主義を標榜したステュアート朝の国王とそれに対立した議会との闘いの中で，議会の勇士エドワード・クック（Sir Edward Coke, 1552–1634）がマグナ・カルタを古来より存在するイギリス国民の権利を保障した歴史的文書であると意味づけるにおよび，イギリス立憲主義の象徴的文書となるのである。イギリス権利保障の画期をなす1628年の権利請願（Petition of Rights），1679年の人身保護法（Habeas Corpus Act），1689年の権利章典（Bill of Rights），1701年の王位継承法（Act of Settlement）などのいわゆる憲法的文書は，いずれもこのようなイギリス国民の古来から承認されてきた権利を確認するものという性格づけを与えられて成立したものである。したがって，そこでの自由は，人が人としての資格で当然に認められる「人権」という観念ではなく，封建的な身分に認められた特権を基礎にしていたが，その身分的特権としての自由を全国民にまで拡大していったのである。

　アメリカ独立期の権利保障も，権利の内容についてはイギリスの権利保障の影響を受けていたが，それを自然権思想により捉え直した点で性格を異にするのである。

(4)　ドイツの外見的立憲主義

　他方，ドイツでは，フランス革命の影響を受けて憲法制定の要求が生じはするが，ドイツの諸邦においては絶対君主政が強固に確立されていて，市民階級（ブルジョワジー）の力も弱かった。そのため，立憲主義に基づく憲法を確立す

第1章　国家と憲法

るには至らず，「君主政原理」（君主主権）を基礎に君主が憲法を制定し，その中で国民に一定の権利を授け，その権利を制限する場合には国民を代表する議会の同意を得た法律により行うことを約束するという展開をたどるのが一般的であった。その典型例が1850年のプロシャ憲法であり，1871年のドイツ帝国憲法も基本的には同様の思想を基礎にしていた。これらの憲法も，立憲主義の要素をまったくもっていなかったというわけではない。人権という観念ではないにしても一応権利は認められ，かつ，議会が君主の権力をある程度制限することが認められていたからである。しかし，君主政原理が出発点に置かれており，権利保障も議会による君主権力の制限も不十分であったため，このようなドイツの憲法は，立憲主義のみせかけにすぎないという批判をこめて，「外見的立憲主義の憲法」と呼ばれた。

(5)　日本の立憲主義

　1889年の明治憲法（正式名称は「大日本帝国憲法」）は，このドイツの憲法思想の強い影響を受けて制定されたので，外見的立憲主義の性格を有している。明治憲法制定過程における枢密院での審議に際して，文部大臣森有礼が「臣民の権利」に反対し，臣民は天皇に対して責任を有するのみであるから「臣民の分際」と改めるべきだと主張したのに対し，憲法制定を推進した中心人物の伊藤博文枢密院議長が，「抑憲法を創設するの精神は，第一君権を制限し，第二臣民の権利を保護するにあり。故に若し憲法において臣民の権利を列記せず，只責任のみを記載せば，憲法を設くるの必要なし」と述べて反論したというエピソードは，当時の指導者達が西欧の立憲主義の核心を理解していたことを示している。しかし，制定された明治憲法は，「臣民」の権利を「法律ノ範囲内」で認めたにすぎず（22条・29条参照），かつ，君権を制限するはずの議会も限定された権限しか与えられておらず（5条・6条・71条等参照），絶対主義と立憲主義の間の妥協的性格のものであった。

　これに対し，戦後に制定された日本国憲法は，真正な立憲主義の系譜に属する憲法であり，国民主権を基礎に，自然権思想から生じた人権の観念を導入し，権力分立原理によって統治機構を構成している。本書の目的は，日本国憲法をこの立憲主義の歴史の中に位置づけ，その特徴を理解しようとすることにある。

第1部 憲法総論

2 実質的意味の憲法と形式的意味の憲法

(1) 区別と理由

　立憲的意味の憲法は，通常は一つに統一された憲法典という形で制定されるが，イギリス憲法のように慣習法およびいくつかの法律の形式で存在する場合もあることを見た。また，憲法とは，国家の政治のあり方に関する基本法であり，統治権を誰がどのように行使するかを定めるものであるが，このような「固有の意味の憲法」のうち，立憲主義的内容のものが特に「立憲的意味の憲法」と呼ばれた。この区別は，憲法の内容に着目した区別であり，憲法がどのような形，形式で存在するかとは無関係である。立憲的意味の憲法であれ固有の意味の憲法であれ，憲法典の形式で存在することもあれば，そうでないこともある。ただ，通常は，立憲的意味の憲法は憲法典の形式をとって存在する。この形式に特に着目するとき，それを「形式的意味の憲法」と呼び，形式とは無関係に憲法を観念する場合の「実質的意味の憲法」と区別している。

　この区別をする意義の一つは，憲法に属すべきルールが常に憲法典の中に書き込まれるとは限らず，逆にまた，憲法典に書き込まれた規定の中には憲法には属さないものもあるという点に留意することにある。憲法の制定は，多くの場合政治的闘争を通じて行われるのであり，合意形成過程における妥協と取引の結果，本来憲法典に書くべきことを意図的に明記しなかったり，あるいは，憲法とは関係ないことを特に書き込んだりするということが起きるのである。

　しかし，実質・形式の区別のより重要な意義は，形式的意味の憲法が国法体系の中で最高位の，最も強い効力をもつことを示すことにある。これは，憲法という形式に与えられる効力であり「形式的効力」と呼ばれる。

(2) 形式的効力の最高性

　法は様々な様式で存在するが，大きく分ければ不文法（慣習法）と成文法（制定法）に区別される。このうち制定法は，さらに様々な形式に区別しうるが，日本国憲法は，憲法のほかに，法律（国会），命令（行政），政令（内閣），規則（両議院，最高裁判所），条例（地方公共団体）などの法形式を認めている（かっこ

内は制定権限を有する機関）。これらの区別は，制定権限を有する機関の違いを基礎にするものであるが，ここで重要なのは，形式間に効力の上下関係が憲法自身により設定されていることである。すなわち，法律よりも憲法の方が強い効力をもち，政令や規則よりも法律の方が上であるというように形式的効力の上下関係が決められていて，上位の法に反する下位の法は無効とされるのである。どちらがより上位にあるかは，原則として，どちらの法形式の制定機関が国民により近いか，および，どちらがより困難な制定手続に服しているかを基準に決められる。たとえば，国会は議員が国民により直接選ばれるから，首相が国会により指名される内閣よりも国民に近く，ゆえに，国会が制定する法律の方が内閣が制定する政令より形式的効力が上にあるとされる。憲法が最高の形式的効力を有するのは，憲法は国民が直接制定したものという建前であり，かつ，その改正には国会の各院の3分の2以上の多数で発議し国民の過半数の賛成を得なければならないという最も厳格な手続が規定されているからである。先に，憲法が授権規範の資格で最上位にあることを見たが，形式的効力の観点からも最上位にあるのである。

(3) 硬性憲法と軟性憲法

　憲法を憲法典として制定する大きな理由は，この形式的効力の最高性にある。形式的意味の憲法は，通常，法律の制定と同じ手続では改正できず，より困難な重い手続を践まねばならない。憲法改正に法律の制定より困難な重い手続を必要とする憲法を「硬性憲法」，法律の制定と同じ手続でよいものを「軟性憲法」というが，形式的意味の憲法は，通常，硬性憲法であり，それゆえに最高の形式的効力をもつ。そして，まさにそれゆえに，人権保障のような国の政治の重要なルールは，形式的意味の憲法に規定し，安易な改正から保護しようとするのである。ごく稀に，成文憲法が改正条項をもたないことがある（フランスの1814年憲法的シャルト参照）。この場合には，改正を禁じたものと解するか，それとも法律と同じ手続で改正可能な軟性憲法と解するかの争いが生じうる。なお，イギリスのような不文憲法は，法律により改正可能であるから，軟性憲法の性格をもつこととなる。

第1部 憲法総論

3 憲法の法源

(1) 法源の意味と種類

　法源とは，法の効力の根拠の意味に使われることもあるが，ここでは，法が
どこにどのような姿をとって存在しているかという，法の存在の仕方を指す意
味で使う。この意味での法源は，通常，成文法源と不文法源に区別される。憲
法の法源とは，実質的意味の憲法がどこにどのような形で存在するかの問題で
ある。先に述べたように実質的意味の憲法のすべてが，形式的意味の憲法の中
に書かれているわけではなかった。何らかの事情で憲法典に書かれなかったも
のも存在する。そういったものは，法律等の成文法源に規定されている可能性
がある。また，憲法には一般的・抽象的な原則の形でしか規定されておらず，
その具体化は法律等の成文法によりなされていることもあり，選挙法をはじめ
その例はきわめて多い。しかし，場合によっては，成文法は存在せず，不文の
慣習法や慣例・先例によって具体化されていることもある。また，裁判所の憲
法判例は，憲法の具体的存在形態として，今日ますます重要な地位を占めるよ
うになってきている。

　以上のうち，憲法慣習法と憲法判例については若干の議論があるところであ
り，以下に簡単に問題の要点を説明しておこう。

(2) 憲法慣習法

　慣習法は，一般に，先例が長期にわたり反復され，広範な国民がそれに法的
価値を承認することにより成立する。日本は制定法主義をとっているから，制
定法に反する慣習は法的効力をもたないのが原則である。したがって，憲法慣
習法が成立しうるのは，憲法に規定がない問題についての慣習と憲法の規定を
具体化する慣習の二つの場合である。しかし，稀には，憲法に反する先例が長
期にわたって反復され，国民もそれを認めるに至るということが起こりえない
わけではない。このような場合，「憲法変遷」が生じたといわれる（475頁参
照）。たしかに，事実の認識として「憲法変遷」が起こりうることは否定でき
ない。しかし，憲法解釈論としてそれを是認することができるかどうかについ

14

ては，学説の対立があり，解釈論上はあくまで違憲の憲法慣習と考えるべきだというのが多数説である。

　この問題は，日本では，特に憲法9条と自衛隊の存在をめぐって争われている（68頁参照）。衆議院の解散は，内閣不信任の場合に限定されないという確立された慣行も（359頁参照），憲法はかかる場合に限定しているという立場からすれば，憲法変遷の問題となりうる。

(3) 憲法判例

　日本国憲法は，裁判所に法律等が憲法に違反するかどうかを審査する権限を与えたから（81条），裁判所が判決の結論を出すのに必要な限度で憲法判断をし，判決理由の中で法律等が合憲か違憲かについての判断とその理由とを述べることになっている。その憲法判断と結論に不可欠な理由（判決理由）を憲法判例という。ちなみに，理由中には，結論に不可欠とはいえないものも述べられていることがあり，それを「傍論」と呼び「判決理由」と区別している。憲法判例は，日本では，最高裁が後の裁判で変更することが認められている（裁10条参照）から，厳密には法的拘束力をもつとはいえないが，実際には判例変更は稀であり，事実上，拘束力をもつのとほぼ同じに機能している。その意味で，憲法の法源の一つと考えてよい。

4　憲法規範の特質

　憲法という法規範が，他の法規範と比較したとき，どのような特質をもつかを，ここまでの説明を整理する意味で述べておこう。

(1) 基本価値秩序としての憲法

　固有の意味の憲法と立憲的意味の憲法を対比すれば分かるように，憲法はその社会の基本価値を体現している。立憲的意味の憲法の基本価値は，後に見るように「個人の尊厳」であり，それを護るために人権保障と権力分立を規定したのである。

第1部　憲法総論

(2)　授権規範・制限規範としての憲法

　実質的意味の憲法を他の法規範と比較すると，憲法が授権規範としての特質をもつことが理解される。他の法規範は，自己の妥当性の根拠を憲法による授権から得ているのである。

　授権することは，同時に制限することでもある。権限を授けられた機関は，授権の範囲を超えて権限を行使することはできないからである。この点は，固有の意味の憲法についても妥当するが，立憲的意味の憲法の場合は，自由を護るために権力を制限することを重要な目的としたから，制限規範としての性格がより強く表れる。

(3)　最高法規としての憲法

　憲法は授権規範として他の法規範の上にあるのみならず，形式的効力の観点からも最高位に位置している。憲法の最高法規性は，通常，後者の形式的効力に着目していわれる。つまり，憲法という法形式に他の法形式（法律，命令等）に優位する効力が与えられ，実定法秩序の最高位の地位が認められるのである。重要なのは，この形式的意味の憲法の最高法規性の実質的根拠であるが，それは，憲法が「個人の尊厳」という実定法秩序を支える基本価値を体現していることに求められる。憲法は実定法秩序が個人の尊厳に基づく秩序を形成・維持していく際に従うべき「法のプロセス」を定めているのである。

　日本国憲法は，その第10章に「最高法規」と題する章を置き，97条から99条の三つの条文を定めている。その98条は，1項で「この憲法は，国の最高法規であつて，その条規に反する法律，命令，詔勅及び国務に関するその他の行為の全部又は一部は，その効力を有しない」と規定しているが，憲法の形式的効力の最高性を確認したものである。しかし，これに先立つ97条が「この憲法が日本国民に保障する基本的人権は，人類の多年にわたる自由獲得の努力の成果であつて，これらの権利は，過去幾多の試錬に堪へ，現在及び将来の国民に対し，侵すことのできない永久の権利として信託されたものである」と規定していることに留意する必要がある。この条文は，憲法11条・12条・13条と共鳴する規定であり，「個人の尊厳」（24条参照）を核とする自然権思想を背後にもっている。かかる趣旨の規定を97条に置き，それを受けて98条で形式

的意味での最高法規性を謳ったという構成の中に，最高法規性の真の理由が表現されているのである。

　なお，憲法98条2項は，実定法秩序に属する法形式のうち特に「条約及び確立された国際法規」を採り上げ，その「誠実な遵守」を命じている。このため，1項との対比において，日本国憲法が国際法と憲法の関係につきどのような立場をとっているかが問題となる。国際法と憲法を含む国内法はまったく別個独立の法体系をなすという二元説もかつては有力であったが，今日では国際法と国内法は単一の法体系に属するという一元説が通説となっている。そのうえで，両者が抵触したときどのように解決するかの点に関して，国際法優位説と国内法優位説があるが，日本国憲法の解釈として問題となるのは，国際法と憲法のどちらが優位すると解するかである。この点，憲法が条約の制定手続を定めている（61条）ことから条約の効力は憲法に根拠をもつことになり，そうである以上，憲法が優位すると解すべきである。もっとも，条約の中にはたとえばポツダム宣言や講和条約のように日本国憲法を実施する前提となったものもあり，そのような条約については日本国憲法に優位すると解する余地もある。ちなみに，条約と法律の上下関係については，98条2項を一つの根拠に条約が優位するというのが通説である。法律の制定手続（59条）と条約の承認手続（61条）を比較すると，前者の方が重くなっているが，これは法律の方が重要であるということではなく，国家の対外的責任を重視したためであると解し，条約は法律に優位するというのが憲法の立場であると解釈しているのである。なお，条約の違憲審査との関係につき，457頁参照。

第 2 章

立憲主義の基本原理

1 近代立憲主義の成立

(1) 中世立憲主義

　立憲主義とは，国の統治が憲法に従って行われねばならないという考えをいう。この思想が最初に成立するのは，ヨーロッパ近代においてであるが，その淵源はすでに中世のゲルマン法思想の中に存在した。中世においては，「国王も神と法の下にある」（ブラクトン）といわれ，国王といえども法には従わねばならないと考えられていた。そこにいう法とは，国王が自己の意思によって人為的に制定するものではなく，国王の意思からは独立に存在する客観的な正義であると観念されていた。それは，現実には慣習法の形で存在したのであるが，この客観的に存在する正義としての法（慣習法）が裁判において発見され適用されたのである。そして，国王がこの法に違反して恣意的な政治や裁判を行えば，それに抵抗することも正当であるとされた。抵抗権が承認されていたのである。もっとも，誰もが抵抗権を発動しうると考えられていたわけではない。国王が法に従うよう監視する役割は，通常は，国王の臣下を集めた国王顧問会議（後の身分会議・等族議会の前身）が担うとされたのであり，抵抗権を発動するのも，次第にこの顧問会議の役割と考えられるようになっていく。それはともあれ，ここには中世的な「法の支配」が見て取れるのであり，これを中世立憲主義と呼ぶことができよう。

19

第1部　憲法総論

(2)　ローマ法思想と絶対主義国家の形成

　法は制定するものではなく発見するものだというこのゲルマン法的観念を覆したのは，ローマ法の観念であった。12世紀にイタリアのボローニャでユスティニアヌス法典を素材としたローマ法の研究が始まるが，そのローマ法思想によれば，法とは皇帝の意思・命令により制定されるものであった。中世的諸身分の特権・既得権を内容とする慣習法により縛られていた国王は，この呪縛をふりほどき中央集権的国家の建設を推進するために，このローマ法思想を援用するようになる。それが最も典型的に現れるのがフランスであったが，フランス国王は主権者たる自己の意思こそが法であると主張し，これに反対する身分会議（三部会）の召集を回避して絶対王政を確立していく。その過程で，国王権力は対内的に最高であり，対外的に独立であると主張する「主権」の概念が，ローマ法思想を基礎に形成されたのである。

(3)　絶対主義との闘いと近代立憲主義の成立

　主権者（国王）の意思が法だということになると，国王が自由に法を制定しうるということになるから，臣民の権利が危険にさらされる。ローマ法思想の下では，もはや中世的な慣習法により保障された特権・既得権という論理は通用しなくなるから，絶対君主に対抗して権利保障を主張するための新たな論理が必要であった。

　　＊　臣民　　人民あるいは国民を権力に服するという側面に着目して捉えた観念。
　　　　ちなみに，権力に参加する，あるいは，権力の主体となるという側面に着目した
　　　　観念が「市民」である（ルソー『社会契約論』参照）。日本国憲法は「市民」の
　　　　代わりに「国民」の語を用いており，注意を要する。

(ア)　統治契約論

　初期の段階でこの要請に応えようとしたのは，統治契約（服従契約）の理論であった。国王の側が主権を神から授けられたとする王権神授説を唱えたのに対し，統治契約論は，神から主権を授かったのは国王ではなく人民であり，それを服従契約により国王に委任したのであると主張した。この理論では，国王の権力は人民との契約を根拠にするから，人民の権利（その内容は，身分的・慣

習法的な既得権）を侵害すれば契約違反となり，人民は服従の義務から解放され抵抗権に訴えることが可能となるとされたのであり，多分に中世的な性格を残した理論であった。

　(イ)　社会契約論

　しかし，その後，ジョン・ロック（John Locke, 1632-1704）に代表されるような社会契約論が形成され，これにより権力の制限と自由の保障が理論化されるに至る。それによれば，人は最初，社会の成立以前の「自然状態」において自然権を有していたが，その自然権をよりよく保障するために契約により社会を形成し，政府を設立して権力を信託する。この政府の設立・信託が，憲法の制定行為にあたる。政府の設立と権力の信託は自然権の保障が目的であるから，政府は人々のもつ自然権を侵害することは許されず，侵害した場合には，抵抗権あるいは革命が正当化されるのである。このような論理で絶対王政に替わるべき新しい政治構造が示され，かかる思想によってアメリカの独立やフランス革命が行われ，立憲主義に基づく憲法が制定されたのである。

　(ウ)　立憲主義の構成原理

　かくして確立した近代立憲主義の内容は，権利（自由）の保障と権力の分立を基本原理とするものであったが，その前提として人民が主権者として憲法を制定するという原理が要求されていた。また，権力分立や人民主権は，「法の支配」を通じての自由という中世法的理念をローマ法的観念の下で再構成するための制度原理という意味ももっていた。

　以上から，近代立憲主義の基本原理として，①自由の保障，②法の支配，③権力分立，④人民主権，を指摘することができる。以下に，それぞれについてより詳しく見ていくことにしよう。

2　近代立憲主義の内容

(1)　近代立憲主義の基本原理

　(ア)　自由の保障

　a)　自由に関する二つの観念　　自由には二つの観念がある。バンジャマン・コンスタン（Benjamin Constant, 1767-1830）の区別した「古代人の自由」

第1部　憲法総論

と「近代人の自由」に由来するが，一つは，政治への参加の中に自由を見るものであり，それをここでは「権力への自由」と呼んでおこう。もう一つは，国家によって妨害・干渉されないことの中に自由を見る見方で，「権力からの自由」と呼ばれる。

権力への自由は，古代ギリシャの都市国家に存在した自由観である。都市国家においては，その構成員（市民）として公共の決定過程（政治）に参加することのできる者が自由人とされた。市民は，直接民主政の下に，自らが権力の担い手となって「自己統治」し，そのことによって自由であると考えられたのである。この自由の観念は，ルソー（J.-J. Rousseau, 1712–1778）により受け継がれ，近代立憲主義にも一定の影響を与えることになる。ルソーは，自由とは自己自身の意思に従うことであると考え，それを可能とする政治体制として，人民主権の下に人民が直接法律を制定し，法律に従うことが自らの意思に従うことと同じとなるような体制を構想した。

この「権力への自由」に対し，「権力からの自由」は，権力に参加し，自らが権力主体となることを目指すのではなく，権力をあくまで他者と見て，その権力から干渉を受けない私的な領域を確保することの中に自由を見る。ここには，人の生にとって決定的に重要なのは，市民として公共的なるものに参加することより，私的な領域で自己の生を生き抜くことだという価値観の転換がある。「権力からの自由」にとっては，権力（典型的には国家権力）は自己の私的領域を他者の干渉から防御するために必要な手段として生み出された，いわば必要悪にすぎず，その権力が私的領域に干渉するとすれば，そもそもの目的に反することなのである。しかし，この論理は，それを徹底すれば，人々は公共心を失い，自己の利益のみを追求する利己主義へと陥る危険を内包している。これに対し，「権力への自由」は，公共的決定への参加がもたらす教育的効果を通じて人々の公共心を涵養する長所をもちうるが，この制度を実現するには全員参加が可能な小規模の社会が必要であり，大規模社会へと発展しつつある近代国家には，徹底した分権化を構想しない限り，実現が困難なものであった。

ゆえに，近代において中心となった自由観は「権力からの自由」であり，人権保障の中心に置かれたのは，かかる意味での「自由権」であった。しかも，財産権を中心とする経済的自由権を最も重要視した点に，近代の人権保障の特

徴があった。ただし、「権力への自由」を基礎とする市民権がまったく保障されなかったわけではない。政治への参加そのものに独自の価値があるとは考えなかったものの、政治への参加が権力をコントロールし自由権を護る手段として有用である限度で、制限選挙ではあったが参政権が認められた。

b) 権力による自由　　自由の観念としては、「権力からの自由」と「権力への自由」が基本であるが、もう一つ、「権力による自由」ということがいわれることがある。これは、権力が自由を実現するという側面を捉えた表現であるが、自由の第三の観念というよりは、本来の自由観に付随するものという性格が強い。というのは、ここで問題とされているのは、権力が自由の存在に必要な条件や環境をつくり出すことであり、それにより実現される自由そのものは、「権力からの自由」あるいは「権力への自由」だからである。

社会契約論によれば、国家（政治社会・政治権力）は自然権を保護するために形成された。ゆえに、国家は、その起源からして、自然権を保護する義務を負っているといわれる。ここから、国家が保護する自由（自然権）を「国家による自由」と呼ぶこともある。しかし、かかる意味での「国家による自由」は、自由の新たな観念でもないし、また、原則的には、基本的人権として憲法の中に取り込まれた「憲法上の権利」でもない。国家が自由を保護するには、通常、法律が必要であり、「国家による自由」の実現は、そのための制度を法律により形成することを通じて行われる。ゆえに、「国家による自由」は、それが権利として主張されるときには、法律の制定等、国家の何らかの積極的な行為を要求する権利という意味をもつのであり、原則的には「憲法上の権利」ではなく、「法律上の権利」と考えるべきものである。

このように、「国家による自由」は、原則的には「憲法上の権利」ではないが、例外的に憲法に取り込まれたものもある。近代憲法においては、「裁判を受ける権利」がその最も重要な例であるが、現代憲法になると、新たに「社会権」が憲法上の権利としての地位を与えられるようになる。たとえば、日本国憲法 25 条の保障する生存権がその例であるが、国は生活保護法等の社会立法を行い、生存に必要な最低限の財貨・サービスを提供する憲法上の義務を負うのである。

第1部 憲法総論

(イ) 法 の 支 配

a) 「法の支配」の二つの要請　「法の支配」は「人の支配」に対する概念で，人によるその場その場の恣意的な支配を排除して，予め定められた法に基づく支配によって自由を確保することを目的とする。法の支配により自由を実現するためには，まず第一に，自由を保障するような内容の法（正しい法）を制定することが必要であり，第二に，その法を忠実に適用し執行することが必要である。

法の忠実な執行という要請を実現するために，法を制定する権力（立法権）と執行する権力（執行権）と法の争いを裁定する権力（裁判権）を分離し異なる機関に授けるという考えが生ずるが，これが後述する権力分立の原理である。執行権は，立法権がつくった法律を忠実に解釈適用し執行していく義務を負い，忠実に執行しているかどうかが争いになったときには，裁判所が判断するという体制である。

では，正しい法の制定という要請を実現するにはどうしたらよいか。一つは，法律の制定に抑制・均衡（checks and balances）のメカニズムを組み込む方法がある。チェック・アンド・バランスも権力分立の内容をなすが，たとえば議会を二院制にして法律の制定には両院の合意が必要であるとしたり，国王あるいは大統領の拒否権や裁可権を認めたり，さらには，裁判所に法律の合憲性の審査権を与えたりして，複数の機関の合意と均衡が形成された場合しか法律の制定はできないようにし，このチェック・アンド・バランスによって法律の内容が行き過ぎるのを阻止し，法律の「正しさ」を確保しようとするものである。

もう一つは，法律の制定に国民の同意を得るという方法である。これも後述の国民主権の原理と表裏の関係にある問題であるが，国民の権利を制限するような法律を制定する場合には，少なくとも国民を代表する議会の同意を必要とすることにして，法律の内容の「正しさ」を確保しようとするのである。

現実には，この二つの方法を組み合わせて，法律の内容が自由を侵害するものとならないよう配慮している。その具体的ありようは国により異なるが，それを支えている理念は権力分立（抑制・均衡）と国民主権である。このように，法の支配は権力分立と国民主権の原理に密接に結びついているのである。

b) 裁判所の役割　正しい法律が制定されれば，その忠実な執行を確保

すればよく，このために最も重要な役割を果たすのが裁判所である。近代におい
て法の支配の観点から最も重視されたのは，絶対王政を倒して国王の権力を
法律の下に置くことであったから，法の支配は国王のもつ執行権（行政権）を
法律に従わせることの確保を中心に制度化が構想され，その結果，国王から独
立の裁判所が行政の法律適合性を裁定するという体制が目指された。この場合，
この裁定の任にあたることになったのが，イギリスのように「通常裁判所」
（司法裁判所あるいはコモン・ロー裁判所とも呼ばれる）のこともあれば，フランス
やドイツのように，通常裁判所とは別系統の「行政裁判所」を生み出していっ
た国もあった。通常裁判所が裁く場合には，行政と私人の争いに対しても私人
間に適用するのと同一の法（コモン・ロー）を適用するのが原則であったが，
行政裁判所においては公益を代表するとされた行政の優越性を基本原則として
裁判を行ったので，私法とは異なる原則に依拠する行政法が判例法として形成
されていくことになる。

　法の支配を徹底するためには，行政が法律に従っていることを確保するだけ
では不十分である。法律が憲法に違反していないかどうかを独立の裁判所が判
断する制度を実現する必要がある。しかし，それが実現するのは，一般には現
代に入ってからであり，近代の段階では，このような違憲審査制度は，唯一アメ
リカ合衆国において採用されていたにすぎない。したがって，国民の権利が
現実にどの程度保障されるかは，どのような内容の法律が制定されるかに依存
することとなった。イギリスでは，法的には国会主権の原理がとられ，法律が
最高の力をもつとされたが，法思想としては中世以来の，国王も議会も拘束さ
れる「高次の法」が存在するという観念が強固に生き残り，*国民の権利を侵害
するような法律がつくられることに阻止的に働いた。フランスでも，国民主権
の下に国民を代表する議会が優位する体制が確立し，法律（議会）が最高の力
をもったが，**市民階級の成熟とともに選挙権が拡大され，第三共和政期には議
会が国民の意思を反映するようになり，法律が国民の権利を侵害することは少
なくなったといわれる。これに対し，ドイツでは，市民階級の成熟が遅れ議会
が力をもつに至らず，「法律に基づく行政」の原理が法律の内容・実質を問わ
ないものと理解されるようになり，たとえ権利を制約するような法律でも，行
政がそれに従ってなされる限り，「法治国家」（Rechtsstaat）が存在するとされ

第1部　憲法総論

た。これを「形式的法治国家」と呼んでいる。

　　＊　イギリスのルール・オブ・ロー（rule of law）　　イギリスの法の支配の特徴
　　を定式化したダイシー（Albert Venn Dicey, 1835-1922）は，法の支配を国会主
　　権と並ぶイギリス憲法の基本原理として提示し，この法の支配は判例法（コモ
　　ン・ロー）と制定法から成る「正規の法」（regular law）の支配として確立され
　　たと説明している。重要なのは，コモン・ローが具体的事件の中で発見された正
　　義（理性）と観念されたのみならず，制定法も類型的事例に関して一般的抽象的
　　に発見された正義と観念されていたということであり，法の支配が究極的には社
　　会の中で妥当している「高次の法」の支配と考えられたことである。
　＊＊　フランスにおける「法律適合性の原理」（principe de légalité）　　1789 年の
　　フランス革命は，国民主権を宣言し，主権者国民を代表する国民議会を「主権的
　　意思（一般意思）の表明」としての法律の制定権者とし，執行権の役割を法律の
　　執行に限定した。この結果，執行権の行為は厳格に法律に従うことを求められた。
　　この原理を「法律適合性の原理」と呼び，かかる国家体制を「法律適合性国家」
　　（État légal）と呼ぶ。

　㈦　権力分立の原理

　a）　権力分立論の二側面　　権力分立論を定式化したのは，モンテスキュー
（Montesquieu, 1689-1755）であった。彼は当時のイギリスの制限君主制を観察
し，それを，立法権・執行権・裁判権の分離の下に，立法権に君主・貴族院・
庶民院の三者が参与し，そこで抑制・均衡する体制として描いた。ここに描出
された原理が，忠実な法律執行のための立法・執行・司法の「三権分立」（狭
義）と正しい法律制定のための「抑制・均衡」の原理として，法の支配を制度
化するメカニズムとなったことは，すでに述べた。一般には，権力分立の原理
（広義）を三権の分離と抑制・均衡の両側面を含む意味で用いている。

　b）　歴史的展開図式　　権力分立原理の要点は，立法，執行（行政），裁判
という国家の三つの作用（機能）を議会，国王や大統領などの執行機関，裁判
所という異なる組織・機関に配分し，少なくとも一つの機関が全国家作用を独
占することのないようにすることにある。そのうえで諸権力を具体的にどのよ
うに配置するかは，国により時代により異なるが，特に立法権と執行権の関係
に着目してイギリスの歴史的展開を見てみると，次のような発展図式を描くこ
とができる。

第 2 章　立憲主義の基本原理

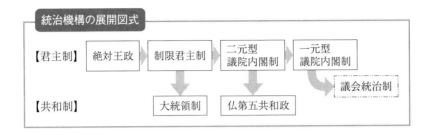

　国王が全権力を握った「絶対王政」を出発点に置くと，次にくるのが立法権を国王と議会が共有し，国王権力が議会により制限される「制限君主制」であり，これがモンテスキューが権力分立論を説くに際してモデルにした体制である。立憲君主政も基本的には，この型に属す。次いで君主と議会の間を調整する機関として内閣が重要な役割を果たす段階がくる。内閣を構成する大臣は，もともとは国王の家僕にすぎず，国王の自由に任免するところであったが，議会の力が強まるとともに，議会の信任も必要とするようになり，特に議会の信任を受けた首相の指導の下に内閣が国王から相対的な独立性を獲得して，国王と議会の両者から信任を受けつつ両者の調停を行っていくようになるが，これが議院内閣制の始まりである。18世紀末にこのような政治運営のあり方が成立するが，権力の核が国王と議会の二つにあるため，「二元型議院内閣制」と呼ばれる。その後，民主主義の要求が次第に強まり議会の地位がさらに向上すると，国王は首相の選任権を実質上失い，議会の多数派が支持する者を任命する以外になくなり，国王の権力は名目化する。この段階が「一元型議院内閣制」と呼ばれ，19世紀後半に実現される。さらに議会が強くなれば，議会が内閣を完全に従属させてしまい，権力が議会に融合する体制である「議会統治制」が理論上は考えうるが，それが好ましい体制かどうかについては種々疑問もあり，現在のイギリスではこのような方向へは展開していない。

　制限君主制における君主の代わりに大統領を置いたのがアメリカの大統領制である。権力分立がもともと制限君主制の構造をモデルとしていたことから，アメリカの大統領制は厳格な権力分立体制だといわれることがあり，これに対

第1部 憲法総論

比して，議院内閣制は穏健な権力分立の体制だといわれる。なお，二元型議院内閣制の構造を共和政の下で採用したのが，かつてのワイマール憲法や現在の第五共和政憲法である。

　㈔　国民主権の原理

　主権という概念は，国王が中世の権力分散的な封建社会を統合していく過程で，国王権力を正統化する目的でローマ法観念を手がかりに造形されたものである。そこで，主権は，最初，国王の権力が対外的に（ローマ教皇や神聖ローマ皇帝等との関係で）独立であり，対内的に（封建諸侯との関係で）最高であることを表現する言葉として成立し，次いで，独立・最高の国王権力そのものを主権と呼ぶ用法も成立した。そして，こうした主権の意味が，後に国家が成立すると，国家権力についても使われるようになった。

　対外的独立性　国家を前提にすると，主権は，まず，対外的に独立であり他国の干渉を許さないという国家（権力）の性質を表現し，あるいは，対外的に独立な国家権力そのものを指すのに用いられる。そして，国際社会における国家のそのようなあり方が「主権国家」と呼ばれるようになる。近代以降の国際社会は主権国家の共存の体制として存在しているのである。

　対内的最高性　これに対し，対内的な最高性については，国家権力が基本的には集権的権力であることから，最高であることは当然であり，特にそれをいう意味を失う。対内的レベルで重要となるのは，主権的な国家権力が誰に帰属するかである。この点で君主主権論と人民主権論が対立したが，そこで争われた問題には二つの領域の区別が必要である。

　第一は，権力の正統性の根拠の問題である。国家権力は，もともと誰に帰属するものなのか。君主なのか人民なのか。これが，実は，「憲法制定権力」の帰属にも関係するのである。君主主権論は，自己の権力は神により直接授かったものであり，それに基づき自ら憲法を欽定し，その憲法により，自己の権力行使を自己制限するのであると主張する。これに対し，人民主権論は，人民が契約により社会を形成し，憲法を制定するのだと主張する。アメリカやフランスで確立する原理は人民主権であるが，イギリスでは君主（King）主権を「国会における君主」（King in Parliament）の主権に転換して君主と国会の共有体制をつくり，さらに君主の権力を実質上名目化して国会主権を実現するという

28

展開をたどる。イギリスの市民革命は，君主と議会の対立として闘われ，人民が憲法を制定するという経過をたどらなかったので，君主主権と人民主権の選択という問題には直面しなかったのである。他方，ドイツでは，君主主権と人民主権の対立の中で，いずれに決着をつけることもできないで，主権は君主でも人民でもなく国家法人格に帰属するという「国家主権」論を生み出した。

　第二の問題は，人民が憲法を制定する場合，どのような内容の制度をつくるべきかに関係する。代表制論として論じられる問題がこれである。フランスでは，この点で「人民」(peuple) 主権論と「国民」(nation) 主権論が対立した。「人民」主権論は，主権者たる人民を政治に参加しうる独立し成熟した判断能力を備えた具体的個人（市民）の集合と捉え，個々の市民が選挙権をもつべきであり（普通選挙），かつ，選ばれた代表者は選挙区民の命令に法的に拘束されねばならない（選挙区民と代表者のこのような関係を「命令的委任」の関係という）と主張した。これに対し，「国民」主権論は，その国民を，過去から現在を経て未来へ連綿と継続する国民の意味に理解した。このような「国民」は抽象的・理念的な存在にすぎないから，具体的な「人民」と異なり，自己の意思をもつことはできず，代表者の意思を自己の意思とみなす以外にない。ところが，「国民」に帰属させられる意思は，全国民の意思であるから，それを形成する議会の代表者は，自己の選挙区民の意思に拘束されては困る。代表者は自己の良心のみに従い，討論を通じて全国民の利益となる意思を形成しなければならないのである。ゆえに，命令的委任は禁止されねばならない。このようなあり方の代表を「国民代表」という。さらに，参政権も自己の利益を離れて全国民の利益を考えることのできる者に制限されねばならない。ここから，財産に基づく制限選挙が主張された。近代初期に勝利するのは，この「国民」主権論であった。

(2)　近代立憲主義の二つのモデル

　以上の基本原理の各々は様々な理解を許容し，現実にどのように制度化されるかは各国により異なるが，全体のあり方を大きく分ければ二つの主要なモデルに整理できる。立憲君主政モデルと国民主権モデル（立憲民主政モデル）である。

第1部　憲法総論

(ア)　立憲君主政モデル

立憲君主政モデルにおいては，君主政原理（君主主権）が出発点に置かれ，そこから君主が憲法を欽定して自己の権力を制限するという論理をたどる。

そこで，まず第一に，議会が設立され，これに立法権が与えられる。ただし，君主も議会の可決した法律の裁可権を留保する。したがって，法律を制定するには，原則として，議会と君主の同意が必要となり，少なくとも議会の同意が必要となった限りで，君主の立法権は制限されることになる。では，議会の同意が必要とされたのは，いかなる範囲においてか。それは，国民の権利を制限しあるいは義務を課す場合である。このような法規範を，ドイツでは「法規（Rechtssatz）」と呼んだが，法規の制定は法律をもってしなければならないとされたのである。これを「法律の留保」という。法規以外の事項については，君主はそれを議会の同意を必要としない「命令」の形式で定めることができた。もちろん，それを法律で定めることもできたが，その場合には君主の裁可が必要であり，したがって「法規」が法律事項と命令事項の分配のキー概念だったのである。

第二に，独立の裁判所が設置され，それに法律の解釈・適用の争いを裁定させた。そして，立法権と裁判権以外の残りの全権力が行政権として君主の手に残されたのである。

(イ)　国民主権モデル

これに対し，国民主権モデルでは，国民主権を出発点にして，主権者たる国民が憲法を制定し立法権・執行権・裁判権を創設する。立法権を授権された議会は，国民の直接的な代表者であることから，優越的地位を与えられる。あらゆる法定立は，まず法律によってなされなければならない。いわば憲法の下におけるあらゆる始源的決定が法律に留保されるのであり，「法規」に限らず，行政組織の基本もまず法律により規定されなければならない。執行権は法律の執行を本来の職務とするのであり，ゆえに，そのあらゆる活動につき法律の存在が常に前提となる。法制定の権限が否定されるわけではないが，法律の存在しないところで命令を制定するということは許されない。命令は法律の執行に必要な細目的な定めか，あるいは，法律により委任を受けたことについてのみ規定しうるにすぎない。他方，裁判権は，法律の執行についての争いが生じた

30

場合に，訴えを待ってそれを最終的に裁定する権力であるとされる。

3 近代立憲主義の現代的変容

　現代の憲法も基本的には近代立憲主義の原理を継承しているが，近代から現代へと展開するなかで様々な変容を受けてきている。変化を生み出した要因は，人権の単に形式的な保障ではなく，より実質的な保障を求めた国民の要求と，それを実現するための政治参加（民主主義）の要求であった。この要求に対応して，国家の役割についての考え方も，国家が社会に介入することを避け，可能な限り私的自治に委ねるべきだと考えた消極国家観から，社会の弱者を保護するために国家は積極的に社会に介入すべきであるという積極国家観へと変化し，これに伴い，立憲主義の諸原理の捉え方にも強調点の変化が生じるのである。ここでその重要なものを簡単に指摘しておく。

⑴　人権論における変化
　近代初期においては，国家と個人の間に存在する中間団体は，アンシャン・レジーム下の身分的・同業組合的団体と同視され，営業の自由等の近代的自由に敵対するものとして禁止された。しかし，封建的性格の中間団体の解体が一応終わると，今度は中間団体が国家と対峙して個人の自由の防禦者となりうることに気づき，中間団体に結社の自由を認めてこれを保護するようになる。この点は，現代憲法にも引き継がれている。
　しかし，現代人権における最大の変化は，私的自治・経済的自由の制限と社会権の登場である。社会における私的自治を重視した近代の消極国家の下では，弱者が人権を享受することなど実際上は不可能であることが判明した。そこで私的自治を修正し，一方で，労働条件を全面的に契約の自由に委ねるのではなく最低限の水準を法律で規定し，他方で，最低水準を超える条件の取決めに際しての労働者の交渉力を強化するために，労働基本権を憲法上保障しようとする動きが生じた。さらに，すべての国民に生存権を認めるべきだという考えも唱えられ，国家に国民の生存配慮を要請する「積極国家」の思想が支配的となった。こうして，「権力による自由」（社会権）が強調される。そして，弱者の

第1部 憲法総論

声を政治に反映させるために,「権力への自由」(参政権) の強調がこれに連動する。社会権を充実させるには,それを要求する者たちの参政権が拡大されねばならないし,参政権が拡大すれば社会権の充実が進展するのである。

社会権の充実のためには,財産権をはじめとする経済的自由権の制限が必要である。参政権の拡大には,単に選挙権の拡大だけでなく,表現の自由をはじめとする精神的自由権の一層の強化が必要である。こうして,「権力からの自由」においても,強調点は経済的自由から精神的自由へと移行するのである。

(2) 国民主権から人民主権へ

国民主権論には二つのポイントがあった。一つは,政治は全国民の利益を目指さなければならないということ,もう一つは,そのためには制限選挙制度の方が優れているという判断である。しかし,後者は国民主権論からの論理的要請ではない。普通選挙でも全国民のための政治が可能ならば,国民主権原理に反するわけではないのである。実際,民主政治の要求が強まるに従い,現在ではどこの国でも普通選挙制度を採用するようになってきている。命令的委任は今日でも禁止されているが,それは,普通選挙の下においても全国民のための政治が必要であり,かつ,可能であると考えているからである。とはいえ,普通選挙の下においては,代表者は自己の支持基盤の「部分利益」を優先しがちになることは否定できず,人民主権論が支配的となるなかで,部分利益にとらわれない全国民の政治をどう実現するかという問題に直面することになる。

普通選挙の確立は近代立憲主義の機能環境を様々な点で変容させたが,政党政治や行政権の優位という現象も,かかる文脈で理解することができよう。選挙民がその意思を政治に反映させるために,政党の役割は不可欠である。政党のあり方は,当初のイデオロギー政党からプラグマティズム政党へと変化を見せているが,いずれにせよ,現代の民主政治は政党の働きなくしては困難であり,現実に政治の主体は個々の議員から政党へと比重を移しており,そのようなあり方を「政党国家」と呼ぶこともある。また,選挙民の要求が政治に反映されるようになると,それに応えて国家が積極的な施策を行うことになるが,議会よりは行政に適した任務が増大することにより,行政権が優位となる「行政国家」といわれる現象が一般化するのである。

32

第2章　立憲主義の基本原理

(3)　権力分立制の変容

　民主主義思想の浸透に伴って，議院内閣制は二元型から一元型へと変遷する。一元型が行政国家現象の下で機能するには，内閣，特に首相のリーダーシップの確立が必要である。それは政党制のあり方に大きく依存する。イギリスのように二大政党制を確立したところでは，首相は選挙における国民の支持を基礎に強い立場を形成しうる。ここでは，権力の分立は与党と野党の対立を介して機能することになる。第四共和政のフランスのように，極端な多党制を生み出したところでは，連立政権とならざるをえず，首相も強力なリーダーシップを発揮することが困難であった。他方で，アメリカの大統領制においては，大統領が国民により事実上直接選出されるから，大統領の立場は強い。しかし，大統領制においては，議会の多数派政党が大統領の政党とは異なるということが起こりうる。そうなったときには，制度上の権力分立が政党対立により増幅され，大統領もリーダーシップの発揮が困難となる状況にしばしば直面し，それをどう克服するかが重要な課題となるのである。

(4)　法の支配の再編

　行政権の優位の下に委任立法が増大し，あるいは，政党政治によって立法権と行政権が融合すると，法制定と法執行の区別が曖昧化し，その区別を前提に組み立てられていた法の支配＝行政の法律適合性のコントロールはその有効性を減少せざるをえない。そこで，それを補う様々な方法が考案されてきたが，その最も重要なものが「違憲審査制度」である。これは立法権と憲法制定権・改正権との峻別を基礎とするものであり，現代憲法の大きな特徴となっている。

　近代においては行政権から人権を護ることが最重要の課題と考えられたから，議会に期待することができた。議会が人権を尊重した法律を制定する限り，あとは行政権をその法律に従わせれば十分だと考えられたのである。しかし，議会が常に人権を保障するとは限らないことが分かってきた。議会に多数派と少数派が存在する以上，どんなに民主政治が進展しようと，多数決で敗れた少数派の人権が侵害されないという保証はないのである。こうして，議会をも法の支配の制度化の中に取り込む必要が意識されるに至った。

　現代の違憲審査制には，二つの類型が区別される。一つは，アメリカに代表

第1部 憲法総論

される司法審査型であり，通常の司法裁判所が審査権をもつ。もう一つは，ドイツに代表される憲法裁判所型であり，ここでは特別に設置された憲法裁判所が審査権を独占し，通常の裁判所は，法律を違憲と審査する権限をもたない。

4 日本における立憲主義の継受と展開

(1) 明治憲法と立憲君主政モデルの採用

徳川末期に開国すると，日本にも西欧の政治思想が急激に流れ込んでくるが，立憲主義思想もその一つであった。明治政府の手がけた最初の課題は，封建的な幕藩体制を清算して中央集権的な国家構造をつくり出すことであったが，やがて，この絶対主義的構造の形成途上で同時に立憲主義の導入をも求められることになる。このため，1889年に制定された大日本帝国憲法（明治憲法）は，前にも触れたように（11頁参照），絶対主義と立憲主義の妥協的性格を有していた。

統治構造における絶対主義的要素の核心は，日本古来の伝統とされた天皇統治の原則を憲法の基礎に置いた点にあり，明治憲法の条文上「大日本帝国ハ万世一系ノ天皇之ヲ統治ス」（1条），「天皇ハ国ノ元首ニシテ統治権ヲ総攬」する（4条）と規定された。この原則の下で，立憲主義的要素としての権力分立の導入が図られたが，天皇の権力を制限する中心機関たるべき帝国議会は，天皇とともに立法権を保持するのではなく，天皇の立法権に「協賛」（5条）するものとされ，また，裁判所は「天皇ノ名ニ於テ」（57条）司法権を行うものとされていた。天皇の行政に助言する内閣はといえば，内閣制度は憲法に規定されておらず，天皇の勅令である内閣官制で定められていた。憲法が規定したのは，天皇を「輔弼」（55条）する大臣の存在であり（大臣助言制），憲法上は個々の大臣が天皇に対してのみ責任を負い，首相の下に内閣という統一体を形成し，議会に対しても責任を負うという体制ではなかった。天皇の行為には原則として大臣の署名が必要である点で，大臣による天皇の制約という意味をある程度もちえたが，いまだ議院内閣制とはいえず，制限君主制段階のものであった。しかも，憲法制定以前からの慣習に基づき，軍の統帥に関する事項は軍の参謀が天皇を助けることとされ，大臣による輔弼の対象ではないとされた（統帥権

34

の独立）。これが、のちに拡張解釈され、軍の暴走を許す口実となったのは、周知の事実である。

他方、権利保障を見れば、人権ではなく「臣民ノ権利」（明治憲法第2章の表題参照）であり、かつ、そこで保障された権利はほとんどが「法律の留保」の下に置かれていた。法律を制定する議会が保守的な貴族院をもつ二院制であり、衆議院も当初は制限選挙の下にあったことを考えると、法の支配も形式的法治国家（25頁参照）へと方向づけられていたと評しえよう。しかも、緊急時（8条）や有事（31条）には天皇は憲法や法律の拘束を免れることも可能であったから、形式的法治国家さえ不完全なものであった。とはいえ、権利保障と権力分立を一応取り込んでいた点で、立憲主義の要素を最低限受け入れており、「外見的立憲主義」の憲法というべきであろう。

もっとも、妥協を反映して多くの規定は抽象的であり、運用次第で二元型議院内閣制の方向で運用することも、逆に絶対君主政的方向で運用することも可能な内容であった。実際、大正デモクラシー期には二元型議院内閣制の運用が実現され、それが「憲政の常道」といわれたのである。この期に美濃部達吉の天皇機関説が通説として受け入れられていたことも、すでに述べたとおりである。しかし、このような運用は長くは続かず、やがて台頭する軍国主義の圧力下に、天皇統治の建前を強調する「国体」論が猛威を振るい、美濃部の著書は「国体の異説」を説くものとして発売禁止処分を受け、「大政翼賛会」的憲法運用へと突き進んで敗戦を迎えるのである。

(2) 日本国憲法と国民主権モデルの採用

(ア) ポツダム宣言の受諾と憲法改正の必要

1945年8月、日本はポツダム宣言を受諾して連合国に「無条件降伏」した。ポツダム宣言は、その第10項で、「日本国政府ハ日本国国民ノ間ニ於ケル民主主義的傾向ノ復活強化ニ対スル一切ノ障礙ヲ除去スベシ言論、宗教及思想ノ自由並ニ基本的人権ノ尊重ハ確立セラルベシ」と要求していた。日本政府は、当初、ポツダム宣言の要求を実現するのに憲法の改正は必ずしも必要ではなく、憲法の運用で対処しうると判断していた。しかし、連合国軍の総司令部（GHQ）から憲法改正が必要である旨を告げられ、10月25日に国務大臣松本烝治を長

とする憲法問題調査委員会（通常「松本委員会」と呼ばれる）を設立した。

(イ)　松本四原則と毎日新聞によるスクープ

松本委員会は，憲法改正の調査にあたり，次の四原則を指針とした。①天皇が統治権を総攬するという基本原則は維持する，②天皇の大権事項を減少させ，議会の関与しうる範囲を拡大する，③大臣の責任範囲を国務全般に拡大すると同時に，議会に対しても責任を負うことにする，④国民の権利の保障を強化・充実させる。このうち，②と③は議院内閣制の方向を目指すものであり，また，④も外見的立憲主義からの脱却を目指すものであり，ともに明治憲法の立憲主義的運用のための障碍となっていたものを改善するという意味をもっていた。しかし，①により明治憲法の基本構造の外観を維持しようとしたため，全体としてはきわめて保守的な方向を目指している印象を否めなかった。実際，松本委員会が準備した憲法改正案が，公表前に1946年2月1日の毎日新聞によりスクープされると，それを通じて改正案の概要を知った総司令部は，その内容が保守的にすぎると判断し，総司令部の側で改正案を作成して日本政府に提示する必要を感じるに至るのである。

(ウ)　マッカーサー三原則とマッカーサー草案

総司令部で憲法草案を作成するにあたり，マッカーサーは次のような内容の三原則を草案に入れるよう部下に指示した。マッカーサー三原則と呼ばれている。

①　天皇は国首の地位にある。その地位継承は家系に従う。その職務と権能は，憲法に基づき行使され，憲法に規定された国民の基本的意思に従ったものとする。

②　国家の主権的権利としての戦争は廃棄される。日本は，紛争を解決する手段としてのみならず，自己自身の安全を保持する手段としてさえも，それを放棄する。日本は，その防衛と保護を，今や世界を動かしつつある崇高な理念に委ねる。日本に陸海空軍が容認されることは決してないし，交戦権が日本軍に与えられることもない。

③　日本の封建制は終わりにする。貴族の権利は，皇族のものを除き，現在生存する者の代を越えて存続することはない。貴族の地位は，今後いかなる公民的・政治的権力も伴わない。予算の型はイギリスの制度に倣うこと。

マッカーサー三原則を取り込んだ憲法草案（通常「マッカーサー草案」と呼ばれている）は，10日前後の短時日のうちに作成され，2月13日に日本政府に提示された。先に総司令部に提示していた松本案に対する回答を聞くつもりで会談に臨んだ日本政府代表（吉田茂外務大臣，松本烝治国務大臣等）は，予期せぬマッカーサー草案の提示に衝撃を受け，抵抗を示したが，天皇制の将来や，政府が拒否するなら直接国民に提示する用意があると総司令部側が述べたことなど，諸般の事情を勘案して，最終的には受諾を決断し，マッカーサー草案を基礎にした政府草案を作成することにしたのである。

(エ)　憲法改正案の公表・衆議院選挙・帝国議会による審議可決

政府の改正草案の作成は，その都度総司令部との折衝を重ねながら，まず3月2日案，次いで3月6日の憲法改正草案要綱へと順次整備されて，国民に公表された。そのうえで，4月10日に衆議院の総選挙を行い（この選挙は女性の選挙権が初めて認められた選挙，また，制限連記制で行われた唯一の選挙），選挙結果に従って5月22日に（第一次）吉田茂内閣が成立した。金森徳次郎を憲法担当の国務大臣に任命した吉田内閣は，憲法改正草案要綱を条文化した憲法改正草案を，総選挙で構成を刷新された帝国議会に，明治憲法73条の憲法改正手続に従って提出した。衆議院と貴族院による審議の結果，若干の修正を除き，基本的には草案通りに可決され，11月3日に公布され，翌年5月3日に施行された。

(オ)　日本国憲法の内容

かくして制定された日本国憲法は，天皇制を「象徴天皇制」として残したものの，国民主権を明示的に宣言し，人権規定を詳細に取り入れるとともに，一元型議院内閣制を採用し，さらに，アメリカ型の違憲審査制度も導入した典型的な現代立憲主義の憲法である。問題は，それをその理念通りに運用してきたのか，どのように運用すべきなのかであるが，それを考えるのが本書の目的となる。

第3章

日本国憲法の普遍性と特殊性

　日本国憲法は，その前文第1段落1文で，日本国民が主権者として，代表者を通じて，本憲法を制定するものであるという「国民主権の原理」を宣言した後，それに続く2文・3文で「そもそも国政は，国民の厳粛な信託によるものであつて，その権威は国民に由来し，その権力は国民の代表者がこれを行使し，その福利は国民がこれを享受する。これは人類普遍の原理であり，この憲法は，かかる原理に基くものである」と述べている。本書は，日本国憲法がコミットする「人類普遍の原理」を，ヨーロッパで歴史的に形成された「立憲主義の原理」として析出し，日本国憲法をこの原理を受容した一事例と位置づけ，かかる視角からその具体的内容を分析しようとするものである。

　日本国憲法の特徴は，一般には，国民主権，人権尊重および平和主義にあるといわれる。たしかに，この三点は，明治憲法と比較した場合の日本国憲法の大きな特色であることに違いない。しかし，比較憲法史的な視野から日本国憲法を位置づけようとする場合，その最大の特徴は，現代立憲主義の本流的思想を受け入れた点にある。それは，個人の尊厳を基本価値とし，人権尊重・国民主権・権力分立・法の支配という立憲主義憲法の基本原理すべてにコミットして構成されている。もちろん，「人類普遍の原理」としての立憲主義の具体的制度化のありようは，国により異なりうるのであり，その違いが各立憲主義国の特質をなすが，しかし，かかる特質は，立憲主義という共通性を前提としたうえでの二次的差異にすぎない。この意味での日本国憲法の特殊性は，立憲主義の一つの実験であり，立憲主義の深化に貢献こそすれ障害や危険となることはない。

第1部 憲法総論

しかし，日本の憲法の特殊性が語られるとき，立憲主義にとって深刻な問題が含意されていることもある。それは，その特殊性が立憲主義と対立する文脈で援用されるときである。そのような可能性をもつ問題領域として，本章で象徴天皇制と戦争放棄の問題を取り上げておきたい。

I　象徴天皇制

1　天皇統治から象徴天皇制へ

立憲主義は西欧で成立した思想であり，明治政府はそれを継受しようとした。当然，そこでは日本の伝統との軋轢が問題となる。明治憲法の制定に際して政府のとった基本的態度は，伝統を基本として必要な限度で立憲主義を接ぎ木するというものであった。そのことは，元老院議長に対して憲法草案の起草を命じた勅語「朕爰ニ建国ノ体ニ基キ，広ク海外各国ノ成法ヲ斟酌シ，以テ国憲ヲ定メントス」の中に表現されていた。明治憲法は，「国家統治ノ大権ハ朕カ之ヲ祖宗ニ承ケテ之ヲ子孫ニ伝フル所ナリ」（上諭〔前文〕）との論理に立ち，1条で「大日本帝国ハ万世一系ノ天皇之ヲ統治ス」と定めた。これが日本に伝統的な「天皇統治」（天皇主権）の「国体」規定と解釈されることになった。のみならず，軍国主義の台頭するなかで日本の独自性が強調されるようになると，捕らえどころのない情緒的な「日本的なるもの」が国体の中に読み込まれ「万邦無比の国体」が語られることになったのである。明治憲法が継受した立憲主義は，「建国ノ体」が強調されれば，そのみせかけ性（外見性）を露わにせざるをえない。立憲主義の継受が成功するためには，立憲主義の論理が受け入れられ，それと矛盾する「日本文化」が変容を経ねばならないが，明治憲法体制は，最後には国体論の強調に走り，それと矛盾する立憲主義の方を否定したのである。

敗戦に直面し，明治憲法体制の崩壊が迫ったとき，時の支配層にとって最大の課題として意識されたのは，「国体の護持」であった。日本に降伏を迫って発せられたポツダム宣言は，「日本国国民ノ自由ニ表明セル意思ニ従ヒ平和的

40

傾向ヲ有シ且責任アル政府ガ樹立セラルル」（12 項）ことを求めていた。日本政府は，「右宣言ハ天皇ノ国家統治ノ大権ヲ変更スルノ要求ヲ包含シ居ラザルコトノ了解ノ下ニ受諾ス」と回答するが，連合国からはこの「了解」を肯定する返信を得られず，やむなく天皇自身による無留保の受諾の「御聖断」を仰いだのである。それでも，「終戦ノ詔書」には「朕ハ玆ニ国体ヲ護持シ得テ……」と述べられていた。宣言にいう「日本国国民」を政府と対抗する国民ではなく，政府と国民の両者を包摂する総体としての国民の意味に解すれば，宣言は天皇統治の基本原則を必ずしも否定するものではないと理解したのである。先に見た「松本四原則」が統治権の総攬者としての天皇の地位を変更する必要がないと判断したのも，かかる理解による。

　しかし，このような解釈は無理な解釈であり，結局は降伏条件の受諾を根拠とする総司令部からの要求により，天皇統治を否定し国民主権を基礎に天皇を象徴と位置づける憲法制定を行うことになった。このため，国体が護持されたのかどうか激しい論争がもちあがったのである（「国体論争」）。

　また，新憲法の制定に際してとられた手続にも，法理的な問題が伏在していた。すなわち，新憲法は，前章で見たように，明治憲法 73 条が定めていた憲法改正の手続に従って，明治憲法の「改正」として成立したのであるが，明治憲法の「根本規範」である天皇主権を国民主権に変更するというような大変革を「改正」として行いうるかが，法理論上問題になりえたからである（「八月革命説」）。

(1) 国 体 論 争

　国体が変更されたかどうかをめぐる論争として著名なものは，佐々木・和辻論争と尾高・宮沢論争である。

(ア) 佐々木・和辻論争

　憲法学者の佐々木惣一は，国体とは誰が統治権の総攬者（主権者）かにより決まる国家の形体であるという理解を前提に，新憲法により主権者が天皇から国民に変わったから国体は君主国体から民主国体に変更したといわざるをえないと論じた。これに対し，哲学者の和辻哲郎は，国体とは一般には日本の歴史を一貫する特性をいうと考えられているが，日本の歴史を貫いて存在する事実

第1部 憲法総論

は天皇が日本国民の統一の象徴であったということであり，この事実は日本国憲法においても変化していないと主張した。この対立は，国体という言葉を変転しやすい政治体制的な側面で理解するか，持続性をもつ文化的・風土的側面で理解するかの違いから生じたものであるが，その視角の違いは両者の研究経歴の違いを反映していて興味深い。

(イ) 尾高・宮沢論争

法哲学者の尾高朝雄は，国体は天皇主権から国民主権への変更により変わったと主張する論者が主権を国家における最高の政治権力と理解している点を問題とし，かかる理解は法と力の関係において「力は法なり」を認めることに帰着すると批判した。尾高によれば，いかなる力も超えてはならない矩というものがあり，それがノモス（法の理念）と呼ばれるが，国家における最高の権威を主権というなら，ノモスにこそ主権があるというべきであり，天皇統治も国民主権もノモスを政治の最高原理とする点で違いはないから，この変化は国体の変革などと大騒ぎするようなことではない。

これに対し，憲法学者の宮沢俊義は，次のように批判した。ここで問題となっている主権とは，政治のあり方を最終的に決める力，意志を意味し，それが天皇に帰属するか国民に帰属するかが問われているのである。尾高は，主権はノモスにあるというが，仮にそれを認めるとしても，その場合の真の問題は，そのノモスの具体的内容を最終的に決めるのは天皇か国民かということなのであり，この問いへの答えを回避するノモス主権論は，国民主権により天皇制に加えられた致命傷を包み隠そうとする「ホウタイ」の役割を果たす理論にすぎない，と。

以上の二つの論争にみられるように，国体論争は，現象的には，国体という語をいかなる意味で用いるべきかをめぐってなされた。国体には，二つの主要な意味が区別できる。一つは，憲法学上の概念としての国体であり，主権の所在により君主国体と民主国体が区別される。この意味での国体が変更したことは疑いない。もう一つは，文化的・社会的概念としての国体であり，ここでは天皇が法的・政治的権限をもつかどうかは問題ではなく，天皇が国民の精神的つながりの支えとして存在していることこそ国体の本質とされる。この立場か

らは，象徴天皇制も国体を継続するものと理解することが可能となる。いずれの立場に立つかは，後述の天皇が象徴するものの理解に影響を及ぼし，ひいては日本国憲法の基本価値の理解に影響を及ぼしうる意味をもち，今日でも重要性を失わない論点を構成している。

(2) 八月革命説

日本国憲法は，明治憲法の改正という手続をとって制定された。これは，国際法上の理由から「自主憲法」であるべきことを配慮した総司令部の要請でもあり，また，できる限り大変革ではないという外観を装うことを欲した日本政府の望むところでもあった。しかし，憲法改正には限界があるというのが明治憲法下の支配的学説であったから，日本国憲法は改正権の限界を超える違憲の憲法改正ではないかが問題となった。これに答えたのが宮沢俊義の唱えた八月革命説である。宮沢によれば，ポツダム宣言は明治憲法の基本原理と相容れない国民主権の要求を含んでいたのであり，これを八月に受け入れた時点で主権の所在は変更し，法学的意味での「革命」が成立した。ゆえに，ポツダム宣言の趣旨に反する限りで明治憲法は失効したのであり，にもかかわらず明治憲法の改正手続を用いて新憲法の制定を行ったのは，混乱を防止しようという政策的な配慮にすぎない。

この八月革命説は，日本国憲法の成立を法学的に説明する法理としては，広く受け入れられてきた。しかし，革命を起源とするということは，明治憲法とは法的な連続性がないということであるから，日本国憲法が正統な憲法として効力を有することの説明が別途必要となる。国民主権の憲法が正統とされるためには，少なくとも国民の意思が制定過程に反映されたということが必要である。この点については，当時発表された草案大綱および草案が国民に好意的に受け取られたこと，議会の審議の前に衆議院議員の総選挙が行われたこと，などが重要な意味をもとう。

しかし，それにしても問題となるのは，新憲法の制定が占領下においてなされたことである。対外的な主権がなかったということは，国民主権の前提が完全ではなかったということであり，この点の瑕疵は否定できない。しかし，日本の独立後今日まで，国民が自由な意思に基づき日本国憲法を支持してきたこ

第1部 憲法総論

とにより，今ではその瑕疵は治癒されていると考えるべきであろう。

2 象徴天皇制の内容

(1) 象徴としての地位の根拠

日本国憲法1条は「天皇は，日本国の象徴であり日本国民統合の象徴であつて，この地位は，主権の存する日本国民の総意に基く」と規定する。明治憲法における天皇が，その地位の根拠を神勅に置いたのに対し，ここでは主権者国民の総意に置いている。地位の根拠が完全に変化したのである。ゆえに，日本国憲法における天皇の地位は，もはや憲法改正の限界を構成せず，憲法改正により象徴天皇制を廃止することも可能なのである。また，日本国憲法における象徴としての地位は，主権者としての地位を失った天皇に残った地位ではなく，主権者たる国民がまったく新たに創設した地位と理解しなければならない。明治憲法の天皇と日本国憲法の天皇の間には，その地位に断絶があるのである。

(2) 何を象徴するか

天皇は「日本国」および「日本国民の統合」の象徴とされる。日本国民の統合したものが日本国であるから，両者を特に区別する必要はないが，重要なのは国民統合の基本原理をどう理解するかである。憲法の基本価値が個人の尊厳である以上，相互に異なる個性をもった個々人がその個性を尊重し合うというルールを基礎に結合した団体を国家と考えなければならず，天皇はそのような国民統合を象徴するのである。しかし，ここに日本の伝統的文化を強調する立場からの反論がある。それによれば，日本人は個人として我を主張するのではなく，集団（共同体）の中で他者と和して生きてきたのであり，自己の権利を主張する前に，その前提として集団のために果たすべき自己の責務を重視してきた。国民の統合は，集団の価値を認め集団のために自己の責務を果たすことを引き受ける個人の集まりとして理解されねばならず，天皇はそのような統合を象徴するのである，と。この立場からは，日本国憲法の人権保障については，本来国民の義務規定が先行すべきなのに，それが欠けている点で日本の伝統に合わないものであり，改正すべきだと主張され，象徴天皇制については，こう

44

した日本の伝統的文化を象徴するものとして，元首としての地位を明確に認めるなど，その地位を強化すべきであると主張されている。ここにかつての国体論が形を変えて継承されているのである。

象徴とは，目に見えない抽象的・観念的・無形的・超感覚的なことがらを，目に見える具体的・実在的・有形的・感覚的なものにより表すことであるが，象徴するものが象徴されるものと不適合であるときは，象徴されるものの本来の意味が見失われる危険がある。たとえば，平和の象徴を鳩ではなく鷹に求めたとしたらどうであろうか。象徴天皇制もこのような問題をはらんでいるのである。世襲制である点で身分制に基礎を置く天皇が，個人の尊厳に基礎を置く国民統合を象徴するという理解を持続させるには，緊張感を必要とする。緊張感を失えば，日本国憲法の基本価値の対立物を象徴するものへと転化する危険を常にもつ。逆にいえば，象徴天皇制は，我々に，我々を形成した伝統に正当な敬意を払いつつも，新たな伝統を意識的に形成していくことを求めているのであり，そのことを常に意識化させる作用を果たすべきものと理解する必要がある。

(3) 国 事 行 為

天皇は，「憲法の定める国事に関する行為のみを」行うことができ（4条1項），かつ，この国事行為を行うには内閣の助言と承認を必要とする（3条）。内閣の助言と承認に従って行うことを要求したのは，天皇に一切の判断権を与えないで，助言と承認通りに行うことを要求したものであり，ゆえに国事行為はまったく形式的・儀礼的行為であり，天皇は「国政に関する権能を有しない」（4条1項）のである。国事行為としては，憲法6条の規定する内閣総理大臣および最高裁判所長官の任命，7条が規定する①憲法改正・法律・政令・条約の公布，②国会の召集，③衆議院の解散，④国会議員の総選挙施行の公示，⑤国務大臣等の任免，全権委任状の認証，大使・公使の信任状の認証，⑥恩赦の認証，⑦栄典の授与，⑧批准書・外交文書の認証，⑨外国大使・公使の接受，⑩儀式を行うこと，に限定される。

しかし，現実には，これらの列挙に該当するかどうか疑問のある行為がしばしば行われ，議論を呼んできた。たとえば，国会の開会式における天皇の「お

第1部　憲法総論

ことば」とか，地方への行幸，外国への親善訪問・外国元首等との会見などである。これらは私的行為とはいえず，かといって国事行為で説明することも容易でない。そこで多くの学説は，国事行為ではない天皇の公的行為も許される場合があると主張するようになった。一つの学説は，天皇には国家機関として行う国事行為のほかに象徴としての地位に基づいて行う行為もあると説明する。しかし，天皇には象徴としての地位しか認められていないのであり，それに対応する行為が国事行為であるから，この説明には無理なところがある。他の学説は，ちょうど首相が憲法上の権限行使のほかに「公人」としての立場から様々な儀礼的行為を行うように，天皇も象徴として行う国事行為のほかに公人として様々な行為を行いうるのだと説明する。たしかに，「公人」が正規の権限外に儀礼的な行為を行うことはよく見られることであり，天皇も例外ではないといえよう。しかし，かかる行為は内閣の助言と承認の下にあるかどうかも不明確であるし，仮に内閣の助言と承認が必要と解しても，時の内閣が天皇を利用することに対する歯止めにはならない。むしろ，天皇の公的行為は国事行為に限定し，上述のような行為は⑩の「儀式を行うこと」により説明するのが無難であろう。多くの学説は，「儀式を行ふこと」（7条10号）とは「儀式を主宰すること」を意味するという解釈の下に，そのような説明は困難とするが，儀式を行うとは，儀式的・儀礼的行為を行うことと解することも不可能ではなく，そう解することにより天皇の公的行為を国事行為に限定することができるのである。

　国事行為以外の行為について，憲法は特に明示的に定めるところはないが，国政に関する権能を有しないことに実質上反するような行為や，自己が象徴する国民統合を妨げるような行為（たとえば国民の中に政治対立を生み出すような行為）は，憲法により禁止される。それ以外の行為は，憲法上許容されているから，天皇自身の責任において行うことができる。それらの行為を法律上公的行為と私的行為に区別することは，可能であるし必要でもある。たとえば，皇室経済法は宮廷費と内廷費を区別するが，公的行為と私的行為の区別に対応している。法律上の公的行為は，天皇と内閣の合意に基づいて行われ，内閣はそれにつき責任を負う。

(4) 「象徴」であることの法的効果

天皇が「象徴」であることにいかなる法的効果が伴いうるかが議論されてきた。そのいくつかに触れておく。第一に，天皇に民事裁判権は及ぶか。天皇を被告に不当利得返還請求を行った訴訟につき，最高裁は象徴である天皇には民事裁判権は及ばないと解した（最二判平成元年11月20日民集43巻10号1160頁）。事件が象徴としての地位とは関係しない純粋に個人的な争いに関する場合には，民事裁判権が及ぶと解すべきであろう。なお，刑事裁判権に関しては，天皇の国務遂行の必要から天皇の地位にある限り刑事裁判権に服すことはないと解されている。第二に，「君が代」を法律で国歌と定めることは許されるか。君が代は，明治憲法下において主権者天皇を讃える意味をもつものと理解され，またそのように機能したものであるから，明治憲法の基本原理を否定し国民主権を採用した日本国憲法の下においては，これを国歌と定めることは許されないとの見解もある。しかし，象徴天皇制を採用している以上，君が代を国歌と定めた「国旗及び国歌に関する法律」を，その政策的当否は別にして，違憲とまではいえないだろう。ただし，君が代の斉唱を強制することがこれに反対する者の思想・良心の自由を侵害することがありうることは，別問題である。

第三に，天皇の象徴としての地位を傷つけるような表現行為を規制しうるか。天皇の個人的な名誉を傷つけるような表現行為が通常の名誉毀損にあたるのは当然である。問題は，象徴であることを理由に，通常の名誉毀損よりも重いサンクションを科したり，あるいは，通常の名誉毀損に該当しない場合にまでその範囲を拡大することが許されるかである。明治憲法下においては，刑法に不敬罪の規定（74条・76条）があり，重く処罰されていたが，戦後1947年に刑法改正により削除された。では，終戦後削除されるまでの間は，この規定は効力を有したのか。この間に行われた行為を理由に不敬罪で起訴された事件において，不敬罪の効力が争われたが，最高裁は，起訴後に不敬罪の恩赦がなされたことを理由に免訴とし，不敬罪の効力についての判断には立ち入らなかった（最大判昭和23年5月26日刑集2巻6号529頁）。もし不敬罪が明治憲法における天皇の統治権の総攬者としての地位と不可分のものであれば，戦後その地位が否定された時点でこの規定も失効したということになるが，もし不敬罪が象徴としての地位を基礎にしたものであるとすれば，象徴としての地位は日本国憲

第1部　憲法総論

法に継承されたと解する場合には，必ずしも日本国憲法と矛盾するわけではなく，象徴としての地位を保護するための新たな立法は許されるということになる。しかし，同じく象徴といっても，明治憲法におけるそれと日本国憲法におけるそれとは質的な違いがあり，断絶することなく継承されたと解するのは困難であろう。日本国憲法の下においては，象徴性を保護するための表現の規制は表現の自由を侵害する可能性が強い。

　このことと関連して，いわゆる「天皇コラージュ事件」に注意しておく必要がある。これは天皇の肖像と女性ヌードをコラージュした作品をめぐって生じた事件であるが，この作品を入手した美術館が，これを展示・公開することに対する執拗な反対運動が生じたので，混乱を避けるために非公開とし，最終的には売却してしまったというものである。これに対して，作品の制作者および一般の鑑賞希望者が県等を被告に損害賠償請求等の訴訟を提起した。もしこの作品が名誉毀損にあたるならば，非公開・売却が違法とされることはない。しかし，名誉毀損とはいえないが，象徴性を害するものだという理由でなされたものだとすれば，それが正当な理由となるのかが問題となるところである。現実には，非公開は混乱を避けるためという理由でなされたのであるが，混乱が生ずるとすれば，作品を「不敬」であると主張する側に主たる責任があるのであり，主張すること自体は表現の自由により保障されるとしても，混乱を引き起こすことまでが許されるわけではない。訴訟での争い方に困難が伴ったこともあり，高裁判決（名古屋高金沢支判平成 12 年 2 月 16 日判時 1726 号 111 頁）は，管理権者の専門的裁量の範囲内として請求を棄却し，最高裁も上告を理由なしとして棄却した（最決平成 12 年 10 月 27 日判例集未登載）が，表現の自由が「不敬」を理由に事実上妨害されるということがあってはならない。

3　天皇制運用上の規則と機関

(1)　**皇位継承のルール**

　天皇の地位の継承について，憲法は「世襲」（2条）と定めるのみで，順序等の詳細は「皇室典範」（同条）という法律の規定に委ねた。皇室典範は，男系・男子・長子の原則を採用している（典1条・2条）。その地位が世襲である

点で，首相や議員等の地位とは本質を異にし，個人の平等原理とは相容れない身分制原理に基づく地位である。皇室典範が定めた男系男子主義は憲法の要請ではないから，皇室典範の改正により女性による皇位の継承を認めることは可能であるが，憲法自体が身分制原理に基づく天皇制を採用している以上，天皇制には人権原理は一般国民に対すると同様には妥当せず，女帝を認めていない現行皇室典範を不合理な性差別で違憲だとはいえないであろう。

　なお，皇室典範4条は，新天皇の即位を「天皇が崩じたとき」に限定しており，天皇が生存中に退位することを想定していない。しかし，2016年に当時の天皇（現，上皇）が退位についての考えを示したことから，その強い要望を配慮して，2017年に「天皇の退位等に関する皇室典範特例法」が制定・公布され，これに基づき同天皇に関する「特例」として，2019年4月30日に退位し5月1日に新天皇が即位すると決定された。

(2)　国事行為の代行

　天皇が成年に達しないとき（18歳未満，典22条参照）や，重大な精神的・身体的な疾患・事故により天皇自ら国事行為をなしえないと皇室会議で決定されたときには，「摂政」が置かれ，摂政が天皇の国事行為を代行する（憲5条，典16条）。摂政を置くほどではない精神的・身体的な故障の場合（たとえば海外旅行や長期療養）には，天皇が国事行為を「臨時代行」に委任する（憲4条2項，国事代行2条）。摂政や臨時代行による国事行為も，当然，内閣の助言と承認を必要とする。

(3)　皇室の経費

　戦前には莫大な皇室財産が存在し，皇室の財政の大部分は議会のコントロールの外にあったが，日本国憲法は，皇室財産をすべて国有財産とし，すべての皇室の費用を国会の議決する予算に基づかせることにした（88条）。さらに，戦前のように皇室に財産が集積されるのを防ぐために，皇室への財産移転には国会の議決が必要としている（8条）。

　毎年の予算に計上されるべき皇室費用を，皇室経済法は内廷費・宮廷費・皇族費の三種に分けている（皇経3条）。内廷費は天皇の家族の日常的な生活費に

49

第1部 憲法総論

充てられるもので天皇家の私費として扱われる。宮廷費は宮廷の公務に充てられる公費であり，宮内庁で経理する。皇族費は，内廷にある者以外の皇族の生活費に充てられる費用で，毎年支給されるものと，初めて独立の生計を営む際ならびに皇族の身分を離れる際に一時的に支給されるものとがあるが，いずれも宮内庁の経理する公費ではない（同4条〜6条）。

⑷ 皇室事務に関する諸機関

　一般的な皇室事務の処理には，内閣府に置かれた宮内庁（内閣府48条）があたるが，特別の機関として皇室会議（典28条以下）と皇室経済会議（皇経8条以下）が設置されている。皇室会議は，摂政の設置（典16条），立后および皇族男子の婚姻の承認（同10条）等，皇室典範の定める諸事項を決定するために置かれたものであるが，両院議長，内閣総理大臣，最高裁判所長官を構成員に含む特異な機関であり（同28条2項），象徴天皇制を運用するために特別に設置された，通常の行政機構の外に位置する機関と理解すべきであろう。

Ⅱ　平和主義と戦争の放棄

_1_　立憲主義との順接

　日本国憲法は，第二次世界大戦の反省に立ち，前文において，「政府の行為によつて再び戦争の惨禍が起ることのないやうにすることを決意」し，そのために人類普遍の原理としての立憲主義にコミットすると同時に，さらに平和主義の理想を掲げ「全世界の国民が，ひとしく恐怖と欠乏から免かれ，平和のうちに生存する権利を有することを確認」し，国際社会と協調してかかる理想の実現に向かうことを宣言した。この平和主義と国際協調主義の理念は，憲法本文においては，9条の戦争放棄と98条2項の条約・国際法規遵守義務の規定に具体化されている。この限りでは，平和主義は立憲主義と相携えて自由を実現するものと位置づけられている。実際，「平和のうちに生存する権利」の実

現なくしては立憲主義も意味がなく，平和主義・平和的生存権は立憲主義の前提をなすともいえよう。

しかし，平和主義の具体化として日本国憲法が採用した戦争の放棄条項（9条）は，必ずしも平和主義あるいは立憲主義からの論理的帰結というわけではない。むしろ，立憲主義にコミットしているほとんどの諸外国は，日本のような戦争放棄条項をもっていない。その意味で，戦争放棄は日本の特殊性を表現している。もっとも，象徴天皇制が立憲主義と対立する可能性を秘めた日本の特殊性であるのに対し，戦争放棄は立憲主義と順接する可能性の高い特殊性である。立憲主義にとって重要なのは，この二つの特殊性の立憲主義との位置関係を明確に意識し，両者に対する反発が立憲主義への攻撃として手を結ぶことのないよう注意を怠らないことである。

2 憲法 9 条の制定経緯と初期の解釈学説

(1) 9 条制定の発端

憲法 9 条は，戦争の放棄・戦力の不保持・交戦権の否認を規定している。憲法で戦争放棄を謳う例は，これまでにもなかったわけではない。早くは 1791 年のフランス憲法が征服戦争を放棄した（第 6 編）例があり，第二次世界大戦後には 1946 年のフランス第四共和政憲法や 1949 年のドイツ連邦共和国基本法（ボン基本法）なども放棄を宣言している。また，戦争をなくすための国際的な努力も，1919 年の国際連盟規約，1928 年の「戦争抛棄ニ関スル条約」（不戦条約），1945 年の国際連合憲章などに結実している。日本国憲法の戦争放棄も，間接的には，これらのいわば世界史的な努力の中に位置づけられるものであることはいうまでもない。しかし，これらの努力が対象としたのは，侵略的な戦争（違法な戦争）の放棄であり，あらゆる戦争の放棄を対象としたわけではなかった。たとえば，国際連合憲章は，ある国が侵略的行為を行った場合には，安全保障理事会の決定に基づき加盟国による合同の制裁措置をとること（「集団安全保障」と呼ばれる）を定めるが，その措置がとられるまでの間は，被侵略国に自衛権の行使を認めている。自衛のための戦争（武力行使）は許されるのである。しかも，安全保障理事会の五つの常任理事国は各々拒否権を認められ

第1部 憲法総論

ているから，実際上は制裁措置の決定はできないことが多いと予想された。そのために，国連の外部で形成される諸国間の同盟を通じて防衛に当たることも自衛権の行使に含まれるとして「集団的自衛権」という概念を創りだし，それを国際連合憲章に明記した（51条）。こうして，自国が武力攻撃を受けていない場合でも同盟関係に基づき集団的自衛権の行使として武力を行使することが許されることにしている。

日本国憲法9条の直接的な起源は，通常，マッカーサー・ノートの第二原則に求められる。そこには，「国権の発動たる戦争は，廃止する。日本は紛争解決の手段としての戦争，さらに自己の安全を保持するための手段としての戦争をも，放棄する」旨が記されていた。マッカーサーがかかる考えを抱くに至ったのは，その少し前の幣原喜重郎首相との会談で幣原が同旨の考えを述べたことがヒントになったといわれている。

日本政府に手交されるマッカーサー草案は，マッカーサー原則を基礎に作成されたが，「自己の安全を保持するための手段としての戦争」の放棄まで明示するのは不穏当ではないかとする意見が起草者の中にあったために，マッカーサー草案ではこの点を明示する文言は避けられた。

マッカーサー草案を手交された日本政府は，この規定に驚くが，連合国の中には天皇を戦争裁判にかけるべきだと主張する国もあり，天皇への攻撃を避け天皇制を存続させるには，この規定が一種の「避雷針」として不可欠との認識に至り，これを受け入れることになる。

(2) 審議過程における政府答弁

憲法改正草案が議会で審議されたとき，9条が自衛権に基づく戦争まで放棄するものなのかどうかが論点の一つとして議論されたが，吉田首相は，憲法9条は直接には自衛権を否定はしていないが，9条2項において一切の軍備と交戦権を認めない結果，自衛権の発動としての戦争も交戦権も放棄したことになると述べ，過去の戦争の多くは自衛権の名において戦われたのであり，我が国は好戦国との疑惑をもたれているから，この誤解を解くためにいかなる名義における交戦権も放棄するということを世界に向けて表明することが必要なのだと答弁している。

(3) 芦田修正

草案の文言は，衆議院の審議で若干修正される（1項の冒頭に「日本国民は，正義と秩序を基調とする国際平和を誠実に希求し」という文言が，2項の冒頭に「前項の目的を達するため」という文言が付加された。「芦田修正」と呼ばれている）が，原案の意味の修正を意図するものではないと説明され，そのように了解されて受け入れられた。したがって，制定当時の理解としては，9条は自衛権を放棄するものではないが，自衛権の発動としての戦争も放棄し，一切の戦力と交戦権を否定したものと解されていたのである。

もっとも，芦田修正により，将来自衛のための戦力をもつ可能性が開かれたと解釈する向きが極東委員会の中に存在し，このため総司令部の要求により，軍の文民統制を考慮して大臣資格を文民に限る条項が挿入された（66条2項）。

(4) 学　説

9条解釈について，当初最大の論争点となったのは，自衛のための戦争までも放棄されたのかどうかであった。この点で，放棄説と非放棄説が大きく分かれる。このうち放棄説は，その説明の仕方の違いにより，さらに二つに分かれた。第一説は，9条1項の文言が，侵略戦争を禁止した不戦条約等の文言に似ていることを手がかりに，1項では自衛のための戦争は放棄されていないと解し，そのうえで，2項前段であらゆる戦力の保持が禁止される結果，自衛のための戦力ももつことができず，自衛のための戦争も放棄したのと同じこととなると説明する。このように解釈するために，2項の「前項の目的」は，1項の「正義と秩序を基調とする国際平和を誠実に希求」して戦争を放棄するという点を受けていると解し，非放棄説の主張する「国際紛争を解決する手段としては」放棄するという点だけを受けるという読み方を排する。第二説は，1項を不戦条約等の文言と関連づけて解釈することを否定し，日本国憲法独自の意味を探るという立場から，1項は自衛のための戦争をも含め一切の戦争を放棄したものと解すべきであるとする。こう解すれば，2項の前段も後段も，何の技巧も施すことなく文言通りの意味に解することができ，この点が強みであると主張する。

これに対し，非放棄説は，1項については放棄説の第一説と歩調を合わせる

第1部　憲法総論

が，2項の「前項の目的」を1項の「国際紛争を解決する手段としては」を受けるものと解し，したがって自衛のための戦力の保持は禁止されていないと読む。しかし，この説の最大の弱点は，2項の後段の理解に現れる。ここでは，前段と句点で区切られているため，「前項の目的を達するため」を後段にまで及ぼすことができず，自衛のための「交戦権」は否定されないと読むことが困難である。そのため，交戦権の意味に技巧をこらし，国際法上交戦国に認められる（敵の船舶を拿捕したり，敵の領土を占領統治したりする）権利の意味であるとし，かかる意味での交戦権は否定されたが，戦う権利が否定されたわけではないと説明する。しかし，もし自衛のための戦争・戦力が認められるなら，なぜかかる意味での交戦権が否定されねばならないのか説明が困難であろうと批判されている。

3　自衛隊の創設と有事法制の確立

(1)　政府による9条解釈の変遷

(ア)　警察予備隊から自衛隊の創設へ

　政府による9条解釈の転機は，1950年の朝鮮戦争の勃発により生じた。日本に駐留していた軍隊を朝鮮に派遣する必要に迫られた総司令部は，駐留軍に代わって日本の治安・防衛にあたるために7万5千人から成る「警察予備隊」の創設を日本政府に要求してきた。この警察予備隊が憲法の禁ずる「戦力」にあたらないかが問題となったが，政府はこれを戦力に至らない警察力にとどまると説明した。これに納得できなかった当時の社会党委員長が警察予備隊は憲法違反だと主張して直接最高裁に提訴した（警察予備隊違憲訴訟）が，最高裁はこのような抽象的憲法訴訟を受理する権限はないとしてこれを却下した（後述参照）。警察予備隊は，1952年に保安隊と警備隊に改組され，かつ増強された。このときも憲法違反との批判がなされたが，政府は，憲法の禁止する戦力とは，近代戦争遂行能力をもつ規模のものをいい，保安隊・警備隊はその規模に達していないから合憲であると説明した。さらに，1954年には，日米相互防衛援助協定により負った防衛力増強義務を果たすために自衛隊法が制定され，保安隊・警備隊は自衛隊に改組された。政府としても，防衛目的を掲げて増強され

54

た自衛隊を軍隊でないといい続けることに次第に困難を感ずるようになり，一時は鳩山一郎内閣が憲法改正の必要を国民に訴えるが，衆議院総選挙で憲法改正に必要な3分の2の多数を得ることができず，以降，護憲派から「解釈改憲」と批判された9条解釈の変更により自衛隊の正当化を行う道を選ぶことになる。そこで採用された解釈によれば，憲法9条は国家固有の権利としての自衛権を否定するものではなく，自衛権がある以上，自衛権を行使するための実力を保持することも禁止されない。自衛のために必要な最小限度の実力が「自衛力」であるが，自衛力は憲法の禁止する「戦力」とは異なる，というものである。解釈の変更とはいっても，一切の戦力の否定という当初の解釈は，形式論理的には維持されている。自衛隊合憲説には，9条1項は自衛のための戦争・武力行使を否定したものではないとの前提に立ち（この点は，1項の文言が不戦条約の系譜をひくものであることから，政府をはじめ多くの学説により承認されている），2項の「前項の目的を達するため」を，芦田修正の底意を強調しながら，侵略戦争を禁止する趣旨に解釈して，自衛のための戦力の保持は許されるとするものもあるが，政府はかかる解釈への変更はしなかった。

　なお，政府は，2項の交戦権の否認の意味については，交戦権を国際法上交戦国に認められる諸権利と解し，戦いを交わす権利を放棄したものではないと解している。

　(イ)　専守防衛と集団的自衛権行使の否認

　政府解釈の最大の問題は，自衛権の発動が許される場合や自衛力と戦力の違いが必ずしも明確ではないことにある。とはいえ，2014年の閣議決定による解釈変更前までの国会における質疑から，自衛権・自衛力に関する政府の理解として，次のような一定の輪郭は明らかにされてきていた。

　まず，自衛権については，認められるのは個別的自衛権のみで，集団的自衛権の行使は認められない。個別的自衛権とは，急迫不正の侵略を自国が受けたときに，自衛の行動をとる権利である。集団的自衛権とは，他国との取決めで，他国への攻撃も自国への攻撃とみなして協同して防衛行動をとる権利であり，この場合には自国への攻撃がなくとも軍事行動に出ることが認められる。国際連合憲章51条は，個別的・集団的自衛権の両者を国家の固有の権利と認めているが，日本国憲法は国際法上は認められた集団的自衛権の行使を自主的に放

棄したものと解したのである。認められているのは個別的自衛権のみであり，それは自国に対する攻撃があった場合に（現実の攻撃がなくとも，攻撃が確実という差し迫った状況が現出すれば，この段階での反撃は「先制攻撃」ではないと説明されている），自国を守るためにのみ（敵国の発進基地等を「たたく」ことも自国を守るためということに含まれる）発動しうるものであるから，自衛隊を軍事行動（武力行使）のために海外に派遣することは許されない。ただし，海外で武力行使（戦闘）を行う他国軍をその戦闘と一体化しない形で「後方支援」をすることは許されるとされ，この解釈に基づいて後述のテロ対策特措法やイラク特措法が制定され自衛隊が派遣された。

次に，自衛力については，それは「自衛のために必要最小限度」のものでなければならないから，他国に侵略の脅威を与えるような攻撃的武器は禁止される。しかし，防衛的なものなら，核兵器も憲法上禁止されるわけではない。ただし，日本は政策として「非核三原則」（核兵器を持たない，作らない，持ち込ませない）を厳守する，とされている。ちなみに，日本は，非核兵器国に対し核兵器の製造・取得を禁止する「核兵器の不拡散に関する条約」を批准している。

　㈡　集団的自衛権の部分的容認への解釈変更

以上は，憲法9条が許容するのは個別的自衛権に限られるという解釈を前提にした展開であった。ところが，中国による軍備の拡張，北朝鮮による核兵器や弾道ミサイルの開発，「イスラム国」によるテロリズムなどの問題に直面して，政府は国際安全保障環境が変化したという認識に立ち，これに対応した安全保障体制の確立のためには集団的自衛権を認める必要があると主張するようになる。そのために，当初は憲法9条の改正を目指したが，それを早期に実現することは困難とみるや，2014年7月に閣議決定により従来の9条解釈を変更して，限定的にではあるが集団的自衛権の行使を認める方針を打ち出した。自衛権を発動しうる要件についての新旧解釈の違いは次のようである。

　　旧三要件：① 我が国に対する急迫不正の侵害がある，② これを排除するために他の適当な手段がないこと，③ 必要最小限度の実力行使にとどまるべきこと。

　　新三要件：① 我が国に対する武力攻撃が発生したこと，又は我が国と密接な関係にある他国に対する武力攻撃が発生し，これにより我が国

の存立が脅かされ，国民の生命，自由及び幸福追求の権利が根底から覆される明白な危険があること，②これを排除し，我が国の存立を全うし，国民を守るために他に適当な手段がないこと，③必要最小限度の実力行使にとどまるべきこと。

違いは，基本的には①にある。②は，①の違いに対応した手段の違いにすぎないし，③はまったく同じであるのみならず，正確には自衛権の発動要件というより，発動した後の手段の均衡性の問題である。①の違いは，新要件が「又は」以下の文章により，「存立危機事態」と呼ばれることになるところの，武力行使が許される新しい事態を挿入した点である。この存立危機事態が集団的自衛権が行使される事態を意味するのである。なお，これが後述の自衛隊法改正で自衛隊法76条1項2号に規定されることになる。

この新たな方針に基づき，政府は国内的には法律改正の準備に着手するとともに，国際的には日米安保体制の運用のための指針の見直しの交渉を続け，2015年4月に新指針の合意を発表し，これに従った安全保障法制を制定すべく，5月に平和安全法制整備法案と国際平和支援法案を閣議決定して国会に提出した。両法案とも9月に成立し，2016年3月に施行された。

平和安全法制整備法は，集団的自衛権行使等による自衛隊の活動範囲の拡大にともなって必要となる既存関連法律の改正を一括して行ったものであり，自衛隊法，武力攻撃事態法，周辺事態法，PKO法等10法律を改正した。従来の安保法制には，基本的には警察による治安維持活動で対処する「平時」と武力攻撃を受けて個別的自衛権を発動する「有事」との間のグレイゾーンに対応しうる法制度が欠けており，適切な対応措置をとることが困難であるというのが政府の認識であり，新平和安全法制は平時から有事にいたる様々な「事態」に適切に対応しうるように，我が国に対する脅威の程度に応じた様々な段階（事態）を「切れ目なく」（seamlessに）設定し，各事態に適切な対応措置をとりうるようにすることを目指したものである。このために，後述のように，重要影響事態，存立危機事態，武力攻撃事態，武力攻撃予測事態などの諸事態が区別された。しかし，諸事態を「切れ目なく」明確に区別しうるような定義はほとんど不可能であり，切れ目の解消を目指せば諸事態相互間の重なりを避けえない。そして，重なる限りでどちらの事態と認定するかにつき恣意が入る可能性

第1部　憲法総論

は否定しえなくなる。ところが，各事態が許容する権限集中と人権制限の程度は異なるのであり，人権保障が恣意的決定により左右されることになりかねないという問題をはらむことになった。

　国際平和支援法は，自衛隊を海外に派遣する必要が生じたときに，従来はテロ対策特措法やイラク特措法という限時法である特別法で対応していたのを「恒久法」として制定し，その都度法律制定を行うのではなく，内閣の決定により派遣することができるようにするために制定された新法である。

(2)　自衛隊違憲訴訟

　これまでに自衛隊の合憲性を争う訴訟がいくつか提起されたが，最高裁は一貫して判断を回避しており，今までのところこの問題についての最高裁判例は存在しない。

(ア)　恵 庭 事 件

　自衛隊の合憲性が争われた最初の事件は，自衛隊演習用の通信線を切断して自衛隊法121条の「武器，弾薬，航空機その他の防衛の用に供する物」の損壊罪に問われた恵庭事件であるが，札幌地裁は，演習用の通信線はこの構成要件に該当せず無罪と判断し，自衛隊法121条の合憲性判断を回避した（札幌地判昭和42年3月29日下刑集9巻3号359頁）。

(イ)　長 沼 訴 訟

　これは，長沼町（北海道）に航空自衛隊のナイキ基地を建設するために農林大臣が行った国有保安林指定解除処分の取消しを地域住民が求めた訴訟である。保安林の指定を解除する処分をするには「公益上の理由」（森林26条2項）が必要とされているが，自衛隊の基地の建設という目的は憲法9条に反し，公益上の理由にあたらないのではないかが問題とされた。第一審の札幌地裁は，自衛隊が憲法の禁止する戦力に該当することを認めて処分の取消しを行った（札幌地判昭和48年9月7日判時712号24頁）が，札幌高裁は，保安林が解除されても，政府は水害等を防止するための代替工事等の措置を十分に施したから，住民には訴えの利益がなくなったとして原判決を取り消すとともに，自衛隊が憲法に反するかどうかの問題は統治行為に属するから，それが一見極めて明白に違憲である場合を除き，司法審査の範囲外にあるとの理由を付加した（札幌高判

昭和 51 年 8 月 5 日行集 27 巻 8 号 1175 頁)。最高裁は，訴えの利益の点について原判決を維持し，憲法問題には立ち入らなかった（最一判昭和 57 年 9 月 9 日民集 36巻 9 号 1679 頁）。

(ウ)　百里基地訴訟

　この事件では，自衛隊百里基地（茨城県）の用地買収をめぐって自衛隊の合憲性が争われた。この訴訟では，基地用地に予定された農地の所有者（原告）が，それを最初基地反対派の一人（被告）に売却したが，後に代金の一部未払を理由に契約を解除し，今度は国に売却し，国とともに原告となり登記抹消・所有権確認等を請求する訴訟を提起したものであり，この訴訟の中で，契約の解除や国との売買契約が憲法 9 条に違反しないかが問題となった。最高裁判所は，憲法が直接適用されるのは公権力の行使の性格をもつ行為であり，私人と対等な立場で締結する私法上の契約に対しては民法 90 条を介して間接的に適用されるにすぎないとの考えを提示し，本件は後者の事例であり，民法 90 条の適用が問題となるが，契約当時かかる契約が反社会的な行為であると一般的に解されていたということはできず，民法 90 条に反するとはいえない，と判示し，自衛隊の合憲性に正面から答えることを回避した（最三判平成元年 6 月 20日民集 43 巻 6 号 385 頁）。

(3)　有事法制の確立

　有事とは，広くは大地震などの自然災害も含めて，緊急な対応を要請される事態をいうが，通常は外国からの武力侵攻や国内の武力蜂起のような場合を指し，したがって，軍隊の出動が要請されるような緊急事態をいう。そのため，もともと軍隊の存在を予定していなかった日本国憲法においては，有事に関する規定が置かれていない（国家緊急権に関する 470 頁以下の説明参照）。政府は，自衛隊の創設とともに，有事の際の対処方法を法律で定めようとしてきたが，国民の反対が強くて長い間立法には至らず，いざというときには超法規的に対応する以外にない状態に置かれてきた。ところが，冷戦終結以降，日米安保条約の見直しや北朝鮮問題などが議論されるなかで世論も微妙に変化をみせ，2003 年に有事に関する基本法の性質をもついわゆる「武力攻撃事態法」（平成15 年 6 月 13 日法 79 号，正式名称は「武力攻撃事態等における我が国の平和と独立並び

第1部　憲法総論

に国及び国民の安全の確保に関する法律」）が制定された。そこでは，外国から武力攻撃を受けた場合，その切迫した危険が生じた場合，あるいは，その危険が高度に予測される場合に，内閣がとるべき措置（対処基本方針の作成等）と手続が定められ，その際に自衛隊に防衛出動を命ずるには，原則として国会の事前の承認が必要とされている（自衛76条1項，武力攻撃事態9条4項）。次いで，2004年に，武力攻撃事態に際して住民を避難させる仕組みを定めた「国民保護法」（平成16年6月18日法112号，正式名称は「武力攻撃事態等における国民の保護のための措置に関する法律」），アメリカ軍が日本を守るための行動を円滑に行いうるようにするための「米軍行動円滑化法」（平成16年6月18日法113号，正式名称は「武力攻撃事態等におけるアメリカ合衆国の軍隊の行動に伴い我が国が実施する措置に関する法律」），外国の軍用品等を海上輸送する船舶を臨検するための「外国軍用品等海上輸送規制法」（平成16年6月18日法116号，正式名称は「武力攻撃事態における外国軍用品等の海上輸送の規制に関する法律」）等の法律が制定され，有事法制の一応の整備が終わった。ただし，この段階での有事法制は，自衛権が個別的自衛権に限定されると解することを前提に，それに対応する「武力攻撃事態」への対処を定めるものであり，有事に至る以前の「グレイゾーン事態」に際しての安全保障法制には「切れ目」が存在すると指摘されており，2015年における「存立危機事態」等に対する法制の整備がこの「切れ目」の解消を目指したのである。その際に，武力攻撃事態法，米軍行動円滑化法，外国軍用品等海上輸送規制法の正式名称に「存立危機事態」の文言を付加し，各々「事態対処法」「米軍等行動関連措置法」「海上輸送規制法」と略称されることになった。事態対処法では，「武力攻撃事態」「武力攻撃予測事態」「存立危機事態」が区別され，それぞれが「武力攻撃が発生した事態又は武力攻撃が発生する明白な危険が切迫していると認められるに至った事態」「武力攻撃事態には至っていないが，事態が緊迫し，武力攻撃が予測されるに至った事態」「我が国と密接な関係にある他国に対する武力攻撃が発生し，これにより我が国の存立が脅かされ，国民の生命，自由及び幸福追求の権利が根底から覆される明白な危険がある事態」と定義されている。

　ここで有事法制の詳細に立ち入ることはできないが，憲法上緊急事態条項が存在しない下での有事法制であるから，そこにおける国民の権利（財産権，居

第3章　日本国憲法の普遍性と特殊性

住移転の自由等々）の制約が規定上および運用上「公共の福祉」により正当化しうる範囲内にとどまるものかどうか，常に検証していく必要がある。

4　安保条約をめぐる憲法問題

(1)　日米安保条約の締結とその性格

　日本国憲法は，国際協調主義を掲げ，憲法制定当時は将来の日本の安全保障を国際連合等の国際組織に期待していたといわれる。しかし，冷戦の進行によりその現実性は失われ，西側陣営に所属する決意をして講和条約を結び（1951年署名，1952年発効。西側陣営に属する連合国のみとの講和であったために片面講和といわれた），同時に日本の防衛をアメリカに頼って日米安保条約を締結した。当初の安保条約は日米の対等性に欠けるところがあるということで，1960年に新安保条約が締結され現在に至っている。しかし，対等といっても，当時は日本国憲法が集団的自衛権を禁止していると解釈されていたから，アメリカには日本が攻撃を受けたとき日本を防衛する義務はあるが，日本にはアメリカが攻撃を受けても，それが同時に日本に対する直接的な攻撃でない限り，アメリカを防衛する義務はないとされた。日米安保条約に込めた目的は，日本とアメリカでは異なるのである。アメリカにとっての目的は，極東（当初の理解では，フィリピン以北ならびに日本とその周辺地域で，韓国・台湾を含むとされたが，後に，ベトナム戦争や湾岸戦争に際して米軍が日本から発進するということが起こったので，1996年の協議で「アジア太平洋地域」にまで及びうる意味へと「再定義」された）におけるアメリカの軍事戦略として，日本にアメリカ軍の基地を設置し使用することにあるのに対し，日本にとっての目的は，日本の防衛をアメリカに協力してもらうことにある。いわば基地使用と防衛協力が対価関係に置かれているのであり，アメリカによる基地使用は，日本を防衛するという目的に限定されず，極東における軍事行動のためにも使用しうるのである（安保約6条参照）。

(2)　砂川事件判決

　このような目的の安保条約は，憲法の平和主義や戦力不保持に反しないであろうか。それが争われたのが，砂川事件であった。これは，アメリカ軍の使用

61

第1部 憲法総論

する立川飛行場（東京都）の拡張に反対するデモ隊が基地内に数メートル乱入したために，旧安保条約3条に基づく刑事特別法2条違反で起訴された事件である。東京地裁は，駐留軍が憲法9条2項の戦力に該当し違憲と判断したために（東京地判昭和34年3月30日判時180号2頁），最高裁に飛躍上告がなされた。最高裁は，アメリカ軍の駐留を許すことは，戦力不保持に反しないかの問題につき，9条にいう「戦力」とは「わが国がその主体となつてこれに指揮権，管理権を行使し得る戦力をいうものであり，結局わが国自体の戦力を指し，外国の軍隊は，たとえそれがわが国に駐留するとしても，ここにいう戦力には該当しない」として9条違反の主張を斥け，では日米安保条約は平和主義の精神に反しないかの問題については，国の防衛をどのように行うかという問題は高度に政治性を有するものであり，「一見極めて明白に違憲無効であると認められない限りは，裁判所の司法審査権の範囲外」のものであるとし，裁量論の混在した独特の統治行為論を提示して判断を回避した（最大判昭和34年12月16日刑集13巻13号3225頁）。

(3) 日米防衛協力のための新ガイドライン

日米安保体制はもともと冷戦構造に規定された性格をもっていた。ゆえに，冷戦の終結とともに，見直しが必要となった。そこで，この際日本の自主的防衛政策の観点から従来の日米安保のあり方を根本的に再検討すべきだとの意見もあったが，政府はアメリカの強い要請を受けて，従前以上にアメリカ極東戦略への協力に深くコミットする方向を選んだ。すなわち，従来はアメリカが日本の領土・領海外の極東で日本の防衛とは直接関係しない軍事行動をとる場合，日本はこれを支援する責任を必ずしも負っていなかったが，1997年に日米間で合意された「日米防衛協力のための指針」により，このような場合にも日本はより積極的な協力を行うことを承認した。この約束を実現するために制定されたのが1999年の「周辺事態法」（正式名称は「周辺事態に際して我が国の平和及び安全を確保するための措置に関する法律」）である。この法律は，「周辺事態」（「そのまま放置すれば我が国に対する直接の武力攻撃に至るおそれのある事態等我が国周辺の地域における我が国の平和及び安全に重要な影響を与える事態」〔旧1条〕）が勃発したとき，アメリカに協力して我が国が実施する措置とその手続を定めたも

のであるが，その措置の主要なものは「後方地域支援」と「後方地域捜索救助活動」とされた。前者は，周辺事態に際して前線で活動するアメリカ軍に対し我が国が後方地域において行う物品・役務の提供等の支援であり，後者は，戦闘行為によって遭難したアメリカ兵等を我が国が後方地域で捜索・救助する活動である（旧3条1項1号・2号）。ここに後方地域とは，前線の戦闘とは分離された地域と想定されているが，現代戦争ではそのような分離は不可能だとの批判もある。また，それは日本周辺の公海およびその上空も含むとされており（旧3条1項3号），かつ，任務遂行に際して部隊員の生命・身体の防護に必要ならば「武器使用」（「武力行使」とは区別された）も認められていた（旧11条）から，海外派兵の禁止や集団的自衛権の禁止との関連で重大な疑問をはらんでいた。

(4) 重要影響事態安全確保法の制定

　2015年4月にアメリカとの間の協力体制の見直し協議の結果新指針が合意されると（57頁参照），周辺事態法は，平和安全法制整備法により改正がなされた。その結果，名称が「重要影響事態安全確保法」に変更され，その内容に次のような変更がなされた。第一に，周辺事態法がアメリカ軍への後方支援を「我が国周辺の地域」に限定していたのに対し，重要影響事態を「そのまま放置すれば我が国に対する直接の武力攻撃に至るおそれのある事態等我が国の平和及び安全に重要な影響を与える事態」と定義し，「我が国周辺の地域」という限定をはずしたこと。第二に，アメリカ以外の国の後方支援も可能としたこと。これにより，後述の国際平和支援との区別が不明確となった。第三に，後方支援を「現に戦闘行為が行われている現場」（自衛95条の2第1項）以外なら実施しうるとしたこと。後方支援はあくまでも支援であり，我が国が武力行為（戦闘行為）を行う要件が成立していない場合を想定しているのであるから，支援がアメリカ等の戦闘行為と一体化してはならないという理解から，周辺事態法では戦闘の起きる可能性の強い地域では実施しないという理解になっていたが，戦闘の現場でなければよいことにした。これにより，戦闘と支援の区別という擬制が一層目立つことになった。

第1部　憲法総論

5　国際協力と憲法9条

(1)　停戦合意後の国連平和維持活動への協力

　湾岸戦争（1991年）に際して，日本も自衛隊を派遣して国際平和の維持のための活動に積極的に貢献すべきだという声が内外で聞かれた。日本は，従来，憲法9条に抵触するおそれがあるという理由で自衛隊の海外派遣には消極的態度をとってきた。しかし，国連による平和維持活動（PKO＝Peace Keeping Operation）への協力は，武力の行使を伴わないものは当然のこと，たとえ任務の目的からして武力の行使を伴う可能性の高い活動への参加であっても「海外派兵」とは異なるのではないかとの見解もあり，そこで政府は，平和維持軍（PKF＝Peace Keeping Force）的な活動への参加が許容されるための原則として，①紛争当事者間における停戦合意の成立，②PKFへの日本の参加に対する紛争当事国の同意，③PKFの中立的立場の厳守，④以上の条件が満たされなかった場合の日本の撤収，⑤自衛のためにやむをえない場合に限り必要最小限度の武器使用を認める，という五原則（PKO五原則と呼ばれることもある）を提示し，1992年にこれに基づく「PKO協力法」（正式名称は「国際連合平和維持活動等に対する協力に関する法律」）を制定した。なお，制定当初は，この法律の附則2条で，停戦監視，緩衝地帯の駐留・巡回等のPKF本体業務は，別に法律で定めるまで実施しないとしていたが，2001年の法改正により実施に移された。選挙監視・生活物資の配布・輸送等の周辺業務については，これまでに，この法律に基づいて，自衛隊をカンボジア・モザンビーク・ルワンダ等に派遣している。なお，自衛隊法3条2項2号は，国際平和協力業務を自衛隊の任務と規定している。

　自衛隊が部隊として外国に派遣され，そこで武器も使用するとすれば，「海外派兵」の禁止とどう関連するかが，当然問題となる。当初は，この問題を回避するために，武器使用を正当防衛・緊急避難の場合に限定し，必要性の判断を隊員個々人に委ねたが，カンボジアでの活動の経験を踏まえて，上官の命令による武器使用を認めることにした。その分，部隊としての武器使用の性格が強まったことになり，海外派兵との境界が不明確になったことは否めない。も

64

っとも，これらの場合は，自衛隊の隊員や部隊あるいはその管理・保護下に入っている者に対する攻撃の場合であり，正当防衛あるいは緊急避難により説明が不可能ではない。では，離れたところにいる，他国から派遣されているNPO部隊や現地の住民などが襲われて助けを求めたとき，そこに駆けつけて武器使用することはどうか。これが「駆けつけ警護」の問題として議論され，平和安全法制整備法による改正で可能とした（PKO協力法3条5号ラ）。これは，詰まるところ，治安維持活動であり国家に対する「武力の行使」ではないと説明する以外にないであろう。

(2) 戦闘時の後方支援

　2001年9月11日に米国で起こったニューヨーク世界貿易センタービル等に対するテロ攻撃を契機にアフガン戦争とイラク戦争が生じたが，これに対する日本政府の対応として，アフガン戦争の「後方支援」とイラクの戦後復興支援を可能にするために，いわゆる「テロ対策特別措置法」（平成13年11月2日法113号）と「イラク支援特別措置法」（平成15年8月1日法137号）が制定された（ともに時限立法。なお，前者は平成19年11月2日に失効し，「新テロ特措法」〔平成20年1月16日法1号〕となったが，これも平成22年1月16日に失効した）。両法とも，国連決議を踏まえての国際協力という形をとっていたが，停戦合意のないところでの支援・協力である等，PKO協力とは性格を異にするものであり，政府は「非戦闘地域」における協力であるとして正当化していたものの，政府が従来説明してきた自衛隊海外派遣の許容限度を超えて集団的自衛権の行使に踏み込んでいるのではないかとの批判も強かった。実際，イラク特措法に基づく自衛隊のイラク派遣が平和的生存権を侵害するとして違憲の確認と国家賠償等を請求した訴訟において，名古屋高裁は，平和的生存権の具体的権利性を認めたうえで，イラクでの航空自衛隊の活動は「戦闘地域」において「他国による武力行使」と一体化して行われており，イラク特措法に反すると同時に憲法9条1項にも違反すると判示している（名古屋高判平成20年4月17日判時2056号74頁）。もっとも，結論的には，違憲確認請求については確認の利益がない，国家賠償請求については平和的生存権の侵害にまでは至っていない，等を理由として控訴は棄却され，控訴人側が上告をしなかったので，国からは上告しえ

第1部　憲法総論

ない形で終結している。

　テロ対策特措法とイラク特措法は，限時法であって既に失効しているが，将来類似の事態が生じた場合に備えて恒久法を制定しておくことを意図し，2015年に国際平和支援法が制定された。この法律は，「国際社会の平和及び安全を脅かす事態であって，その脅威を除去するために国際社会が国際連合憲章の目的に従い共同して対処する活動を行い，かつ，我が国が国際社会の一員としてこれに主体的かつ積極的に寄与する必要があるもの」を「国際平和共同対処事態」と呼び，かかる事態が生じた場合に，共同対処活動を行う諸外国の軍隊に協力支援を行うことを目的としている。この事態は，停戦合意のない段階を想定しているし，また，国連決議を必ずしも前提とはしていない点で，PKO協力法で対応する場合とは異なる。戦闘中の他国軍を後方支援する点で活動の内容（物品の供与，捜索救助活動等）において重要影響事態安全確保法と似るが，重要影響事態が我が国の平和と安全に重要な影響が及ぶ場合であるのに対し，国際平和共同対処事態は国際の平和と安全に対する脅威の除去に協力する場合であるとされている。しかし，我が国に対する影響をどの程度と判断するかの違いであり，現実には重なる場合が多いであろう。重なる部分については，都合のよい方を使うという恣意的運用の可能性はある。たとえば，両者とも対処措置の実施前に国会の承認を必要としているが，重要影響事態安全確保法は緊急の必要がある場合には，国会の承認なしで実施することを認めており，緊急かどうかの判断に影響を与えることがあるかもしれない。

　自衛隊の「国際貢献」に対する憲法上の疑問を払拭するために，憲法9条は国際連合の決定に基づく協力には適用されないとする解釈も提唱されている。たしかに，国際連合が指揮する軍隊の場合には，憲法9条の問題にはならないという解釈もありえよう。しかし，今までのところ，正規の（国連憲章第7章が定める，国連の指揮下に置かれる）「国連軍」というものは存在せず（安保理の決議に基づくいわゆる「多国籍軍」も基本的には各国政府の指揮下にあり，国連軍ではない），国連の決議に基づく協力としての自衛隊活動も，日本政府の指揮の下に行動するのであり，そうである限り9条の適用を免れることは困難である。

6 立憲主義からの選択

憲法9条と自衛隊・安保条約・国際貢献の現実との矛盾は，誰の目にも明らかであろう。では，どうしたらよいか。ここで，現実に対応しうるように憲法を改正すべきだという意見と改正すべきでないという意見が対立し，両者の中間に憲法解釈の変更により対応することが可能ではないかという意見がある。立憲主義にとってのそれぞれの問題点を検討しておこう。

(1) 改 正 論

改正論者は次のように主張するであろう。憲法規範に反する実態が続くことは，憲法に対する規範意識を鈍磨させ，立憲主義にとって害が大きすぎる。圧倒的多数の国民が実態の方を支持している現実があるとすれば，実態に合わせて憲法を改正する方がよいのではないか。政府は9条が非現実的だという世論の支持をよいことに，歯止めのない「解釈改憲」の道を歩んでいる。これ以上「解釈改憲」を許すことは，立憲主義の基礎を掘り崩すことになり，かえって危険である。むしろ憲法改正により，現実に即して憲法上許されることと許されないこととの線引きを明確化し，今後は憲法を厳格に守っていくことを誓った方がよいのではないか。改正をしたからといって，自衛隊や安保条約の保持が憲法上義務づけられることになるわけではない。戦争放棄の理想が現実性を獲得し，多数の国民の支持を受けるときには，その政策を実現することは，改正憲法により禁止されはしないのである。

この主張には，現実とかけ離れた憲法はかえって立憲主義を形骸化するという重要な指摘が含まれているが，次のようなマイナス面をもつことも忘れてはならない。すなわち，平和を求める戦後の真摯な運動は，9条に鼓舞されて行われてきたが，この9条がなくなれば，こうした運動は大きな支えを失うことになろう。このことが平和運動を困難とすることは否定できず，このことのもつ意味の大きさを過小に評価してはならないであろう。

第1部 憲法総論

(2) 改正反対論

改正に反対の人も，自衛隊は違憲であり直ちに廃止すべきだなどとは主張しないであろう。時間をかけて9条の規範内容を実現していくべきだと考えていると思われる。では，その間の憲法規範と現実との矛盾はどう説明するのであろうか。その矛盾が確認さえされていれば，矛盾が長期にわたって継続してもよいと考えるのであろうか。それでは，憲法を遵守すべきだという立憲主義の精神は，ご都合主義的なものとして後退せざるをえないのではなかろうか。

そこで，9条の維持と立憲主義とのバランスをはかる理論構成を考えてみよう。一つは，憲法変遷論に訴えることが考えられる（憲法変遷論については，475頁参照）。憲法9条の変遷を解釈論として認めれば，自衛隊を違憲という必要はなくなる。しかも，憲法9条は消滅するわけではなく，一時的に妥当性を失い「眠り」についているにすぎない。国民意識が変化し，9条を支持するに至れば，9条は眠りから覚めうるのである。問題は，この解釈をとるためには，憲法変遷の成立要件をある程度緩和しなければならず，そのことが立憲主義をその分形骸化させる危険をもつことである。

他の方法としては，9条の規範性の妥当領域を政治の領域に限定し，裁判所での機能を限定することが考えられる。たとえば，9条をプログラム規定と解する立場は，その一つと考えることができよう。もし，この説は9条を政治の指針にすぎないとするから政治領域の規範性さえ否定するもので支持できない，というなら，統治行為論に訴えることも考えうる。そうすれば，規範性は維持しつつ，裁判所が介入することは回避することができる。ちなみに，かかる観点から問題を捉えれば，最高裁が訴訟上の法技術を駆使して自衛隊の憲法判断を避けてきたのは高く評価されるべきことといえよう。そのうえ，判断回避の法技術が尽きたときの最後の回避方法として統治行為論が控えていることになる。実際，長沼訴訟の高裁判決や百里基地訴訟の地裁判決は，統治行為論を援用したのである。しかし，ここでも統治行為論のもつ反立憲主義的性格を考慮に入れて，その採用の可否を判断する必要がある。

いずれにせよ，現行9条を維持しようとする立場は，9条が自衛隊の拡張にブレーキをかけてきたということのみならず，我々が追求すべき理想のシンボル的意味をもつことを強調する。このプラス面は貴重であるが，他方で，それ

に反する現実により立憲主義の精神が摩滅していく危険に恒常的に直面していることも無視すべきではない。このマイナスと9条を改正することに伴うマイナスの間の厳しい選択を求められているのである。

(3) 憲法解釈の変更

9条解釈に関するこれまでの論争の中心的論点は，自衛隊が合憲かどうかであった。学説の支配的見解は，自衛隊違憲論であったが，政府は，自衛権は「国家の自然権」として日本も保有するのであり（制憲議会においても政府はそのように答弁していた），憲法もそれは否定していないという理解を前提に，自衛権がある以上それを行使するための「実力」（自衛力）は「戦力」に至らない限り許されるのであり，自衛隊はそのような自衛力として合憲であると説明し，自衛権の発動として自衛隊の防衛出動が憲法上許されるための要件として旧三要件を設定した（56頁参照）。これが憲法の許容する個別的自衛権の発動要件と説明され，上述のようにほぼ半世紀の間この憲法解釈にしたがって9条の運用がなされてきた。最近では，この政府解釈を認める学説も次第に有力になってきていた。ところが，この防衛体制には，警察力による対応が想定されている「平時」と自衛力行使が許される「有事」の間に，国内治安の維持を本務とする警察力では対応が困難であるが自衛力を行使するための要件は成立していないという事態（「グレイゾーン事態」と呼ばれた）が想定されるのに，それに対応する法制が欠けているのではないかという問題提起がなされた。ここで想定されている事態の中心は，外国による「領域侵犯」であり，我が国が独自で対応するより同盟国との協調行動による対応の方が実効的であるが，それは集団的自衛権の禁止に触れるのではないかという疑問があった。そこで，この問題への解決として，集団的自衛権が部分的に可能となるよう9条の解釈を変更しようという議論が生じ，2014年に政府解釈の変更の閣議決定が行われたのである。問題は，この解釈変更が解釈の限界内に止まっているのか，それとも，限界を超えるものであり，憲法改正が必要なものなのかである。解釈の限界を超えるものであれば，この政府の行為は憲法違反であり，立憲主義に反する行為ということになる。

旧三要件を支えた9条解釈は，自衛隊を合憲とするために不可欠の解釈とし

第1部　憲法総論

て唱えられたものであり，いくつかある解釈の中の一つをその時々の政府が政策として採用したというものではない。したがって，新三要件も旧三要件とは別の解釈を採用したものとは説明されていない。解釈変更を行った政府も「従来の政府見解における同条の解釈の基本的な論理を維持し，その枠内で，『武力の行使』が許容される場合として，我が国に対する武力攻撃が発生した場合のみがこれに当てはまると考えてきたこれまでの認識を改め，我が国と密接な関係にある他国に対する武力攻撃が発生し，これにより我が国の存立が脅かされ，国民の生命，自由及び幸福追求の権利が根底から覆される明白な危険がある場合もこれに当てはまるとしたものである」と説明している。すなわち，旧三要件で自衛権の発動が許されるための要件とされた「我が国に対する急迫不正の侵害」がある場合という論理を変更するのではなく，この要件に該当するのはどのような場合かについての認識を改め，存立危機事態もそれに該当するという認識に至ったという説明なのである。そうだとすれば，過去になされた「現実の攻撃がなくとも，攻撃が確実という差し迫った状況が現出」した場合も含まれるという趣旨の説明と同種のものという理解も不可能ではない。もっとも，旧要件が「我が国の領域」に対する侵害という，具体的にイメージできる核（コア）をもつと理解されていたので，意味内容が明確であったのと比べると，存立危機事態は「領域」という核を捨てて「事態」という曖昧模糊とした概念に変えたので，拡張的運用の可能性が高まったというべきであろう。さらに，後方支援の可能な重要影響事態などの諸事態を重畳的に設定したので，恣意的な運用の危険が相当高まったといわざるをえない。この点で，新三要件は旧三要件の枠内に止まっているといいうるのかどうか疑問があるが，新三要件の「合憲限定解釈」により，あくまでも旧三要件の枠内の解釈であるという理解に基づき，新三要件の運用を旧三要件に照らして合憲性を判断していくという道もあるだろう。換言すれば，集団的自衛権までも認めたといっても，もともと個別的自衛権と集団的自衛権の境界は重なる部分があるのであり，集団的自衛権の行使とされる事態もあくまでも個別的自衛権の範囲内かどうかにより検証していくということである。

　なお，9条解釈問題の出発点は，そもそも自衛隊は合憲かという問題であったのであり，政府解釈の自衛隊合憲論を前提としての，集団的自衛権の限定的容認

第3章　日本国憲法の普遍性と特殊性

は9条に反しないかという問題とは問題の質を異にすることを忘れてはならない。

第 2 部

基本的人権

　日本国憲法を世界史的に展開する立憲主義の潮流に棹さすものとして理解するとき，その核心を構成する基本価値は「個人の尊厳」（24条参照）である。憲法13条前段は，個人の尊厳を基礎に，すべての国民を「個人として尊重」すると宣言し，そのことの当然の帰結として，後段で「生命，自由及び幸福追求に対する国民の権利」（略して「幸福追求権」と呼ぶ）を最大限に尊重することを約束する。そして，14条以下で幸福追求権の具体的内容としての個別人権を列挙するのである。**第2部**の課題は，日本国憲法が設定した，この「個人の尊厳」→「個人としての尊重」→「幸福追求権」→「個別人権」と展開する人権論の全体構造を体系的に把握することにある。

第 4 章

人 権 総 論

　人権を規定した日本国憲法第3章は「国民の権利及び義務」と題されているが，ここでいう権利は，条文の中では「基本的人権」（11条・97条参照）と表現されている。論者によっては，ドイツの用例にならって，実定憲法上保障された権利を「基本権」と呼び，「基本的人権」あるいは単に「人権」という呼称を実定憲法とは離れて自然権的ニュアンスをもって使う場合に留保する立場もあるが，本書では，特に断らない限りこうした区別をしないで「人権」という語を一般的に用いる。

　本章の課題は，人権がいつ，どこで，いかなる観念として形成され発展してきたのか，その結果，人権にはいかなる類型が区別されるのか，そして，人権を保障された主体とは誰なのかを，人権の論理に従って理解することにある。

1 人権の歴史

　日本国憲法97条は「この憲法が日本国民に保障する基本的人権は，人類の多年にわたる自由獲得の努力の成果であつて，これらの権利は，過去幾多の試錬に堪へ，現在及び将来の国民に対し，侵すことのできない永久の権利として信託されたものである」と規定し，人権が重い歴史を背負って確立されたものであることに注意を喚起している。その歴史を最初に瞥見することから始めよう。

第2部　基本的人権

(1) 前　史

　人が生まれながらにしてもつ権利，人ということだけを理由に認められる権利が「人権」であるとすれば，そのような意味での人権を歴史上初めて宣言したのは，北米のヴァージニア権利章典（1776年）であった。しかし，国民が国王（国家）権力を制約する権利をもつという観念をいち早く確立し，近代的人権宣言を準備したのはイギリスであった。イギリスにおける権利の観念は，たしかに「イギリス国民が古来より承認されてきた権利」というものであり，「人の権利」というものではなかったが，統治者の権力が被治者の権利により制限されるという立憲主義の人権論の核心をなす法構造が，そこに成立していたのである。

　人の権利ではなくイギリス国民の権利であり，それが長い歴史的実践の中から，主として判例の集積を通じて徐々に確立されてきたという，その成立経緯を反映して，イギリスで保障されるに至った権利の内容は，権利の具体的な手続的保障（たとえば国会の同意なき課税の禁止，同輩による裁判なしの逮捕・処罰の禁止など）を中心とするという特徴をもち，後の人権宣言が抽象的な実体的権利（たとえば財産権，表現の自由など）を列記する手法をとったのと対照をなしている。この「イギリス国民の権利」が，グロティウス（Hugo Grotius, 1583–1645）に始まる近代自然法思想の潮流のなかで，ジョン・ロックにより自然権的基礎づけを与えられることにより，近代的な「人の権利」の観念が成立してくるのである。ロックによれば，人は自然状態において相互に自由・平等な存在として自然権を享受していた。しかし，自然状態には共通の裁判官が存在しないため，自然権の侵害を十分に阻止しえない。そこで，自然権をよりよく確保するために社会契約を結び，自然権の一部を社会に譲渡して権力を生み出すのである。この権力は，個人が留保した自然権をよりよく保障するためのものであり，自然権に拘束される。

　このような自然権思想は，論者によって細部に違いを見せつつも，17世紀末から18世紀にかけてヨーロッパの有力な潮流となり，人権宣言を生み出す近代市民革命の理論的支柱となる。

第4章 人権総論

(2) 成　　立

近代的人権を最初に宣言したのは，北アメリカのヴァージニア権利章典であり，その後独立した諸邦が同様の権利章典を伴った憲法を制定していったことはすでに述べた（9頁参照）。1787年に制定されたアメリカ合衆国憲法は，当初，権利宣言を有していなかったが，1791年に憲法修正として修正1条から10条にわたる権利章典が付加された。これらのアメリカ権利宣言の特徴は，ピューリタンの伝統からくる宗教の自由とイギリスの伝統を継承した諸自由を自然権思想により根拠づけたところにあった。

他方，フランスにおいては，アメリカ諸邦の権利章典の影響を受けつつ，同時に，モンテスキューやルソーなどフランス啓蒙思想にも大きく影響されながら，1789年に始まるフランス大革命のなかで「人及び市民の権利宣言」を表明する。基本的にはアメリカ権利章典の思想と同じ思想に基づくものといえるが，アメリカの宣言がイギリスの影響下に具体的な手続的保障に重点を置いていたのに対し，フランス人権宣言は抽象的・理念的な性格が強いという特徴をもつ。なかでも，そこで採用された，ルソーの思想からくる「法律は一般意志の表明である」（6条）という定式は，国民主権モデルを基礎とする法律（議会）優位の体制を帰結し，フランス的伝統の淵源となった点で特筆に値する。なお，この宣言は，新しい憲法が採用すべき原理を宣言するという意味をもったものであり，2年後に制定された1791年憲法の冒頭にそのまま取り入れられた。フランスは，この後1793年憲法（いわゆるジャコバン憲法）においても人権規定を置き，そこでは自由権より平等権を先に掲げ，公的扶助や教育を宣言するなど，91年憲法とは若干異なるニュアンスを示した。そのため，論者によってはこれを社会主義思想に基づく権利宣言の先駆的意味をもつとするものもあるが，財産権や経済的自由を強調した点で基本的には同一の思想の中にあると捉えることのできるものであった。

(3) 普及と変容

アメリカとフランスの近代革命のなかで成立した人権思想は，19世紀を通じて諸国に普及し，権利保障を謳う憲法制定を生み出してゆく。その流れは，大局的には，権利保障が徐々に定着していく過程と捉えることができるが，そ

第2部　基本的人権

の過程で人権思想が大きな変容を受けたことも見逃してはならない。最も大きなものは，自然権的思想の退潮によって生じた「人の権利」の観念から「国民の権利」の観念への変化である。

　それは，国民主権を掲げた 1831 年ベルギー憲法（政体としては君主制を採用）においても生じていた。ベルギーは 1830 年にネーデルランド王国から独立して国民主権に基づく憲法を制定するが，その中で「ベルギー国民の権利」を規定したのである。

　しかし，君主主権を基礎に置く憲法においては，自然権思想は認められないのであるから，権利観念が「臣民（国民）の権利」へと傾斜するのは当然のことである。ドイツ諸邦の憲法がその典型であった。三月革命により制定されるが結局は挫折することになる 1849 年のフランクフルト憲法（帝国憲法）も，帝政をとる限り人権思想を採用することはできず，妥協として「ドイツ国民の権利」という表現を採用していた。明治憲法に影響を与えた 1850 年のプロイセン欽定憲法が「プロイセン人の権利」としたのも当然のことである。しかも，この権利には「法律の留保」が伴っていた。1871 年のドイツ帝国憲法（ビスマルク憲法）に至っては，基本権規定を置くことさえしなかった。基本権の保障はラント（邦）の役割であるというのが一つの理由であったが，より根本的な理由は，権利が法律の留保の下にあるとすれば，憲法に規定を置かなくても，特別法により保障すれば十分と考えられたことにあった。

　人権思想を退潮させた大きな要因として，特に 19 世紀後半以降，法実証主義の思想が支配的となったことを挙げておく必要がある。これにより，人権を基礎づけた自然権思想が支持を失っていったのである。

(4)　両大戦間の動き

　この期の最も重要な動きは，人権についてのマルクス主義的観念が登場したことである。マルクス主義は，近代的な人権を，それを享受するための物質的基盤を欠く労働者階級にとっては抽象的・形式的な権利にすぎないと批判し，人権は天賦のものとしてすでに存在するのではなく，階級なき社会において初めて獲得されるものだと主張した。このような思想に基づき，ロシア革命が成功すると，1918 年に「勤労し搾取されている人民の権利宣言」が採択され，

第4章　人権総論

やがて 1936 年のソヴィエット社会主義共和国同盟憲法において，生産手段の社会主義的所有を謳う権利保障が規定されることになる。こうした動きは西欧諸国にも影響を与えるが，特にこの期に新しく憲法を制定したドイツにおいては，そのワイマール憲法の中に財産権を制限し社会権を保障する規定を取り入れた。この社会権規定は，当時のドイツにおいては，法的効力をもたない「プログラム規定」にすぎないと解されたが，第二次世界大戦後の諸憲法にも受け入れられ，現代の積極国家における人権の重要な一部となるに至っている。

　この期には，このように近代的人権を修正して社会権を付加する西欧型人権と，近代的人権の形式性・階級性を批判し労働者階級の人権を主張する社会主義型人権が登場したが，他方で，人権の思想そのものを否定する全体主義の挑戦も受けた。価値の根源を個人に見，社会を個人の福祉のための手段と捉える個人主義に対し，全体主義（ファシズム・ナチズム）は価値の根源を全体に見，個人を全体（国家的・人種的共同体）に貢献する限りにおいてしか価値をもたないと考え，個人主義に基礎をもつ人権の思想を否定したのである。

(5)　第二次世界大戦後の動向

　この期には，ファシズムやナチズムの経験を踏まえて，自然権思想が再生する。実定憲法に書き込まれた人権を実定法に内在する自然権であり論理上超実定法的性格をもつものと考えるのである。この思想を根拠に，人権が立法権をも拘束することが強調され，かつての法律の留保が否定されるのみならず，裁判所による法律の合憲性審査制度が導入される。先に述べた社会権の保障や参政権の拡大（女性参政権の一般化）もこの期の重要な特徴である。特に近時の特徴としては，自然権思想に代わって，人権の道徳哲学による基礎づけの試みが進展していること，ソ連等の崩壊により社会主義型人権論が挫折したこと，違憲審査制度の飛躍的な拡大，国際的レベルでの人権保障の発展が指摘されるほか，プライバシーや自己決定権といった新しい人権に注目が集まってきている。

第2部　基本的人権

2　人権の観念

(1)　自然権としての人権

　人権とは，人が人であるということだけを理由に認められるべき権利であった。それは，当初，個々人が自然状態において有している前社会的・前国家的自然権に由来すると説明された。したがって，そこでは人権は国家を前提としない権利であり，逆にいえば，国家の存在を前提とする権利は人権ではなかった。フランスの「人及び市民の権利宣言」に典型的に表現されたように，「市民の権利」の典型と考えられた参政権は，国家の存在を前提にするがゆえに「人の権利」ではなかったのである。同様に，社会権も国家に対する請求権である以上，前国家的な権利ではありえない。

(2)　個人の尊厳

　近代自然権思想からすれば，真の人権＝自然権は自由権であり，参政権や社会権は国家を前提とする限りにおいて自然権とはいえなかった。しかし，通常，我々は参政権も社会権も人権に含めて考えている。日本国憲法が「この憲法が国民に保障する基本的人権」（11条）と表現するとき，この基本的人権には参政権も社会権も含まれると解されている。ということは，今日では，人権の理解に，近代的な自然権の論理（自然状態・社会契約論）はもはやそのままの形では使用されていないということである。

　今日では，人権の根拠は「個人の尊厳[*]」という思想に求められている。それは，社会あるいは国家という人間集団を構成する原理として，個人に価値の根源を置き，集団（全体）を個人（部分）の福祉を実現するための手段とみる個人主義の思想である。個人主義に対立するのは，価値の根源を集団に置き，個人は集団の一部として，集団に貢献する限りにおいてしか価値をもたないとする全体主義であるが，「個人の尊厳」を表明した日本国憲法（24条参照）は，全体主義を否定し個人主義の立場に立つことを宣言したのである[**]。

　　＊　「個人の尊厳」と「人間の尊厳」　　日本国憲法は「個人の尊厳」（individual

80

dignity）にコミットした（24条参照）。これに対し，ドイツ基本法は「人間の尊厳」（Würde des Menschen）にコミットしている（1条参照）。人間の尊厳という場合，人間以外のものとの対比を含意するから，人間の尊厳を侵してはならないという基本法の命令は，人間を非人間的に扱ってはならないこと，人間としてふさわしい扱いをすべきことを意味する。ナチスによる非人間的な扱いの経験が背景にある。これに対し，個人の尊厳は，個人と全体（社会・集団）との関係を頭に置いた観念であり，全体を構成する個々人に価値の根源をみる思想を表現している。この言葉が，特に結婚・家族に関する原則を定めた24条で用いられたのは，偶然ではない。戦前には，社会における最も基礎的な集団である家族関係が，個人より集団（家族）を重視する価値観を基礎に形成されていた。この反省が背景となっているのである。このように，個人の尊厳と人間の尊厳とは，直接的な問題意識を異にする。とはいえ，個人の尊厳は，個人を全体の犠牲にすることを禁じるのみならず，非人間的に扱うことも当然に禁じていると解すべきであるし，また，人間の尊厳も，個々の人間を全体の犠牲にすることを禁じているはずであるから，その意味で両者の価値観に基本的な差異があるわけではない。

** 個人と全体（団体・集団）の関係　　個人は，通常，何らかの社会集団に所属し，それに多かれ少なかれ依存しながら生きており，そうである以上，その集団のルール（紀律）に従わざるをえないのは当然である。しかも，個人にとって，自己の帰属する社会集団は，単に生きるための手段という以上に，個人のアイデンティティーの一部をも構成するのであり，特に日本人は，いかなる社会集団に帰属しているかを自己のアイデンティティーの要素として重視する傾向が強いといわれる。それだけに，社会集団の紀律が個人に及ぼす影響は増幅されて現れ，ともすれば集団が個人を呑み込み個人の自律性を圧殺してしまうことになりやすい。それを阻止するために，個人こそが価値の根源であることを絶えず意識し強調する必要があるのである。

　社会集団には，家族，学校，各種同好会，会社，地域共同体，国家等々，様々なものが存在するが，これらの社会集団とそのメンバーである個人の関係を考える場合，その団体（社会集団）への加入・脱退が完全に自由な「任意的団体」と何らかの制約のある「非任意的団体」の区別が重要である。任意的団体の場合，その団体の紀律に従うのは，メンバーの自由な選択によるのであるから，個人の尊厳と矛盾することはない。むしろ，個人は複数の様々な任意的団体に加入することを通じて，自律的生の内容を豊富にすることができるし，また，一つの集団に全面的に捕捉されて狭い視野に閉じ込められてしまうことを避けることができる。ゆえに，任意団体は自律的生の可能性を高めてくれるのであり，憲法はそれを「結社の自由」により保障している。

　問題は，家族や地域共同体，国家などの非任意的団体である。こうした社会集

第 2 部　基本的人権

団の場合，個人はそこに生まれ落ちるのであって，自分で選択して加入するわけ
ではない。しかも，ものごころのついたときには，すでにその集団の価値を植え
つけられており，それだけにその集団の体現する価値と紀律がいかなるものかが，
個人にとって重要な意味をもつことになる。仮に全体主義により個人と非任意的
団体との関係が規律されるとすれば，集団に捕捉された個人は集団の圧力に押し
潰され，自律的生を生きることは不可能となろう。それゆえに，憲法は個人と家
族や国家との関係を個人主義の原理に基づいて構成するよう命じたのである。

　個人主義を表現する「個人の尊厳」という言葉が，家族法の拠るべき新たな原
理を定めた憲法 24 条 2 項で用いられたのは，決して偶然ではない。まさに戦前
の旧民法が定めた「家制度」は全体主義的な家父長制の原理により構成されてい
たのである。そこでは「家」は戸主と家族（戸主権に服する者を指し，現在の親
子のみからなる「核家族」より広い）から成り，戸籍上一つの家として登録され
た。戸主の地位と家の財産は，長男単独相続の「家督相続」で継承され，戸主に
は家族を統率するために戸主権が与えられるとともに，家族の扶養義務を課され
た。戸主権は，家族のメンバーの居所指定権，婚姻・養子縁組・分家の同意権等
を内容としたが，戸主は，自己の命令に従わない家族に対しては，その者を離籍
して扶養義務を免れることができ，これが家の財産に対する独占的な支配権と相
まって大きな力をもったのである。さらに，夫婦間においては夫権を認め，妻を
財産上無能力者とし，子に対する親権についても夫権優位とするなど，男女間を
不平等に扱っていた。総じて，家族メンバー個々人を尊重するというより，全体
としての家を重視する思想の表現であったといってよい。憲法 24 条は，かかる
制度を否定したのである。

　しかし，個人と社会の関係で個人の側を重視するということは，社会を軽視す
るということではない。様々な社会集団は個人のアイデンティティーの構成要素
であり，個人が自律的生を構想する基礎となる。特に個人が生まれ育った共同体
（家族，宗教的集団，国家等）の体現する価値は，個人に「負荷」されており，
それが攻撃され動揺させられるときには，個人の自我崩壊の危機が生ずることも
ありうる。そうなれば，自律的生自体が困難となろう。しかし，個人は共同体の
価値により全面的に負荷されているわけではない。人間は，未来に向かって新し
い価値を創造していく能力を授かっており，過去に負荷された価値を踏み台にし
つつ，それを意識化し，その反省・批判を通じて自己固有の自律的生を切り拓い
ていく存在である。たしかに踏み台なしには新たな価値創造はできないから，踏
み台を破壊するような行為を自由に許すわけにはいかないであろう。しかし，既
存の価値に対する反省・批判を一切許さないのでは，伝統的価値に拘束されるだ
けで，新たな価値を発見・創出し，自己の自律的生を構想・展開する営みは不可
能となる。要は両者のバランスの問題であるが，バランスをとるに際して個人こ

82

第 4 章　人権総論

そが価値の根源であるということを指針とすべきだということである。

　この個人主義においては，個々人は，自己にとっての「善き生」を自律的に選択し実践していく主体と想定されており，社会は個々の構成員すべてにそのような生き方を承認し助成する社会でなければならないとされる。すべての個人に「自律的生」が承認されねばならないから，この個人主義は，自己の利益のために他人を利用してはばからない利己主義とはまったく異なる。この点，よく混同されるので注意が肝要である。

　日本国憲法 13 条前段が「すべて国民は，個人として尊重される」と規定したのは，このような基本価値へのコミットメントの表明なのである。「個人として尊重」するとは，個々人が自律的に自己の生き方を選択・実践していくことをあるべき個人像として前提し，個人のそのようなあり方を尊重するということなのである。

(3)　幸福追求権

　13 条後段は，前段が個人の尊重を宣言したのに続けて，「生命，自由及び幸福追求に対する国民の権利」（略して「幸福追求権」と呼ぶ）に言及するが，ここで幸福追求権は，個人が自律的生を生きるのに不可欠の権利という位置づけを与えられているのであり，これこそが日本国憲法の保障する基本的人権をなす。この権利を尊重することが，個人を「個人として尊重」するということの具体的意味なのである。

　自律的生にとって不可欠の人権が具体的にいかなるものかは，表現の自由等の個別人権として規定されているが，そこには参政権（15 条）も社会権（25 条）も含まれる。人権の観念にとって，それが前国家的性格を有するかどうかは重要ではない。憲法の基本価値としての「個人の尊厳」から直接的に流出するものかどうかが重要なのである。日本国憲法は，「個人の尊厳」を憲法を支える基本価値として採用し，それゆえに，個人を「個人として尊重」することを憲法上の原則として宣言し，そのことの具体的意味として「幸福追求権」を最大限に尊重すべき「憲法上の（抽象的）権利」として規定し，その幸福追求権をさらに具体化する個別人権を「憲法上の権利」として列挙しているのであ

る。

なお，憲法 12 条は「この憲法が国民に保障する自由及び権利」という表現を用いており，ここでいう「自由及び権利」は 11 条・97 条でいう「基本的人権」とは異なり，国家賠償請求権（17 条）や刑事補償請求権（40 条）は前者には含まれるが後者には含まれないという理解も有力である。しかし，賠償・補償請求権も，個人の犠牲において全体が利益を得るという点において「個人の尊重」に反することから直接に帰結する権利であり，人権というべきであろう。「自由及び権利」と「基本的人権」は同じ意味に解して差し支えない。

3 人権の類型

人権とは，抽象的には，個人の自律的生に不可欠なものであるが，それが具体的には何かについて憲法自体が個別人権として列挙している。それらの個別人権の特質を一層深く理解すると同時に思考を整理するために，人権を類型化し全体を体系的に把握する努力がなされている。

類型化・体系化は常に一定の観点からなされるので，観点の相違により様々な体系が提示されてきたが，どれか一つが正しい体系ということではなく，重要なことはそれぞれの体系がいかなる観点から何を明らかにするためになされているかを理解して利用することである。ここでは，まず四つの観点からの分類論を説明し，その後，「制度保障論」と呼ばれている考えに触れておく。制度保障は人権とは性格を異にするので，人権の分類には属さないが，通常，人権の章で規定されることが多く，人権との関連で論じられているからである。

(1) 人権の構造的類型論

日本で広く受け入れられてきた分類は，イェリネックによりなされたものである。イェリネックは，国民が国家との関係でどのような地位に置かれているかを分析し，四つの地位を区別した。第一が，国民が国家に服し，義務を負うという関係における地位であり，「受動的地位」と呼ばれる。第二は，国家から自由な「消極的地位」であり，次の請求権に支えられて自由権となる。第三は，国民が自己のために国家の積極的な活動を要求しうる「積極的地位」であ

り，たとえば裁判を請求する権利などの「受益権」がこれにあたる。第四は，国民が国家のために活動する「能動的地位」であり，参政権が該当する。このうち第一の受動的地位は義務に対応し，第二ないし四が人権の分類に対応することになる。

この分類は，美濃部達吉に代表される戦前の理論はいうに及ばず，戦後の日本の憲法学にも大きな影響を与えてきたが，イェリネックの法実証主義的国法学を前提に構成されたものであり，国家権力のアプリオリな存在を出発点に置いている点で，今日では受け入れがたい面を有している。のみならず，内容的には，平等権や適正手続権の位置づけが不明確であるとか，社会権が登場する以前になされた分類なので，社会権の位置づけが困難であるといった批判がなされている。

しかし，これを権力と自由との構造的な関係の分類に純化して理解するなら，人権の分析装置として今日でも十分役に立つ。たとえば，表現の自由は近代の段階では主として「権力からの自由」の側面で捉えられたが，現代においてはその「権力への自由」の側面が重要視されるようになり，さらに，情報公開の問題にみられるように「権力による自由」の側面においても問題が指摘されるようになってきているが，それがこの分析装置によりうまく説明できるのである。しかし，注意すべきは，この表現の自由の例でも分かるように，個々の個別人権が「権力からの自由」，「権力への自由」，「権力による自由」のいずれかに振り分けられるということではなく，個々の個別人権がこの三つのうちのどれを中心的な性格としているかという問題なのである。

このようにイェリネックの分類を権力と自由の構造的関係を表現するものと理解する場合，社会権は構造的には「権力による自由」と理解することができるが，平等権と適正手続権は，三種の構造的関係のいずれによっても的確に捉えることはできない。そこで「権力により適正な処遇を受ける権利」（適正処遇権）という第四のカテゴリーをこの類型論に付加するのがよいであろう（86 頁参照）。

(2) 人権の内容的類型論

人権が保障する内容は様々であり，内容のいかなる側面を重視するかにより

様々な分類が可能になる。たとえば，近代から現代への人権内容の歴史的展開を重視した自由権的基本権と生存権的基本権の分類（我妻栄）や，鵜飼信成が提案した①個人権的基本権（精神的自由権・人身の自由），②社会権的基本権（経済的自由権・社会権），③基本権を確保するための基本権（参政権・受益権），④基本権の前提となる諸原則（個人の尊重・法の下の平等）という分類などが有名であるが，ここでは次のような分類を提示しておく。

第一が，個人の活動の自由。ここには精神活動の自由，経済活動の自由，人身の自由が含まれる。新しい現代的な人権として議論されているプライバシーの権利や自己決定権も基本的にはこの類型に属する。

第二が，参政権で，選挙権が中心である。

第三が，国務請求権あるいは受益権で，裁判を受ける権利がその典型である。

第四が，社会権で，生存権，教育を受ける権利，勤労の権利がここに含まれる。労働基本権は，結社の自由と同様に自由権的性格をもつ面も否定できないが，それを生み出した思想的側面を強調して，日本では通常社会権として位置づけられることが多い。

第五が，適正処遇権とでも呼ぶべき権利で，平等権と適正手続権がここに含まれる。第一ないし四の権利が，権利・利益の実体的側面に着目しているのに対し，適正処遇権は，国家が国民の権利・利益を制約する場合に守るべき手続・方法に着目している。個人を個人として尊重したといいうるためには，すべての個人を平等に扱わねばならないし，不利益処分を受ける個人には適正な手続を保障しなければならないのである。

本書の人権論の構成は，適正処遇権の扱いを除き，ほぼこの分類を基礎に行っている。

(3) 審査基準を基礎にした分類

現代人権の大きな特徴として，裁判所に違憲審査権を与えて人権保障の実効性を強化しようとするに至ったことを指摘した。ところが裁判所による違憲審査とは，政治部門（立法権・行政権）が合憲と判断して行った行為を裁判所が審査するということを意味する。このために，裁判所はどの程度厳格な基準で審査すべきかという問題が生ずるが，その厳格度は人権の種類により異なりうる

という見解が今日では支配的となっている。そこで，この厳格度の違いを基準に人権を分類するという考えが生じたのである。たとえば，伊藤正己は，次のような分類を提唱している。

　裁判所による審査が緩やかな方から，まず第一に生存権的基本権が挙げられ，この類型の権利保障は，裁判規範としてよりもむしろ国政の指導原理としての機能を果たすプログラム規定であるとされる。第二は経済的自由権であり，現代国家においてはこの権利の制約立法は合憲性の推定を受け，緩やかな審査が行われるのみである。第三は内面にあるものを外部に表出する外面性の精神的自由権であり，これは精神活動の自由の保障であるから厳格な審査が必要であるが，他者の人権と衝突する可能性がある限度で制限されることもありうる。これに対し，第四の内面性の精神的自由権は，内心の自由を保障するものであり，絶対的自由というほどに強い保障が与えられなければならない。これ以外の人権類型については，以上の四類型のどれに近似するかを考えて審査の厳格度を考える，というのである。

　伊藤説をそのまま受け入れるかどうかは別にして（生存権をプログラム規定と解する点については反対が強い），審査基準論との関連で類型を考える点は今後ますます重要となっていくと思われる。

(4)　審査方法を基準とする分類

　憲法の規定する人権には，保障内容が憲法上確定されている人権（内容確定型人権）と保障内容が憲法上完全には確定されておらず，多かれ少なかれ法律による確定に委ねている人権（内容形成型人権）が存在する。たとえば，精神的自由権に属する人権は内容確定型であり，生存権や裁判を受ける権利などは内容形成型である。内容確定型の人権は，憲法上保障の範囲が決まっているから，その人権との関連で法律が問題となるのは，法律が人権を制限しているのかどうか，制限しているとした場合それは正当化されるかどうかである。したがって，裁判所が審査するのは，人権の保障内容を憲法解釈として確定し，法律がその人権を制限しているのかどうか，制限している場合それは公共の福祉による制限として正当化しうるかどうかである。これに対して，内容形成型人権の場合は，具体的保障内容は，憲法上想定された核心的部分と法律による具体化

第 2 部 基本的人権

に委ねられた部分に分かれることになる。前者については，裁判所はそれを解釈により確定したうえで事案がその制限となっているかどうか，なっているとして正当化されるかどうかを審査することになり，審査の仕方としては内容確定型人権と同様になる。しかし，後者については，内容形成を行う権限は，少なくとも第一次的には立法府にあるから，裁判所が憲法解釈権を口実に内容形成を行うことは原則的には許されない。憲法が保障内容の具体化（内容形成）を法律に委ねた限度において，立法裁量の問題となるのであり，人権侵害の主張に対して裁判所が行う審査は，立法府が憲法により与えられた立法裁量の範囲を逸脱しあるいは濫用したのではないかに限られることになる。

(5) 制度保障

人権規定の中には，個別の人権を保障する規定と並んで，人権そのものではなくて特定の制度を保障するとみられる規定も存在するが，ドイツの公法学者カール・シュミット（Carl Schmitt, 1888–1985）は，ワイマール憲法の定める人権条項の解釈に際して，基本権の保障と制度の保障を厳格に区別した。彼によれば，基本権という思想は，「個人の自由の領域は原則として無限定であり，国家の権能は原則として限定されている」という「配分原理」を基礎にもち，真の基本権は，原則として無限定な自由領域をもつ個人を所与として前提するが，制度はそのような所与ではなく，本質上国家内的存在であり，無限定な自由領域という観念を基礎にするものではなく，一定の使命・目的に奉仕すべく限定・画定された存在だとされる。シュミットは制度保障の例として，地方団体の基本権，法律上の裁判官による裁判を受ける権利，家族生活の基礎としての婚姻，相続権，職業官僚制などを挙げているが，[*]これらの制度の保障は，通常の法律によってその制度を除去することを禁止するものであるにすぎず，憲法改正手続により変更可能な「憲法律」に属し，その意味で，改正不可能な「憲法」に属する基本権の保障とはまったく論理を異にするものであると論じた。

　　＊　シュミットは，制度保障に①制度体（公法上の制度）の保障と②（私法上の）
　　　法制度の保障を区別したが，前者は，伝統的な特権の保障を内実としていた職業

第4章　人権総論

　　官僚制の保障に典型的にみられたように，シュミットの理解する近代憲法の論理
　　とは整合しない旧制度の存続を憲法上保障するという性格が強いものであった。
　　そのため，その制度の本質的な核心を害さない限り広範な制限も認められるべき
　　だと主張した。

　我が国でも，シュミットの議論に影響を受けて，人権保障と制度保障を区別
する見解が支配的となっているが，その場合のポイントは，制度保障も憲法上
の保障であり，制度が法律による侵害から保護されているということである。
ただ，問題は，憲法が保障する制度の内容は何かであり，憲法自体がそれを明
確に規定している場合には問題は少ないが，多くの場合，保障する制度の具体
的内容形成を法律に委ねており，この場合には，法律によって侵害されてはな
らない制度の本質・核心とは何かを解釈により確定せねばならないという困難
に逢着するのである。

　日本国憲法における制度保障の例として，政教分離，大学の自治，私有財産
制などが挙げられている。たしかに，たとえば憲法20条1項前段の「信教の
自由は，何人に対してもこれを保障する」という人権規定は，後段の「いかな
る宗教団体も，国から特権を受け，又は政治上の権力を行使してはならない」
という政教分離規定とは性格を異にする。前者は人権の実体そのものを規定し
ているのに対し，後者は人権をよりよく保障するために必要な手段を規定した
というニュアンスの違いがある。その違いを捉えること自体は無意味ではない
が，しかし，制度保障を援用する論者の中には，制度保障は人権保障と異なる
から，制度の本質を維持する限り法律により大幅な制限を行うことも許される
という結論を導く者もいる。実際，最高裁は津地鎮祭事件判決（最大判昭和52
年7月13日民集31巻4号533頁）で政教分離を制度保障と捉え，そこから政教
分離を緩和する結論を導き出している。しかしながら，制度保障の観念そのも
のが，制度の本質・核心さえ保持すれば法律によりその保障を緩和することも
許されるという意味を内包しているわけではないし，政教分離の場合には憲法
が制度形成を法律に委ねているわけでもないのに，日本でそのような使われ方
がされるのであれば，少なくとも政教分離に関しては制度保障の概念は避けた
方がよいであろう。重要なのは人権の保障内容なのであり，個別の人権が実体
（自由領域）のみならず手段・制度を含めてどこまで保障しているかを明らかに

することである。後に見るように，信教の自由においては，自由の保障規定のみでは政教分離まで保障すると解することが困難だと考えられたからこそ，それに加えて政教分離規定も置かれたのである。

これに対し，学問の自由（23条）については，特に大学の自治を保障する規定は明示されていないが，学問の自由の保障内容として，大学の自治まで含むものと解されている。しかし，大学の自治の内容については憲法に規定がないから，制度形成は法律により行わざるをえず，法律が侵すことのできない大学の自治の本質・核心は何かが問題となるのである（後述213頁参照）。

29条1項が私有財産制の保障まで含んでいると解釈される場合も同様の問題が生じる。財産権の場合は，その内容を法律で定めることにしている（29条2項参照）ため，この一種の「法律の留保」に対する制約として私有財産制度の保障が意味をもつとされるのである（287頁参照）。

4 人権の主体

人権が「人」に固有な権利だとすれば，すべての人が人権の主体となることは自明のはずである。ところが，日本国憲法は人権保障を規定した第3章を「国民の権利及び義務」と題し，人権の主体を国民に限定する外観を与えている。このため，外国人に人権が保障されるのかどうかの問題が生じることになった。また，日本国憲法は，天皇および皇族という世襲に基づく身分を認めているために，これらの人々を人権の主体と考えるべきかどうかの問題を生ぜしめている。さらに，現代社会において団体が重要な活動主体となってくると，人権は自然人たる個人にしか認められないのか，それとも団体（法人）もそれを享有するのかが問われることになった。

(1) 国民の範囲
(ア) 「人」としての国民
憲法は「国民の権利」と述べているので，国民が人権を享有することに疑いはない。しかし，ここでいう「国民」とはどの範囲の人々を指すのかは，必ずしも自明ではない。憲法10条は「日本国民たる要件は，法律でこれを定める」

と規定するが，人権が憲法により保障されたものであり，国民はその当然の主
体であるとすれば，憲法の下位にある法律が国民の範囲を自由に定めうると考
えることはできない。人権が憲法により与えられたものではなく，論理上は憲
法に先行するものであるとすれば，なおさらのことである。そこで，論理上は
国民の範囲は「社会構成員」として憲法以前に定まっていると想定しなければ
ならない。そのような国民には，天皇・皇族も含まれる。より正確には，ここ
での「社会構成員」は憲法以前の存在であるから，いまだ天皇・皇族自体が存
在しないのである。憲法の制定により，天皇・皇族と「国民」が分離された。
憲法10条のいう国民とは，この段階の国民であり，天皇・皇族は含まれない。
そのような国民の範囲を法律で定めることとされたのであるが，自由に定める
というよりは，論理上法律制定以前に想定されている国民をいわば確認する規
定を置くという趣旨に解される。そうである以上，憲法が想定したはずの国民
（憲法上の国民）がいかなる者であるかを憲法解釈として明らかにすることが必
要となる。諸外国が国民を決める方法として採用しているものに生地主義（生
まれた場所が帰属する国家の国籍を取得する）と血統主義（親の国籍を取得する）が
あり，日本国憲法がそのいずれかを明示的に選択していない以上，そのいずれ
かにより国民となりうる者が憲法の想定する国民であると解するべきではなか
ろうか。それが近代国家が領土と国民団体を構成要素としていることとも調和
すると思われる。それを前提に，憲法10条に基づき法律で国民の要件を定め
るのであるが，その立法は憲法上の国民を「確認」すると同時に国籍の抵触を
避ける等の目的から「限定」するという意味をもつものと解される。ゆえに，
その「限定」に合理性がなければ違憲・無効となり，限定のない状態が回復さ
れることになる。なお，天皇・皇族をこの国民から除く理由は，それが世襲の
身分に基礎を置くからである。人権主体の個人は，身分から解放された存在で
なければならない。身分を受け入れるという選択をする限り，近代人権の論理
として，人権主体としての国民にはなりえない。ただし，身分の選択以前には
個人としての資格を有するから，身分選択の自由は完全に認められなければな
らないであろう。

　憲法10条の委任を受けて日本国民の要件を定めているのは国籍法である。
国籍の定め方には，上に述べたように生地主義と血統主義があるが，日本の国

第2部 基本的人権

籍法は血統主義を採用した。この選択により，生地主義からは国民となるはず
の者が国籍取得を制限されることになるが，国籍の抵触を避けるためにはいず
れかを選択することに合理性は認められるから，これは立法裁量の範囲内であ
る。血統主義からは，両親が日本国籍をもつ場合に子どもが日本国籍を取得す
るのは当然であるが，問題は親の一方のみが日本国籍をもつ場合である。この
場合に，国籍法は，当初，子どもが自動的に日本国籍を取得するのは父親が日
本国籍を有する場合のみであるとし（父系優先主義），裁判所もこれを合憲とし
ていた（東京高判昭和 57 年 6 月 23 日行集 33 巻 6 号 1367 頁）が，女子差別撤廃条
約の批准を契機とした 1984 年の国籍法改正により両親のいずれか一方が日本
国籍を有すればよいことになった（父母両系平等主義）。ちなみに，「国籍の抵
触」には，無国籍と多国籍の場合があるが，国籍は国家が自国民を保護し（外
国でトラブルに巻き込まれた場合など），また，国民が自国に義務を負う（例えば兵
役）基礎となるので，国籍は一つは必ずもち，かつ，一つだけとするのが原則
だとされてきた。もっとも，近時，多国籍のメリットを強調する立場も有力と
なってきているので，今後この原則の見直しがなされていく可能性がありうる
ことには注意が必要である。

　国籍法はこのような考えの下に国籍取得を様々な形で限定しているが，その
一つであった生後認知を受けた子に対する国籍取得の否定につき，最高裁は違
憲の判断をしている（最大判平成 20 年 6 月 4 日民集 62 巻 6 号 1367 頁）。当時の国
籍法 3 条 1 項は，生後に父により認知されても国籍は取得できないが，父母の
婚姻により準正嫡出子となった場合には，法務大臣に届け出ることにより国籍
を取得できると定めていた。最高裁は，この規定の目的は国籍を与えるために
必要な日本との密接な結び付きを担保することにあると解したうえで，立法当
時にはこの規定に合理性があったが，家族のあり方などが大きく変化した現在
では，両親が法律上の婚姻をしているか否かは我が国との密接な結び付きの有
無を分ける指標とはいえないと判断した。こうしてこの規定は非準正子に対す
る不合理な差別であるとされたが，では裁判所は，生後認知だけで国籍を取得
するという判決を出しうるのか。反対意見は，それは新たな立法となり裁判所
の権限を越えると主張したが，多数意見は，父母の婚姻という要件が違憲無効
となれば，残りの生後認知という要件だけで国籍が取得できることになると解

第 4 章　人権総論

した。多数意見の解釈は，国籍取得の要件をどのように定めるかは原則的には
立法裁量の問題であるという前提をとる以上，やや強引の感を免れないが，国
籍法が憲法上の国民の範囲を限定しているという前提に立てば，限定した規定
が違憲である以上，限定のない状態にもどるのは当然ということになる。

　他方で，外国で出生しその国の法に従って外国籍を取得した日本国民は出生
の日から 3 ヶ月以内に日本国籍を留保する意思を表示しないと出生時に遡って
日本国籍を失うと定めた国籍法 12 条について，最高裁は合憲の判断を行った
（最三判平成 27 年 3 月 10 日民集 69 巻 2 号 265 頁）。この国籍留保制度は，もともと
は戦前に生地主義の外国で出生して二重国籍となり排外主義などの困難に直面
していた日本人に日本国籍離脱のための簡易な方法として創設されたものであ
ったが，1984 年に父母両系血統主義を採用した際に，二重国籍の増大を想定
してすべての外国出生に適用することにしたものである。本件は父母が届出を
しなかったために国籍法 12 条により出生時に遡って日本国籍を失った原告が
国に対し日本国籍を有することの確認を求めた事件であるが，その中で日本で
出生して二重国籍を取得した場合には国籍留保の届出など不要であるから，本
件は外国で出生したことを理由とする差別であると主張した。最高裁は，この
制度の目的を，①外国で生まれて二重国籍となる子の場合，日本との密接な結
び付きがないことが生じうるから，そのような形骸化した国籍の発生を防止す
ること，②二重国籍の発生を回避することの 2 点に求め，この目的との関連で
区別には合理性があるとしたのである。二重国籍が好意的に受け取られるよう
になってきている今日（279 頁参照），②より①の目的が重視されるべきと思わ
れるが，②の目的との適合性をどのような厳格度で審査すべきであろうか。そ
れを考える場合，届出は出生による国籍取得の要件なのか，それとも出生によ
り取得した国籍の喪失の要件と考えるのかが影響する可能性がある。最高裁は，
国籍取得の要件と解したので，立法裁量を広くとることになった。国籍喪失の
要件と考えれば，立法裁量は相対的に狭くなろう。いずれにせよ，国籍に関す
る本書の立場からは，憲法上の国民の範囲を限定している以上，少なくとも通
常審査（138 頁参照）が求められることになろう。

　(イ)　女性と子ども
　人権の論理からは，社会構成員（国民）としての個人は，すべて人権主体性

93

第2部　基本的人権

を認められねばならないはずであるが，現実の歴史においては必ずしもそうで
はなかった。近代において完全な主体性を認められたのは，国家に対置された
家長のみであり，女性や子どもは家長の庇護の下に置かれるべきものとされ，
市民としての地位のみならず人としての地位も完全には認められなかったので
ある。

　現代においては，女性は人権主体性を完全に承認され，性に基づく差別は禁
止されている（14条1項）。もっとも，女性の現実の地位が真に平等となって
いるかは問題で，今後の重要な課題として意識されてきている（167頁参照）。

　他方，子どもについては，その人権主体性は承認されるに至っているが，人
権の行使に関しては，成熟した判断能力を常に有するとは限らないことに鑑み，
本人の利益を保護するために必要な場合（パターナリズム），あるいは，未熟な
判断による行為が社会にとって好ましくない場合には，一定の制限が許される
と解されている。参政権については憲法自身が成年者に限定している（15条3
項）が，法律による制限として婚姻の年齢制限（民731条），職業選択の制限
（たとえば公証人・弁護士・公認会計士・税理士・医師・薬剤師）などがあり，また，
条例により制限を行っている例もある（たとえば青少年保護育成条例）。校則によ
る髪型や服装の規制，自動車やバイクの運転免許取得の規制などが青少年の人
権規制として問題となることもあるが，そもそも人権なのかどうかにつき見解
の対立がある（155頁以下参照）。

(2)　外　国　人

(ア)　考　え　方

　憲法第3章が国民を権利の主体とする表現をとっていることは，国民には当
然主体性が認められることを意味するのみで，外国人に主体性を否定する趣旨
まで含むものではない。国民と外国人の区別は，国籍を有するかどうかの区別
である。人権が人の生来の権利であり，その意味で前国家的な権利である以上，
その主体性が後国家的な国籍の有無に依存すると考えることはできない。国籍
は，人権をもつ者ともたない者を区別するためではなく，国家権力の及ぶ範囲
を人的側面から捉えるために考案された制度である。つまり，国家は国民を統
治する権利を有し，かつ，保護する義務を負うのである。しかし，国家権力の

94

第4章　人権総論

及ぶ範囲は，他方で，領域的にも画定される。したがって，日本の領土上に存在する限り，外国人にも支配は及ぶのである。そして，人権が問題となるのは，権力との関係においてなのであるから，外国人も権力の支配下に置かれる以上，人権の主体となりうるはずである。たしかに，憲法上の権利としての人権の論理からは，国家がその人権を保護する義務を負う個人の範囲は，国家の構成員に限定されるという論理は，成り立ちえないわけではない。しかし，かかる論理を承認する場合にも，次の点に留意が必要である。

　まず第一に，その場合の「国家の構成員」とは，国籍の保有者と同じではない。社会契約の論理を借りていえば，人権を護るために社会契約に参加した者がその構成員であり，その中には，その後の「法律」により国籍を有さないことになった「外国人」も含まれている可能性が，論理上はありうる。日本で特に問題になるのは，日本に永住権を有する在日外国人（大半は出入国管理に関する特例法〔平成3年5月10日法71号〕により「特別永住者」とされている人達で，一般には在日韓国人・朝鮮人・中国人と呼ばれている）の存在である。こうした人々は，日本に生活の本拠を有し，生活実態は日本人と異ならず，「国家の構成員」として扱われてよい資格を有しているといえるであろう。したがって，少なくともこうした人々については，日本人と同様の人権主体性を承認し，そのうえで，国籍の違いが人権制約の違いをどの程度まで正当化しうるかを吟味するというアプローチをとるのがよいと思われる。

　第二に，日本国憲法は国際協調主義を採用し（前文参照），確立された国際法規の誠実な遵守を義務づけている（98条2項）が，国際人権規約等にみられるように国籍による差別の禁止が国際法上次第に確立されてきていることを考慮すると，いまや外国人にも人権の主体性を原則的に承認するのが憲法の要請であると解すべきと思われる。

　以上を考慮すれば，外国人にも人権が保障されることを出発点において，国民との異なる扱いがいかなる理由により，どの限度で正当化されうるかを考えていくのが実際的だと思われる。もっとも，そのように考えるのであれば，外国人の人権という問題は，体系上は人権享有主体性の問題としてではなく，外国人であることを理由とする差別の合理性の問題として平等権を論ずるところで扱うべきではないかという疑問も生じうる。しかし，人権観念が国によって

95

は自然権的な「人間の権利」から「国民の権利」へと転換されたという歴史を踏まえて，外国人の人権を総論の人権享有主体性の問題の一つとして扱ってきたという経緯があり，また，今日外国人にも人権保障が広範に認められるようになってきたとはいえ，たとえば入国の自由のように外国人に対して原理的に否定されたり，あるいは参政権のように否定され，もしくは広範に制限されたりする種類の人権もあることから，平等権における外国人差別の問題に解消することはできないとするのが一般である。そこで，ここでも人権総論における人権享有主体性の問題と位置づけたうえで，しかし分析の中身は外国人差別の分析と近似するので，具体的な区別がどのように正当化されうるかという観点から見ておきたい。理論上は人権享有主体性は有るか無いかの問題であるのに対し，平等権の問題は享有主体性が有ることを前提に外国人であることを理由にどこまでの制限が可能かという問題であり，両者はまったく異なるが，前者の問題を真正面から解決しようとするよりは，後者の問題としてアプローチした方が実際的ではないかという配慮である。その際，考慮すべき主要な要素としては，まず第一に，問題となっている人権の性質の違いがある。自由権・社会権・参政権などの性質の違いがどのように影響しうるかの検討が必要なのである。第二に，外国人の種類も重要な要素である。一口に外国人といっても多様であり，先述の在日外国人以外の外国人に関しても，永住権をもつ者から観光等で来日した短期滞在者まで様々である。そういった違いの検討も必要となる。

(イ) 具体的事例

今日では，通説・判例ともに，権利の性質上日本国民のみを対象としている人権以外は，外国人にも保障されるという点で一致しており，その考えを最初に提示した判例が，マクリーン事件判決（最大判昭和53年10月4日民集32巻7号1223頁）であった。それを前提にすれば，理論的な分析の手順としては，まず外国人に保障されない人権類型を明らかにし，次いで保障される人権に関して，外国人であることを理由にどのような制約が許されるかを検討するということになる。しかし，外国人に保障されない人権を類型的に特定することは，学説も揺らいできている今日，容易ではないので，ここでは一応すべての人権が保障の対象になりうるという前提の下に，それぞれの人権につきどのような

制約が可能かを検討するというアプローチをとりたい。それは，考え方としては，先に述べたように，平等権の享有を前提に，外国人であることを理由とする差別の合理性を検討するのと同じに帰す。なお，人権が保障されると考える以上，その制約には法律が必要なことは当然である。

　a）　入国・在留・再入国の権利　　外国人には入国の自由は保障されないというのが通説・判例（最大判昭和 32 年 6 月 19 日刑集 11 巻 6 号 1663 頁）である。この原則は，国際法上も承認されている。もっとも，外国人の人権が問題となりうるのは，入国した後のことであると考えれば，入国の自由を外国人の人権として議論すること自体，誤りだということにもなろう。いずれにせよ，入国の権利は存在せず，そうである以上在留の権利も存在しないというのが判例の立場である（前出マクリーン事件判決）。ただし，憲法上の保障がないからといって，政府が法律なしに規制しうるということではない。政府の行為には常に法律の根拠が必要であり（131 頁・387 頁・401 頁参照），在留に関する法律上の権利は外国人も当然有する。とはいうものの，法律が在留に関する権利を豊富に定めているというわけではない。むしろ逆で，出入国管理及び難民認定法は在留資格を決めて入国を認める法制をとっており，資格に含まれる活動を行う権利は認められるが，資格外の活動は一般的に禁止されている。憲法問題となるのは，資格外の活動が憲法上の人権の保護領域に含まれる場合で，法律によるその制限が許されるかどうかという形で論じられることになる。マクリーン判決は，資格外の政治的活動も表現の自由により一定程度保障されるが，その保障された政治的活動を行ったことを在留の更新を許可するかどうかの決定に際して不利益に考慮することも許されるとした。なお，永住者（これには日本人の配偶者等の一般の永住者と，平和条約に基づき日本国籍を離脱したいわゆる在日韓国人・朝鮮人・台湾人等の「特別永住者」が存在する）の在留資格は一定の活動とは関連づけられていないから，活動内容に在留資格からくる制限はない。人権保障の問題が生ずるのは，多くは特別永住者に関してであり，これらの人々のほとんどは日本に「定住」しており，外見上日本人と変わらない生活を送っている。そのために，彼（女）らが日本に定住するに至った歴史的経緯をも考慮して，これらの定住外国人については最大限日本人と同様の権利保障を行うべきであるという見解が有力である。なお，定住外国人については，入国の自由

第2部　基本的人権

という問題自体がそもそもありえず，ゆえに在留の権利も当然に有すると解さねばならない。

　では，再入国の自由はどうか。一般の外国人については，再入国の自由も法律上あるいは条約上の権利にすぎないということになろうが，定住外国人については，在留の権利を認めるべきである以上，再入国の自由も保障されると解さねばならず，ゆえに，この自由の制限は厳格な審査に服すべきである。最高裁は，再入国申請不許可処分を争った森川キャサリーン事件で，外国人に入国の自由・在留の自由が保障されない以上「外国へ一時旅行する自由」(22条)も保障されないとした原審判決を是認した (最一判平成4年11月16日集民166号575頁) が，事案が日本人と結婚し日本に定住していた外国人に関するものであっただけに，問題を残した。

　b)　自由権・受益権　　一般にこれらの権利については，外国人であることを理由に制約が許されることは少ない。ただし，経済的自由権 (職業や財産取得) については若干の制限立法 (公証12条，銀行47条，電波5条等) が存在するが，いずれも合理的な理由があり，問題とはされていない。

　議論があるのは，政治活動の自由 (表現・集会・結社の自由) である。これは参政権的な意味をもち，参政権が後述のように外国人には保障されないと解する場合には，日本の政治に重大な影響を与えるような活動を制限することは許されるということになろう。しかし，政治活動と参政権そのものとは同じではなく，参政権を行使する国民にとって外国人の発信する政治的表現も有益でありうるから，集会・結社につき純粋な表現を超える側面を規制することは別にして，表現の自由自体は最大限に保障すべきであろう。マクリーン事件は，原告の政治活動 (ベトナム反戦活動等) を在留期間更新の不許可処分に際してマイナスに考慮したのを争った行政処分取消訴訟であったが，最高裁は，政治活動の自由は承認しながら，そのマイナス評価を裁量の範囲内で合憲とした。これを，「権利の行使」を不利益に評価してもよいとした判決と読むのは問題で，政治活動の自由という権利も制限されうるとした判決と読むべきであろうが，その場合には，どのような政治活動が制限されうるか (不利益に評価されうるか) がより明確に判示されるべきであろう。安易に裁量論に委ねるべきではない。

第4章　人権総論

c)　社会権　　社会権は，従来，自己の帰属する国家により保障されるべき
ものであるという観念が一般的で，外国人には認められなかった。しかし，最
近では，社会権は，その国で共同生活を営み，税金等により社会的な負担も果
たしているすべての個人に，国籍に関係なく保障されるべき権利であるとする
考えが有力となっている。もっとも，前説でも，法律により外国人に社会権を
認めることが否定されるわけではなく，実際には，日本が外国人差別を原則的
に禁止した国際人権規約（経済的，社会的及び文化的権利に関する国際規約2条2項
参照）等を批准したのに伴い，それまで社会保障関係法令に存在した国籍要件
は原則として撤廃されたので，今日では特にこの問題を論ずる実益はなくなっ
ている。

d)　参政権　　外国人の人権に関し最も大きな議論を呼んでいるのは，参
政権の問題である。従来，参政権は，その性質上，外国人には認められないと
考えられてきた。参政権が主権の行使の意味をもつことを考えると，国民主権
の下においては，参政権は国民にしか認められず，外国人に認めるのは憲法違
反であるという見解も存在する。しかし，国民主権にいう「国民」は，前述の
ように，国籍をもつ国民とは異なるレベルの「国家構成員」（国家以前の社会構
成員）である。仮に定住外国人がこの意味での国家構成員であるとすれば，主
権者として当然に参政権をもつということになるはずであり，その参政権が国
籍を有しないということを理由に奪われてもよいのかという問題となるであろ
う。

また，仮に国民主権にいう国民が国籍保有者を指すとしても，外国人に参政
権を認めることが国民主権の原理に反するとまでいえるのかは疑問である。た
しかに，外国人は憲法上の権利として参政権をもつものではないとはいえるで
あろうが，主権者国民が外国人に参政権を与える決定を法律により行うことを
憲法が全面的に禁止しているとまではいえないであろう。現実に，北欧諸国を
はじめとして，少なくとも地方政治については外国人にも参政権を認めている
国が存在することを考えれば，外国人に参政権を与えるかどうかは立法政策の
問題と考えるべきであろう。最高裁も，地方参政権については，このような見
解を表明している（最三判平成7年2月28日民集49巻2号639頁）。

e)　公務就任権　　公務にも様々な種類がある。たとえば国会議員，国務大

99

第2部　基本的人権

臣，自治体の長や議員の職務も公務である。そのためもあって，従来，公務就任権を参政権とパラレルに理解し，外国人には参政権（被選挙権）が認められないのと同様に公務就任権も認められないとする見解が支配的であった。しかし，政治的な政策決定に携わる公務員と執行を本務とする公務員（国家公務員法2条2項にいう一般職の公務員が中心）は，職務の性格をまったく異にするから，両者を同じに扱うべきではない。一般職に関しては，公務就任権は憲法上の権利の問題としては参政権ではなく職業選択の自由（22条1項）の問題と捉え，それを外国人に制限するのは平等権・職業選択の自由の侵害にならないかどうかを考えていくべきだと思われる。

　参政権については，国民主権の原理により外国人にそれを認めることは憲法上禁止されているという議論も成り立ちえないわけではない。少なくとも，主権原理が国家の自律的統治を困難とするような事態の作出を禁止していることは疑いないのであり，たとえば憲法改正の国民投票権を外国人に認めることは，原則的には違憲である。しかし，一般職の公務に関しては，外国人が就任すると自律的統治が困難となるという事態は，ほとんど想定できない。一般職の公務にも広範な裁量権を含むものから，定められたルール・基準に従って事務を処理するだけでほとんど裁量の余地のないものまで色々であるが，裁量権の広範な公務であっても，主任の大臣等の上位の任免権者・監督権者のコントロールの下にあり，上位者が特定外国人の能力を認めて任務に就け，自己の監督の下にその任務を遂行させる限り問題は生じえないと思われる。ゆえに，憲法が外国人に公務就任を禁止しているということはない。従来，政府の公定解釈（昭和28年3月25日法制局一発第29号）は「公権力の行使または国家意思の形成への参画にたずさわる公務員」は日本国民に限るとしていた（「当然の法理」と呼ばれることがある）が，外国人に公務就任権を認めることは憲法に反するという趣旨ではないであろう。実際，その後1982年の立法で外国人の国立大学教員への任用を許容した例がある（公立の大学における外国人教員の任用等に関する特別措置法参照）。

　問題は，憲法は外国人に公務就任権（憲法上の権利としては，職業選択の自由と平等権）を認めているかどうかである。先に基本的な考え方として述べたように，外国人の人権主体性という問題に関しては，人権主体性があるかどうかと

100

いう議論を抽象的にするよりは，人権主体性を前提にして，具体的事例におい
て外国人であることを理由にその享有を制限することに合理性があるかどうか
を考える方が生産的である。かかる観点から問題を考察するとき，次の二つの
設問が区別される。一つは，外国人に公務就任を否定することに合理性がある
かであり，他の一つは，外国人であることを理由に昇格を否定することに合理
性があるかである。前者の問題につき，仮に上述の政府見解にある「公権力の
行使または国家意思の形成への参画にたずさわる公務員」という定式を外国人
への制限が合理性をもつ場合と理解するとすれば，範囲が広範かつ漠然にすぎ
支持しがたい。職務の内容・性質に応じた具体的・類型的な基準設定が望まれ
る。なお，外国人に公務員試験の受験資格を一般的に否定するのは，公務就任
を一般的に否定することを意味するから，当然許されない。

　後者の昇格差別の問題は，公務就任が原則的に許されることを前提にして生
ずる問題である。外国人公務員に対する昇格差別は，公務が階層性の上部に位
置し裁量権限が大きくなればなるほど，合理性の認められることが多くなろう。
政府見解にいう「公権力の行使または国家意思の形成への参画」という定式が
捉えているのも，このような公務と理解すべきであると思われる。管理職とさ
れているポストには，そのような性格のものが多いが，では管理職に就く資格
要件として管理職試験に合格することを要求し，外国人にはその受験資格を認
めない制度をつくることは許されるか。管理職とされたポストのすべてが外国
人に否定してもよい性格のものならば問題はない。しかし，そのポストのいく
つかは，外国人に拒否することの合理性が認められないような性格のものであ
るという場合はどうか。東京都がそのような制度を設置・運用していたのを在
日外国人が争った事件で，最高裁判所は，これを違憲とした原審判決を覆して
合憲の判断を下している（最大判平成 17 年 1 月 26 日民集 59 巻 1 号 128 頁）。「公権
力行使等地方公務員の職〔外国人に否定するのに合理性がある職——筆者〕とこれ
に昇任するのに必要な職務経験を積むために経るべき職〔それ自体としては外国
人に否定するのが必ずしも合理性があるとはいえない職——筆者〕とを包含する一体
的な管理職の任用制度を構築して人事の適正な運用を図ること」も，裁量の範
囲内であり，「この理は，前記の特別永住者についても異なるものではない」
というのである。しかし，在日外国人に関しては，可能な限り日本人と同様に

第 2 部　基本的人権

扱うべきであり，そのような制度設計がどうしても困難だとする事情があった
かどうかを独自に審査すべきではなかったであろうか。

　f)　人格権　　「新しい権利」として承認されるべき人格権・自己情報コン
トロール権・自己決定権は，今日では個人の自律を支える核心的権利となって
きており，特に外国人に対して制限する合理性は一般的にはない。この権利に
関して争われた問題に，指紋押捺の強制がある。かつて外国人登録法は，外国
人に対し外国人登録原票等への指紋押捺を義務づけていた。押捺を拒否し登録
法違反で起訴された事件において，最高裁は「個人の私生活上の自由の一つと
して，何人もみだりに指紋の押なつを強制されない自由を有」し，「右の自由
の保障は我が国に在留する外国人にも等しく及ぶ」と述べた（最三判平成7年
12月15日刑集49巻10号842頁）。しかし，結論的には，指紋は「外国人の人物
特定につき最も確実な制度として制定されたもので，その立法目的には十分な
合理性があり，かつ，必要性も肯定できる」し，その「方法としても，一般的
に許容される限度を超えない相当なものであ」るとして合憲の判断を下した。
手段審査に後述のLRA基準（139頁参照）を採用しなかったが，LRA基準を
適用した場合，人物特定の手段として他のより権利制限の少ない方法がないと
いえるのかどうか，疑問なしとしない。なお，外国人登録法の指紋押捺制度は，
1987年以降数度の改正を経て今日では全面的に廃止され，署名と写真を中心
に人物特定をする制度に改正された。なお，外登法は2009年に廃止され，入
管法および住基法の改正により2012年以降外国人の在留管理に新たな制度が
導入されたが，人物特定を署名と写真を中心に行う点は基本的に維持されてい
る。

(3)　法人・団体

㈦　基本的考え方

　人権は，本来自然人の権利であり，法人が当然に人権を享有すると考えるこ
とはできない。ここでいう法人とは複数の自然人を統一・組織した団体を指し，
法人格をもつかもたないかは問わないが，現代社会においてかかる団体が国家
と個人の間に介在し大きな役割を果たしていることは否定できない。ここから，
たとえば株式会社に財産権の主張を認め，新聞社や放送局に表現の自由の主張

第4章　人権総論

を認めることが必要ではないか，また，それを認めることが公益に資するのではないかなどといわれたりする。しかし，たとえ団体が社会的実在として無視しえない機能を果たしているとしても，そのことから直ちに自然人と同様に人権を享有すべきだということにはならないし，公益のために人権を認めるという議論は，人権の根拠づけとしては受け入れがたい。人権が個人の尊厳という基本価値に由来することからいえば，団体が人権を享有しうるのは，それが個人の尊重につながる場合に限られる。ところが，団体は常に個人の側に立つわけではない。国家と個人の中間に介在する団体は，国家と対峙して個人を保護することもあれば，逆に，個人と対峙して個人を抑圧することもある。人権論の構図からいえば，団体が人権を主張しうるのは国家と対峙する場合であり，団体がその構成員と対峙する場合には人権を主張する立場にはない。団体が外部の個人と対立する場合には，団体も（構成員の人権の代位主張として）人権を主張する適格をもちうるが，これは後に見る人権の私人間適用の問題である（109頁参照）。

　要するに，団体には固有の人権主体性はなく，構成員の人権を代表して主張することができるにすぎないと考えるべきである。したがって，団体が外部に向かって主張する場合には，構成員の人権を援用しうるが，構成員（の一部）と対立するときには，そこで団体が構成員に対して主張しうるのは団体の紀律権であり，それが内部の少数派の人権と対立する構図となるのである。

　(イ)　判　　例

　上述の観点から判例を整理すると，①団体が外部との関係で人権を援用する場合と，②団体が自己の構成員との関係で人権を援用する場合を区別しうる。

　①は，さらに，国家と対抗する場合と私人と対抗する場合が区別される。たとえば，博多駅事件（最大決昭和44年11月26日刑集23巻11号1490頁）で放送局が報道の自由を援用したのが前者の例であり，サンケイ新聞事件（最二判昭和62年4月24日民集41巻3号490頁）で共産党が反論権，サンケイ新聞社が表現の自由を援用したのが後者の例である。これらの場合は，それぞれの団体の構成員がもつ人権を団体が代位主張したと理解すればよく，団体にこの代位主張のスタンディングを認めるのに，憲法訴訟論上特に問題はないはずである。

103

第 2 部　基本的人権

　これに対し，②の事例では，団体は構成員に対し紀律権（団体の権力）を行使しているのであり，構成員が人権を主張しうるのは（後述の私人間適用の問題を別にすれば）当然であるが，団体は人権を援用しうる立場にはない。団体が主張する紀律権の根拠は結社の自由であり，ゆえに構成員に対し結社の自由を主張しうるのだという説明もあるが，結社の自由は国家に対する権利であり，構成員に対する紀律権の根拠となるものではない。にもかかわらず，従来，団体と構成員の対立に際して団体が人権を援用することに疑問を提起する見解は少なかった。人権論の構造理解として重要な点なので，関連判例を検討しておこう。

　a)　八幡製鉄政治献金事件　　八幡製鉄（新日本製鉄の前身）が自由民主党に政治献金を行ったのに対し，一株主が代表取締役の責任を追及して起こした株主代表訴訟である。原告は，本件の政治献金が，①定款の定める目的の範囲を超えること，②株主や国民の参政権等を侵害すること，③取締役の忠実義務に違反することを主張したが，最高裁はいずれの主張も退けて棄却した（最大判昭和 45 年 6 月 24 日民集 24 巻 6 号 625 頁）。その行論の中で，最高裁が「憲法第 3 章に定める国民の権利および義務の各条項は，性質上可能なかぎり，内国の法人にも適用されるものと解すべきである……」と述べたために，本件は法人の人権主体性を認めた先例と一般に理解されてきた。しかし，本件の対立は株主（会社構成員）と会社の間で起こっていると見ることができ，そうだとすれば，会社（代表取締役）がその権限行使（本件では政治献金という行為であり紀律権の行使とは異なるが）を株主との関係で人権（政治活動の自由）行使として構成しうるわけではない。政治活動の自由を主張するなら国家との関係においてであるが，しかし，本件の政治献金は，当時の政治資金規正法の許容する範囲内のものであったから，仮に政治献金が表現の自由の保護を受けるものであるとしても，政治資金規正法による制限が合憲かどうかは争点にはなっておらず（献金が合法である以上，法律の違憲を主張する必要はない），ゆえに会社が人権の主体かどうかも争点とはなっていなかった。してみれば，最高裁の上記論述は争点への応答ではないから，傍論にすぎない。ただし，最高裁も国家権力の一部と見て，最高裁が代表取締役の責任を認めることは，国家権力が会社の政治活動を制限することになるのだと理解するなら，その限度で，国家との関係にお

ける会社の人権主体性を認めた先例という読み方も可能であるかもしれない。

b）　南九州税理士会政治献金事件　　被告の南九州税理士会は税理士法に基づき設立された強制加入の団体であり，原告はその会員税理士である。原告は，被告が税理士に有利な税理士法改正を実現するための政治献金に充てるためと称して決定した特別会費の徴収に反対し，その納入を行わなかったために，被告の役員選挙に際し選挙権・被選挙権の行使を認められなかった。そこで，原告は，本件の特別会費徴収決議は会の目的の範囲外で無効であり，原告の思想・信条の自由を侵害する等と主張し，特別会費納入義務の不存在確認と慰謝料を請求して出訴した。最高裁は，強制加入団体である被告による政治献金は通常の会社によるそれ（前出八幡製鉄政治献金事件判決参照）とは同一に論ずることはできず，税理士会の目的の範囲も会員の思想・信条の自由との関連で限界があり，政治団体への寄付は目的の範囲外であると判示した（最三判平成 8 年 3 月 19 日民集 50 巻 3 号 615 頁）。この判決では，税理士会が会員との関係で政治活動の自由を享有するかは争点となっていない。争点は，会の決定が会員の人権を侵害しないかどうかなのである。たしかに，税理士会は，国家（裁判所）が原告の主張を認める判決を下すことは，被告税理士会の政治活動の自由を制約する意味をもつ，と主張することはできよう。問題がそのように提起されたならば，そのとき初めて，税理士会が政治活動の自由を享有するのかどうかが，少なくとも理論上は争点となり，裁判所の判断を（黙示的にであれ）得ることになろう。しかし，それはあくまでも国家との関係における問題であり，会員との関係ではない。

c）　群馬司法書士会事件　　強制加入団体である群馬司法書士会は，阪神・淡路大震災により被災した兵庫県司法書士会に 3 千万円の復興支援拠出金を寄附することにし，その資金に充てるために一般会計からの繰入金のほかに会員から登記申請事件一件あたり 50 円の復興支援特別負担金を徴収する旨の総会決議を行った。これに対して，ある会員が本件総会決議は会の目的の範囲外の行為で無効であり，また，強制加入団体である司法書士会が本件負担金への協力義務を会員に課すことは会員の思想・良心の自由を侵害するから公序良俗に反して無効であると主張し，支払義務不存在の確認を求めた（最一判平成 14 年 4 月 25 日判時 1785 号 31 頁）。ここでも議論の構図は南九州税理士会政治献金事

第2部　基本的人権

件と同じであり，司法書士会が会員との関係で援用しうる何らかの人権を享有するかどうかは争点となっていない。中心的争点は，本件総会決議を会員に対し強制しうるかどうかであり，強制しうるとすればその根拠は団体の存立の法的根拠を提供している民法34条および司法書士法に求められる。要するに，団体が会員に対して行使する紀律権（強制権）は法律に根拠をもつものなのである。本件では，南九州税理士会政治献金事件判決とは異なり，目的の範囲の画定に思想・良心の自由を考慮するという手法は採用せず，目的の範囲を広くとって決議は目的の範囲内で合法としたうえで，それを会員に強制することが公序良俗に反しないかを検討するという構成をとっているが，その違いは私人間効力論との関連で問題となりうるとしても，法人・団体の人権享有主体性の問題に異同を及ぼすものではない。

第5章

人権の適用範囲と限界

　本章で取り上げる問題の中心テーマは，人権規定はどのような社会関係に対して効力をもつか（私人間適用の問題），および，効力をもつ場合にはどの程度まで保障されるか（人権の限界の問題）であるが，その前提として，そもそも人権規定はどのような意味で効力をもつのかという問題（法的性格の問題）がある。人権規定は，実定憲法の中に規定されている以上，実定法上の効力をもつのが当然と思われるが，人権規定の中には法的効力をもたないと考えるべきものもあるという見解も存在するから，まずこの点の検討から始めよう。

1　人権規定の法的性格

(1)　議論の由来
　1789 年のフランス人権宣言は，社会のあり方の基礎を定める憲法がどのような原理に基づかねばならないかを宣言したものであった。したがって，それは自然法的な性格をもつ文書であり，実定法的な効力をもつものではなかった。そこで宣言された諸原理は 1791 年憲法に取り込まれることにより初めて実定法上の効力をもつに至ったのである。しかし，その後のフランス諸憲法は，すべてが人権規定をもったわけではない。特に，第三共和政憲法は人権規定をまったくもたなかったし，第四共和政憲法および現行の第五共和政憲法は，前文で 1789 年人権宣言を厳粛に確認すると述べただけで，本文には人権規定を置かなかった。このために，人権宣言あるいは憲法前文が法的効力をもつのかどうかが，長い間学説上対立してきた。また，ドイツでも，ビスマルク憲法は基

107

第2部　基本的人権

本権規定をもたず，詳細な基本権規定を置いたワイマール憲法に関しては，その基本権規定の多くにつき，それらは法的性格をもつものではなく政治の指針・目標を掲げたプログラムにすぎないとする「プログラム規定説」が学説上は有力であった。

(2)　日本における議論

　フランスやドイツにおける上述のような議論の影響を受けて，日本でも人権規定は法的性格をもつのかという問題が提起されることがある。しかし，法的性格あるいは法的効力をどのような意味あるいは次元で用いているかが必ずしも明確にされておらず，議論に混乱がみられる。少なくとも，次の三つの次元を明確に区別して論ずべきであろう。

　第一は，フランスの学説にみられた，人権というのは宣言的意味のものであり，自然法的あるいは倫理的効力はもつにしても，法的効力はもたないという議論である。日本国憲法の人権規定についても，11条や12条は訓示規定にすぎず法的効力をもつものではないと説明されることがあるが，これらの規定も実定憲法の中に存在する以上法的効力をもつと考えるべきであり，この種の議論は日本国憲法の解釈には当てはまらない。

　第二は，人権規定は抽象的性格が強く具体的意味内容を欠くから，法的性格をもちえないという議論である。たしかに，人権規定には，他の法律と比べると抽象的な規定が多い。しかし，規定の抽象性は必ずしも法的性格の欠如をもたらすわけではない。ある規定があらゆる行為を許容するほどに抽象的である場合には，その規定により許される行為と許されない行為を区別しえないから，法的効力をもつとはいえないであろう。しかし，日本国憲法の人権規定には，それほどまでに抽象的な規定は存在しない。抽象度が高く，許容される行為の範囲が広いという規定は存在するが，それは広い裁量を許容しているということにすぎず，裁量の限界は存在するのであり，その限度で法的意味をもつ。

　第三は，裁判所が人権規定を判決の基礎に援用しうるかどうかというレベルで，法的効力の有無を議論するものである。この用法においては，裁判所に違憲立法審査権がなければ，法律との関係では人権規定には法的効力はないことになるが，もし行政行為の違憲審査はなしうるということであれば，その限り

で法的効力をもつということになる。しかし，違憲審査権がある場合でも，特定の人権規定については裁判所の判断の基礎にすることができないといわれることがある。プログラム規定と呼ばれるのがそれで，日本では，憲法25条の生存権規定や9条の戦争放棄の規定につき，かかる見解を唱える説が存在する。しかし，最近の通説的見解は，プログラム規定の存在を否定している。実定憲法の中に規定された以上，何らかの法的効力をもつと考えるべきであり，いかなる法的効力をもつかを確定することこそ，解釈学の役割なのである。

　以上要するに，日本国憲法の人権規定は，どの意味においても法的効力を有すると解してよい。しかし，法的効力を有するということは，それがあらゆる社会関係で妥当するということを意味するわけではない。人権が適用されるべき社会関係を同定することが，次の課題である。

2　私人間における人権の効力

(1)　問題の意味

　実定憲法上の人権規定は，もともとは国家（公権力）を名宛人としており，国家と国民の関係にのみ適用されると考えられたが，今日では，現代国家において人権の保障を実質化するには，私人間の関係にも適用すべき場合があると主張されるようになってきた。その変遷の意味を最初に見ておこう。

(ア)　当初の理解

　人権とは，人が人としてもつ権利であった。権利であるということは，その尊重を要求しうるということであるが，問題は誰に対して要求しうるのかである。この点を，まず社会契約論の論理に立ち返って考えてみよう。

　社会契約論の想定によれば，人は自然状態において，誰に対しても主張しうる自然権をもっていた。しかし，自然状態においては，各人が自己の権利についての裁判官であり，共通の第三者的裁判官が存在しないから，権利について争いが生じたときには最終的には強者の主張が勝つことになり，必ずしも各人の自然権が護られる保証はない。そこで，よりよく自然権を保障するために，社会契約を結んで社会を形成し政治権力（共通の裁判官）を創設する。憲法の制定は，かかる公権力を創設・組織し，必要な権限を授けかつ制限する行為で

あった。そうだとすれば，憲法の名宛人は，第一義的には，公権力だというこ
とになる。ゆえに，憲法の中に規定された人権の名宛人も公権力ということに
なる。つまり，公権力に対し憲法（人権）を遵守することが命じられているの
である。もちろん，公権力の目的・存在理由は，各人が留保した自然権の擁
護・保障である。ゆえに，公権力（国家）は，個人間の自然権衝突を調整する
責務を負い（これを国家の自然権保護義務と呼んでもよい），そのために法律を制
定し，執行し，裁判を行う。法律の役割は，すべての個人が平等に人権を享有
しうるように，各人の人権を必要な限度で制限することである。フランス人権
宣言が述べたように，「自由とは，他人を害さないあらゆることを行いうると
いうことに存する。したがって，各人の自然権の行使は，同じ権利の享有を他
の社会構成員に確保する以外の限界をもたない。その限界は，法律によっての
み決定されうる」（4条），「法律は，社会にとって有害な行為しか禁止する権利
をもたない。法律の禁止していないことは，一切阻止することは許されず，ま
た，誰も法律の命じていないことを為すよう強制されることはない」（5条）。
ゆえに，各人は，法律に従っている限り，他人の人権を侵害することはない。
憲法が制定されて以降は（つまり，実定法秩序の内部においては），個人間の関係
（私法関係）を規律するのは法律であり，憲法（人権規定）がここに直接適用さ
れることはないということになる。人権は公権力を制限するものであり，公権
力と個人の関係に適用されるものとなるのである。

　もっとも，実定法を超える自然法領域においては，自然権は個人間に効力を
もつのであり，近代初期において自然法と実定法がいまだ峻別されていなかっ
た時期には，憲法上の人権が私法関係にも適用されるという観念が存在したが，
19世紀後半以降，法実証主義的な思想が支配的となり自然権思想が通用力を
失っていくと，私法関係を規律するのは法律であるという思考が支配的となる。
この傾向は，もともと自然権思想が弱く，法実証主義的方法論が風靡したドイ
ツにおいて，一層強く現れた。

　(イ)　その後の変化

　ところが，19世紀末以降，社会の中に大企業や労働組合などの巨大な資
本・集団が生み出され，個人に対し社会的権力をふるうようになり，これらの
強者による弱者の人権侵害が問題とされるようになってきた。たとえば，会社

や労働組合が社員・組合員の思想を理由に差別的扱いをしたとすれば，思想の自由あるいは平等権の侵害ではないのか，といった問題である。ところが，社会的権力も法的には私人であり，これらの強者と弱者の関係は私人間の関係ということで憲法の人権規定は適用されないとされた。本来の論理からいえば，議会が弱者の人権を保護する法律を制定して問題を解決すべきだということになる。そして，たしかに多くの領域で弱者保護のための法律が制定されたし，場合によっては，たとえば労働基本権の保障のように，私人間に直接適用することを予定したとも解されうる人権規定を憲法の中に書き込むことも行われた。しかし，社会が必要とするこうした人権保護立法に議会が取り組むことは，どうしても遅れがちとなるし，また取り組んでも議会に反映されている力関係のために弱者にとって不十分なものとなりがちで，人権侵害が生じているのに私人間に適用できる人権規定も存在しないし，これを救済するための法律も制定されていない，あるいは不十分だという状況が生じうる。このような場合に，裁判所が人権を救済することが可能となる憲法理論を解釈論として構成できないものであろうか。こうした問題意識から出てきたのが，人権の私人間適用あるいは人権の第三者効力と呼ばれる解釈理論である。なお，かかる問題意識が生じえた前提として，違憲審査制を導入した現代憲法においては，憲法が裁判規範としての性格を確立していたことも見逃してはならない。

(2) 学説・判例

　上述のような展開の結果，私人間に人権規定は適用されないという当初の理解（無適用説）は最近ではほとんど支持を失い，何らかの形で私人間にも人権保障を及ぼしていこうという学説が支配的となっているが，その理論構成において直接適用説と間接適用説が対立している。これらの議論は，基本的にはドイツの議論に触発されたものであるが，間接適用説に立ちながら部分的にアメリカのステイト・アクションの理論を参照すべきことを主張する学説もある。最高裁の判例がどの立場を採用しているかについては，微妙な点もあるが，一般には間接適用説を採用したと理解されている。以上を順次説明した後，当初の理解であった無適用説を再評価してみたい。

第2部 基本的人権

(ア) 直接適用説

この説は，人権規定を私人間にも直接適用できる規定であると解する。もっとも人権は社会の基礎に置かれるべき権利であり，社会のあらゆる関係において尊重されるべき権利と考えられていた。それが，法実証主義の思想によりその適用範囲を国家と個人の関係に限定されてしまったが，法実証主義の問題点が明らかになった今日，原点に戻って考えるべきである，と主張する。もっとも，直接適用説といっても，実際には，あらゆる人権規定をあらゆる私人間関係に適用すべしと主張する説はなく，規定の種類からは人権の原則規定や制度保障規定に限定し，私人間関係の種類に関しては「事実上の権力」（私的権力）が一方当事者である場合などに限定するのが普通である。

この説に対しては，人権の適用範囲を私人間にまで拡大しその保障を強化するもののように見えながら，その実，人権にとっての最大の脅威は現代においても依然として国家権力であり，人権がまず制限すべきは国家権力でなければならないという立憲主義の基本思想を見失わせる危険をもつとの批判がなされた。そこで，人権規定が直接適用されるのは国家権力に対してであるという立憲主義の論理を維持しつつ，私人間における人権侵害の救済をはかろうとして提案されたのが間接適用説といわれるものである。

(イ) 間接適用説

この説においても，人権の歴史，性質あるいは規定の文言から私人間に直接適用されるものがあることは否定しない。たとえば，日本国憲法15条4項（投票の秘密），18条（奴隷的拘束・苦役からの自由），28条（労働基本権）などが，それにあたる。しかし，それ以外の人権については，私人間でその保障をはかるのは法律の役割であるという論理をあくまでも維持する。そのうえで，問題の私人間関係に適用しうる適当な法律条文を見つけて，その条文の中に可能な限り人権保障の趣旨を読み込むことにより間接的に人権規定を私人間に及ぼしていくという方法がとられるのである。

その場合に最もよく使われる条文が，民法中の一般規定である90条と709条である。民法90条は「公の秩序又は善良の風俗に反する法律行為は，無効とする」と規定している。そこで，契約などの法律行為により人権を制限している場合には，その契約を公序良俗違反で無効とすることにより人権の保護を

はかるのである。もちろん，私人間の関係は基本的には私的自治が支配する領域であるから，平等な力関係にある当事者が真摯に結んだ契約なら，たとえ人権の制限がなされていようとも，有効として差し支えない。問題なのは，強者と弱者の間で，強者が弱者の人権を制約している場合である。このような場合には，公序良俗に反するとすべきことが多いであろう。公序良俗違反かどうかを判断するのにもう一つ重要な要素は，そこで制限されている人権の性格である。内心の自由を制限しているような場合は，公序良俗違反とすべき場合が多くなろう。いずれにせよ，重要なのは，このような法技術を用いることにより，立憲主義の論理を維持しながら私的自治と人権保障の調和が実現できることである。

　民法 709 条についても同様である。709 条は「故意又は過失によって他人の権利又は法律上保護される利益を侵害した者は，これによって生じた損害を賠償する責任を負う」と規定している。そこで，事実行為により人権の侵害が行われた場合には，この規定を用いて，この中に人権保障の趣旨を読み込み救済を与えるのである。

　この間接適用説は，人権の名宛人は国家であるという基本原理を維持しつつ私人間における人権侵害を救済しうる理論構成として学説上広範な支持を得て通説となった。しかし，国家を名宛人とする憲法上の人権をなぜ私人間を規律する法律規定に読み込むことができるのか。この点についての明瞭な説明は，間接適用説からはなされていない。一般規定の中に読み込むとは，憲法上の人権をたとえ間接的であれ私人に対して主張することを意味するはずである。そうだとすれば，国家と私人という「タテの関係」で効力をもつ憲法上の人権規定をどのようにして私人と私人の関係という「ヨコの関係」に効力をもつものに転換するのかの説明が必要なのである。タテの関係のままでヨコの関係に読み込むなどということは，できないのではないか。読み込む前にタテからヨコへと転換する操作が必要ではないのか，という疑問である。このことは，日本が学んだとされるドイツの間接適用説と比較するとよりよく理解できる。ドイツでは，基本権を民法の一般規定に「充塡」する前に，ヨコの関係にも及ぼすための解釈論上の操作を行っているのである。基本権の少なくとも基本的価値を表現する規定（ドイツ基本法 1 条の人間の尊厳規定や 2 条の人格の自由な発展の保

障規定など）は，客観的価値秩序を定めた客観法的規定として全方位的に，つまり国家のみならず私人に対しても効力を及ぼしており，それが民法の一般規定に充塡されると説明しているのである。日本の間接適用説には，この操作が欠けており，理論的に不十分な説明となっているのである。

　(ウ)　一般規定の合憲解釈・適用説

　間接適用説の問題点は，「タテの関係」を「ヨコの関係」に転換する操作を欠いている点だと述べたが，そのような転換は不要であると主張するのがこの説である。間接適用説は，憲法上の人権を民法の一般規定に読み込むという構成をとってきたが，それは正しくは「ヨコの関係」に読み込むということではなくて，あくまでも「タテの関係」に着目しており，裁判所が私人との関係で民法の一般規定を憲法に従って解釈し適用するにすぎないのだというのが，この説の眼目である。つまり，私人間適用といわれるものの実態は，国家としての裁判所が私人Ａとの関係，および，私人Ｂとの関係で，ＡおよびＢの人権を侵害しないように法律を合憲的に解釈・適用するということにすぎないというのである。たしかに，裁判所は法律を適用するにあたり，解釈として許される範囲内で合憲解釈を行い，かつ，それを具体的事案に合憲的に適用しなければならない。ゆえに，裁判所が一般規定を合憲解釈・適用すること自体には何の問題もない。おそらく従来の間接適用説もそのことは当然の前提としてきたものと思われる。そこで，問題は，憲法上の人権の私人間効力とは，私人間に適用される法律を合憲解釈・適用するということに尽きるのかどうかである。もしそれに尽きるならば，そもそも私人間効力という問題設定自体が誤っており，仮象問題にすぎなかったということになる。しかし，ＡＢ間の争いは，裁判所がＡとの関係で法律を合憲的に解釈適用し，Ｂとの関係でも合憲的に解釈適用することにより常に裁定できるのかどうか疑問である。Ａとの関係で合憲であり，Ｂとの関係でも合憲である解釈が常に一つに収斂するとは限らないからである。合憲解釈の結果答えが一つに収斂しない限り，ＡＢ間の争いの裁定はＡおよびＢの相互に対立する利益の衡量により決める以外にないが，その利益衡量に人権を考慮しうるかどうかが私人間効力論の要点なのである。合憲解釈・適用説では，この肝心な点の説明が欠けることになる。

　さらに，現実の訴訟の場面を想定して考えると，この説には次のような問題

第5章　人権の適用範囲と限界

も存在する。たとえばＡがＢにより「人権」を侵害されたとして，裁判所に救済を求める場面を想定しよう。Ａは私人Ｂに対して憲法上の人権侵害を主張することはできない。にもかかわらず，ＡはＢを被告に裁判所に出訴して，適用法律を合憲的に解釈適用してＡに救済を与えなければ，裁判所はＡの人権を侵害することになると主張しうるのであろうか。裁判所が救済の義務を負うのは，Ａが法的に保護された利益の侵害を論証したときである。ところが，ＡはＢによる人権侵害を主張しえないのであるから，その論証ができていない。そうだとすれば，裁判所としてはＡの請求を退けるのが当然であり，退ければ裁判所が救済義務を果たさずＡの人権を侵害することになるという主張は成り立たないはずである。

　㈢　国家の基本権保護義務論による説明

　ドイツでは国家には基本権を保護する法的義務があるという考えが憲法裁判所により認められており，この考えを使って第三者効力論を説明する見解が存在し，日本でもそれに学んだ理論構成が唱えられている。ここでも裁判所と私人Ａ，および，裁判所と私人Ｂという「タテの関係」に議論の焦点が当てられる。AB間の利益対立を裁定するに際して，基本権保護義務を負う裁判所は，Ａとの関連で過小保護とならないように配慮し，Ｂとの関連では過剰介入にならないように配慮しなければならず，両者の均衡点を探ることになる。この限りでは，合憲解釈・適用説と基本的発想において異なるところはない。違いは，ＡがＢに対して主張する法的利益の根拠を提示する点である。それが基本権の客観法的機能としての「基本権的法益」である。憲法上の基本権規定は，国家に対して主張しうる主観的権利（基本権）として機能すると同時に，全方位的に効力をもつ客観法的機能をも有し，それが法的保護を受けるべき「基本権的法益」を根拠づけるのである。もしこの基本権的法益が民法の一般条項に充塡されると構成すれば，それはまさにドイツ憲法裁判所の判例理論と同じとなろう。それに対して，一般条項に充塡されるまでもなく独自に法的利益の根拠となると解するなら，直接適用説との違いは曖昧化しよう。いずれにせよ，この説においては，憲法観が変更されていることに注意が必要である。憲法上の基本権は国家のみを名宛人とするのではなく，たとえ客観法的にであっても，私人をも名宛人としているのである。憲法およびそこに規定された人権は国家

115

第2部　基本的人権

のみを名宛人とするという憲法観を維持したうえで私人間効力の問題を解決しようという立場からは離れているのである。

　(オ)　ステイト・アクション（state action）の理論

　間接適用説がドイツで発展させられた理論を参考にしたものであるのに対し，ステイト・アクション論というのは，アメリカ合衆国最高裁の判例で展開された理論である。

　合衆国憲法の人権規定は直接には連邦政府の行為を規律するものであり，もともとは州政府の行為には適用されなかったが，現在では修正14条を通じて「州の行為」（state action）にも適用されることになっている。したがって，州がたとえば人種差別法律を制定すれば，その法律は修正14条の平等原則が適用されて違憲無効とされる。しかし，州内の私人が人種差別行為を行っても，これは州の行為ではないので，修正14条を適用することはできない。ところが，合衆国最高裁は，その私人が州から援助を受けているなどの事情があり，州と特別の関係にある場合には，私人の行為を州の行為とみなして人権規定を適用するという理論を発展させた。

　これを参考にして，日本でも私人が国と特別の関係にあるような場合には，その私人の行為を国の行為とみなして人権規定を直接に適用すべきではないかという提案がなされている。国が，自らは行うことが憲法上禁止されていることを私人を使って行わせるような場合，この理論を使うと国の脱法行為を阻止しやすくなる可能性はある。たとえば，殉職自衛官合祀事件（最大判昭和63年6月1日民集42巻5号277頁）においては，私人である隊友会が殉職自衛官の護国神社への合祀を申請した形になっているが，実際には自衛隊職員が行ったといってよい状況にあり，申請行為は国の行為として政教分離原則に反すると考えるべきではないかと指摘されている。

　(カ)　判　　例

　通説の理解では，最高裁は三菱樹脂事件判決（最大判昭和48年12月12日民集27巻11号1536頁）において間接適用説を採用した。

　この事件では，三菱樹脂株式会社に入社した原告が，面接試験に際して学生運動への参加の事実を秘匿する等虚偽の経歴を申告していたという理由で，3ヶ月後に本採用を拒否されたため，それは思想の自由（19条）の侵害であり，

また，信条に基づく差別（14条）であると主張した。これに対し，最高裁は，憲法19条・14条は，「その他の自由権的基本権の保障規定と同じく，国または公共団体の統治行動に対して個人の基本的な自由と平等を保障する目的に出たもので，もっぱら国または公共団体と個人との関係を規律するものであり，私人相互の関係を直接規律することを予定するものではない」と述べて直接適用を否定した。しかし，それに続けて，自由や平等の侵害の程度が許容限度を超えるような場合には「私的自治に対する一般的制限規定である民法1条，90条や不法行為に関する諸規定等の適切な運用によって，一面で私的自治の原則を尊重しながら，他面で社会的許容性の限度を超える侵害に対し基本的な自由や平等の利益を保護し，その間の適切な調整を図る方途も存する」と論じた。その後の判例でもこの考えを踏襲している（昭和女子大事件・最三判昭和49年7月19日民集28巻5号790頁，女子若年定年制事件・最三判昭和56年3月24日民集35巻2号300頁参照）。

　この判決の基本的発想は無適用説と最も親近性があると思われるが，無適用説に批判的な学説は，判旨が民法90条等に言及したことに着目して，間接適用説を採用したと理解してきた。しかし，私人間における調整は法律（民法を含む）により行うという論理は，まさに無適用説のものであり，たまたま民法90条等に言及したというだけでは間接適用説に立ったという根拠にはならないであろう。

　なお，判例は，私人間への無適用のみならず，国家を一方当事者とする関係においても，その関係の性質が純粋に私法的である場合には，公法関係の規律を目的とする憲法の適用はないとの立場をとっているようである。それを述べたのは百里基地訴訟判決であるが，そこで最高裁は，私法関係には憲法の適用はないとの立場に立ち，そのうえで，自衛隊基地の建設を目的とする国と私人との間の土地の売買契約をめぐる争いに民法を適用し，争点となった契約や契約解除等の法律行為が「公序」に反しないかを問題とする構成をとったため，外観上は憲法の間接適用を検討したように見える（最三判平成元年6月20日民集43巻6号385頁）。しかし，私法関係か公法関係かといった区別は，超憲法的な区別ではなく，憲法の下で生じる区別と考えるべきであり，憲法の適用の有無を考える基準とすべきではなかろう。国家の行為は，私法的形態で行われよう

第2部　基本的人権

と，公法的形態で行われようと，憲法の適用を受けると考えるべきである。そうでないと，私法的形態を装うことで憲法の適用を免れることが可能となり，不都合であろう。ゆえに，本件では，国家の私法的行為（土地の取得行為）に憲法の適用がありうるのであり，仮に被告の私人に原告国の行為の憲法違反を主張する適格があるならば，その主張の判断が必要であったと思われる。

　(キ)　無適用説の再評価

　問題の出発点は，無適用説では私人間における人権侵害に対処しえないということであった。しかし，本当にそうなのか，どのような意味でそうなのかは，再度厳密に検討してみる必要がある。その際，重要なポイントは，① 無適用説では，どのような場合に人権侵害が救済されないことになるのかを明らかにすることのみならず，② この問題が，人権侵害を救済できるかどうかの問題というよりは，救済の役割を誰が中心となって果たすのか，議会か裁判所か，という権限分配の問題に関わっていることを理解することである。

　無適用説の論理では，私人間における「自然権」の保障は，法律の役割であった。憲法は，国家が自然権保護の責務を遂行するに際して従うべき「法のプロセス」を規定している。それによれば，私人間における自然権の保護は，まず法律により規定され，当事者間に争いが生ずれば，その法律に従って裁判がなされることになる。したがって，私人間関係における自然権は，法律の制定により「法律上の人権」として実定性が与えられ，それが裁判所により適用されるのである。問題は，議会が私人間の自然権調整に迅速・適切に対応せず，争いを裁定すべき適切な「法律上の人権」規定が存在しない場合である。これを裁判所が救済しようとすれば，憲法の中に実定化された自然権である「憲法上の人権」を援用する以外にない。しかし，憲法上の人権は国家を名宛人とするものであり，これを私人間の争いに援用するためには，私人も憲法の名宛人だということにしなければならない。しかし，これは立憲主義の憲法観・人権観の大きな修正になり，悪くすれば国家が国民に対し「憲法忠誠」を要求するということにもなりかねない。それを避けたいなら，「憲法上の人権」は国家のみを名宛人とするという論理を維持すべきである。しかし，そうすると，法律がない限り裁判所が私人間の自然権侵害を救済することは許されないということになるのか。

第5章　人権の適用範囲と限界

　法律がない限り，そうならざるをえない。しかし，現実には，法律は存在するのである。その最も重要なものが民法 90 条と 709 条である。こうした抽象的な法律規定は，私人間の自然権調整の権限を裁判官に委任したものと理解することができる。つまり，裁判官は，この規定を自然権保護の方向に解釈することにより，自然権を実定法化する権限を委任されているのである。自然権保護の方向に解釈することは，「憲法上の人権」を適用することとは異なる。実定法秩序の基礎あるいは背後にある自然権的価値（自然権という言葉を使いたくないなら，道徳哲学的価値といってもよい）を適用しているのである。この自然権は，本来，全方位的性格をもつ（あらゆる関係に効力をもつ）ものであるから，私人間関係においても妥当するのであり，裁判官はそれを法律解釈を通じて実定法化するのである。

　現実にはこのように法律は存在するのであり，判例上も法律がないために救済が不可能であったという事例は報告されていない。にもかかわらず，純粋理論上の興味から，法律のない場合を想定し抽象的な理論を組み立てるのは，避けた方が無難であろう。実際，私法の一般法たる民法が，明示的に「個人の尊厳」という，憲法と同一の道徳哲学的価値にコミットしているのであり（民 2 条参照），民法 90 条や 709 条の解釈もこの価値に依拠して行うべきことを理解すれば，私人間における人権問題の大部分は民法解釈として解決できるはずであり，「憲法上の人権」の適用を必要とする場面はほとんど想定できない。

3　人権の限界

　憲法上の人権規定の名宛人は国家であり，国家は憲法上の人権を尊重する法的義務を負うが，しかし，国家は人権制限を一切許されないというわけではない。すべての個人を平等に尊重するために必要な限度での制限は許される。これが人権の限界の問題であり，その解釈論上の根拠や許される制限の方法・程度等を検討するのが，ここでの課題である。その前提として，人権の保障と制限を論じる場合の論証構造を理解しておく必要がある。

　なお，国家を一方当事者とする法関係には人権規定の適用があるというのが通説であるが，かつては国家を当事者とする関係にも一般権力関係と特別権力

第2部　基本的人権

関係が区別され，人権が適用されるのは一般権力関係だけであり，特別権力関係には適用されないという「特別権力関係論」が支配的であった。ここで一般権力関係とは，すべての国民が共通に服する関係であり，特別権力関係とは，特別の国民が国家と特別の関係を取り結び，一般権力関係に加えて服する特別の関係であるが，今日ではこれを区別する考えは，ほとんど支持者を失っている。ゆえに，本書においても特別権力関係論を人権の適用されない関係として私人間効力論と並べて説明する考えはとっていない。しかし，特別権力関係論が唱えた「法治主義の排除」という論理は，法治主義の緩和として，ある程度命脈を保っているので，法律の留保の緩和として説明することにする。

(1)　人権制限の議論構造——人権の正当化と人権制限の正当化

　日本国憲法は，国民に保障する権利のカタログを第3章で規定している。そこで保障された権利には，内容確定型と内容形成型が存在するが（87頁参照），憲法解釈により保障内容が確定される限りにおいては，後はその権利の制限が存在するかどうか，その制限は正当化されるかどうかの問題となる。したがって，この場合には，国家により憲法で保障された権利を侵害されたと主張するには，まず最初に，侵害された利益が憲法の保障する権利の「範囲」に属するものであることを論証しなければならない。保障範囲に属するといえなければ，憲法違反とはならないのである。しかし，範囲に属することが論証できれば，すべて憲法違反となるかというと，必ずしもそうではない。なぜなら，憲法による保障の程度は一律ではなく，絶対的に保障される権利もあれば，公益（日本国憲法の言葉では「公共の福祉」）による制限が許される場合もあり，かつ，その制限の程度も人権の種類・性質や制限の態様・状況に応じて様々でありうると考えられているからである。したがって，絶対保障の場合を除いては，当該権利制限が公益により正当化されるかどうかを論証しなければならない。絶対的に保障される権利の場合には，その範囲に属する権利の制限がなされれば，制限の正当性を論ずる余地もなく，違憲となる。しかし，絶対保障の場合には公益による制限はありえないのかというと，それほど単純ではない。というのは，絶対保障とされる権利については，その範囲を画定する際に公益を考慮していることが多いからである（136頁「利益衡量の二つの場面」参照）。たとえば，

120

拷問されない権利（36条）は，当然絶対的保障であり，公益により許される場合もあるとは解されてこなかった。しかし，最近アメリカでは，テロリストが時限爆弾をしかけたとき，その場所を白状させるために拷問を用いることは許されないかという設題が深刻に議論されている。そのような場合にも拷問は許されない，というのが日本国憲法の立場だと私は解しているが，仮に公益により許されることもあるという立場をとった場合，それをどのような議論として構成するか。おそらく，多くの人が，憲法にいう「拷問」に該当するが，公益により正当化されるという構成より，憲法にいう「拷問」には該当しないという構成をとるのではないであろうか。いずれの構成でも，「拷問」の範囲画定がまずなされる点では同じであるが，前者の構成では範囲を広くとり，拷問に該当するとしたうえで公益による正当化を論ずるという構成をとっているのに対し，後者では，拷問の範囲を限定しそれに該当するかどうかで結論を出す構成をとっている。しかし，後者は拷問の範囲の画定に際して，公益により許されるべき場合を拷問の範囲から除いてその範囲を限定するという思考をとっており，公益の考慮をしていないわけではない。公益を考慮する場面が異なるにすぎないのである。前者は，公益の考慮を範囲画定の場面では最小限として，制限の正当化の場面で行うという二段階構成をとるのに対し，後者は，公益の考慮を範囲画定の場面に組み込んで一段階の構成とするのである。いずれの構成も理論的には可能であり，議論の仕方，アプローチの違いである。どちらがよいかを一般的にいうことはできず，権利の性質や思考法の特徴などを勘案して決める以外にないが，拷問の禁止に関していえば，拷問であることを認めながら，それが正当化されることもあると議論することには心理的抵抗が強く，おそらく拷問に該当しないから禁じられていないという構成の方が好まれるのではないか。

　理論上は，人権すべてについていずれのアプローチも可能であるが，一段階構成は範囲画定が困難であるのみならず，柔軟性を欠くという問題もあるために，多くの場合二段階構成がとられる。したがって，まず第一段階において，人権の保障範囲の画定がなされるが，このとき中心的に考慮されるのは，当該人権を憲法が保障した理由である。理由が明確にされて初めて，保障の及ぶ範囲が明らかとなる。具体的事件との関連では，制限された行為が保障の範囲に

第2部　基本的人権

属するものかどうかがまず判断されることになるが，そのためには，当該行為が当該人権の保障する価値の実現に関連しているかどうか，当該制限がその価値実現を真に制限しているのかどうかが判断されることになる。ドイツではこれを「保護領域」に属するかどうか，国家の行為はそれへの「介入」となるかどうかの問題として議論しているが，日本でも参考になるであろう。

　人権の制限であるということになると，次に第二段階として，その制限が正当化されるかどうかの問題となる。制限が正当化されるためには，一般論としては，少なくとも制限により「失われる利益」（人権価値）より「得られる利益」（公益）の方が大きいことが示されなければならないが，問題はそれをどのような手法で行うかである。基本的には失われる利益と得られる利益に属する様々な利益を数え上げて総合衡量しどちらが大きいかを決めるという「利益衡量」の手法が採用されることになるが，ここで直面する最大の問題は，諸利益の重要度，大きさをどのように比較するかである。対立する諸利益には質の異なるものも多く，誰もが支持しうる共通の尺度があるわけではない。にもかかわらず，利益衡量を行いどちらが大きいかの結論を出さなければならない。それは多かれ少なかれ主観的な価値判断とならざるをえない宿命にある。それゆえにこそ，利益衡量の過程を透明化し，どのような基準によりどのように評価・衡量を行ったかを説明することが重要となる。それを通じて利益衡量の仕方についての対立点が明確となり，議論の対象が絞られていくであろう。そして議論の結果対立が縮小し，場合によっては解消することも期待できよう。しかし，多様な価値観をもつ個々人により形成される社会においては，常に何らかの対立が最後まで残ると想定される。その対立は，制度上，多数決によりその都度暫定的な決着をつけざるをえない。そこで破れた少数派は，多数派の決定を批判し，新たな観点から議論を再構築し，多数派となることを目指すのであり，人権論もこのような永遠の論証過程なのである。

　日本国憲法においては，人権制限の根拠が「公共の福祉」と表現されている。ゆえに，人権制限の正当化論は「公共の福祉」による制限として議論される。その議論の内容が透明化されるためには，公共の福祉をどのように捉えるべきかを明らかにすることが必要となる。次にそれを見ていこう。

第5章　人権の適用範囲と限界

(2)　人権制限の根拠——公共の福祉

(ア)　公共の福祉の性格

　人権は，個人の自律的生にとって不可欠の権利であるが，すべての個人に平等に保障されねばならないことから，権利の衝突を調整するに必要な限度で制約を受けることがありうるのは当然のことである。日本国憲法も，一方で，個人に対し人権の濫用を戒め「常に公共の福祉のためにこれを利用する責任を負ふ」（12条）と規定し，他方で，国に対し人権を「公共の福祉に反しない限り，立法その他の国政の上で」最大限に尊重すべきことを義務づけ（13条），人権が「公共の福祉」に服することを確認している。では，公共の福祉とは何か。それが人権を制約する根拠であるとすると，その内容をどう理解するかは人権の限界を考える場合重要な意味をもつ。

　憲法が個人の尊厳を基本原理とする以上，公共の福祉を全体主義的な思想を基礎にした「全体の利益」という意味に解することが許されないのはいうまでもない。戦時中にいわれたような国家のための「滅私奉公」というような考えは，日本国憲法の下では許されない。あくまでも個人主義を前提にしてその意味を理解しなければならないのである。憲法13条は，このことを明確に示している。それは，まず前段において，「すべて国民は，個人として尊重される」と規定し，個人主義の原理を謳う。そして，それに続けて後段において，「生命，自由及び幸福追求に対する国民の権利については，公共の福祉に反しない限り，立法その他の国政の上で，最大の尊重を必要とする」と規定する。後段は，前段の，すべての国民が個人として尊重されるということをもう一歩具体化した規定であり，一方で，個人が「個人として尊重」されることから「生命，自由及び幸福追求に対する権利」をもつこと，他方で，「すべての」個人がかかる権利を享有するためには，公共の福祉に服しなければならないことを，述べているのである。ゆえに，ここで「公共の福祉」とは，すべての個人に等しく人権を保障するために必要な措置を核心とする。

　立憲主義の下における国家の最も重要な役割が人権の保障にあるとすれば，この公共の福祉とは，国家の目的，国家活動の正当性の最も重要な根拠でもあることになる。

第 2 部　基本的人権

(イ)　公共の福祉の内容

a)　権利・利益の対立状況　　公共の福祉とは，人権衝突を調整するための原理であるといういい方がされることがある。たしかに，人権と人権が衝突するときには，いずれかあるいは双方の人権を制限することにより衝突が起こらないよう調整しなければならず，その調整内容が公共の福祉を構成することに疑いはない。

　しかし，人権の制限が必要となるのは，人権同士が衝突する場合に限られない。一方で，自己の人権行使とは関係のない，他人の人権を侵害する行為というものが存在し（たとえば，殺人や窃盗を考えよ），人権を保護するためにかかる行為を規制することも，当然，公共の福祉の内容をなす。他方で，他人の人権を直接侵害するとはいえないのに，自己の人権行使が制限を受けることがありうる。「個人を等しく尊重する」ために，そのようなことが必要となることもありうると考えられるのである。たとえば，ある個人の人権を制限することにより，多数の個人の，人権とはいえないにしても重要な利益が，実現されるというような場合（たとえば街の美観を保護するために看板の規制を行う場合を考えよ），ある程度までは人権制限が認められてもよいであろう。もちろん，その「重要な利益」は，個人を超えた「全体」の利益であってはならず，あくまでも個々人に着目した利益でなければならないし，また，特定個人の犠牲において他の個人が，たとえ多数派であっても，利益を得るということであってはならないから，人権を制限される個人も他者と同様の利益を受ける必要があるし，そうでない場合，あるいは，そうにしても犠牲が大きすぎるという場合には，代償の与えられることが必要となろうが，そういった条件の下に，利益衡量の結果人権制限が正当化されることもありうると思われる。

　さらに，個人を個人として尊重するためには，個人の人権を他人の利益のためではなく，本人の重大な利益のために制限する必要があるということも起こりうる。本人の利益のために本人の権利を制限するというのは，パターナリズムといわれる考え方で，自由主義の下では原則として忌避される思想である。なぜなら，何が自己にとっての利益かは本人が最もよく判断できることであり，他人が「これがあなたの利益だ」といって押しつけることは，自由主義に反すると考えるからである。しかし，子どもや精神障害者など判断能力の不十分な

者に，自分自身で判断しなさいといって自由に任せるのは，「個人として尊重」することにはならない。したがって，パターナリズムによる干渉も，人権制約として許される場合があることを認めなければならない。それも「個人として尊重」するための制約だとすれば，公共の福祉の内容をなすことになる。

b）　四つの類型　　以上の分析から，すべての個人を等しく尊重するために必要な公共の福祉の主要な内容には，次の四種類が存在することが分かった。第一が，人権と人権の衝突を調整する措置である。第二が，他人の人権を侵害する行為を禁止する措置。第三が，他人の利益のために人権を制限する措置。第四が，本人の利益のために本人の人権を制限する措置である。

もちろん，これは人権制限の根拠としての公共の福祉の内容の性格を分析し分類したにすぎず，具体的にどのような措置が公共の福祉として認められるかは，人権の具体的規制に即して，そこで問題となっている人権と利益を比較衡量することにより決することになる。その場合に，人権の重要性は常に頭に置く必要があり，特に第三類型については，安易に多数派の利益を重視することのないようにしなければならない。第三類型は，消極国家においては稀で，積極国家となった現代において急激に増大した「公共の福祉」という性格をもち，主としては経済活動の自由の制限の領域に生じているものである。日本国憲法もそれを予想して，22条1項（居住・移転および職業選択の自由）および29条2項（財産権）で公共の福祉による制約を明示している。

(ｳ)　人権と公共の福祉の対立構造

以上の説明を基礎に，次の点を確認しておこう。日本国憲法の依拠する基本価値は「個人の尊厳」であり，憲法は個人の尊厳を基礎に置く社会を実定法秩序により保障していこうというプロジェクトなのである。そこでは個人の尊厳は各種の人権として具体化される。ゆえに，個々の人権の保障範囲は究極的には個人の尊厳と関連づけて理解されることになる。個人の尊厳が要求する限度で人権の行使として認められるのである。しかし，人権の保障範囲に属するからといって，絶対的に保障されるとは限らない。人権の行使が公共の福祉に反するときには，制限されうるのである。したがって，公共の福祉は人権と対立する位置関係に置かれる概念である。その意味で，公共の福祉は国家の活動の正当化根拠なのである。個人と国家の対抗図式において，人権が個人に，公共

の福祉が国家に，配置されているのである。そのような関係において公共の福祉の内容は理解されなければならない。

　ここで注意を喚起しておきたいのは，人権の行使が公共の福祉に「反する」ということの意味である。それは，基本的・原則的には，公共の福祉を「害する」ということであり，公共の福祉を進展・増進するのに「役立たない」ということではない。個人に認められる人権は，それをどのように行使することも自由な権利である。唯一の制限は，公共の福祉を害さないことである。公共の福祉に役立つよう行使することを憲法は命じていないのである。人権は，個人の自律的生に役立つために認められる権利であり，公共の福祉に役立つことを求められてはいない。公共の福祉を害することだけが禁じられているのである。憲法12条後段は，「国民は，これを濫用してはならないのであつて，常に公共の福祉のためにこれを利用する責任を負ふ」と規定するが，これは公共の福祉を害するような利用を禁じたものであり，公共の福祉を促進するように行使する義務を課した規定ではない。だからこそ，「濫用」の禁止と連結する規定の仕方をしているのであり，濫用とは公共の福祉に害を与えることなのである。判例・学説の中には，公共の福祉のために保障された人権の存在を認めるような議論もあるが，日本国憲法のとる立場ではない。

　(エ)　公共の福祉をめぐる判例・学説の変遷

　上に「公共の福祉」をどのように解すべきかに関する本書の立場を説明したが，この問題については判例・学説の変遷が見られる。本書の立場を理解するのに役立つと思われるので，ここで簡単に振り返っておこう。

　憲法の保障する人権が無制限・絶対的ではなく，一定の制限を受けることについては学説の対立はない。また，公共の福祉という言葉は，人権の総則的規定である12条，13条，および，経済的自由に関する22条1項と29条2項の合計4か所で用いられているが，いずれにおいても公共の福祉が人権の限界を示す意味で用いられていることについて学説の異論はない。問題となった主要点は，①経済的自由権以外の個別人権の制限の根拠をどう説明するか。総則規定である13条がすべての人権規定に適用されると解するのか，それとも，明文の根拠規定がなくとも当然に内在的制約（他の人権を侵害してはならないという制約）があると考えるのか，②13条の総則規定を，法的効力のない訓示規

定と解するのか，それとも，法的効力をもつ規定と解するのか，③公共の福祉の内容を内在的制約と解するのか，外在的制約（社会経済的制約）と解するのか，の三点である。それぞれの組み合わせから，順次，一元的外在制約説，外在・内在二元的制約説，一元的内在制約説が唱えられ，一元的内在制約説がほぼ通説となってきたが，近年その再検討が始まっており，本書の立場も再検討の一つの試みである。

a）一元的外在制約説　12条・13条が人権の一般的な規定であり，やや抽象的に「心構え」を規定したような響きがあるのに対し，22条と29条は職業選択・居住・移転の自由あるいは財産権といった個別人権につき規定しているのに着目すると，22条・29条こそが公共の福祉の意味を解釈するのに出発点となるべき条文のように思われる。しかも，この二つの条文は，ともに経済的権利を定めた条文という共通点をもっている。個別人権の規定につき公共の福祉の限界を規定しているのは，経済的自由権だけだということに着目すれば，経済的自由権を制限すべき特別の理由に誰もがすぐに思いあたるだろう。近代憲法における経済的自由権の行き過ぎた保障が労働者階級の生存権を脅かしたために，19世紀末以降，経済的自由権の広範な制限が行われるようになった。22条と29条は，そのことを踏まえた規定であり，ゆえに，そこにいう「公共の福祉」とは，資本主義の弊害を修正し労働者の生存権を保障するという政策目標を表現するものなのである。このような社会経済的な政策目標により人権を制限するということは，経済的自由権についてのみ認められるものであり，他の人権については妥当しない。12条・13条は，特に経済的自由権に限定した規定にはなっていないが，これは訓示的規定であって法的効力をもたないと解すべきであるから，公共の福祉のこのような理解の障害にはならない。しかし，このように解すると，22条・29条以外の個別人権は，無制約ということにならないか。そうではない。ある人の人権は他の人の人権を侵害してはならないのであって，すべての人権は，当然，かかる「内在的制約」をもつのであり，わざわざそう規定するまでもないことなのだ。つまり，公共の福祉とは「外在的制約」をいい，内在的制約はとくに規定されていなくても，当然に存在するのである。これが，憲法制定後いち早く唱えられた見解であった。人権保障の歴史と整合した分かりやすい解釈であった。公共の福祉には外在的制約

という一つの意味しかないということから一元的外在制約説と呼ばれている。

　b)　内在・外在二元的制約説　　一元的外在制約説は，やがて重大な困難に遭遇する。「新しい人権」を憲法解釈論上認めることができるかどうか，という問題が登場するからである。きっかけはプライバシーの権利をめぐってであった。プライバシーの権利は，人権の個別規定には見あたらない。しかし，現代社会においては，「新しい人権」として保障すべき重大な価値となっている。憲法に規定のない「新しい人権」を認めようとする場合，憲法上の根拠となる適切な規定は，13条をおいてはない。ところが，先の解釈は，13条を訓示規定と解していた。訓示規定を新しい人権の法的根拠とするわけにはいかない。かといって，13条に法的効力を認めれば，すべての人権が公共の福祉＝「外在的制約」（社会経済的政策目標による制約）に服することになり，人権保障の意味がほとんどなくなってしまう。

　そこで唱えられたのが，12条・13条の公共の福祉と22条・29条の公共の福祉は意味が違う，前者は内在的制約であるが，後者は外在的制約を意味するという説である。こうすれば，すべての人権は前者の規定により内在的制約に服するが，外在的制約に服するのは経済的自由権のみであることになり，かつ13条を法的規定として新しい人権の根拠規定に使いうるというわけである。同じ「公共の福祉」という言葉に異なる意味を与えるという弱点をもつが，同じ言葉が文脈により意味を異にするのは，よくあることだと強弁された。しかし，最後に，13条に法的効力を認めつつ，公共の福祉を統一的に説明する説（一元的内在制約説）が現れた。

　c)　一元的内在制約説とその後の展開　　一元的内在制約説は，公共の福祉を人権間の矛盾・衝突を調整する原理（ゆえに内在的制約）として統一的に捉えたうえで，衝突する人権の性質の違いにより公共の福祉の具体的内容は変わりうると考える。つまり，自由権同士の衝突の場合と自由権と社会権の衝突の場合では，衝突の調整という点では原理的な違いはないが，調整の具体的内容は当然に異なってくると考えるのであり，ここから「自由国家的公共の福祉」（自由国家あるいは消極国家段階で自由権の制約根拠とされた公共の福祉）と「社会国家的公共の福祉」（社会国家あるいは積極国家において社会権を実現するために要請される人権，主としては経済的自由権，の制約根拠とされる公共の福祉）が区別され

ることになる。では，より具体的にはいかなる違いがあるのか。私の理解では，自由国家的公共の福祉の場合には，人権の行使が公益を害するときにのみそれを防止するための制約が許されるのに対し，社会国家的公共の福祉の場合は，公益を害することがなくても人権を制約することにより公益を増進させることができるときにはそれが許されるという点に最も重要な違いがあると思われる。

　一元的内在制約説が今日の通説であるが，最近，これに対する批判が唱えられてきている。何が問題かというと，公共の福祉を人権間の矛盾・衝突の調整原理だとする点である。たしかに，人権という重大な権利を制限しうる対抗利益としては，他の人権しかありえないはずではないか，というこの説のいい分もよく分かる。それに，戦前，全体主義的な公益概念により「滅私奉公」を強要されたことを考えれば，公共の福祉を不用意に漠然とした「公益」と捉えると，同じ轍を踏みかねないから，人権間の矛盾・衝突と厳格に捉えておくのがよい，と考えたのも納得できる。しかし，そのために，他方で，人権の規制を正当化するときには，対立する人権を明示することが必要となり，人権とはいいづらいような対抗利益を無理矢理人権に結びつけるという弊害を生み，かえって人権の重要性を稀薄化させることになっているのではないだろうか。たとえば，わいせつ規制の正当化として，わいせつ本を公刊する「表現の自由」は「decent な社会生活への権利」という「他人の人権」と衝突するのだといわれるとき，そのような他人の「人権」が憲法上のどの規定により認められているのだろうか，との疑問がわく。そのような利益を人権だといい出したら，人権は果てしなくインフレ化し，人権に対する尊重の念が稀薄化してしまわないであろうか。それを避けるには，人権を規制する目的は，必ずしも他の人権との調整に限定されず，人権とはいえなくとも重大な公益と認められれば，それと調整する場合も含まれると解するのがよいのではないか，というのである。その場合，公共の福祉とは，すべての国民を平等に「個人として尊重」するために必要となる調整原理あるいは公益とぐらいに捉えておけばよいであろう。もちろん，その場合の「公益」は，戦前のような個人を超越した全体の利益であってはならないが，すべての個人が具体的に享受しうるような公益なら，人権とまでいえなくても，人権制約が可能であると考え，その公益がどの程度重要な公益であり，それを理由にどこまで人権の制約が可能かを，具体的に考えて

第2部　基本的人権

いくべきだという考えになってきているのである。その場合の議論の一般的枠組が，目的審査と手段審査といわれるもので（137頁参照），目的審査では人権規制の目的が規制される人権の重大さに見合っているのか，つまり，釣り合うだけの公益保護が目的となっているのかが，人権の性質に応じて設定された基準に従って審査され，手段審査では，その目的の実現のために採用された方法・手段が目的と適合しているのかどうか，その目的の達成が人権を制約することがより少ない方法で可能ではないか，などが審査されるのである。このようなアプローチで公共の福祉の内容を詰めていけば，おそらく結果的には自由国家的公共の福祉と社会国家的公共の福祉の違いが識別されるに至り，そこで一元的内在制約説と合流することになると予想される。

　d）　判　例　　判例は，当初より公共の福祉を人権制約の根拠と理解してきたが，公共の福祉とは何かを一般的に明示することはなかった。そのため，当初は，十分な説明もないまま抽象的な言葉の操作だけで公共の福祉の範囲内と断定するような判決が多く，学説の批判を受けたが，その後1960年代に入ると立法事実を基礎に理由を説明する判決が次第に出てくるようになり，70年代以降には目的審査・手段審査の枠組を意識的に採用するようになる。そして，経済的自由権の規制に関してのみではあるが，規制目的の区別として消極目的と積極目的を区別し，それぞれにつき審査の厳格度が異なることを明らかにするが，この区別は自由国家的公共の福祉と社会国家的公共の福祉の区別に対応するものと理解することが可能であろう。

　㈲　公共の福祉と憲法上の義務

　日本国憲法は，国民の義務として，①保護する子女に普通教育を受けさせる義務（26条2項），②勤労の義務（27条1項），③納税の義務（30条）を規定している。しかし，憲法に義務規定がなければ国家は国民に義務を課すことができないわけではない。人権を侵害しない限り，法律により義務を課すことが可能であり，これこそが国民に義務を課す場合の通常の方式として憲法が想定しているところのものである。つまり，国民に義務を課すには法律が必要なのであり，したがって，憲法が義務を規定している場合でも，その義務に関しては法律は不要だ，というわけではない。では，憲法に規定したことに法的意義はまったくないのかといえば，そうともいえない。公共の福祉の内容として課

しうる義務の中で，憲法が特に重視すべきと判断したものを憲法上の義務と規定したのであるから，これらの義務規定に根拠を置く法律上の義務については，公共の福祉の範囲内かどうかの判断に際して一定の尊重が払われるべきであろう。

なお，「憲法を尊重し擁護する義務」(99条)をもう一つの国民の義務と理解する見解もあるが，99条の文言上この義務を負うのは公務員であり国民ではない。立憲主義の論理からして，憲法の名宛人は国家であり，憲法を尊重し擁護する義務を負うのは，当然，公務員(国家権力の担い手)でなければならない。憲法99条は，この道理を正確に表現したのであり，決して国民を書き込むことをうっかり忘れたわけではない。

(3) 人権制限の法形式

(ア) 法律の留保

人権の保障も絶対的ではなく，公共の福祉により制限されうることを見たが，制限する場合には法律により行わねばならないというのが，立憲主義の要請であり，日本国憲法もこれを踏襲している。そのことを明示した規定は日本国憲法には存在しないが，それが立憲主義の伝統であり，明治憲法でも臣民の権利には「法律の留保」がついていた。つまり，臣民の権利は，そのほとんどが「法律の範囲内」で保障されていたのであり，制限には原則として法律が必要であった。明治憲法について法律の留保を語る場合，権利は法律によりどのようにでも制限しえたという意味でいうのが通常であるが，法律の留保は，その裏面として，法律によってしか制限しえないという積極的意味ももっており，立憲主義にとっては，法律の留保のこの側面の方が重要である。

明治憲法では，実は，権利は法律によってしか制限しえないという，この側面は必ずしも保障されておらず，一定の場合には命令により権利を制限することも認められていた(明憲9条・31条参照)。権利を制限する法を「法規」と呼んだことから，そのような命令は法規命令と呼ばれたが，法規は法律によってしか定めえないという立憲主義の原理に対する例外が認められていたのである。

しかし，日本国憲法は，かかる例外は認めていない。法規の定めは，すべて法律を必要とするのである。ただし，法律で制限の基本を定め，細部の定めを

第2部　基本的人権

命令に委任すること（委任命令）は許される。しかし，命令に委任する場合にも，法律で定めるという原則を形骸化するような広範な委任は許されない。

　なお，明治憲法においては，法律で定める限りどのような制限も許されたが，日本国憲法の場合は，法律で定める場合にも「公共の福祉」として許される限度を超えてはならず，限度を超えたかどうかは裁判所により審査を受ける。

　(イ)　特別権力関係論

　明治憲法の下においては，当時のドイツで展開された特別権力関係論が日本の憲法学にも導入され，広範な権利制限が正当化されていた。特別権力関係というのは，通常の国民が国家権力に服す「一般権力関係」と区別される観念で，特定の国民が法律に基づき，あるいは，同意によって，国家の特別の支配に服している関係をいい，監獄につながれた囚人や公務員，国公立大学学生がその典型例とされる。そして，特別権力関係においては，第一に，法治主義が排除され，法律の根拠なしに人権を制約することが許され，第二に，人権制約の程度についても，広範な制限が許され，第三に，人権の救済を裁判所に求めることはできない，と主張された。

　かかる理論は，官僚が天皇に特別の忠誠を誓って特権的地位を与えられており，また，一般に，立憲主義的な権利保障も不十分であった明治憲法下においては妥当しえたが，日本国憲法の下においては，もはや妥当しえない理論である。たしかに，囚人や公務員は，その制度の目的から必要となる人権制限には服するが，それは一般人が様々な社会関係を形成し，それに内在する制約に服するのと理論上は変わりない。ゆえに，人権保障の一般原則を前提として，制度や関係の特殊性からどこまでの人権制限が公共の福祉として許されるかを考えていけばよい。ただし，そのように考えた結果，いわゆる特別権力関係といわれたような関係においては，法律の留保がある程度緩和され，制度自体に内在する人権制限については憲法がその制度を認めている限り法律の根拠は必ずしも必要でなく，また，委任立法の範囲も通常の場合より広く認められてよい，ということはありうる。しかし，人権の制限内容が正当かどうかの審査が緩和されることはない。

　以下に，在監者と公務員の場合の代表的な判例を簡単に見ておこう。

　a)　在監者（刑事収容施設被収容者）　　監獄（刑事収容施設）の制度は憲法の

認めるところであり（18条・31条等参照），在監者に居住・移転の自由を否定するのに特に法律の根拠を必要とするわけではない。

　では，喫煙の自由の制限はどうか。判例は，法律上根拠のない喫煙禁止を，監獄法施行規則（2002年改正前96条）のみを根拠に合憲とした（最大判昭和45年9月16日民集24巻10号1410頁）が，もし喫煙の自由が人権だとするならば，監獄の制度が本質的に喫煙と相容れないわけではないので，法律の根拠がないということは問題となりうる。命令（施行規則）による喫煙禁止の定めは，監獄法による細目の委任の範囲内だという説明の仕方も，委任が広範にすぎ困難であろう。そこで立法委任という説明は避けて，施行規則はその内容が新憲法に反しない限り新憲法の想定する適切な法形式（法律）に移行したものとして存続するのだという説明も提示されているが，法形式が国家の明示的な意思表明なしに変更するというのは無理な説明であり，また，その規則の変更には法律改正が必要となるのかどうかという難しい問題も提起することになろう。

　他方，在監者の閲読の自由の制限については，監獄法31条2項が根拠を定めていたので，法律の留保の点では問題なかった（監獄法は，現在では刑事収容施設及び被収容者等の処遇に関する法律となり，条文も70条1項・71条へと変更されている）。監獄法下で起きたよど号ハイジャック記事抹消事件において，未決拘禁者が購読していた新聞の記事が看守により塗りつぶされて渡されたことが，表現を受け取る自由の侵害にあたるのではないかが争われたが，最高裁は，「その閲読を許すことにより監獄内の規律及び秩序の維持上放置することのできない程度の障害が生ずる相当の蓋然性がある」かどうかを基準に利益衡量を行い，結論として本件の措置は合憲であったとした（最大判昭和58年6月22日民集37巻5号793頁）。その結論は別にして，「相当の蓋然性」という，ある程度厳格な基準を用いて審査したアプローチは，相当の蓋然性の有無の判断を広い行政裁量に委ねるのではなく，裁判所が裁量統制を行うのであれば，評価できよう。刑事収容施設及び被収容者等の処遇に関する法律70条・71条の解釈・適用もこの基準を使って行う必要がある。なお，閲読の自由の制限に関しては，行政権が予め表現内容を審査して閲読を許すかどうか決定するので，憲法21条2項の禁止する検閲にあたるのではないかという問題もあるが，この点については検閲の説明を参照されたい（234頁参照）。

第2部　基本的人権

b) 公務員　日本の公務員は政治活動の自由と労働基本権を広範に制限されており，特別権力関係論の影響が残っているのではないかとの指摘もある。ここでは，政治的自由の制限に関する判例を見ておこう（労働基本権の制限については，350頁参照）。

国家公務員法102条1項は，「職員は，政党又は政治的目的のために，寄附金その他の利益を求め，若しくは受領し，又は何らの方法を以てするを問わず，これらの行為に関与し，あるいは選挙権の行使を除く外，人事院規則で定める政治的行為をしてはならない」と規定し，これを受けて，人事院規則14-7が「政治的行為」を定め，この違反に対しては国家公務員法82条が懲戒処分の対象となることを規定し，国家公務員法110条1項19号が罰則（3年以下の懲役または100万円以下の罰金）を科すと定めている。

政治的行為の禁止は一般に表現の自由の制限と解されており，そこでまず問題となるのは，禁止される政治的行為の内容を白紙的に人事院規則に委任したことが，法律の留保の原則に反しないかである。この点につき，猿払事件最高裁判決（最大判昭和49年11月6日刑集28巻9号393頁）は，「憲法の許容する委任の限度を超えることになるものではない」と判示したが，「少なくとも，刑罰の対象となる禁止行為の規定の委任に関するかぎり」は違憲であるという反対意見が付されている。人事院が独立行政委員会であることを考慮しても，委任が広範にすぎるきらいは否めない。

他方，制限内容についてはどうか。猿払事件では，被告人がある政党の候補者の選挙用ポスターを公営掲示場に掲示した行為等が上記規則6項13号に該当するとして起訴された。地裁判決と高裁判決は，公務員の地位・職務の違い，裁量権の有無，政治活動の場所・時間等の区別なく一律に規制している点に憲法上問題があると考えたが，最高裁判決は，審査基準として①禁止目的は正当か，②目的と禁止される行為との間に合理的関連性があるか，③禁止により得られる利益と失われる利益は均衡しているか，を設定し，一律禁止も合憲であると判断した。しかし，この基準は，つまるところ③が決め手となっており，その意味で厳密にいえば「審査基準」なしの「裸の利益衡量」であり，政治活動の自由を審査する基準としては適切ではないのみならず，その適用の仕方も緩やかすぎる。公務員の政治活動の規制の審査にのみ適用される手法と

限定して理解するにしても，なぜ公務員についてはこの基準が適切かについて
説明がなければ，特別権力関係論をいい換えただけということになってしま
う。しかも，最高裁はこの審査手法を裁判官の政治活動の規制（最大決平成10
年12月1日民集52巻9号1761頁），選挙における戸別訪問禁止（最二判昭和56年
6月15日刑集35巻4号205頁）にも適用し，さらには集会の自由の規制（最三判
平成19年9月18日刑集61巻6号601頁）にまで適用範囲を拡大している。「意見
の表明そのもの」を制約するのではなく，「意見表明に付随する行動がもたら
す弊害の防止」を目的とする場合に猿払基準が適用されると考えているようで
あるが，この区別は内容規制・内容中立規制の区別（236頁以下参照）とも，直
接規制・付随規制の区別（250頁以下参照）とも異なり，性格が不明確で正当化
の理由が明らかでない。この点は別にして，最近最高裁は，公務員の政治的行
為の禁止に関して，形式的に構成要件に該当する行為であっても，その行為が
実質的に保護法益を侵害しない場合は，処罰規定の適用はないという判断を示
して注目された（最二判平成24年12月7日刑集66巻12号1337頁）。管理的地位
にない公務員よる，公務員であることの分からない態様でのビラ配布であった
ことが重視され，公務の中立性とその外観の保護という保護法益の実質的な侵
害はないとされたのである。法益侵害のない表現活動は，その制限が正当化さ
れることはありえず，憲法により絶対的に保障されているのであるから，その
ように法律を限定解釈するにせよ（この解釈手法の性格については463頁参照），
あるいは，適用上違憲の判断手法をとるにせよ，当然の結論であるが，政治的
行為の処罰規定の射程を解釈により限定した点は，最高裁の新たな動向といえ
るかもしれない。

(4)　利益衡量の方法

(ア)　比較衡量の不可避性

　人権も公共の福祉により制限されることを見たが，公共の福祉という言葉を
持ち出せばどんな制限でも許されるわけではない。問題は，具体的事件におい
てどこまでの制限が公共の福祉として許されるかであり，抽象的には，人権の
制限により得られる価値・利益と失われる価値・利益を比較衡量し，得られる
価値・利益の方が大きいとき初めて制限が正当化されるということになる。重

第2部　基本的人権

要なのは，この比較衡量を事実を基礎に具体的に行い，説得的に判決の理由を説明することである。判例は，かつてはこの点の理由説明を十分に行わないで，「この程度の制限は公共の福祉の範囲内で合憲」と結論のみを断定するたぐいのものが多かったが，1960年代後半以降，事実を基礎にした利益衡量を重視する傾向の判決が徐々に増加してきている。

　しかし，利益衡量の手法にも問題がないわけではない。得られる利益と失われる利益の大きさを比較するためには，それぞれの利益を同じレベルで捉える必要があるが，何が同じレベルに属するかは常に自明というわけではない。また，利益の強度を計ることも常に容易ではない。しかし，最大の問題は，質を異にする利益を比較する共通の客観的な物差しが存在しないということである。したがって，どちらが大きいかの決定は，究極的には主観的判断とならざるをえない。しかし，憲法を含めて一般に法というものは，様々な利益の対立の解決方法を定立することをその使命とするものである以上，利益衡量を避けることは不可能である。できる限り多くの人が賛成できるような利益衡量の方法を確立していく以外にない。それを考える際に重要なことは，一つの事件に関連する諸利益をトータルに総合して一挙に結論を提示するという手法（「総合判断」の手法）をできるだけ避け，利益衡量する場面を分節して段階ごとに利益衡量をしながら結論に至るという手法（「分節判断」の手法）を採用することである。総合判断は，判断者個々人の主観に依存するところが大きくなるから，対論の可能性を狭めるが，判断過程が分節されれば，過程を構成する段階ごとに対論が可能となり，対論の焦点も絞られ，判断者の推論過程がより透明となるから，コンセンサスの形成がそれだけ容易になるのである。分節の仕方としては，内容確定型人権が問題となる場合には，人権の制限が存在するかどうかを判断する段階と制限が正当化されるかどうかを判断する段階が分節される必要がある（後述「利益衡量の二つの場面」参照）。前者の段階では，ドイツの審査方法で採用されている「保護領域」と「介入」の区別（分節）が参考になる。後者の段階では，アメリカの目的・手段審査の枠組と審査基準論が参考にされるべきである。

　(イ)　利益衡量の二つの場面

　保護される人権の範囲あるいは人権制限の許容範囲を考える場合，二つのア

プローチがある。一つは，保護されるべき人権の範囲あるいは人権としては保護されない範囲を明確に定義し，具体的事例がこの定義に該当するかどうかを判断するアプローチである。ここでは，許される制限と許されない制限が明確に線引きされることになるが，その線引き，つまり定義づけの段階で利益衡量がなされる。そして，一旦定義づけがなされてしまうと，あとは個別ケースにおいてそれに該当するかどうかだけが判断されることになり，いちいち利益衡量をする必要はなくなる。したがって，このアプローチにおいては，予測可能性・安定性が高まるが，しかし，反面，個々のケースの特殊な利益・事情は考慮しがたくなる。

　そこで，もう一つのアプローチとして，保護される範囲を予め明確に定義づけることはやめ，個別の事例ごとにそこで問題となっているすべての利益を衡量して結論を出すという考え方が登場する。この場合には，具体的妥当性は向上するが，予測可能性は小さくなる。

　主として法の適用場面で前者のアプローチがとられるとき「定義づけ衡量」(definitional balancing)，後者がとられるとき「個別的衡量」(ad hoc balancing)と呼ばれる。両者ともに利益衡量を行う点では違いはないが，それを行う時点あるいは場面が異なる。予測可能性が高度に要求される領域（たとえば，表現の自由の規制）では，可能な限り定義づけ衡量の手法を試みる価値があるが，明確な定義が困難なことが多く，現実には個別的衡量との中間において，類型ごとに大まかな方向づけを与える基準を設定する「類型的アプローチ」を採用することが多い。

　(ウ)　法令審査における利益衡量の一般的枠組

　a)　目的・手段審査　　　人権制限に関連して利益衡量が行われる場合に通常採用される思考枠組は，目的・手段審査といわれるものである。

　そこでは，まず人権制限の目的（立法目的と呼ばれる）が適切かどうかが検討される。目的審査においては，一方において，制限される人権の性格や重要性などが，他方において，制限によって得られる利益（政府利益と呼ばれる）の性格，重要性などが検討され，両者が比較衡量される。立法目的が憲法上許容されるもので，かつ，一定以上の重要性（その程度は事件の類型に応じて異なりうる）をもつものであれば，目的審査はパスする。

第2部　基本的人権

　手段審査においては，立法目的とそれを達成するためにとられた手段の間の適合性が検討される。ここでは，事件の類型に応じて，手段が立法目的と合理的な関連性を有するのかどうかとか，目的達成に必要な以上に人権を制約していないかどうか，などが審査される。

　b)　国会と裁判所の対立と審査の厳格度　　問題は，裁判所が目的審査・手段審査をどのような観点からどの程度厳格に行うべきかである。法律を制定した国会は，その法律を合憲だと判断したものと想定しなければならない。そうだとすれば，裁判所が法律を違憲と判断することは，国会の判断と真正面から衝突することを意味する。国会が国民により直接選挙された代表者により構成されていることを考えると，その判断を裁判所が覆すことは非民主的ではないかとの疑問が生じる所以である。もっとも，国民が制定した憲法が，裁判所に違憲審査権を与えているのであるから，違憲審査権を行使することは国民の信託に応えることであり，非民主的とはいえないとの反論もありうる。この反論では，憲法に化体された国民意思と法律に化体された国民意思が対立するという構図となる。しかし，憲法に化体された国民意思は，現在の国民意思とは異なるかもしれない。さらに，憲法改正が国会の両院の3分の2以上の多数による発議を必要とする（換言すれば，3分の1により発議を阻止しうる）ことを考えれば，憲法に化体されている国民意思は現在の国民意思の過半数の支持さえ有していない可能性もある。仮に違憲審査権を行使すること自体は国民意思に反しないとしても，どのように行使するかについては，現在の国民意思を反映すべきではないかという疑問も生じる。ここから，審査のあり方をめぐって，裁判所は国会の判断を可能な限り尊重すべきであるという立場と，裁判所独自の観点から厳格な審査を行うべきだという立場が対立することになる。

　c)　「通常審査」の原則　　原則的には，憲法が個人の尊厳を護るために不可欠の権利として人権を規定し，その最終的な保障の任務を裁判所に委ねている以上，裁判所による審査は厳格なものでなければならない。ここで厳格な審査とは，憲法が裁判所に期待する役割に対応する独自の観点から立法事実を具体的に検討して結論を出し理由づけを行うということである。かかる審査のあり方を「通常審査」と呼ぶとすれば，現実の審査においては，通常審査を基本線（ベース・ライン）として，問題によっては基本線よりも一層厳格な審査が必

138

要な場合もあれば，より緩やかな審査が適当な場合もありうると思われる。それは人権の性格や規制の性格などに依存しよう。たとえば，精神的自由と経済的自由では，その性格上，規制による畏縮効果に違いがありうるから，畏縮効果の弊害が懸念される場合には，畏縮効果を受けやすい精神的自由権の規制は，通常以上に厳格な審査がなされるべきことが多いであろう。また，表現の内容規制が行われる場合には，政府が自己に不都合な表現を抑圧しようとする危険が大きいから，通常以上の厳格審査をする必要がある。逆に，社会的弱者たる少数派を保護するために強者たる多数派の経済的自由を制限したような場合には，多数派を代表する国会の判断を尊重すべきことが多いであろう。これらは，ほんの一例であるが，重要なのは，いかなる場合にいかなる理由でより厳格な，あるいは，より緩やかな審査をすべきかを具体的ケースに即して考え，その類型化・体系化を行っていくことである。その際に参考になる考えとして，アメリカで議論されてきた審査基準論と二重の基準という考え方，および，ドイツ憲法裁判所の採用する比例原則の考え方を次に紹介しておこう。

d）　アメリカの審査基準論　　アメリカでは，目的・手段審査の方法として，厳格度を異にする三つの基準が区別されていて，日本でもこれを参考にする学説が有力となってきている。厳格審査基準，中間審査基準（日本では「厳格な合理性基準」と呼ばれることもある），合理性基準である。

厳格審査基準は，目的審査においては，政府利益に必要不可欠性（アメリカでは「やむにやまれぬ利益」〔compelling interest〕と表現されている）を要求し，手段審査においては，目的達成のために必要最小限の手段であること（アメリカでは目的に対し「ぴったりに裁断された」〔narrowly tailored〕手段という表現が使われている）を要求する。

中間審査基準は，目的審査においては，立法目的の重要性・実質性を要求し，手段審査では目的と手段との「実質的関連性」を要求し，具体的には「人権を制約することがより少ない他の方法」（Less Restrictive Alternatives，日本ではLRA基準と呼んでいる）がないことを要求することが多い。もっとも，LRA基準の適用の仕方における厳格度は柔軟で，厳格審査基準における手段審査に用いられることもある。

合理性基準は，目的が正当（legitimate）であること，つまり，憲法により禁

第2部 基本的人権

止されてはいないこと，手段が目的と「合理的関連性」を有すること，つまり，一般人が合理的な手段と判断するものであることを求めるものである。議員は一般人の代表であるから，議会が合理的と判断したものは原則的には合理的と認められるべきだとされ，ゆえに，不合理が明白である場合以外は違憲とされることはないことになる。このため日本では「明白性の基準（あるいは原則）」とも呼ばれている。

アメリカでは，規制される人権の性格や規制の手法などを基礎に，どの場合にはどの基準を用いるべきかを考えるアプローチを採用している。たとえば，表現の自由の規制には厳格審査あるいは中間審査基準を用いる（特に政治的表現の制限には厳格審査が適用される）のに対し，経済的自由の制限の場合には合理性基準を適用するといった区別が判例上確立されている。このようなアプローチの基礎にある考え方で最も重要なものが，二重の基準論といわれるものである。

e) 二重の基準論　　これは，裁判所が法律の違憲審査を行う場合に，精神的自由権の規制の場合と経済的自由権の規制の場合では，審査基準の厳格度が異なるべきだという考え方をいう。その根拠として，通常，次の二つの理由が主張される。一つは，人権の重要度に違いがあるというものである。個人にとって，精神活動の自由の方が経済活動の自由より重要であり，前者の規制についてはより厳格な基準で考えるべきだというのである。しかし，人権としてどちらが重要かなど決められないという反論もある。

もう一つは，裁判所の能力と役割という観点からの理由づけである。たとえば，裁判所は，議会と比べ，その組織・権限・手続の特性からいって，現代国家における経済的自由の規制の合理性を判断する能力を欠いているので，議会の判断をできる限り尊重すべきであるとされる。しかし，より重要な理由は，民主政論を基礎にした裁判所の役割論である。民主主義の原則からは，国民の判断が最大限に尊重されなければならないが，国民の意見を直接に代表しているのは議会である。ゆえに，裁判所は議会の判断を尊重すべきである。しかし，そういえるのは，議会が国民の意見を忠実に反映している限りのことであり，その反映のプロセスに障害が生じている場合には，この議論は成り立たない。反映プロセスが正しく機能するためには，表現の自由を中心とする精神的自由

が保障され，かつ参政権が保障されていることが必要である。この民主的プロセスに障害をもたらすような法律が議会の多数派により導入される場合には，裁判所がチェックする必要がある。民主的プロセスが確保されている限り，経済的自由の規制に問題があればこのプロセスを通じて国民が決めればよいから，裁判所は議会の判断を尊重してよい，というのである。

この民主的プロセスを基礎にした裁判所の役割論は，説得力ある見解であるが，この議論の射程については議論のあるところである。たとえば，自己決定権が民主的プロセスに関係するのかどうかは，民主的プロセスをどう理解するかに依存する。民主的プロセスが正常に機能するためには，自律的個人の存在が必要であることを強調すれば，自己決定権を制約する法律も民主的プロセスに関係するといえないわけではない。いずれにせよ，「通常審査」を基本としつつ，より厳格な審査あるいはより緩やかな審査が妥当すべき場合を考えていくとき，参考にすべき議論である。

日本の最高裁も，考え方としては二重の基準論を受け入れる趣旨の意見を判決の中で述べているが，経済的自由権については厳格な審査は必要ないという文脈で使っているのみで，精神的自由権については厳格な審査が必要だという文脈でこれを使用した判例は，今までのところ存在しない。しかし，二重の基準的な発想が判例にまったくないかというと，そうでもない。というのは，経済的自由権の制限を審査した判例においては，利益衡量の結果合憲かどうかを判断するに際して立法府の裁量的判断を尊重するべきだという考えを表明している（薬局開設の距離制限が職業選択の自由に反しないかを判断した最大判昭和50年4月30日民集29巻4号572頁参照）のに対し，精神的自由権の制限については，一般的に立法裁量を尊重すべきだという立場はとっていないが，これは経済的自由権を定めた憲法22条と29条が特に公共の福祉による制限を明示しているということにも関係しているとはいえ，そこに二重の基準の考えを読みとることも可能と思われるからである。それに加えて，二重の基準からは優越的権利と位置づけられる選挙権に関しては，厳格な審査を行った判例が存在するのである（在外日本人の選挙権制約を違憲と判断した最大判平成17年9月14日民集59巻7号2087頁参照）。

f) 比例原則の理論　　ドイツの憲法裁判所がしばしば使う違憲審査手法は

第2部　基本的人権

「比例原則」の適用である。それによれば，審査の焦点は，目的の正当性を前提にしたうえで，目的と手段の関係に置かれ，人権制限が合憲とされるためには，手段が，①目的と適合的であり（適合性の原則），②目的達成のために必要であり（必要性の原則），かつ，③目的と均衡するものでなければならない（狭義の比例原則），とされる。

　これをアメリカの審査基準論と比較すると，第一に，目的の正当性は前提とされているようであり（ただし，目的の正当性の審査も比例原則による審査に含まれているという説もある），目的審査に対応する段階が明確には設定されていない。第二に，①と②はアメリカの手段審査に対応しており，かつ，①は，実現すべき公益の側に着目し，目的と何らかの適合性があればよいとされているから，きわめて緩やかな基準であり，アメリカの合理性基準における手段審査に近いと思われるが，②は，制限される人権の側に着目し，人権制限が最小限である手段の採用を要求する基準とされているから，ある程度厳格な基準であり，アメリカにおける中間審査あるいは厳格審査における手段審査に対応するものと理解することができよう。したがって，手段審査の側面においては，①と②を総合すれば，①をパスしたものにつきさらに②の審査を行うのであるから，アメリカの合理性審査基準は排除され，全体としてアメリカの「高められた審査」（＝中間審査および厳格審査）が行われるものと思われる。しかし，手段審査を厳格に行っても，目的審査はないか，あっても「正当な」ものであればよいとされているにすぎないから，目的（公益の実現）が正当ではあるが些細なものである場合には，手段としての人権制約が目的達成に必要最小限のものであっても，失われる人権利益が実現される公益より大きいということが生じうる。それに対処するために設定されているのが③の審査であり，失われる利益の方が大きい場合には，③により目的と手段が不均衡として排除されるのである。したがって，アメリカの目的審査に対応する操作が③により担われると理解することができると思われる。

　アメリカの審査基準論においては，目的審査と手段審査をパスすることにより，得られる利益と失われる利益の均衡が確認されると考えるのに対し，ドイツでは手段審査により明らかに違憲とされるべき場合を排除した後に，最終的な決め手として，得られる利益と失われる利益の衡量を行うのである。その背

景には，基本的な考え方の違いがある。アメリカの発想は，得られる利益と失われる利益を比較・衡量する基準を設定し，その基準に従った目的審査と手段審査をパスすれば，利益は均衡しているとみなして，さらに両利益の均衡を審査するということはない。それに対し，ドイツの比例原則においては，③で行う両利益の衡量こそが決め手であり，①と②は決め手を使うまでもない場合を排除する役割を担わされているのである。ゆえに，アメリカの審査手法が「基準に基づく利益衡量」であるのに対し，ドイツのそれは基準なしの「裸の利益衡量」と評することができよう。

　日本の最高裁判決の中には，猿払判決や薬局開設距離制限違憲判決などのように，ドイツの比例原則により理解した方が説明しやすいと思われる判決も存在するが，最高裁自身がアメリカとドイツの審査方法の違いを意識していると考えるのは困難であり，目的審査と手段審査の枠組で審査を行い結論を出している判決も多い。いずれの方法にも長所・短所があり，一般論としてどちらがよいと簡単にはいえないが，日本が現在直面している問題は，最高裁が行っている利益衡量が多くの場合基準なしに行われているという点にあることを考えると，可能な限り審査基準論の発想を取り入れることが当面の課題であろう。

第6章

包括的人権と法の下の平等

人権を定める憲法第 3 章は第 10 条から始まるが，国民の要件に関する 10 条については人権主体の問題に関連して説明した。次の 11 条・12 条・13 条が憲法の想定する人権の基本的な性格を定めた総則規定であるが，解釈論上特に重要な意味をもつのが 13 条の定める幸福追求権である。幸福追求権は，14 条以下に規定される個別人権を生み出す源泉・母胎としての性格を有する権利であり，個別人権すべてを包括するとともに新しい人権の根拠となるものである。個別人権の最初に規定されたのが，14 条の「法の下の平等」（平等原則・平等権）であるが，これは他の個別人権と異なり，同時に総則的な性格ももつので，本章であわせて説明する。

Ⅰ 包括的人権としての幸福追求権

日本国憲法は，「個人の尊厳」を基本価値とし，すべての国民を「個人として尊重」することを宣言した。そして，その意味をもう一歩具体化して，一方で，国民が「生命，自由及び幸福追求に対する権利」（「幸福追求権」と略す）を有すること，他方で，すべての国民が等しく個人として尊重されねばならないことから，この権利が「公共の福祉」の制限に服することを明らかにしている（13 条）。公共の福祉については，前章で説明した。ここでは，幸福追求権について説明する。

第2部　基本的人権

1　幸福追求権の法的性格

(1)　個別人権の源泉

　日本国憲法は，13条で幸福追求権に言及した後，14条以下で個別の具体的人権を列挙し保障している。問題は，幸福追求権と個別人権の関係をどう理解するかであるが，幸福追求権が「個人として尊重」されることの意味を国民の側から「主観的権利」（主体の側から請求しうる権利）として包括的に捉えたものであるとすれば，個別人権は，その主観的権利をさらに具体化し，憲法制定時点において「個人として尊重」されるといえるために不可欠と判断されたものを列挙したものと解することができよう。ここで重要なことは，幸福追求権は，そこから個別人権が派生した源泉的権利であって，個別人権の総計に尽きるものではないということである。換言すれば，幸福追求権は，常に新たな具体的人権を生み出していく母胎的な役割を果たす観念として設定されているのである。日本国憲法は，人権をそこで列挙した個別的人権類型に限定したのではなく，時代の変化に応じて生ずる個人の新しい必要・要求が具体的人権として個別化されることを認めていると考えるのである。人権がそこに列挙された個別人権に限定されると解せば，新しい人権を認めるためには憲法改正が必要ということになる。それはそれで一つの考え方ではあるが，日本国憲法の

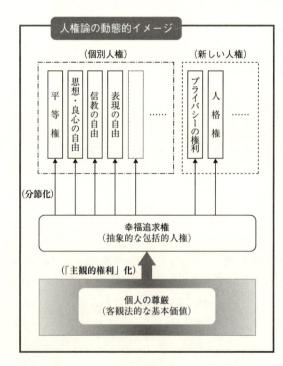

ように憲法改正をきわめて重い手続の下に置いているところでは，時代の要請に対応するための柔軟性を欠くきらいがある。そこで，憲法の改正ではなく，解釈を通じて柔軟に対応する可能性を残すべきだという考慮から，解釈を通じての新しい人権の創設を認める考えが支配的となっているが，その場合の法的な根拠が幸福追求権なのである。

(2) 一般的行為自由説と人格的利益説

　幸福追求権は，個別人権を基礎づけている根拠規定であり，その意味で新しい人権を生み出す根拠ともなるが，個別人権そのものではないから，権利主張の直接的根拠として援用しても直ちには認められないであろう。したがって，新しい人権を主張する場合には，幸福追求権を究極的な根拠としながらも，直接的な根拠としては個別的・具体的な新しい人権類型を定式化して主張する必要がある。この具体化・個別化（分節化）に成功して初めて人権として承認されることになるのである。

　学説は，幸福追求権の意味内容につき，一般的行為自由説と人格的利益説に分かれている。人格的利益説は，幸福追求権を「個人の人格的生存に不可欠な利益を内容とする権利の総体」と解する。これに対し，一般的行為自由説は，他者の利益を害しないあらゆる行為の自由が幸福追求権の保護対象となると解する。この対立は，人権論の想定する人間観の側面と人権保障の担い手として誰に期待するかという側面における対立を含んでおり，それぞれの側面のもつ意味を理解しておく必要がある。

　まず人間観の側面であるが，人格的利益説は，人権の主体としての個人を，自らが最善と考える自己の生き方を自ら選択して生きていく人格的・自律的主体と想定し，人権をそのような人格的・自律的生のために必要不可欠な利益と解する。ここでは，個々人が自ら自由に最善と思う生き方を選び取って生きていくという「生」のあり方が重視されており，個々人にそれを判断する能力があることが前提とされている。

　これに対し，一般的行為自由説は，個人をごく限られた能力しかもたない存在と考え，何が最善かを予め選択して生きていくというよりは，何が善い生き方を探り出そうとして行動し，失敗を繰り返す経験の中から少しずつ学び取っ

第2部 基本的人権

ていく存在と考える。人権とは，そのような試行錯誤を可能とする手段であり，ゆえに人格的・自律的生を生きようとする者からみればつまらないと思われるようなことも，自由に行うことを許すものであるべきだと考えるのである。両者の具体的な違いは，髪型とかバイク運転とかの自由が幸福追求権によりカバーされると考えるかどうかといった点に現れることになる。

　対立のもう一つの側面は，幸福追求権の保護に際して裁判所にどの程度の役割を期待するのが適当かという問題に関係する。両説ともに幸福追求権を具体的権利と解するから，幸福追求権の侵害が問題となれば，裁判所が介入しうるということになる。したがって，一般的行為自由説のように幸福追求権を広くとれば，裁判所の介入しうる範囲が広がり，人格的利益説のように幸福追求権を限定すれば，裁判所の介入も限定されるのである。要するに，たとえば髪型が規制されたとき，その是非を裁判の場で争うのが適切か，それとも政治的なプロセスで争うのが適切かということなのである。なお，一般的行為自由説はドイツの憲法裁判所が日本国憲法13条に相当する基本法2条（人格の自由な発展の権利）の解釈としてとる立場であるが，基本権制限の正当性を比例原則により審査する立場と深く結び付いていることに注意が必要である。憲法の保障する権利を広く認めても，その制限の許容性を比例原則により審査する限り問題はないと考えていると思われるのであり，比例原則と異なる「審査基準論」を採用する場合には（142頁参照），人格的利益説の方が整合性が高いと思われる。

　しかし，両説の問題は，ともに幸福追求権を一つの具体的・個別的な人権と捉えていることである。それが具体的な個別人権であるならば，あらゆる人権侵害に対抗しうる根拠規定となりうるはずであるから，14条以下の個別人権は不要ということにならないであろうか。この点を両説は，幸福追求権と14条以下の個別人権の関係は一般法と特別法の関係にあり，したがって特別法である個別人権が優先的に適用され，個別人権にないものが幸福追求権により保障される「新しい人権」とされるのだと説明している。ということは，個々の「新しい人権」は幸福追求権という一つの人権の諸適用事例と理解されるわけである。しかし，特別法が一般法に優先するという原則は，両者が矛盾した場合の問題であり，矛盾しない場合に特別法を優先させねばならない理由はない。

しかるに，幸福追求権と個別人権は矛盾する関係にはないのであるから，両者の関係を一般法と特別法に類比するのは問題である。むしろ基本法と具体化法の関係に類比すべきであろう。あるいは，抽象的権利と具体的権利といってもよい。幸福追求権という抽象的権利が母胎となり，そこから個別人権が具体的権利として派生してくるのである。この立場からは，一般的行為自由説は抽象的権利のレベル，人格的利益説は具体的権利のレベルに対応した議論という理解になる。ともあれ，「新しい人権」は各々が個別人権として構成されねばならない。幸福追求権という一つの人権の適用事例ではないのである。もちろん，各々の「新しい人権」がそれぞれの適用事例をもつことはいうまでもない。

(3) 裁判所による「新しい人権」創設の根拠

新しい人権が承認されるとは，裁判所がその侵害に対し救済を与えるということであり，新しい人権の創設にあたって最も重要な役割を果たすのは裁判所だということになる。国会が新しい権利を認めたいと考えるときには，その旨の法律を制定すれば足りる。社会が必要とするに至る新しい権利を形成していく通常の方法は，法律の制定である。しかし，何らかの理由で国会がこの必要に応えてくれないとき，裁判所による新しい人権の創設に期待しようということである。したがって，場合によっては，国会と対立する政策判断・価値選択を裁判所が「憲法上の人権」の名において行うということを意味する。このようなことは，憲法の想定する国会と裁判所の役割分担という観点からはきわめて例外的なことであり，国民の間に新しい人権の原理的承認について広範なコンセンサスが形成され，その基本的な内容が裁判官の恣意的・主観的な価値判断をほとんど入れる余地のないほど明確になった段階で初めて認められるものだと考えなければならない。ただし，人権は基本的には社会の少数派の保護を目的とするから，「新しい人権」が広範なコンセンサスの下に個別人権として承認されれば，その個々具体的な適用についてのコンセンサスまでは必要でない。

新しい人権の承認のためには，少なくとも次の二点の論証が必要である。①自律的生のために不可欠な利益であること。②その利益の確保が非常に困難となっていること，換言すれば，その侵害の危険性が非常に高くなっているこ

第 2 部　基本的人権

と。個別人権として列挙されているものは，制憲時にこのような性格をもつと
判断されたものである。新しい人権は，制憲時には①あるいは②の要件を欠い
ていたが，今日状況の変化等により要件に該当するに至ったものということに
なる。

　以下に，これまで日本で「新しい人権」として議論されてきた主要なものを
取り上げ，簡単に説明しておこう。

2　新しい人権

(1)　プライバシーの権利と個人情報の保護

(ア)　プライバシーの権利

　19 世紀末のアメリカで新聞・雑誌が大衆紙・誌として発売されるようにな
ると，有名人の私生活を暴露したり名前を無断で利用したりする問題が生じ，
プライバシーの権利が「放っておいてもらう権利」(right to be let alone) と
して主張されるようになった。この権利は，最初，不法行為法上の権利として判
例上確立するが，その内容は相当広範で様々な利益を含んでいた。それが，後
に次の四つの内容に整理される。第一が，覗き見や盗聴など私的な秘密領域へ
の侵入を受けない権利，第二が，人に知られたくない秘密を暴露・公表されな
い権利，第三が，本人の実像とは異なる誤った印象を与えるような描写を流布
されない権利，第四が，氏名や肖像を無断で広告等に利用されない権利である。

　日本の裁判所も，三島由紀夫のモデル小説「宴のあと」事件の判決（東京地
判昭和 39 年 9 月 28 日下民集 15 巻 9 号 2317 頁）においてプライバシーを不法行為
法上保護されるべき利益として認め，その侵害に対し損害賠償を命じた。ただ
し，不法行為法上の利益であるから，憲法上の人権と認めたわけではない。

　日本国憲法は，通信の秘密（21 条 2 項）や住居の不可侵（35 条）の規定によ
りプライバシーの利益を部分的に保護しているが，プライバシーの権利を個別
人権としては規定していないので，「宴のあと」事件判決を契機に，これを
「新しい人権」として認めるべきだという議論が盛んになり，学説上はこれを
認めるのが今日の通説となっている。最高裁の判例は，これを個別人権と真正
面から認めてはいないが，肖像を正当な理由なく撮影することは 13 条の趣旨

に反するとした判例（最大判昭和44年12月24日刑集23巻12号1625頁）や，区長が漫然と弁護士会の照会に応じて前科を報告したのを権利侵害と認めた判例（最三判昭和56年4月14日民集35巻3号620頁）が存在し，実質的にはプライバシーの権利を国家に対して主張しうる憲法上の権利と認めていると評しえよう。

なお，プライバシーの保護に含まれると整理された上記第一から第四の内容のうち第四は，財産権的側面を有する点で他の内容とは性格を異にし「パブリシティ（publicity）の権利」と呼ばれる。顧客吸引力を有する有名人の肖像等に認められる権利とされ，最高裁はこれを人格権から生じるものと論じている（最一判平成24年2月2日民集66巻2号89頁）が，後述の自己情報コントロール権の内容をなす（自己のアイデンティティの営利的利用をコントロールする権利）と理解することができよう。

(イ)　個人情報の保護

プライバシーに関連して，最近重要となってきたのは個人情報の保護という問題である。テクノロジーの発達（盗聴器，監視カメラ，コンピュータなど）により，今日では個人の情報が容易に収集・保有・蓄積されるようになってきた。国家は，積極国家の下で，ますます社会に介入することを要請され，そのために必要な個人情報を大量に収集・蓄積するようになった。民間企業も，営業の効率化を目指して顧客に関する様々なデータを集積している。このために，個人は，一方で，これまではその場その場でばらばらに集められていたにすぎない自己の情報が，コンピュータにより結合処理され，自己の全貌が把握され私的な秘密領域を保持しえなくなるのではないかという危機意識をもつようになり，また他方で，自己に関する誤った情報が自己の手の届かない状態で流布し，それに基づく不利益な処分が知らないうちになされるのではないかという不安感におそわれるようにもなってきた。ここから，自己に関する情報は自分自身でコントロールしうることが保障されねばならないという主張が生じたのである。自己情報コントロール権と呼んでいる。

この権利は，①本人が知らないうちに情報が収集され利用されることを禁止し（収集制限），②情報収集は明確な目的に基づきその目的に必要な範囲内でしか行ってはならず，目的外利用は許されず（目的外利用の禁止），③情報の正確さを担保するために本人の閲覧・訂正・使用停止請求を認める（閲覧・訂

第2部　基本的人権

正等請求権），などを内容とする。それは，伝統的なプライバシーの権利を情報のコントロールという側面から捉え直した意味をもつが，プライバシーの権利よりも広い内容をカバーしており，特に開示・閲覧請求や訂正請求は相手の積極的な行為を要求することもあり，今のところ自己情報コントロール権はそれがカバーする諸領域すべてを含めて一つの個別人権と認められるには至っていない。

　個人情報を保護するための立法は，ヨーロッパ諸国では 1970 年代に始まるが，日本では取組みが遅れた。それでも，地方公共団体が国に先行して取り組み始め，川崎市や東京都などが自治体の保有する個人情報に関して保護条例を制定した。その後，国も 1988 年に「行政機関の保有する電子計算機処理に係る個人情報の保護に関する法律」を制定したが，この法律は対象を電算機処理された個人情報に限定し，また，訂正請求権を認めないなど，不十分な内容であった。また，民間の事業体が保有する個人情報を保護する立法もない状態が続いたが，ようやく 2003 年に民間事業者をも対象とした「個人情報の保護に関する法律」（通称「個人情報保護法」）が制定され，同時に上記法律を改正する「行政機関の保有する個人情報の保護に関する法律」（通称「行政機関個人情報保護法」）も制定されて，ようやく日本でも個人情報保護の法体制が整った。また，こうした立法府の動きと並行しながら，最高裁の判例においても，プライバシー保護の延長上で個人情報保護の観点にウェイトを置く議論を展開したものが現れてきている。たとえば，早稲田大学が江沢民講演会に出席した学生名簿を警備の必要を理由に警察に渡したことが個人情報をみだりに他者に開示したことにあたるとして賠償責任を認めた判決（最二判平成 15 年 9 月 12 日民集 57 巻 8 号 973 頁）や，市町村が住民の本人確認情報を住基ネットに提供することは，データマッチングや名寄せによりプライバシー侵害の具体的危険を発生させるとして，提供の差止めあるいは国家賠償を求めた訴訟において，本人確認情報の目的外利用には住基法上重い刑罰により禁止される等の制度的担保が組み込まれており，プライバシー侵害の具体的危険が発生しているとはいえないとした判決（最一判平成 20 年 3 月 6 日民集 62 巻 3 号 665 頁）が存在する。

　個人情報を保護するために個人情報を扱う者を規制する法律は，表現の自由や学問の自由と衝突する可能性がある。これに対処するために，個人情報保護

法は報道機関・研究機関・宗教団体・政治団体等を適用除外とした（76 条参照）が，運用段階で微妙な調整の必要は起こりえよう。

(ウ)　個人情報保護法の改正

　2003 年に制定された個人情報保護法は，その後の情報通信技術の急速な発展に伴い，当初想定していなかった様々な問題に直面することになった。それらに対応するために，2015 年 9 月に法改正がなされ，2 年の準備期間を経て 2017 年に全面施行された。改正点の第一は，個人情報の定義を見直し，個人識別符号，要配慮個人情報，匿名加工情報などの概念を定義し（2 条），法の適用対象の明確化を図ったことである。たとえば，指紋や顔を認証するためのデジタル情報，DNA 情報，旅券番号，運転免許証番号などの個人に割り振られた番号などは，法の適用対象となる個人情報なのかどうか意見が分かれていたが，それらは個人を特定できる個人情報であるという理解から，「個人識別符号」として法の適用対象になることを明らかにした。マイナンバーもこれに該当するが，利用目的がマイナンバー法（正式名称は「行政手続における特定の個人を識別するための番号の利用等に関する法律」）により社会保障や税などの領域に限定されており，同法がまず適用される。要配慮個人情報とは，いわゆるセンシティブ情報といわれてきたもので，人種・信条・病歴・犯罪歴など不当な差別の原因となりやすい情報であり，オプトアウト方式の同意による第三者提供を禁止するなど一層慎重な取扱いを求めている。匿名加工情報とは，特定の個人を識別することができないように個人情報を加工して得られる個人に関する情報であって，当該個人情報を復元することができないようにしたものである。個人情報を大量に集積した「ビッグデータ」は，ビジネスにとって利用可能な情報の宝庫であるが，その自由な利用を許したのでは個人情報の侵害は避けがたい。そこで，個人を識別できないような情報に加工してビジネスによるデータの活用の道を開こうとしたのである。なお，行政機関等の保有する「ビッグデータ」についても「非識別加工情報」の利活用を可能とするための仕組みが 2016 年の法改正によりとり入れられている。改正点の第二は，個人データ（データベース化された個人情報）の不正な流通を防止するために，個人データを第三者に提供する場合の記録の保存を義務づけて不正な流通経路の追跡を容易にするとともに，個人データを不正に持ち出して売買するなどの行為を処罰す

第2部　基本的人権

る「個人情報データベース等提供罪」を直罰規定として新設したことである。第三に，独立性を有する個人情報保護委員会を設置して，ここに個人情報に関する上記事務を一元的に所管させることにした。

　個人情報保護に関して最近注目を集めている問題として，「忘れられる権利」がある。これも情報通信技術とインターネットの発展により生じた問題である。インターネット上で閲覧可能となった個人情報は，コピー等を通じて拡散されウェッブ上に半永久的に存続し誰からもアクセス可能な状態におかれうる。しかも，検索エンジンの発達により，これらの個人情報を容易に検索することが可能となった。その個人情報が本人にとって不利益となるものであったり，あるいは，他人に知られたくない情報である場合には，それが掲載されているウェッブサイトへのリンクが検索結果に表示されないようにして欲しいと考えるであろう。検索エンジンのサービス提供者に対しその検索結果からの削除を請求する権利が「忘れられる権利」あるいは「削除請求権」と呼ばれている。抽象的には個人（自己）情報コントロール権の保護内容をなすものということができよう。その個人情報が名誉あるいはプライバシーの内容を構成するものである場合には，これらの権利侵害を理由にその情報を掲載しているウェッブサイトの管理者に削除を請求しうるであろう。この場合には，プロバイダー責任制限法（インターネットへの接続や掲示板等のサービスを提供する電気通信事業者の責任範囲を定めた法律で，正式名称は「特定電気通信役務提供者の損害賠償責任の制限及び発信者情報の開示に関する法律」）が働くことになる。

　問題は，検索エンジンの管理者に対して，検索結果からの削除を請求しうるのかである。検索エンジンの管理者は，自らその情報を発信しているわけではなく，単に発信源へのアクセスを助けているにすぎない。しかし，情報内容が権利侵害的なものであることを知った以上は，それへのアクセスを媒介し続けることには責任が伴うと考えるべきであろう。もっとも，検索エンジン管理者は，たとえば出会い系サイトの管理者のように自らは表現することなく利用者に表現の「場」を提供しているというだけではなく，自ら設計したプログラムに従って検索結果を表示するのであるから，表現者としての立場にもあり，ゆえに，表現結果の削除を命ずるとすれば，表現の自由を制約する意味をもつ。また，削除は利用者の知る権利の制約の意味をもつから，検索エンジン管理者

154

はこの利用者の権利を援用することも可能と考えるべきであろう。そうだとすると，裁判所は個人情報主体の名誉権・プライバシー権と検索エンジン管理者の表現の自由および利用者の知る権利の調整をしなければならないことになる。この利益衡量の判断枠組はいまだ形成途上にあるが，名誉権とプライバシー権の問題と構成しうる限りは，これまでの判例・学説を基礎に検索エンジンが現代情報社会においてもつ意味を組み込むことで対処しうるであろう。実際，最高裁も，犯罪歴が掲載されたサイトへのリンクを検索結果から削除することを求めた事件の決定（最三決平成29年1月31日民集71巻1号63頁）において，問題をプライバシーに関わるものと捉えたうえで，リンクの提供が違法となるかどうかの判断を「諸事情の利益衡量」により行っている。この手法の採用は，本件が私人間の問題であるということも関係しているとは思われる。しかし，個人情報コントロール権の内容をなすと考えられる「忘れられる権利」は，既存の名誉権・プライバシー権では汲み尽くせない内容をもっている可能性があり，それを明確化していく作業はこれからの課題であろう。この点からは，上記最高裁決定がプライバシー制限の有無の認定と制限の正当化を分節する判断手法ではなく，総合衡量の判断手法を採用したことは残念であった。なお，この領域でも，ヨーロッパ大陸諸国では，人格権を強調して「忘れられる権利」を認める傾向にあるのに対して，アメリカではむしろ表現の自由を強調してかかる権利を認めない傾向を示しているが，これら諸国の動向を参照しながら，我が国では当面は既存の権利体系により対処しうる問題と対処しえない問題を具体的事例に即して詰めていき，個人情報コントロール権の内容の具体化とその制限の正当化論を構成するアプローチを採用するのがよいのではないかと思われる。

(2) 自己決定権

国民を個人として尊重するということは，個々人が自己の生き方を自ら決定することを尊重することであった。個々人は個性をもち，相互に異なる存在であり，したがって個々人が個性的な生を選択することが許されなくてはならない。国が個人の生の基本的あり方を一定方向に強制したり，画一的な生を押しつけたりするようでは，個人として尊重したとはいえないだろう。

第 2 部 基本的人権

　我々がどのような人生を送るかを考えるとき，基本的に重要な意味をもつものとして，結婚するかどうか，誰と結婚するか，誰と一緒に住むか，子どもをもつかどうか，どこに住むか，どのような職業に就くか，などを挙げることができる。こういった，どのような人生をどのように生きるかに関する基本的に重要な決定を自由になしうる権利を，ここでは自己決定権と呼んでおきたい。結婚の自由については憲法 24 条が保障しているが，近年議論され始めた同性間の結婚まではカバーしていないというのが通説であった。しかし，ヨーロッパ諸国やアメリカの州では同性婚を認める例も増加してきている（アメリカ合衆国最高裁は，2015 年 6 月 26 日判決（Obergefell v. Hodges）で同性婚を禁止した州法を違憲と判断した）。子どもをもつかどうかについては，生殖の知識と医療技術の進歩によって，倫理上の制限を別にすれば，相当自由な選択が技術的には可能となってきている。そのとき，避妊や妊娠中絶を規制することは，個人に，特に女性に，一定の生き方（母親として生きること）を強制することにならないだろうか。妊娠中絶については，胎児の生命保護という観点から必要な限度の制約はありうるにしても，それを超える制約は個人の尊重に反するように思われる。

　個々人の生き方に関して最近注目を集めるようになってきた問題に，「自己の自認する性に従って生きる権利」がある。大部分の男女は自己の身体上の男女の区別に疑問をもつことなく自己の性を生きているが，性同一性障害者は自己の性別を生物学的なそれとは異なるものと心理的に認識しており，自認する性に従った生き方をしたいと考える。ところが，現行法は様々な面で生物学的な性別を基礎にした制度を採用しているため，性同一性障害者が自己の欲する生き方をすることを困難にしている。この問題を解決するために，2015 年に「性同一性障害者の性別の取扱いの特例に関する法律」（以下「特例法」と略す）が制定され，家庭裁判所の審判により性別の取扱いを変更することが可能とされた。変更を受けると，民法等の法令の適用は新しい性別に従ってなされることになる。ところが，変更の要件の一つに「生殖腺がないこと又は生殖腺の機能を永続的に欠く状態にあること」（特例法 3 条 1 項 4 号）が規定されており，この合憲性が訴訟で争われた。申立人は他の女性と同居しており，婚姻を望みながら女から男への変更を求めた。しかし，上記の要件を充たすためには手術

を必要とするが，手術は望まないとして，上記要件の違憲を主張したのである。この要件の目的として，変更前の性別の生殖機能により子が生まれることがあると親子関係等に関わる問題が生じ社会に混乱を生じかねないから，それを防止することなどが指摘されてきた。しかし，目的が重要であることを認めるとしても，「混乱」を防止する方法として手術を「強制」することが必要かどうかは大いに疑問であろう。最高裁は，「意思に反して身体への侵襲を受けない自由を制約する面もある」ことは認めたものの，「総合的に較量」すると，「現時点では，憲法 13 条……に違反するものとはいえない」と判示した（最二決平成 31 年 1 月 23 日集民 261 号 1 頁）。しかし，この事件の中心的論点は，自己決定権に属すると解すべき「自己の自認する性に従って生きる権利」の制限が正当化されるかどうかであり，目的が重要であるとしても，目的を達成する手段として，すなわち「混乱」を防止する方法として憲法上の権利を侵害しない方法がいくらでも考えうるところである。要は子どもの出生に関する記録を必要な限度で残しうる制度を考えればよいのである。それ以上に，子どもが生まれる可能性を排除するまでの方法をとることは，行き過ぎであろう。判旨は，問題を「意思に反して身体への侵襲を受けない自由」の制約にみたが，より重大な制約は，子どもを生む自由の制約にある。人の生き方は，変わりうるものであり，その変化を尊重することも個人の尊重である。いまは子どもが欲しくなくても，いつか子どもを欲しいと思うかもしれない。本件の要件は，いまの権利を享受するために，将来の権利を放棄することを強制しているのである。より穏当な方法を採用することが，憲法の要請ではないだろうか。

　他方，居住の自由や職業選択の自由は，憲法 22 条で保障されているが，これは経済的自由権として位置づけられている。しかし，たしかに経済的観点からの規制がなされた後にも多様な選択の余地が残されているという場合には，その規制を経済的自由権の規制と捉えることができるにしても，それを超えて，特定の場所や職業を押しつけるに近いような規制であれば，基本的な生き方の制限と捉えるべきではなかろうか。

　こういった問題を背景に，現代社会における新しい人権として自己決定権を認めるべきではないかという意見が有力になってきている。しかし，自己決定権の核心部分はその内容が比較的明確であるものの，周辺部分においてどこま

でが自己決定権に含まれるかを明確に定式化しえていない段階にあり，判例も
はっきりと認めるまでには至っていない。この点，従来日本で自己決定権の問
題として裁判上争われてきたものには，基本的な生き方の自己決定とは異なる
ものが多かったことも，問題を混乱させてきた一因であった。たとえば，生徒
の髪型や服装の規制，高校生に対するバイクの禁止などは，自己決定権の制約
というほど重大な問題とはいえないであろう。もっとも，丸刈りの強制は，髪
型の規制を超えて，画一性を押しつける意味をもっていて問題ではある（判例
は，丸刈りの強制も許されるとした。熊本地判昭和 60 年 11 月 13 日行集 36 巻 11 = 12
号 1875 頁参照）。しかし，これは後述の人格権の侵害と捉えた方がよいように
思われる。

　自己決定権に関連して特に注意を要するのは，その制約の正当化理由である。
というのは，ここではパターナリズムが持ち出されることが多いからである。
パターナリズムによる正当化は安易に認められてはならず，「侵害原理」によ
る正当化（原則的には「通常審査」）の場合より厳格に審査すべきである。たと
えば，手術に際して本人の明確な意思に反して輸血をする場合，これを侵害原
理で正当化することは困難であるが，安易にパターナリズムを持ち出すことも
避けるべきであろう（最三判平成 12 年 2 月 29 日民集 54 巻 2 号 582 頁参照）。

(3)　人 格 権

　人格権という言葉も様々な意味で用いられていて，プライバシーの権利や自
己決定権まで含めて使う用法もあるが，ここでは，個人の身体的および精神的
な完全性（integrity）への権利という意味に限定して用いる。その権利内容と
しては，身体への侵襲や精神的苦痛からの自由を考えている。

　身体的完全性の侵害としては，たとえば強制採血・採尿がある。環境権も，
かかる意味での人格権を含み，その限りでは，判例も（人格権という表現を用い
ているわけではないが）承認するに至っている（空港の騒音公害につき損害賠償を認
めた事例として，大阪国際空港公害訴訟・最大判昭和 56 年 12 月 16 日民集 35 巻 10 号
1369 頁参照）。

　精神的完全性の侵害の例としては，名誉毀損が典型である。逃れようのない
状況下で見たくも聞きたくもない情報を強制されるという「囚われの聴衆」

（captive audience）の問題も，ここでの人格権侵害の問題として理解できよう（車内商業宣伝放送を人格権侵害として争った事件の最高裁判決，最三判昭和63年12月20日判時1302号94頁参照）。

指紋押捺の強制もここに含めておく（正当な理由もなく指紋押捺を強制することは憲法13条の趣旨に反すると述べた判例として，最三判平成7年12月15日刑集49巻10号842頁）。もっとも，指紋は，個人情報でもあるから，自己情報コントロール権として捉えることも十分可能ではある。

(4)　適正な行政手続

国民は自己に不利益な処分を受ける場合には，適正な手続を保障されなければならない。刑事的な処分（刑罰等）については，憲法31条が適正手続の一般規定を置き，32条以下で具体的内容を個別に定めている。しかし，行政手続については規定がない。そこで憲法31条を行政手続にも類推適用すべきだという学説も有力であるが，31条は明らかに刑事手続を対象とした規定であるので，行政手続の適正性要求は13条により根拠づける方がよいであろう。

何が適正な手続かは，不利益処分の性質にも依存し，一概にいうことはできないが，事前に告知を受けることと聴聞の機会を与えられることは，自己の利益を弁護するための最低限の要求であろう。現在では，行政手続法が制定され，適正手続の確保に配慮しているので，その限りではこれを憲法上の権利として構成する実益は減少した。もっとも，行政手続法は，法律により適用除外とされている領域がかなり存在するので，そのような領域については憲法が意味をもちうる。

(5)　特別犠牲を強制されない権利

特定個人の犠牲において全体が利益を受けるとすれば，犠牲となる個人を「個人として尊重」していないことになろう。もっとも，すべての個人が平等に尊重されるために必要な犠牲は，公共の福祉の下に甘受すべきであった。ゆえに，ここで問題とする犠牲は，これを超える程度の特別の犠牲である。憲法29条3項は，財産権に関する特別犠牲につき，これを規定している。個人の財産権を公共の利益のために収用するには，正当な補償が必要とされているの

第2部　基本的人権

である。しかし，問題は財産権に限られないはずである。たとえば，国の勧め
で予防接種を受け後遺症の被害を受けた児童が損害賠償を求めたのに対し，裁
判所は伝染病からの集団的防衛のために特別の犠牲を強いた意味をもつとして
国の責任を認めたが，その根拠として29条3項の類推適用や13条を援用した
（たとえば，東京地判昭和59年5月18日判時1118号28頁参照。ただし，最高裁は過
失の成立を認めて国家賠償で救済する方向を示している。最判平成3年4月19日民集
45巻4号367頁参照）。生命・身体への権利は「収用」の概念にはなじまないが，
全体の利益のために特別の犠牲を受けてはならないことは財産権の場合と変わ
りないであろう。また，衆議院の委員会で議員が行った発言により名誉を毀損
されたと主張して起こした損害賠償請求訴訟につき，最高裁は憲法51条の規
定する議員の免責特権を一つの根拠に請求を棄却した（最三判平成9年9月9日
民集51巻8号3850頁。ただし，決め手は国賠法による請求は公務員の個人的責任を原
則として認めていないという点に求められている）が，この場合，名誉を毀損さ
れた個人の犠牲において全体が利益を受ける（免責特権により議会での自由な討論が
促進される）という関係にあることを考えると，特別犠牲者に損失補償をする
のが公平と思われる（396頁参照）。こうした事例に共通する公平の原理の具体
化として，新しい人権の一つを構成することができるのではなかろうか。

Ⅱ　法の下の平等

　国家が個人に対し何らかの処分を行う場合には，「個人として尊重」したと
いいうるだけの扱い方をしなければならない。その保障として重要なものは，
適正手続と平等処遇である。適正手続は裁判手続については当然のこと（32条
の要請。333頁参照），刑事上の手続と行政上の手続でも問題となるが，刑事手
続については人身の自由に関連して触れることにし，行政手続については「新
しい人権」の一つとして述べたので，ここでは平等権について説明する。

160

第6章　包括的人権と法の下の平等

1　平等の観念

　個人を平等に処遇するとは,「同じ状況にある者は,同じに扱う」ということである。誰をも同じに扱うことは,必ずしも平等ではない。異なる立場・状況にある者を同じに扱うのは,同じ立場・状況にある者を別異に扱うのと同様,平等に反する。しかし,問題は,同じ状況にあるとはどのような場合であり,どうすれば同じに扱ったことになるかである。それは,平等をいかなる意味に理解するかにより異なりうる。

⑴　機会の平等と結果の平等

　近代の平等が求めたものは,まず第一に,封建的な身分制からの解放であった。フランス人権宣言第1条が規定したように,「人は自由かつ権利において平等なものとして生まれ,かつそうあり続ける。社会的な特別待遇は,共通の利益を基礎にしてのみ行いうる」ということでなければならない。生まれながらにして特定の身分に縛られ,職業をはじめとする個人の生き方が,最初から拘束されているということであってはならないのである。人生の出発点において,すべての個人に平等な機会が与えられなければならない。平等に与えられた機会をどのように生かすかは,個人の自由と能力に委ねられる。その結果として人々が平等でなくなることは,平等原理に反するものではない。重要なのは,すべての個人が平等な機会を与えられることなのである。

　フランス人権宣言に表現されているように,近代の人権が要求したのは,まず自由であり,平等はその後にくる。ゆえに,平等は自由と調和する内容に理解されねばならない。個人の自由な活動と調和しうるのは,「機会の平等」であり,「結果の平等」ではない。個々人に個性があり,能力の違いがあるところで「結果の平等」,すなわち個々人の生活に格差が生じないこと,を目指せば,自由な活動の広範な規制が必要となろう。それは,自由を重視した近代人権観・近代的自由主義の受け入れるところではなかった。自由と平等の調整は,自由を中心に平等を「機会の平等」と捉えることによって行うべきだと考えられたのである。

161

(2) 形式的平等と実質的平等

　平等というのは，人と人の比較から生ずる観念である。人を比較するとき，個々人が置かれた諸状況をどこまで考慮に入れるかという問題が生じる。個々人の置かれた状況をきわめて抽象的なレベルで捉えて比較すれば，具体的な諸状況の違いは捨象されて，「同じ状況」にあるとされることが多くなろう。

　近代の初期においては，個人をアンシャン・レジームの社会的な束縛から解放したいとするあまりに，個人をきわめて抽象的なレベルで「人一般」として捉えようとする傾向が強かった。個々人を「人」としての資格においては同等であり，同一の扱いをすべきだとすることにより，身分等による法制度的な差別を廃止したのである。

　これにより，たしかに法制度上の身分等による差別は除去されたが，現実の個人は事実上不平等な社会的状況下に置かれており，実質上は自己を発展させる平等な機会など与えられていなかった。にもかかわらず，平等権の法的な保障を宣言しただけで機会の平等は実現されたとみなされてしまい，その結果，19世紀を通じて富者と貧者の格差，結果の不平等が拡大した。

　結果の不平等を生み出す要因は，少なくとも二つある。一つは，機会を生かす能力の違いであり，もう一つは，機会の不平等である。自由を強調する限り，前者を非難することは困難である（もっとも，最近では，天賦の能力により生ずる結果の不平等は正当化できないという見解が有力となってきている）が，19世紀後半以降，結果の不平等を生み出しているのは，実は前者というよりは後者ではないかという問題意識が芽生え，次第に強くなってくる。つまり，法律上抽象的に認められたにすぎない機会の平等は，潜在的能力はあっても資財や条件等を欠くためにそれを現実に利用できない者にとっては，形式的な平等にすぎない。個々人が置かれた具体的状況を考慮して，現実に機会を利用しうる実質的な「機会の平等」を保障すべきではないか。スタート・ラインの形式的ではなく実質的な平等こそが重要なのであり，それが保障されて初めて，結果の不平等が能力の差によって正当化されうることになるのではないか。平等の捉え方について，このような変化が生じたのである。ここで注意すべきは，結果の平等と機会の実質的平等を混同しないことである。先に述べたように，結果の平等を追求することは，自由の尊重と調和しがたい。しかし，機会の平等の実質化

を追求することは，結果の平等を追求することとは異なる。たしかに機会の実質的平等を求める場合に，結果の不平等の存在を指摘し批判することがある。しかし，それは結果の平等を主張するためではなくて，結果の不平等が何に由来するかを検討するきっかけとしてである。結果の不平等が存在するなら，その原因は何かが明らかにされねばならない。そして，もしそれが能力や努力の違いといった正当化しうる理由ではなく，機会の不平等から生じていることが論証されれば，機会の平等の実質化を求めることは正当であり自由と矛盾はしない。

(3) 国家による平等

　近代における平等権は，「権力からの自由」の構造で理解された。つまり，国家による不平等処遇からの自由として観念されたのである。形式的平等権が要求したのは，国家が個々人を法律上形式的に同じ扱いをすることであった。富者も貧者も同じに扱われていれば，その要求は満たされたのである。

　実質的平等の要求も，最初は「権力からの自由」の構造の下で理解された。個々人が同じ状況にあるのか，同じ扱いを受けているのかの判断を，形式的ではなく実質的に行うべきだというのが，その要求であった。しかし，この要求は，実質的平等のために必要なら，国は形式的な別扱いをすることも許されるという意味を内包する。たとえば，男性と女性を形式的に同じに扱えば，不当な「結果の不平等」が生じうる。それを避けるために，実質的な平等扱いを実現しようとすれば，男性と女性を形式的には別扱いする必要が生じる。女性に対して出産のための休職の権利を認めることなどがその例である。そのような別異処遇は，実質的な観点から平等権を捉えるときには，憲法上許されるべきだということになる。

　さらに，実質的な平等の実現こそが憲法の要請であるとすると，形式的別異処遇が場合によって許されるだけでなく，必要でさえあるという論理に展開する。形式的別異処遇をしなかった結果，実質的な不平等が生じていれば，別異処遇をしないことは違憲であるということになるのである。この論理をもう一歩進めると，国家は，実質的不平等という憲法違反の状態が生じているときには，それを解消するための積極的な措置をとる義務を負うという考えに行き着

第2部　基本的人権

く。たとえば，女性が社会的な偏見のために平等な雇用機会を与えられていない場合には，国は女性を優先的に雇用し，あるいは，民間企業に雇用させる措置をとる義務を負うと考えるのである。このように社会的に差別された人々を優遇する措置を優先処遇とか積極的差別是正措置（affirmative action, positive action）とかいうが，これは「国家による平等」という構造をもつ。

　もっとも，現在のところ，平等権は優先処遇を受ける権利まで含むとは解されていない。国家は，法律により優先処遇の政策を採用することも許されるというにすぎず（雇均 8 条参照），しかも，それが度を超せば「逆差別」として憲法違反となる可能性もあると考えられている（優先処遇の審査基準に関しては 170 頁参照）。

2　日本国憲法における平等保障

　平等権は，アメリカの独立宣言やフランスの人権宣言に典型的に表現されたように，近代人権の基本原則であり，立憲主義的憲法のほとんどが採用してきた。君主身分の存在を前提にした立憲君主政の憲法においてさえ，フランスの 1814 年シャルトやプロシャ憲法にみられたように，国民（臣民）の法の下における平等を保障していた。ところが，明治憲法には平等権を一般的に保障する規定はなく，わずかに公務就任に関して 19 条で「日本臣民ハ法律命令ノ定ムル所ノ資格ニ応シ均ク文武官ニ任セラレ及其ノ他ノ公務ニ就クコトヲ得」と規定されたのみであった。明治憲法下においては，貴族制度（華族制度）が存在したし，女性は様々な関係で法律上差別されるなど，平等原則はきわめて不十分な状態にあったのである。

　日本国憲法は，明治憲法下の不平等状態を清算すべく，平等権保障の徹底を図った。憲法 14 条 1 項で平等権の一般規定を置くとともに，さらに同条 2 項・3 項で貴族制度の否定と，特権を伴いあるいは世襲されるような栄典授与の禁止を規定し，15 条 3 項と 44 条で選挙に関する平等を，24 条で結婚・家族生活に関する両性の平等を，26 条で教育を受ける権利の平等を規定している。しかし，他方で，象徴天皇制を採用し，天皇・皇族という身分制を残したので，その限度で平等権を貫徹するには至っていない。

第 6 章　包括的人権と法の下の平等

以下では，14 条 1 項の一般規定を中心に平等権の解釈問題を解説する。

(1)　解釈上の諸論点

14 条 1 項は「すべて国民は，法の下に平等であって，人種，信条，性別，社会的身分又は門地により，政治的，経済的又は社会的関係において，差別されない」と規定する。この条文の解釈における主要な論点は三つある。第一は，「法の下に平等」とは法の適用における平等を要求するのみか，それとも法の内容における平等も要求するのかという問題であり，第二は，本条の平等要求は，例外を許さない絶対的・機械的なものか，それとも例外を許す相対的なものかであり，そして第三は，人種・信条等の列挙は，例示的か限定的かという問題である。

判例・通説は，第一の論点につき法内容平等説に立ち，法の適用における平等のみならず法の内容における平等も要求していると解し，第二の論点につき相対的平等説に立ち，「合理的差別」は許容されると解し，第三の論点については，14 条 1 項が保障したのは一般的平等権であり，列挙事項は例示にすぎず，列挙事項以外の，たとえば教育・財産（44 条参照）に基づく差別も，禁止されると解している。もっとも，第三の論点については，例示説にもニュアンスの違いがあり，例示事項に特に意味を認めない判例の立場に対し，学説の中には，例示事項に該当する場合には，違憲の疑いが強いので厳格な審査が要求されるとか，あるいは，違憲性が推定され挙証責任が転換されるので合憲を主張する側が論証する負担を負うと主張するものが有力となっている。この立場からは，個々の列挙事項の意味を明確にすることが必要となる。

判例・通説に反対する学説の中には，第一の論点について，ワイマール期のドイツ憲法学説において法律の適用における平等説が支配的であったことの影響を受けて，日本国憲法の解釈としても法適用平等説が正しいと説きながら，第三の論点については，列挙事項を限定列挙と解し，この列挙事項に関する限りは法内容の平等が絶対的に要求されると主張するものもある。しかし，日本国憲法は，ワイマール憲法と異なり，裁判所に法律の違憲審査権を与えており，そのことを重視して，法律の内容が平等であることまで要求していると解すべきである。また，列挙事項に関して法律内容の平等を例外なしに要求すること

165

第2部　基本的人権

は，たとえば女性の区別扱いの正当化を困難とするという難点を避けえない。

　なお，14条1項の「政治的，経済的又は社会的関係」は，これにより社会に存在するあらゆる関係を網羅していると解されており，具体的な関係がそのいずれにあたるかを議論する実益はない。

(2)　列挙事項の意味

(ア)　人　　種

　人種とは，皮膚・毛髪・目・体型等の身体的特徴によりなされる人類学上の区別である。これに基づく差別が不合理なものであることについてのコンセンサスはすでに広範に確立している。にもかかわらず，世界各地に人種差別が存続しており，人類はいまだにこの偏見を根絶するには至っていない。日本においても，アイヌ民族や在日韓国・朝鮮人の差別問題を解決しえていないことを忘れてはならない。

(イ)　信　　条

　信条とは，個人の基本的なものの見方・考え方を意味するもので，思想と信仰の双方を含む。個人を「個人として尊重」するということは，個々人の価値観に優劣をつけないことを含むのであり，信条に基づく差別を禁止したのは当然のことである。ここにいう信条とは，宗教や世界観など個人の考え方の核心をなすものだけを指し，単なる政治的意見・政治的所属関係は含まないという説もあるが，多数説は両者の区別は相対的で困難であり，後者を含めて理解する方がよいと解している。もっとも，内心の信条が外部的な行為として表れた場合に，その行為に基づき区別して処遇することは，信条に基づく区別とは異なる。たとえば，国家公務員法38条5号は，国家公務員の欠格事由として「日本国憲法又はその下に成立した政府を暴力で破壊することを主張する政党その他の団体を結成し，又はこれに加入した者」を挙げているが，これは結社の結成・加入行為に着目しており結社の自由の制限の問題ではあっても，信条に基づく差別と捉えるべきではないであろう。ただし，行為に基づく区別が単なる口実にすぎず，真のねらいが信条の差別にある場合は別であり，そのような運用にならないよう注意する必要はある。なお，信条に基づく差別は，良心・思想の自由の侵害と重なることが多いので，思想・良心の自由の問題

第 6 章　包括的人権と法の下の平等

（188 頁）も同時に参照されたい。

　㋒　性　　　別

　近代の人権が「人」（英語の man，仏語の homme）の権利であったにもかかわ
らず，実際上は「男」の権利と観念され，女性は「人」を代表した「家長」の
陰に隠れて人権の主体性を完全には認められなかった。特に象徴的なのは参政
権で，成人男性の普通選挙が 19 世紀に次第に認められていくなかでも，女性
に対してはその本性や社会的役割を口実に女性には政治は向かないとする反対
意見が支配的で，第一次大戦後，1919 年にドイツ（ワイマール憲法 109 条 2 項）
が，1920 年にアメリカ合衆国（修正 19 条）が，女性の参政権を認めるに至っ
たものの，他の国では，日本を含めて，第二次世界大戦後まで待たねばならな
かった。

　今日では，参政権に限らず，あらゆる権利について男女の平等が承認されて
いる。しかし，男女の役割論に関する伝統的な偏見は根強く，現在でも法的な
平等と実態における不平等のコントラストは職場や家庭関係においてきわめて
大きい（日本の就職における男女差別，夫婦同姓や夫婦別産制の実態等）。偏見が持
続する一つの理由は，否定することのできない身体的な差に，もともと人為的
に形成された文化的差別（男女の社会的役割区分論）が絡みついており，後者が
前者からの不可避の帰結であると誤認されやすいことにある。しかし，この点
は，最近のフェミニズム運動などにより，肉体的な性差（セックス）と文化的
な性差（ジェンダー）を区分けする努力がなされ，徐々にではあるが偏見が見
直されてきている。

　日本でも，戦後，憲法 24 条が結婚・家族関係における男女平等を強調した
ことを受けて，民法や刑法の改正（妻の無能力制度や姦通罪の廃止等）を通じて
戦前に存在した法律上の女性差別が改善された。とはいえ，婚姻年齢に男女差
を規定した点（民 731 条）や女性のみに再婚禁止期間を定めた点（民 733 条。こ
れを合憲とした最三判平成 7 年 12 月 5 日判時 1563 号 81 頁参照）などに偏見が持続
していると指摘されていた。しかし最高裁もようやく 2015 年に，民法 733 条
の嫡出推定の重複を避けるという目的を達成するには再婚禁止期間を離婚後
100 日とすれば足りるから，それを超える部分は違憲であると判示して（最大
判平成 27 年 12 月 16 日民集 69 巻 8 号 2427 頁），後者の問題に不十分ながら一つの

第2部　基本的人権

解決を与えた。同判決を受けて，再婚禁止期間を 100 日とする民法改正がなされている。今日の技術水準からすれば，父子関係の判定は容易となっており，再婚禁止期間の必要性自体になお疑問の残るところである。また，2018 年には，成年年齢を 18 歳に変更するとともに（民 4 条），女性の婚姻適齢年齢を男性と同じ 18 歳とする改正が行われた（民 731 条，2022 年 4 月施行）。ほかにも，刑事法分野では，2017 年に，女性のみを被害者と想定する刑法 177 条が改正され，罪名も「強姦罪」から「強制性交等罪」へと変更された。

　労働関係における男女平等についても，戦後，労働基準法が制定され，男女の実質的平等を目指して女性の保護規定を置いた。しかし，他方で，ジェンダー論の影響の下に，肉体的な性差に基づく女性の保護がかえって女性の役割に関する偏見を持続・助長させる危険もあることが指摘されるようになってきている。そこで，国連総会が 1979 年に採択し 1981 年に発効した女子差別撤廃条約の批准（1985 年）を機会に男女雇用機会均等法の制定（勤労婦人福祉法の改正）と労働基準法の改正が行われ，戦後導入された女性の保護規定が一部見直されるとともに，職場における女性の地位を向上させるための努力が今もなお続けられている。特に，男女雇用機会均等法は，その後の諸改正により努力義務規定が差別禁止規定とされ，一定の間接差別も禁止され，事業者の差別解消措置も許容されるなどの進展が見られ，違反に対する制裁も徐々に強化されてきている点が注目される。

　㈡　社会的身分

　社会的身分とは，広くは，人が社会において占めている地位をいうが，身分という言葉は，少なくともある程度長期にわたり持続する地位であることを含意するし，さらには，本人が自由に変更しうるものではなく，むしろ出生により決まっており原則的には変更ができない地位というニュアンスが強い。学説上は，出生により決定されている点を強調する狭義説と，後天的な地位でも長期に持続する場合はそれまで含むとする広義説が存在するが，列挙事項に法的意味を認める立場からは，意味内容の明確な狭義説の方が支持されている。この立場からは，尊属・卑属（後述 173 頁の尊属殺重罰規定違憲判決参照）や婚外子（2013〔平成 25〕年改正前民法 900 条 4 号但書にいう「嫡出でない子」。180 頁で後述する婚外子の法定相続分を嫡出子の 2 分の 1 と定めた同但書を合憲とした最大決平成 7 年

168

7月5日民集49巻7号1789頁参照）といった地位がこれに該当する（ただし，判例は必ずしもそうは認めていない）し，部落差別（同和問題）も社会的身分に基づく差別と捉ええよう。身体的・精神的障害者であることは，広義説からは当然社会的身分であるが，狭義説からも社会的身分に該当するかそれに準じて扱うべきことが多いであろう。

(オ) 門　　地

門地とは，家系・血統等の家柄を指し，社会的身分の一部をなす。貴族制度も門地による差別であり，本項により禁止されるが，これは2項により絶対的に禁止されていて，「合理的」なものとして許される余地はない。もっとも，天皇・皇族は，門地にあたるが，これは憲法制定者が認めた例外である。

(3)　別異処遇の合理性を判断する枠組

個人の尊重という原理からは，個々人の違いは尊重されなければならず，そのような違いに応じた別異処遇は平等権の侵害にはならないはずである。侵害となるのは，個人の尊重原理に反する別異処遇であり，その可能性の強い典型例が列挙事項に基づく別異処遇であった。重要なのは，個人の尊重原理に反する別異処遇かどうかであり，それが「合理的差別」かどうかの問題として議論されてきた。

なお，差別は常に法の文面上行われているとは限らない。文面上は平等に扱っているが，実態・結果においては不平等が生じているということもあり，実質的平等の観点からは，そのような場合も平等問題（間接差別の問題）と捉えていく必要がある。

差別の合理性を判断するには，次のような手順と枠組で行うのがよいであろう。

(ア)　比較の対象

まず「誰と誰」が差別されているかを明確にすることが必要である。平等権は他者との比較において生じる権利である。したがって，誰と比較するかにより，どの権利がどの程度不平等扱いされているかが異なることがありうる。差別を主張するためには，自己と同じ地位・状況・境遇にある者と比較して，自己の権利・利益が不利に扱われていると主張しなければならない。比較の相手が自己と同じ境遇になければ，そもそも比較が成り立たない。また，同じ境遇

第2部　基本的人権

にあっても，相手が自己より不利に扱われている場合には，平等原則違反は存在するが，自己の平等権が侵害されたとは主張できない。この点を明確にするためには，誰と誰を比較するのかを最初に明確にする必要がある。比較の対象が適切かどうかが問題となった例として堀木訴訟（一審判決が障害者の女性が子を育てている母子家庭と夫が障害者である夫妻が子を育てている家庭とを比較したのに対し，控訴審判決は比較の対象にならないと判断）がある。

　(イ)　差別の基礎

　次に，それが「何に基づく」差別かを考える。人種・信条等の列挙事項に基づくのか，それ以外の事由に基づくのか。この点は，違憲の推定が働いて挙証責任が転換するのかとか，厳格審査を行うことになるのかに関係する。アメリカの判例理論では，たとえば人種を理由とする別扱いは，「疑わしい分類」（suspect classification）とされ，厳格な審査が行われており，日本でもこの考え方は参考になる。

　(ウ)　権利の性格

　次いで，差別が「いかなる権利・利益に関して」なされているかを検討する。これは，重要な権利・利益についての差別は，厳格な審査をすべきだという考えに関係している。アメリカでは，「基本的な権利」（fundamental rights）についての差別は厳格審査に服するとされ，投票権や精神的自由権等がそれにあたるとされている。

　(エ)　目的・手段の審査

　別異処遇が合憲であるためには，その目的が正当で，かつ，手段が目的に適合したものでなければならない。平等権の問題が生ずるのは，ある個人（の集団）を他の個人（の集団）と区別して異なる扱いをしている場合である。そのような区別扱いは，一定の目的を実現するためになされるわけであるが，目的が許容されるものであるかどうかもさることながら，多くの場合，別異処遇される個人（の集団）の範囲を画定する線引き基準がその目的と適合しているかどうかが問題となる。目的の達成に必要とされるより広い範囲の個人を別異処遇集団に取り込んでいれば，過大包含（overinclusive）となり，狭ければ過小包含（underinclusive）となって手段審査をパスできない。

　どの程度厳格な審査を行うべきかについては，アメリカの判例理論の影響下

に，厳格審査，中間審査（厳格な合理性の審査），合理性審査の三つを区別する見解が有力である。しかし，日本国憲法の解釈としては，まず通常審査と緩やかな審査（敬譲審査）の二つに分けるのが分かりやすいであろう。区別の基礎が14条1項の列挙事項に該当する場合には通常審査をし，それ以外の場合は緩やかな審査でよいとし，そのうえで，参政権や精神的自由権等の重要な人権に関して別異処遇を行っている場合には審査の厳格度を高めることにするのである。

審査の厳格度に関して議論の対象となっている問題に，アファーマティヴ・アクション（積極的差別是正措置）がある。これは差別を受けている特定の少数派のために多数派が行う差別解消を目指した少数派優遇政策という性格をもつので，多数派が少数派を差別するという通常の差別問題と比べれば審査の厳格度を緩めてもよいように思われる。しかし，少数派に属するという理由で，特に具体的な差別を受けているわけでもない特定の個人が有利な扱いを受けたり，あるいは，多数派に属するという理由から特定個人が不利に扱われるのは，個人の尊厳の原理に反するから，アファーマティヴ・アクションの場合も通常と同一の厳格度の審査を行うべきだという見解も有力に唱えられている。

(4)　平等権侵害の場合の救済方法

法律が自由権を侵害している場合には，その行為を違憲無効とすれば自由は回復される。ところが，平等権を侵害している場合には，その規定を違憲無効とするのでは救済とならないことがある。典型的には，法律が一定の権利を付与しているが，その要件が不合理な差別となっている場合である。その要件を違憲無効とすると，権利を付与するための要件がなくなってしまい，差別は認められても権利は与えられないという結果になってしまうのである。いかなる要件で権利を付与するかを定めるのは立法者の権限であり，立法者が定めた要件が違憲無効であれば，再度立法者が要件を定めるのを待つべきであって，裁判所としては判決理由中で法律を違憲無効と宣言する以上のことはできない，という見解もありうる。しかし，それでは差別された者の救済にはならず，したがって差別されていても訴訟を起こそうという気にはなりがたいであろう。しかし，平等な社会を形成していくためには，差別された者の訴訟提起を認め

た方がよい。そう考えれば，差別された者に本来認められるべきであった権利を裁判所が認める法理論を考えるべきではないかということになる。

そのような理論構成としては，基本的には二つが考えうる。一つは，法律の解釈において，権利を付与する定めとその権利付与を制限する定めを区別し，不合理な差別規定を後者に属する規定と解釈・構成する手法である。こうすると，差別規定が違憲無効となれば権利付与の制限は無くなり，法律が権利付与を認めていることになる。たとえば，社会保障の給付に関して併給制限の規定が違憲無効の場合などは，この構造となることが多い。しかし，この解釈は，法律解釈として権利付与とその制限という構造を読み込むのであるが，条文の構造上一つの条文が権利を付与し，他の条文がそれを制限しているという形にはなっておらず，一つの条文で権利付与の要件を定めているような場合には，その要件のうち一つが欠ければ全体が無効となるのか，それとも他の要件だけで権利が付与されるのかは容易には決しがたく，結論志向の恣意的で無理な解釈という批判が生じやすい。この点が争われたのが，後述の国籍法違憲判決である。

もう一つの方法は，権利付与とその制限という構造を同一の法律の中に読み込むのではなく，憲法と法律の関係として捉えるものである。つまり，権利付与は憲法によりなされており，それを具体化する法律は権利創設的ではなく権利制限的性格をもつと構成するのである。そうすれば，権利制限的法律が違憲無効となれば，制限のない状態で具体化されていると解することが容易となる。

平等権侵害の救済にこれとまったく異なる手法をとったのが，後述の定数不均衡違憲判決である。選挙無効訴訟という形態で争われたので，選挙の基礎となった定数配分規定が違憲無効となると選挙が無効となり，議員がいなくなって国会が機能しなくなるのではないかとか，それまでその議員が制定した法律の効力はどうなるのかなどの問題が生じて収拾困難な事態に陥るのではないかと考えられ，定数配分規定は違憲であるが選挙は無効ではないという解決策が採用されたのである。

第 6 章　包括的人権と法の下の平等

(5)　代表的な判例

㋐　尊属殺重罰規定違憲判決

　改正前の刑法 200 条は，尊属殺人罪を死刑または無期懲役と定め，普通の殺人罪（199 条）と比べ非常に重い刑罰を科していた。これは卑属である被告と卑属でない者とを社会的身分により刑の重さに関して区別した法律と理解される。

　戦後になって，この規定は「親殺し重罰」という封建道徳から来たものであり，日本国憲法に反するのではないかと批判されたが，最高裁は長い間これを自然的・普遍的倫理に由来するものであり合憲としてきた。この判断を変更して憲法 14 条違反で違憲としたのが，昭和 48 年 4 月 4 日最高裁大法廷判決（刑集 27 巻 3 号 265 頁）である。14 名の判事が違憲判断で一致したが，違憲とする理由において 8 名の多数意見と 6 名の少数意見に分かれた。少数意見は，本規定の目的を封建的な家族制度の維持・強化にあると見て，目的が日本国憲法上許されないと判断したのに対し，多数意見は，目的は普遍的倫理の維持尊重であり，それが日本国憲法に反するとはいえないが，その目的を達成するための刑罰が重すぎる点で不合理な差別であるとした。この多数意見に対しては，刑罰が重すぎるというのが違憲理由ならば，それは平等権侵害というよりは，憲法 31 条あるいは 36 条違反の問題ではないかとの批判がなされている。学説の多くは，少数意見の目的違反という結論を支持している。

　この判決を受けて国会は刑法の改正をしようとしたが，尊属殺人罪の規定を廃止すべきだという意見と，廃止しないで保持し，刑罰が重すぎる点を改正すれば足りるとする意見が対立して長い間決着がつかなかった。この間，実務では尊属殺人罪での起訴は控えるということで対処していたが，ようやく 1995 年に廃止する改正が成立した。

㋑　定数不均衡違憲判決

衆議院の場合　衆議院議員選挙制度が中選挙区制であった時期に，人口の都市周辺への集中などが原因となって，選挙区ごとの定数配分が有権者数（人口）と比例しなくなり，定数不均衡が極端に悪化した。この事態を「1 議席あたり有権者数」の大きな選挙区の有権者から見れば，自己の選挙権の価値が 1 議席あたりの有権者数がより小さい選挙区の有権者に認められた選挙権の価値より小さく扱われていることになり，住居地の違いにより選挙

第 2 部　基本的人権

権の価値に関して差別されていることになる。

　これを平等違反として 1972（昭和 47）年総選挙を争った選挙無効訴訟におい
て，昭和 51 年 4 月 14 日最高裁大法廷判決（民集 30 巻 3 号 223 頁）は，憲法 14
条は選挙の投票価値の平等を要求するものであるとして，最大較差 1 対 4.99
に達していた定数配分不均衡を違憲と判断したが，選挙そのものは事情判決的
法理（行政事件訴訟法 31 条が定める事情判決の考えを応用したもので，違憲であって
も無効とするとかえって重大な公益侵害が生じるという事情がある場合には，違憲であ
ることを判示するにとどめ無効とはしないことができるという法理）を援用して有効
とし，主文で選挙が違法であることを宣言するにとどめることにした。

　その後の判決で最高裁は，1 対 3.94 の最大較差が問題となった事件につき，
この不平等状態は違憲の程度に達しているが，違憲となるのはその程度に達し
た時から「合理的期間」内に国会が是正しなかった場合であり，本件では違憲
の程度に達してからおよそ 5 年程度経過したにもかかわらず，国会が是正の措
置をとらなかったから合理的期間を徒過し違憲であると判断した（最大判昭和
60 年 7 月 17 日民集 39 巻 5 号 1100 頁）。他方で，較差が 1 対 2.82 であった定数配
分につき合憲とした（最一判平成 7 年 6 月 8 日民集 49 巻 6 号 1443 頁）ために，違
憲の程度として最高裁が考えているのは 1 対 3 あたりであろうとの推測が広ま
った。

　1994 年に中選挙区制が小選挙区比例代表並立制に改められたが，この小選
挙区制部分の選挙区の画定と定数配分の案を作成して総理大臣に勧告するため
の選挙区画定審議会を設置した法律「衆議院議員選挙区画定審議会設置法」
（以下，「区画審設置法」という）は，その 3 条 1 項で較差を 2 倍未満とすること
を原則とすると定めたものの，2 項で，最初から較差が 1 対 2 を超えることに
ならざるをえないような「一人別枠制度」と呼ばれる配分方式（都道府県にま
ず 1 議席を配分し，残りの議席を都道府県の人口数に比例配分する）を採用したため，
この制度は違憲ではないかが争われた。最高裁は，当初，そのような方式を採
用することも立法府の裁量の範囲内で合憲とした（最大判平成 11 年 11 月 10 日民
集 53 巻 8 号 1441 頁，最大判平成 19 年 6 月 13 日民集 61 巻 4 号 1617 頁）が，その後，
一人別枠方式は中選挙区制から小選挙区制に移行する際に過渡的に必要とされ
たにすぎず，一定期間の経過後は改正されるべきものであり，そのための合理

的期間はすでに経過しているとの見解を示し（最大判平成23年3月23日民集65巻2号755頁），投票価値の平等を実現するために一人別枠制という制度の見直しの必要を説示するところまで踏み込んだ。この判決を受けて国会は，2012（平成24）年に区画審設置法3条2項を削除して一人別枠方式を廃止するとともに，小選挙区を五つ削減して295とする改正を行った。しかし，これに伴う選挙区割りと定数配分の改正をする前に解散が行われたので，総選挙は旧規定により行われることになり，選挙時の較差は1対2.425となっていた。ところが，これを争った選挙無効訴訟で最高裁は，定数不平等が違憲状態であることを再度確認したものの，国会が一人別枠方式を廃止する改正をすでに行っていたこと，および，それに基づき本選挙後にではあるが区画審設置法3条の定める原則に従って較差を2倍未満（1対1.998）とする改正を実現していたことなどを考慮して，いまだ改正に必要な合理的期間を徒過したとはいえないと判示した（最大判平成25年11月20日民集67巻8号1503頁）。選挙無効かどうかの判断の基準時は選挙時点というのが普通の考えと思われるが，選挙後に改正がなされたことまで考慮に入れた異例の判断方法である。なお，この改正法に基づいて2014年に行われた解散総選挙では，その時点の較差は1対2.129となっていたが，これを争った選挙無効訴訟につき最高裁は，違憲状態ではあるが合理的期間の範囲内であると判示した（最大判平成27年11月25日民集69巻7号2035頁）。合理的期間を徒過していないと判断した際の考慮要素として，国会が引き続き較差の是正の取組を続けていることに言及されているが，選挙後の事情を考慮することが裁判の観念と整合するかどうかの説明はない。ともあれ，違憲状態判決であるから，立法府には早急な改正が求められ，それに応えるべく2016年に区画審設置法および公職選挙法の一部が改正された。それによると衆議院定数の都道府県への配分は旧一人別枠方式に代えてアダムズ方式により行うことになった（改正後の区画審設置法3条2項。アダムズ方式については，364頁参照）。ただし，この方式による定数配分は，制度の安定性を考慮して10年ごとの大規模国勢調査により行うこととされており（同4条1項），現実に適用されるのは2020年の国勢調査からということになる。そこで，とりあえず較差是正としては，小選挙区の定数を6減（6県各1減），比例代表の定数を4減（4ブロック各1減）することを国会が決定し，これを基礎に区画審が最大較

第 2 部　基本的人権

差 2 倍未満となるように作成した選挙区画の改定案を織り込んだ改正公職選挙法が 2017 年に国会で成立し，施行された。これにより行われたのが 2017 年の総選挙であるが，選挙時点での選挙人数最大較差は 1 対 1.979 であった。これを争った選挙無効訴訟に対し，最高裁は，一人別枠方式を廃止しアダムズ方式を採用する改正をしている点につき平成 23 年判決の趣旨に沿った改正であると評価して合憲の判断をした（最大判平成 30 年 12 月 19 日民集 72 巻 6 号 1240 頁）。しかし，将来の適用を予定したアダムズ方式の採用がなぜ今回の定数配分を合憲とするのかの十分な説明はない。

参議院の場合　参議院については，較差 1 対 6.59 に達していた不均衡につき，最高裁は参議院の特殊性を強調して衆議院の場合より大きな較差も許容されることを暗示し，それでもこの不均衡の現状は違憲状態にあることを認めつつも，結論としては，いまだ改正のために必要な合理的期間を徒過しているとはいえないとして合憲と判示した（最大判平成 8 年 9 月 11 日民集 50 巻 8 号 2283 頁）。その後 2004 年には，最大較差 1 対 5.06 となっていた配分規定につき，結論的には 9 名の多数意見が合憲と判断したものの，6 名の反対意見が違憲状態と判断し，かつ多数意見のうち 4 名が補足意見において次回の選挙までに改正がなされない場合には違憲判決もありうるとの警告を発した（最大判平成 16 年 1 月 14 日民集 58 巻 1 号 56 頁）。にもかかわらず，国会は配分規定の改正を行いえないまま同年 7 月に旧規定によって参議院議員選挙を行うことになった。ところが，この選挙の無効を争った訴訟において最高裁は，平成 16 年 1 月判決から 7 月の選挙までの期間が改正を行うには短かったこと，その後，訴訟係属中の 2006（平成 18）年に改正が行われ，最大較差が 1 対 4.84 に縮小されたことなどを考慮して再度合憲と判断した（最大判平成 18 年 10 月 4 日民集 60 巻 8 号 2696 頁）。2006 年改正は，過大に定数配分を受けている選挙区の定数を削減し，それを過小配分されている選挙区に振り替えたにすぎないものであり，これに基づく 2007 年通常選挙の時点では最大較差が 1 対 4.86 に，2010 年通常選挙の時点では 1 対 5.00 となっていた。これを争った選挙無効訴訟につき，最高裁は前者については合憲としたが，後者については「違憲の問題が生ずる程度の著しい不平等状態」すなわち違憲状態に至っていたと判断するとともに，この主たる原因は選挙区が都道府県を単位とする仕組みを採用し

176

ていることにあるから，この仕組みの見直しも含めた抜本的な改正が必要であることを指摘した（最大判平成 21 年 9 月 30 日民集 63 巻 7 号 1520 頁，最大判平成 24 年 10 月 17 日民集 66 巻 10 号 3357 頁）。結論的には，いまだ憲法違反というまでには至っていないとして合憲判断を下したが，違憲状態であることを認め，その解消には都道府県を単位とする定数配分の仕組み自体の見直しの必要を示唆するところまで踏み込んだのである。制度優先思考からの変化を期待させるものであった。この判決を受けて国会は，直ちに改正を行うが，それは制度の仕組みには手をつけず，いくつかの選挙区のうち過大配分を受けているところの定数を 4 減し，それを過小配分の選挙区に振り替えたにすぎないものであり，この配分規定により行われた 2013 年通常選挙時点での最大較差は 1 対 4.77 であり，較差の改善はほとんどみられなかった。にもかかわらず最高裁は，この選挙を争った訴訟につき，違憲状態であることは再度認めたものの，制度の仕組みの見直しの必要を指摘した平成 24 年 10 月判決から本件選挙までには 9 ヶ月しか存在せず，抜本改正の困難なことを考慮すれば，違憲状態を解消する改正がなされなかったことは「裁量権の限界を超える」ものということはできないとして合憲の判断をした（最大判平成 26 年 11 月 26 日民集 68 巻 9 号 1363 頁）。この違憲状態判決を受けて国会は，都道府県を選挙区の単位とする仕組みを部分的に見直し，鳥取県と島根県，および，徳島県と高知県を一つの選挙区に合区して定数を 4 減し，過大配分となっていた 3 県から 6 減し，合計 10 定数を過小配分となっていた 5 都道府県に配分した。この結果，最大較差は 1 対 2.97 となったが，この配分規定が適用された 2016 年通常選挙時点では 1 対 3.08 となっていた。これを最高裁は，いまだ違憲状態となってはおらず合憲と判断している（最大判平成 29 年 9 月 27 日民集 71 巻 7 号 1139 頁）。

審査枠組　最高裁が定数不均衡事件について形成してきた判断枠組を整理すると，衆議院議員選挙の場合は，①定数較差が平等原則に反する違憲状態となっているかどうか，②違憲状態の是正に必要な合理的期間を徒過したかどうか，徒過していなければ合憲，徒過していれば違憲である，③定数配分規定が違憲である場合，それに基づく選挙は無効とすべきか，事情判決的法理を適用して無効とはせず，選挙の違法を主文で宣言するにとどめるか，という三段階で構成されている。参議院議員選挙の場合も，①「違憲の問題が生

第2部　基本的人権

ずる程度の著しい不平等状態に至っているかどうか」，②その不平等状態を是正していないことは「裁量権の限界を超えるものではないか」という枠組で判断しており，表現は違うものの考えている内容は衆議院の第一段階と第二段階に対応しているといってよいだろう。参議院については違憲判断は一つもないので，第三段階をどうするかについての先例はないが，違憲の判断を行った少数意見の中には，事情判決的法理を採用する裁判官あるいは選挙無効を判示すべきとする裁判官が存在するので（たとえば，前者につき平成26年11月判決の大橋・鬼丸・木内裁判官の各反対意見，後者につき同判決の山本裁判官の反対意見参照），全体の枠組としては衆議院の場合と同様の三段階で考えていると思われる。この判断枠組は，最高裁によれば（平成26年11月26日大法廷判決参照），「裁判所において選挙制度について投票価値の平等の観点から憲法上問題があると判断したとしても，自らこれに代わる具体的な制度を定めうるものではなく，その是正は国会の立法によって行われることになるものであり，是正の方法についても国会は幅広い裁量権を有しているので，裁判所が選挙制度の憲法適合性について上記の判断枠組の下で一定の判断を示すことにより，国会がこれを踏まえて自ら所要の適切な是正の措置を講ずることが，憲法上想定されている」という「憲法の予定している司法権と立法権の関係に由来するもの」とされているが，憲法が定める司法権と立法権の関係から必然的にこのような判断枠組が生じるわけではない。最高裁が，選挙制度の設計につき立法府に広汎な裁量を認め，その裁量権に国民の選挙権や平等権と並ぶ重要性を認めることから生じているものである。しかし，本来は人権こそが最大限に尊重されるべきであり，選挙制度設計の裁量は人権の枠内で行うことが憲法の予定するところであるはずであろう。そうだとすれば，選挙制度により平等権の制限が生じているのであるから，その制限が正当化しうるかどうかを目的・手段審査の判断枠組を使って審査すべきなのである。ところが最高裁は，制度設計に広汎な裁量を認め，人権を裁量権の濫用・逸脱を総合衡量により判断する際の一考慮要素に格下げしてしまった。最高裁の判断枠組の各段階がすべて総合衡量によりなされることになっており，これにより立法府の裁量が最大限に尊重される結果となっているのである。第一段階においては，人権制限の有無が判断される。そもそも，定数不均衡の問題を選挙権の制限の問題として考えるのか平等権の制限の問題

として考えるのかという論点もあるが，最高裁は一貫して平等権（投票価値の平等）の問題と捉えてきた。それにしても，選挙権についての平等原則の問題であるから，平等原則の制限の正当化は厳格な審査基準により行うことが求められるが，審査基準論の判断枠組を採用せず，総合衡量の枠組で判断を行う最高裁は，立法裁量を最大限に尊重する判断を行ってきた。さらに，第二段階の合理的期間の判断においても，期間の長短のみならず改正への真摯な取組をしているのかどうかとか，改正の政治的困難さなどの諸要素を広汎に考慮する総合衡量手法を採用し，ここでも立法府の裁量を高度に尊重してきた。その結果，裁判所の側では判決に対する国会の反応を見ながら少しずつ要求水準を高めることを予告し，国会の側でも裁判所の対応を見ながら可能な限り改正を先送りするという態度で応じ，あたかも最高裁と国会の間でパワー・ゲームを行っているかの観さえ呈するに至っている。政治と一線を画し，政治を法により枠づけることを使命とする裁判所としては，避けるべき応答の仕方である。最高裁は，問題に適用されるべき法原則を明確に設定し，その原則を適用すればほぼ自動的に合憲・違憲の判断ができるような判断枠組を設定し，それによれば訴訟の結論は立法府にも予め明瞭に判断できるような基準を伝えるべきである。その観点から考えると，違憲かどうかの判断は審査基準論の枠組により行い，違憲となった場合には，改正のために必要な合理的期間を明確に確定し，その期間の経過した時点で当該選挙区の選挙が違憲無効となるという将来効判決の手法を用いるのがよいのではなかろうか。そうすれば，裁判所としては政治的考慮をしないで一般に改正に必要と考えられる合理的期間を決定するだけで，後は立法府の責任に委ねることになり，裁判所が政治的ぬかるみにはまることを避けることができるのではないか。

(ウ) 国籍法違憲判決

法律上の婚姻関係にない日本人男性とフィリピン人女性の間に生まれた原告は，出生後に父親の認知を受けたが，国籍法上認知の効力は，民法784条の定めと異なり，出生時に遡及しないというのが最高裁の判例となっており，「出生の時に父又は母が日本国民であるとき」日本国民となると定める国籍法2条1号の適用を受けられない。出生後に認知を得た場合，平成20年改正前の国籍法3条1項は，父母の婚姻により嫡出子の身分を取得したときには，それを

第 2 部　基本的人権

法務大臣に届け出ることにより日本国籍を取得すると定めていた。原告の父母は婚姻していないのでこの規定に該当しないが，原告はこの規定が婚外子（嫡出でない子）の不合理な差別であるから父母の婚姻という要件は無効であり，ゆえに認知だけで国籍取得が認められるはずだと主張して法務大臣に届け出た。これが受理されなかったので国籍確認訴訟を提起した。一審判決は，国籍法 3 条（当時）の「婚姻」は事実婚も含むと拡張解釈して請求を認容したが，二審判決はこの拡張解釈を退けた後，認知だけで国籍取得を認めることは裁判所が立法をするに等しいから許されないとして，婚外子差別の合憲性を判断することなく棄却した。最高裁は，国籍取得という法的地位は人権等を享有するための重要な地位であること，嫡出子かどうかは子が自らの意思や努力により決めることのできないものであることを理由に，これによる区別に合理性があるかどうかは「慎重に検討」すべきであるとし，慎重な審査の結果，この規定制定当時は合理性があったが，その後の立法事実の変化（我が国における，家族生活や親子関係に関する社会通念・社会状況の変化，同様な場合に認知のみで国籍を認める国が増えてきたこと，子どもの権利条約を批准したことなど）により現在ではもはや合理性は認められず違憲であると判断した。そのうえで，いかなる救済を与えるべきかの点については，父母の婚姻による嫡出子身分の取得という要件だけが違憲無効となり，残りの要件により国籍が取得されるという解釈を採用した（最大判平成 20 年 6 月 4 日民集 62 巻 6 号 1367 頁）。この判決を受けて国会は，生後認知があった場合には届出により国籍を取得しうる旨の改正を行っている（国籍 3 条 1 項）。なお，本大法廷判決が婚外子差別につき「慎重な審査」を行ったことが民法 900 条 4 号（当時）の婚外子相続分差別の再検討に影響を与えるかどうか注目されたが，この判決後に出された第二小法廷決定は，相続分差別を合憲とした大法廷決定（最大決平成 7 年 7 月 5 日民集 49 巻 7 号 1789 頁）を踏襲した（最二決平成 21 年 9 月 30 日家月 61 巻 12 号 55 頁）。

　㈡　婚外子相続分差別違憲決定

　かつての民法 900 条 4 号但書は，「嫡出でない子の相続分は，嫡出である子の相続分の 2 分の 1」と定めており，この規定は，かねて「社会的身分による差別」（憲 14 条）として違憲ではないかが議論されてきた。しかし，平等の相続を求めて認められなかった婚外子が最高裁に特別抗告をしてきた事件で，平

第 6 章　包括的人権と法の下の平等

成 7 年の最高裁大法廷決定は，相続制度については憲法 24 条 2 項が立法府の合理的な裁量に委ねているという解釈を前提に，本規定の「立法理由」は「法律婚の尊重と非嫡出子の保護の調整」を図ることにあり，民法が法律婚主義を採用しているのであるから，嫡出でない子の相続分を 2 分の 1 とすることが裁量権の限界を超えるとはいえないと判断した。これに対して，5 裁判官の反対意見は，目的手段審査の判断枠組に即して通常審査基準を適用し，立法目的を法律婚主義の保護と理解したうえで，相続分を 2 分の 1 とすることは法律婚を促進することにはつながらないのであるから，手段としての適合性がないとして違憲を主張した。多数意見の場合，いうところの「立法理由」は立法目的とは異なる（婚外子の保護を差別の立法目的と捉えることはパターナリズムの論理となるから成立しえない）から，目的手段審査の枠組を採用してはいない。むしろ法律婚主義とは嫡出子の優遇を当然に内包するものだという理解の下に，そのような意味での法律婚主義を採用することが立法裁量の範囲内かどうかを問題とし，総合的な利益衡量により合憲の判断をしたのである。その際に，総合判断の重要な考慮要素となったのは，法的安定性の重視であったと推測される。つまり，違憲判決の場合は，それが先例となって過去の相続に対して遡及的に働くことを避けえず，法律関係が混乱することを懸念したものと思われる。立法府が民法 900 条の改正により解決すれば，立法は将来に向かってしか効力をもたないのが原則であるから，過去の法律関係を覆すという問題は生じないのである。しかし，法務省に設置された法制審議会の議論を経て民法 900 条 4 号但書を削除する改正が答申されたにもかかわらず，政府は与党の一部に強硬な反対意見があることを考慮して改正法案の提出を控えてしまった。その間に最高裁の小法廷ではこの問題につき先例に従ったいくつかの合憲決定を行うが，常に違憲や違憲の疑いを表明する反対意見が付されていた。そしてついに，平成 25 年 9 月 4 日の最高裁大法廷決定（民集 67 巻 6 号 1320 頁）により，全員一致で違憲判断をすることになったのである。

　本決定の特徴は，第一に，これまでの合憲判断を変更するのではなく，小法廷による最後の合憲決定（前出最二決平成 21 年 9 月 30 日）までの合憲判断を維持したうえで，その後の立法事実の変化，すなわち家族形態の多様化やこれに伴う国民意識の変化，諸外国のすう勢，国連人事委員会からの是正勧告等を総

第2部 基本的人権

合的に考察すれば，今日では「家族という共同体の中における個人の尊重がよ
り明確に認識されて」きておりこのような認識の変化に伴い「子にとっては自
ら選択ないし修正する余地のない事柄を理由としてその子に不利益を及ぼすこ
とは許され」ないと考えられるようになってきているという立法事実の変化を
理由に違憲としたこと。第二に，立法事実の変化により本件規定が違憲となっ
た時点につき，遅くとも本件の相続が開始した平成13年7月当時には憲法14
条1項に違反するに至っていたとしたうえで，この時点から本件決定（平成25
年9月）までの間に本規定によりなされた相続については，法的安定性と平等
の要請を調整するために，この間に審判その他の裁判あるいは協議その他の合
意等により確定的となった法律関係には本決定は影響を及ぼさないとした点。
この判示部分が判決理由か傍論かについては議論のありうるところであるが，
傍論であるとしても救済方法に関する裁判所による法創造として是認されるも
のと解される。なお，最後の合憲決定が対象とした相続の開始時点である平成
12年6月から本件の相続開始時点である平成13年7月までの間については，
合憲か違憲かは本決定では判断されていないことになろう。第三に，本決定は
目的手段審査の枠組を用いないで，本人に責任のない事由に基づいて差別をす
ることは個人の尊重に反するということを決定的理由としており，定義づけ手
法による判断を行ったものと解することができる点に大きな特徴がある。目的
手段審査の枠組で理解すれば，目的自体が違憲だという判断である。なお，こ
の決定を受けて平成25年12月に民法900条4号が改正・施行され（違憲決定
時点の9月5日に遡及適用），婚内子と婚外子の相続分は同等とされた。

　ちなみに，この決定直後の9月26日に，同じく婚外子差別を争った戸籍法
の出生届における「嫡出子又は嫡出でない子の別」の記載要求（同法49条2項
1号）の合憲性に関する判決が出されている（最一判平成25年9月26日民集67巻
6号1384頁）。法律婚をしていない両親と子がこの記載をしないで届書を提出
したために受理されず，戸籍への記載も住民票への記載もなされなかったので，
これを違憲違法と主張して国家賠償を求めた事件である。ところが，相続分差
別の場合は，改正前の民法900条4号但書が嫡出子かどうかにより相続分を差
別していたのに対し，本件の戸籍法49条2項1号の場合は，嫡出子と嫡出で
ない子の差別であると構成するのは難しい。形式的には両者とも記載を要求さ

れており，記載しなかった場合に両者とも不受理となる点に差別はない。社会的差別の存在を背景に，「嫡出でない子」と記載することに「痛み」を伴うということが問題の本質なのである。これは，差別の問題と構成するより，憲法13条により保障される人格権的価値の侵害と構成する方が分かりやすい。とはいえ，社会的な差別の存在により，形式的な平等扱いが実質的に差別感を生みだしているという点で，間接差別と似た状況であり，差別の問題と構成することには意義がある。しかし，本判決は，こうした問題を議論することなく，差別の問題と前提した上で差別は存在しないという議論を行った。にもかかわらず，行論中でこの区別の記載は事務処理上必要不可欠ではないが（戸籍と照らし合わせることにより嫡出子かどうかは識別できるから），あれば役立つから合理性があるという趣旨の議論も行っている。要するに，差別の有無と差別の合理性の判断を分節しないで，総合判断手法をとったのであり，判決理由の透明性に欠ける判断である。なお，平成22年に法務省から市町村長に，この記載がなくとも職権で受理して戸籍に記載することが可能である旨の「通知」がなされ，今日では戸籍や住民票に本人の出生や居住に関する記載がないことから種々の不利益が生じるということはなくなっている。

(オ) 再婚禁止期間違憲判決

民法733条1項は，女性について6ヶ月の再婚禁止期間を定めていた。この期間中に再婚できなかったことにより受けた精神的損害の賠償を求めた事件において最高裁は，本規定は女性のみに再婚禁止期間を定めている点で性差別の問題であると同時に，「婚姻に対する直接的な制約」でもあると捉え（その前提として，「婚姻をするについての自由は，憲法24条1項の規定の趣旨に照らし，十分尊重に値するものと解することができる」と述べているが，本件を婚姻の自由に対する制限と考えているのかどうかは不明である），その目的は父性推定の重複を回避し（民法772条は，妻が婚姻中に懐胎した子を夫の子と推定し，婚姻の成立の日から200日を経過した後，または，婚姻の解消の日から300日以内に生まれた子は，婚姻中に懐胎したものと推定しているので，離婚後100日以内に再婚が行われた場合には，再婚後200日から300日の間に生まれた子は，離婚前の夫の子の推定と再婚後の夫の子の推定が重複することになる），父子関係をめぐる紛争の発生を未然に防ぐことにあったと解し，この目的自体は合理性を有するが，手段としては，推定の重複を避

第2部　基本的人権

けるには，今日では離婚後100日間再婚を禁止すれば足りるから，6ヶ月とい
うのは過長であり，100日を超える部分は違憲であると判断した（最大判平成
27年12月16日民集69巻8号2427頁）。制定当初は，医療技術の水準や婚姻・家
族観の在り方から余裕をもった期間を定めることにも合理性があったが，その
後の立法事実の変化により，今日では違憲となっているというのである。しか
し，法律改正によりこれを是正しなかったという立法不作為は，国家賠償法上
違法とまではいえないとして賠償請求は棄却した。性に基づく差別の問題と婚
姻の自由の問題を明確に区別せず判断を行っているが，これは，いずれにせよ
婚姻制度に関する立法裁量の問題であり，裁量権の逸脱・濫用の有無を総合衡
量により判断すれば足りるという考えに基づいているのであろう。したがって，
目的と手段というレトリックは使っているが，審査基準論の手法を採用してい
るわけではない。審査基準論で審査すれば，少なくとも通常審査が適用される
場面であり，手段として「より制限の緩やかな方法」は今日の技術水準からす
れば容易に発見しうるから，再婚禁止期間自体が違憲という判断になろう。

　他方，山浦裁判官の反対意見は，本規定のそもそもの目的は，戦前の男性優
位の思想とその下で制定された旧民法の家制度の封建的・性差別的な考えに由
来するものであり，それを廃止して個人の尊厳と両性の本質的平等を宣言した
日本国憲法とは相容れないとの趣旨を論じている。定義づけ衡量の手法と理解
しうる理論構成である。

　(カ)　夫婦同氏強制と性差別

　民法750条は，「夫婦は，婚姻の際に定めるところに従い，夫又は妻の氏を
称する」と定めている。この規定は，夫婦が夫または妻の氏に統一すべきこと
を定めているが，どちらの氏に統一してもよいとしているから，性に基づく差
別を定めているわけではない。しかし，ほぼ96パーセントの夫婦が夫の氏に
統一している。これは，法的には差別ではないとしても，実質的に見ると女性
が差別されているというべきではないであろうか。その意味で，間接差別の問
題の典型例である。本件の場合，民法750条が婚姻に際していずれか一方の氏
の変更を強制しているから，「氏の変更を強制されない自由」（憲13条）および
婚姻の自由（憲24条1項）の制限という問題もあるが，間接差別による平等権
の侵害の問題として考えるのも重要な論点である。形式的には，婚姻に際して

184

第6章　包括的人権と法の下の平等

男女に氏を選択する機会を平等に与えているが，女性に氏を放棄させることへの社会的圧力が働いており，選択の機会の実質的な平等が存在しない。この場合，社会的圧力による制約であり，国家による制約ではないから，平等権の適用される場面ではなく，国家に責任はないといってよいのか。国家は，妻が氏の変更を「強制」されているという事実を知っている。性差別が生じているという事実を知りながら，形式的平等を強制し続けるのは，やはり差別と見てその合理性の論証を求めるべきではないか。憲法24条2項は，婚姻または家族に関する事項は「個人の尊厳と両性の本質的平等に立脚して」制定するよう命じている。女性差別への社会的圧力は，戦前の「家制度」の意識の残滓により生じているのではないだろうか。もしそうだとすれば，まさに「個人の尊厳と両性の本質的平等」が否定した「核心」に属する問題であり，それを放置する国家の不作為は，それだけで違憲というべきものと思われる。しかし，最高裁は，この規定にそのような重要な意味を認めることはせず，立法裁量の単なる指針にすぎないとして，総合判断の手法により立法裁量の逸脱はないとした（最大判平成27年12月16日民集69巻8号2586頁）。

(キ)　遺族年金受給資格の男性差別合憲判決

地方公務員である妻の死亡に関して51歳の夫が遺族補償年金等の支払を求めたところ，男性配偶者の受給要件として60歳以上であることと定められていた（地公災32条1項但書。ただし，附則7条の2第2項も参照）ために，不支給とする処分がなされた。そこで，女性配偶者の場合にはそのような要件はないから性差別であるとして，不支給決定処分の取消しを求めた。この差別は，正確には「妻以外の遺族について一定年齢に達していること」（男性配偶者の場合は原則60歳以上）を支給要件としており，妻と夫の間で差別したというより，遺族の中で妻をいわば優遇したものである。死亡した職員に生活を依存していた遺族を助けることを目的とした制度であり，生活を依存していたというための類型的要件として年齢を使ったのであるが，それが，立法事実として，現実の社会的状況に対応しているのか，換言すれば，妻の場合は60歳未満でも夫に生活を依存しているのが通常であるが，夫の場合はそうではないという判断が現在の社会的現実に対応しているかどうかが問題となった。一審は立法当時とは立法事実が変化しており，現在では不合理な差別となっていると判断した

第 2 部　基本的人権

が，高裁は現在でも合理性を欠くまでには至っていないと判断した。最高裁は，堀木訴訟判決に依拠して立法裁量を認め高裁の判断を受け入れた（最三判平成29 年 3 月 21 日集民 255 号 55 頁）。女性優遇がスティグマ効果（劣等者の烙印を付す効果）をもつのではないかという問題が伏在することにも配慮をして考察すべき事例である。

第7章

精神活動の自由（1）

　国民を「個人として尊重」するとは，我々個々人が自ら自由に自己の生き方を選択・決定し実践していくことを尊重するということであった。自己の生の自律的決定・遂行が可能となるためには，個々人が他者との自由な意見交換・情報交流を通じて望ましい生のあり方を思索することが許されていなければならない。精神活動の自由とは，このような個人の内心および他者との交流における自由な精神活動を国家の干渉から防御することを目的とする権利であり，精神的自由権とも呼ばれる。

　日本国憲法は，精神的自由権に属する個別人権として，思想・良心の自由（19条），信教の自由（20条），表現の自由（21条），学問の自由（23条）の四つを定めている。思想・良心の自由は主として内面における精神過程に着目し，表現の自由は内面にあるものを外部に表出し他者と交流する過程に着目した規定であり，両規定により精神作用・活動の全過程が保護される。これに対し，信教の自由と学問の自由は精神活動の内容に着目し，特定主題を対象とする精神活動を特に取り上げて保障したものと理解される。特に取り上げたのは，過去において十分に保障されなかった事実を反省したからである。

　信教の自由と学問の自由は内面のみならず外面的な精神活動にも関係するので，叙述の順序としては，まず思想・良心の自由と表現の自由を説明してから，その後で信教の自由と学問の自由を説明するのがよいのであるが，表現の自由に関しては論ずべきことが多いので，本章では，便宜上，思想・良心の自由，信教の自由，および，学問の自由をまとめて説明し，表現の自由は次章で説明することにする。読者が望むなら，思想・良心の自由を読んだ後，先に次章を

第2部 基本的人権

読むのもよいであろう。

I 思想・良心の自由

1 保障の意味

　憲法19条は，「思想及び良心の自由は，これを侵してはならない」と規定する。この規定は，一般に，内面における精神のあり方を保護するものと解されている。心の中でいかなる思想・良心をもとうと，それが内心に留まる限り，法的に咎められることはないのである。しかし，それが内心に留まり外的に識別しえない限り，法的問題にはなりえないのであり，あえて保障するまでもない。内心の外的表れ（表現）を保障すれば，同時に内心も保障されるはずである。実際，アメリカ合衆国憲法の権利保障には，思想・良心の自由に対応する条文はないが，言論の自由の保障は内心の自由の保障を当然に内包すると理解されている。現実問題として，内心の侵害が議論となるのは，通常，その外的表れの規制あるいは強制をめぐってである。したがって，それは「表現する自由・しない自由」の側面ももつ。内心の自由と表現の自由は，実際には分離は困難なのである。

　内心の自由は絶対的に保障されねばならないといわれる。内心に留まる限りは，その通りであるが，現実の問題が内心の外的表れの規制あるいは強制として生じる以上，その保障の程度は，①その外的行為が他者にどのように影響するか，および，②その規制・強制が内心にどのようなインパクトを与えるか，の評価により相対化されざるをえない。この両側面から事例を類型化して，保障の有無・程度を考えていく必要があろう。とはいえ，基本的なアプローチとしては，絶対的に保障されるべき範囲を画定するという絶対保障のアプローチを最大限追求すべきであり，制限の正当化論を用いざるをえないときには厳格な審査が求められる。なぜなら，内心の自由・自律の基本的な重要性に鑑みれば，内心を害するという以上違憲とするべきであり，それでも公共の福祉に

188

より正当化されることがありうるという発想は避けるべきと考えるからである。

本条の解釈として問題となるのは，第一に，「思想及び良心」の自由とは何か，第二に，それを「侵してはならない」とは，国家のいかなる行為を禁止したものかである。以下，順次検討してみよう。

2 思想・良心の意味

内心の精神作用のうちで思想は論理的側面，良心は倫理的側面に着目した言葉という違いはあるが，本条の趣旨が内心の自由を保障することにあるとする立場からは，思想と良心を厳密に区別する実益はない。「思想及び良心」を一体として内心の精神作用を指すものと解すればよい。しかし，それは内心の精神作用すべてを含むものではなく，除外されるものが存在する。

(1) 事実の知・不知
第一に，思想であれ良心であれ，ものの考え方にかかわる精神作用であり，単なる事実の知不知は，これに含まれない。したがって，証人に事実に関する証言を強制しても，「表現しない自由」（21条）との関係は別にして，一般的には，思想・良心の自由を侵すことにはならない（ただし，後述194頁参照）。

(2) 人格の核心と表層
第二に，ではものの考え方に関わる精神作用はすべて含まれるかというと，この点で見解が対立している。一口にものの考え方といっても，主義・信条・世界観といわれるような個人の人格の核心をなしているようなものから，日常生活の中でそれほど深く考えることなく行っている是非の弁別まで様々である。思想・良心は，このすべてを含むのか，それとも人格の核心をなしているようなものだけなのか。

この問題は，謝罪広告の合憲性をめぐって最高裁で争われた（最大判昭和31年7月4日民集10巻7号785頁）。名誉毀損が行われたとき，裁判所が被告に謝罪広告を命令することがあるが，被告の意思に反して謝罪の意の表明を強制することは，良心の自由を侵害することになるのではないかが問題となったので

ある。最高裁の多数意見はこれを合憲と解したが，田中耕太郎長官は補足意見を書き，「謝罪の意思表示の基礎としての道徳的の反省とか誠実さ」といったものは思想・良心に含まれないと論じた。これに対し，藤田八郎・垂水克己判事は，「事物に関する是非弁別の判断」まで含むという趣旨の反対意見を書いている。

また，最高裁は，労働組合法に基づき労働委員会が発するポスト・ノーティス（post notice）命令（一定内容の文書の掲示を使用者に命ずる命令）が，使用者に対しその不当労働行為を「深く反省」する旨の謝罪広告を命ずるものである点につき，この趣旨は，不当労働行為を繰り返さない旨の約束を表明させるもので，反省等の意思表示の強制にねらいがあるわけではないから，思想・良心を侵すものではないと判示している（最三判平成2年3月6日判時1357号144頁）。軽度の謝罪は良心に含まれないという趣旨か，それとも，表面的な謝罪文言は，真の謝罪の意味をもたないという趣旨なのか判然としないところがあるが，基本的な発想は，上の田中補足意見に通ずるものと解される。

日常生活で深い意味もなく謝罪文言を多用する日本文化を前提とすれば，このような謝罪広告は，基本的には思想・良心に関係しないと考えるのが妥当であろう。しかし，人格の核心部分と表層部分の区別は困難なこともあるし，また，謝罪文言がないと救済の意味をもたないのかどうかに疑問もあり，このような疑問を抱かせない救済方法を案出していくべきであろう。

憲法の保障する思想・良心を人格の核心部分に限定する理解は，その後も最高裁により維持されている。たとえば，いわゆる勤評長野方式における自己評定義務が争われた事件において，最高裁は，教職員に自己観察の結果の記入を命じても「世界観，人生観，教育観等の表明を命じたものと解することはできない」から「内心的自由等に重大なかかわりを有するものと認めるべき合理的根拠はな」い，と判示している（最一判昭和47年11月30日民集26巻9号1746頁）。また，最近では，音楽教師に入学式における「君が代」斉唱のピアノ伴奏を命じた職務命令の憲法19条違反が争われた事件において，最高裁は，「……ピアノ伴奏を拒否することは，……一般的には，これ〔歴史観ないし世界観およびこれに由来する社会生活上の信念等――筆者〕と不可分に結び付くものということはできず，……本件職務命令が，直ちに上告人の有する上記の歴史観

第 7 章　精神活動の自由（1）

ないし世界観それ自体を否定するものと認めることはできない」と判示している（最三判平成 19 年 2 月 27 日民集 61 巻 1 号 291 頁）。なお，本判決における藤田宙靖反対意見は，本件で問われている内心の意味を「国民の中に大きな分かれが現に存在する」問題に関する一方の立場を「公的儀式において」強制すべきではないという信念・信条と理解し，本件はかかる信念・信条に対する「直接的抑圧」となっている可能性があるという注目すべき見解を述べている。

3　「侵してはならない」の意味

　国家のいかなる行為が，思想・良心を「侵す」ことになるのであろうか。考えられる主要な場合を検討してみよう。

⑴　内心に反する行為の強制

　まず第一に問題となるのは，本人の思想・良心に反する行為（作為のみならず不作為も含む）を強制する（義務づける）場合である。これが特定の思想・良心をもつよう，あるいは，もたないようにするためになされるならば，明らかに思想・良心の自由の侵害となる。問題となるのは，一般的には正当と認められる，法律により義務づけられた行為が，特定の思想・良心の持ち主にとっては受け入れがたい場合である。典型例が良心的兵役拒否の問題である。これは，戦闘を禁止する教義をもつ特定宗派のメンバーに対し兵役義務を免除すべきかどうかの問題として，西欧で深刻な議論の対象となってきた。通常は宗教との関連で生ずるが，理論上は思想・良心とも関係しうる。ドイツ基本法は「何人も，その良心に反して，武器をもってする兵役を強制されてはならない」（4 条3 項）と規定して解決を図っているし，アメリカでも連邦最高裁の判決により宗教に比すべき真摯な世俗的良心が証明されれば義務免除が与えられるとされている。日本では日本国憲法の下で兵役義務は認められていないので，かかる問題は存在しない。

　日本で争われた事例としては，南九州税理士会政治献金事件がこの型に属する。そこでは，強制加入団体である税理士会が，政治献金のための特別会費をそれに反対の会員からも徴収しようとしたが，最高裁は，それは反対会員の思

191

第 2 部　基本的人権

想の自由を侵すもので許されないとした（最三判平成 8 年 3 月 19 日民集 50 巻 3 号 615 頁）。こうした事例では，強制される行為が思想・良心に及ぼす影響の程度を個別事例ごとに判断し，その重大さが一定限度を超える場合には適用違憲とされることもありうると考えることになろう。群馬司法書士会事件（最一判平成 14 年 4 月 25 日判時 1785 号 31 頁）も強制加入団体における決議の強制という点では本件に似ているが，そこでの決議の内容が阪神・淡路大震災により被災した兵庫県司法書士会への復興支援拠出金の寄附であり，それへの反対が憲法の保障する思想・良心に含まれるかが先決問題となっている点で異なる。しかし，思想・良心の問題であるということになれば，南九州税理士会の事件と同型になるが，最高裁は決議が団体の「目的の範囲」に属するとしたうえで，その反対会員への強制が思想・良心を侵害するものとして公序良俗に反しないかを論ずる構成をとり，反しないとの結論に至っている。ちなみに，両事件とも，最高裁判決は論じていないが，私人間効力の問題となるのではないかとの見解もありうる。私見では，法律により強制加入団体とされており，それに依拠した紀律権が行使される以上，法律により授権された公権力を行使するものと捉えて直接適用を考えることが可能と解するが，仮に私人間効力の問題と捉えた場合，団体の紀律権と会員の「人権」の対抗の問題ということになる。そして，南九州税理士会の場合は，団体の目的の範囲外であり，そもそも紀律権の範囲外の問題と構成されたのに対し，群馬司法書士会の場合は，目的の範囲内であり，かつ決議の強制は反対会員との関係で公序良俗に反するものではないとされたということになる。群馬司法書士会の判決から逆照射してみると，南九州税理士会の場合も，目的の範囲に属するとしたうえでその決議を反対会員に強制することは思想・信条を害するから公序良俗違反となるという構成もありえたことが理解される。

　君が代・日の丸の強制も，ここでの問題となりうる。思想・良心により拒否する者に君が代の斉唱や日の丸の掲揚を強制するのは，未成年者に対してでも，許されない。では，生徒の教育を目的に，教師に対し業務命令で強制することはどうか。君が代・日の丸が「国旗及び国歌に関する法律」により国歌・国旗と定められた現在では，それを「教えること」を業務として命ずることは合法といわざるをえない。しかし，式典での斉唱・掲揚を強制することは，思想・

第 7 章　精神活動の自由 (1)

良心の自由を侵害すると思われる。微妙な区別であるが，どこかで線引きをするとすれば，このような引き方が妥当ではなかろうか。しかし，最高裁は，必ずしもそうは考えなかった。ピアノ伴奏を職務命令で強制しうるかが争われた事件において，最高裁は，「入学式の国歌斉唱の際に『君が代』のピアノ伴奏をするという行為自体は，音楽専科の教諭等にとって通常想定され期待されるもの」であるという理解を前提に，伴奏行為は本人の特定の思想の外部的表明とは評価できないとして内心と外部的表明の結合を切断し，外部的表明の強制は内心に影響を与えるものではない旨を判示している（前出最三判平成 19 年 2 月 27 日）。一般人の通常の理解を前提に人権侵害かどうかを判断することには，もっと慎重であるべきであろう。君が代・日の丸問題に関しては，卒業式等の式典において校長が教員に課す起立・斉唱の職務命令も争われているが，最高裁はこれも総合衡量の結果合憲と判断している。内心の制約である以上，審査基準に基づく厳格な審査をすべきであろう。もっとも，最高裁は職務命令違反の制裁の程度については，やや慎重な態度を示しており，停職処分を裁量の逸脱とした判決も見られる（最一判平成 24 年 1 月 16 日判時 2147 号 127 頁参照）。

(2)　内心を理由とする不利益処分

　第二に，思想・良心を理由に不利益を課すことも，「侵す」ことに該当しよう。不利益として最大のものは刑罰である（たとえば，戦前の「思想犯」の処罰）が，それ以外の不利益も一切許されない。

　占領期に総司令部の指令に基づき，軍国主義や共産主義の思想を理由に公職追放やレッド・パージが行われたが，占領終結以降は，このような処分は 19 条に違反して許されない（最大決昭和 35 年 4 月 18 日民集 14 巻 6 号 905 頁参照）。

　進学の選考資料として利用する「内申書」に生徒の思想・信条を記載することは，個人情報の外部提供として許されるかという問題でもあるが，記載が入学者選抜の合否決定に不利益に作用しうる点で，ここでの問題にもなりうる。麴町中学内申書事件（最二判昭和 63 年 7 月 15 日判時 1287 号 65 頁）では，最高裁は「いずれの記載も，上告人の思想，信条そのものを記載したものでないことは明らかであ」ると述べて国家賠償請求を退けたが，外部的行為の記載にすぎないとされた中には「ML 派の集会に参加している」といった，本人の思想・

193

第2部　基本的人権

信条を推知せしめるようなものもあり，疑問を残した。

(3)　内心の告白の強制

　第三に，思想・良心を探索することが，思想・良心の自由の侵害となるかどうかが問題となる。探索の方法として，思想・良心の表出を強制するのは，思想・良心の自由の侵害となると考えるべきである。表出の強制は，特定の思想・良心に不利益が及ぶという状況の下で行われるのが通常であり，思想・良心の自由を護るためには，「沈黙の自由」を認める必要があるのである。沈黙の自由は，表現をしない自由として憲法21条によっても保障されるが，思想・良心についての沈黙は，19条により絶対的な保障を受ける。

　強制的方法を用いない場合でも，国家が個人の思想・良心を探索することは，原則として許されない。たとえば，公務員の採用面接に際して，思想・良心の推知に至るような過去の活動歴・団体所属歴などを質問することは許されない（民間企業において生じた事例として，三菱樹脂事件・最大判昭和48年12月12日民集27巻11号1536頁参照）。しかし，国家が行う非強制的な「思想調査」の多くは，思想・良心の自由の問題となるよりは，むしろプライバシーの権利の問題となろう。

　なお，証言の強制は思想・良心の問題と考えるべきでないと先に述べたが，しかし，事実の陳述が良心に反することも起こりうる。たとえば，アメリカでマッカーシズムが吹き荒れた当時，マルクス主義者の友人の名前を証言するよう求められるということがあったが，友人を裏切るという良心の問題に直面していたと考えることができる。このような場合には，事実の陳述も良心を「侵す」ことに該当しうると解し，その侵害の程度と証言の必要度との比較衡量をすることになろう。

(4)　内心の操作

　第四として，思想・良心の自由な形成を妨げることも，思想・良心の自由の侵害となりうる。たとえば，個人を特定の思想・良心にしか接しえないような環境下に置き，その思想・良心によって「洗脳」するとすれば，思想・良心の自由の侵害といわざるをえないであろう。学校・監獄（刑事収容施設）・精神病

院・軍隊などのように，多かれ少なかれ「囚われの聴衆」（captive audience）的性格を帯びやすい「施設」には，常にこの種の危険がある。こうした危険を回避するには，施設内で「対抗言論」（counterspeech）に接しうるよう配慮する必要がある。政府が量的に圧倒的な「政府言論」（government speech，政府が行う様々な形態の情報発信の総称）により対抗言論を埋没させてしまうような場合にも，同様の問題が生じる。

　様々な思想・良心に自由に接しうることは，思想・良心の自由の前提条件である。しかし，日本国憲法は，この前提条件の実現の役割は，思想・良心の自由そのものというより，表現の自由や教育の自由に委ねていると考えられる。

Ⅱ　信教の自由

1　日本における歴史

(1)　明治憲法下における信教の自由

　近代立憲主義における精神的自由権は，信教の自由を求める闘いの中から確立されたものであり，近代以降の人権宣言には例外なく信教の自由が掲げられている。日本においても，明治の初期には徳川時代のキリスト教禁止政策を継承していたが，やがて西欧諸国の批判もあって信教の自由を受け入れるに至った。そこで，明治憲法 28 条は，「日本臣民ハ安寧秩序ヲ妨ケス及臣民タルノ義務ニ背カサル限ニ於テ信教ノ自由ヲ有ス」と定め，信教の自由を保障した。しかし，明治憲法の基本原理は，国家の統治権は天照大神に発し，天皇の祖先が代々継承してきたものであるという「神勅天皇制」に置かれていたから，天皇の祖先を神々として崇める宗教を特別扱いしやすい論理を内包していた。実際に，明治政府は，西欧においてキリスト教が国民の精神的統一の基礎となっているのを観察し，日本においては神道こそがその役割を果たすにふさわしいと考え，皇室の宗教を基礎に国家神道の体系をつくりあげたのである。明治憲法は，このような背景の下で制定・運用されることとなり，神宮・神社に公法人

第2部　基本的人権

の地位を与え，神官・神職を官吏として扱うなど，神道に他の宗教とは異なる地位を認め，事実上国教として扱うに至り，これを受け入れない他宗教を弾圧するということも起こった。かかる事態を前に，学説上は神社の国教的地位を承認しながらも，しかし明治憲法28条は他の宗教に対する寛容を要求すると説く学説（たとえば美濃部達吉）も存在したが，政府は「神社は宗教にあらず」との立場から神社の特別扱いを正当化し，後に国家主義・軍国主義が台頭すると神社への参拝を「臣民タルノ義務」と主張して強制さえしたのである。

(2)　日本国憲法における信教の自由

　ポツダム宣言の受諾により，神勅天皇制は崩壊した。ポツダム宣言第10項は，日本に対し宗教の自由を確立すべきことを要求していた。これを実現すべく，総司令部は，1945年12月15日に日本政府に対しいわゆる「神道指令」を発し，神道に対する公的支援を廃止するよう命令した。さらに，直後の1946年1月1日には「現御神（あきつみかみ）」とされてきた天皇が自ら「人間宣言」を行うことにより，神勅天皇制・国家神道の失効を確認した。こうした宗教の自由の確立の動きを受けて，日本国憲法は20条において徹底した信教の自由の保障を規定したのである。なお，信教の自由とは宗教の自由のことであり，明治憲法が信教の自由という表現を使っていたのを用語上は踏襲したものである。

　日本国憲法20条は信教の自由の保障を定めるが，性格を異にする二種類の規定を含んでいる。一つは，国家に干渉されることなく宗教を選択・実践する権利を国民に与えた規定であり，1項前段「信教の自由は，何人に対してもこれを保障する」，および，2項「何人も，宗教上の行為，祝典，儀式又は行事に参加することを強制されない」がこれにあたる。この権利が国家により侵害された場合には，当該国民はその救済を裁判所に求めることができる。

　もう一つは，政教分離に関する規定で，1項後段「いかなる宗教団体も，国から特権を受け，又は政治上の権力を行使してはならない」，および，3項「国及びその機関は，宗教教育その他いかなる宗教的活動もしてはならない」がこれに該当する。これらの規定は，宗教の自由の権利をより完全に保障するために，国家が宗教と結びつくことを禁止したものである。国民に直接権利を与えた規定ではないので，国家がこれに違反する行為をしたからといって，直

第 7 章　精神活動の自由 (1)

ちに裁判所に救済を求めることができるわけではないが，違反行為が同時に特定国民の宗教の自由に圧迫を加えるような場合には，当該国民が宗教の自由の侵害として出訴できるのはいうまでもない。

　以下，宗教の自由の権利と政教分離規定につき，具体的内容を説明しよう。

2　信教の自由

　この保障は，信仰の自由と宗教的実践の自由を含む。信仰の自由とは，内心において宗教を信じあるいは信じない自由であり，19 条の思想・良心の自由の宗教的側面をなす。その限りで，そこでの分析がここでも妥当する。そこで，ここでは特に信仰の自由に特殊的に生ずる問題に焦点をあてて説明する。宗教的実践の自由は，内心の信仰を外部に表現し実践する自由であり，21 条の表現の自由の宗教的側面をなす。これは，さらに宗教的行為の自由と宗教的結社の自由に分けられる。それぞれの保障の具体的内容を，その限界を見ることを通じて考えてみよう。

(1)　信仰の自由

　信仰の自由とは，信仰をもつことあるいはもたないことを強制されないということであるが，問題は何が強制にあたるかである。信仰あるいは無信仰を理由に刑罰等の不利益を課すことがそれにあたることは疑いないが，今日ではそのようにストレートな形で問題が現れることは稀であり，現実には，むしろ，他の正当な目的で制定された法律が，結果的に特定の宗教をもつ者あるいはもたない者に不利益を課すことになるという形で問題となることが多い。つまり，一般には正当とされる法律が，一定の行為をなすよう要求しており，その不履行に対し不利益を課しているのであるが，特定の信仰をもつ者にとってその行為を行うことが自己の信仰に反するという問題である。かかる場合に，法律上の義務を免除すべきかどうかが問題となるが，そこには，信仰を理由に法律上の義務を免除することが憲法上要請されるかという問題と，免除することが憲法上許されるかという問題の，二側面がある。というのは，免除は信仰を理由とする優遇であり，後述の政教分離原則に反しないかという問題が生じるから

197

第2部　基本的人権

である。憲法上の要請と解される場合には，それが政教分離原則に優先する（政教分離の目的は，信教の自由をよりよく保障することにあるから）が，憲法上許されるという場合には，政教分離原則に反しない範囲に限定される。

　この類型の事例の典型例が，先述の宗教を理由とする良心的兵役拒否の問題であるが，日本で争われた事件では剣道授業不受講事件がこの型に該当する。これは，ある市立工業高等専門学校で必修科目の保健体育に剣道実技を取り入れていたところ，「エホバの証人」である学生が絶対平和主義の教義に反することを理由に受講を拒否したために単位不足で原級留置処分とそれに基づく退学処分を受けたという事例である。学生が原級留置・退学処分の取消しを求めた訴訟で，最高裁は，「剣道実技への参加を拒否する理由は，被上告人の信仰の核心部分と密接に関連する真しなもの」であったとして，学生（被上告人）の主張を認めた（最二判平成8年3月8日民集50巻3号469頁）。義務免除が憲法上の要請であるとすれば，それが政教分離原則に優先すべきであり，この判決は正当である。

　同類型の問題を扱ったものに，下級審判決であるが，日曜日授業参観事件（東京地判昭和61年3月20日行集37巻3号347頁）がある。この事件では，教会学校への出席を優先し授業参観日の授業を欠席した児童に，指導要録への欠席記載という不利益を課してよいのかが争われた。「日曜日授業参観」日の出席義務は法令上合法的に生じているが，本人の信仰を理由に義務免除すべきではないかという問題である。裁判所は，参観授業の利益をより重視して原告の主張を退けたが，剣道授業不受講事件と比較して，害される宗教上の義務が信仰の核心部分に触れるものでもなく，また，課された不利益も進級等に影響のない「欠席扱い」にすぎなかったことを考えると，本件では義務免除が憲法上要請されるとはいえないであろう。何らかの課題を与える等の代替措置により欠席扱いを避けるという方途がなかったわけでもないであろうが，義務免除が特定宗教の優遇（つまり，政教分離原則違反）という意味をもちうることを考えれば，欠席扱いも裁量の範囲内と思われる。

(2)　宗教的行為の自由

　20条1項の保障する信教の自由は，宗教的儀式・行事・布教・教育等を遂

行しもしくはそれに参加し，あるいは，しない自由を含む。しない自由については，20条2項が「何人も，宗教上の行為，祝典，儀式又は行事に参加することを強制されない」と規定しているが，明治憲法下でこういった強制がなされたことに鑑み，特に確認したものである。この自由の直接的規制は，制限であれ強制であれ，目的・手段の厳格な審査を必要とする。しかし，現実に問題となるのは，直接的規制よりは「付随的規制」がほとんどである。すなわち，ある行為を一般法が禁止した結果，宗教的行為もその行為類型に該当する限りで禁止されることになるという場合である。たとえば，僧侶が精神異常の治療に加持祈禱を行ったが，行き過ぎて死に至らしめ，傷害致死罪に問われた事例（最大判昭和38年5月15日刑集17巻4号302頁参照）や，牧師が凶器準備集合罪等の容疑で追及されていた高校生をかくまったとして犯人蔵匿罪に問われた事例（神戸簡判昭和50年2月20日判時768号3頁参照）が，これにあたる。このような場合に，信教の自由を理由に適用を除外する（適用上違憲の判断をする）かどうかが問題となる。具体的ケースに応じて判断することになるが，一般論としては適用除外を認めることには慎重であるべきであろう。特に刑法の定める自然犯的なものについては，適用除外が認められることはきわめて稀であり，加持祈禱の事件でも最高裁は信教の自由の主張を退けている。犯人蔵匿罪のケースでは，牧師の牧会活動を宗教上の重要な行為と認め信教の自由の主張を認めたが，高校生が牧師の説得で警察に出頭し特に問題が生じなかったという事情が考慮されたもので，例外的と考えるべきであろう。

　宗教的行為に課税することも，当然許されない。しかし，ここでも付随規制的な構造で現れるのが通常である。すなわち，宗教とは直接関係のない行為類型に課税した結果，その行為類型に該当する限りで宗教的行為も課税されることになるというものである。たとえば，奈良県文化観光税条例事件（奈良地判昭和43年7月17日行集19巻7号1221頁）や京都市古都保存協力税条例事件（京都地判昭和59年3月30日行集35巻3号353頁）がその例である。いずれも指定社寺の文化財の鑑賞に対して課税したものであり，「入場料」や「拝観料」に上乗せして徴収する（指定社寺に徴収義務を課す）方法をとった。多くの観光客にとっては文化財の鑑賞であって宗教的な意味はないのが普通であるが，なかには宗教的な礼拝として行う者もいないわけではなかろう。そういう者にとって

第2部　基本的人権

は，宗教的行為に対する課税という意味をもつのであり，憲法論としては免除を行うべきではないかということになる。しかし，課税を免除するためには，宗教的な礼拝者は入場に際して，一般の観光客が払う入場料ではなく，お布施を納入するといった方式が別途確立されている必要があろう。

(3)　宗教的結社の自由

　宗教を同じくする者が結社を形成する自由は，21条の結社の自由の宗教的側面でもあるが，20条1項の信教の自由の保障内容でもある。

　宗教的結社（宗教団体）の活動を容易にするために，宗教法人法は一定の要件を満たした宗教団体に法人格を認めることを規定する（宗法12条以下）が，宗教法人の設立は法人格の取得を意味し，宗教的結社そのものの結成と同じではない。法人格は宗教団体の財産処理の便宜のために認められるものであり，その観点から一定の要件の充足が必要とされる（同14条）が，その目的に適合的な要件である限り結社権の制限とはならない。法人格取得・保持の要件を欠いたとしても，法人格なき宗教団体を結成することは自由である。また，「法令に違反して，著しく公共の福祉を害すると明らかに認められる行為をした」（同81条1項1号）ような場合には，裁判所により宗教法人を解散させられることもあり，解散させられれば，宗教施設等の清算が行われるから，施設等を利用した宗教的行為が困難になりうるが，強制解散制度に付随する結果であり，制度の運用自体が適正である限り結社権を侵害するものではない（宗教法人オウム真理教解散命令事件・最一決平成8年1月30日民集50巻1号199頁参照）。

　宗教的結社の自由は，結社内部の紛争を自律的に解決する権利を含む。ただし，紛争当事者には，裁判を受ける権利があるから，それと結社権の調整が必要となり，場合によっては裁判所が内部紛争の解決に介入することもありうる。もっとも，それは，あくまでも法律を適用して解決しうる紛争に限られ，教義上の争いが関わっている場合には，裁判所がその争いの一方に荷担することは政教分離の原則に反することから，介入することが禁止される（板まんだら事件・最三判昭和56年4月7日民集35巻3号443頁参照）。

3 政 教 分 離

(1) 政教関係の諸類型

国家と宗教の関係には，国家が特定宗教を正統宗教として公定し国教的地位を認めるものと，それを否定するものが区別される。国教を認める場合には，他の宗教に対して不寛容な場合と寛容な場合があるが，16世紀ヨーロッパの宗教戦争の後，不寛容を貫こうとすれば国内平和を維持しがたいことに気づき，寛容政策が支配的となる。この体制の典型が，現在ではイギリスに代表される。イギリスでは，君主政を維持していることと関連してアングリカン・チャーチが国教的地位を認められているが，他の宗教も自由を保障されている。これに対し，国家が特定宗教を公定しないで，一切の宗教から中立であろうとしたのが，共和政を採用したアメリカやフランスであり，厳格な政教分離の体制といわれる。両者の中間に，現在のドイツやかつてのイタリアのように，国教は認めないが宗教に一定の特権を与え宗教との協調関係を保持しようとする体制がある。日本国憲法は，アメリカにならって厳格な政教分離を採用した。

(2) 政教分離の理念

(ア) 政教分離の目的

政教分離の主要目的として，第一に，宗教の非政治争点化がある。宗教をプライベートな領域に封じ込め，公的・政治的領域には持ち込ませないようにするために，政教分離原則を採用するのである。第二に，宗教的課税からの自由の保障がある。国教を定めれば，税金で公定宗教をサポートするということになり，他宗教の者が自己の信じない宗教のために税金を払わされるということになる。アメリカでは，これが厳格な政教分離を確立させるに至った大きな理由であった。第三に，宗教の自由に対する間接的な圧迫を除去し，より完成された宗教の自由を実現するという目的を指摘できる。一つの宗教が政治と結合すると，他の宗教を信じる人々が心理的圧迫を受けがちとなり，宗教の自由が危険にさらされやすいのである。

第2部　基本的人権

(イ)　宗教的中立性

以上のような諸目的を貫く理念としては，国家の宗教的中立性を挙げること
ができよう。国家はいかなる宗教に対しても中立の態度を保持しなければなら
ない，ということであるが，その実現の仕方には二通りの考え方がある。一つ
は，国家が宗教にまったく介入しない（non-involvement）という態度を貫くこ
とにより中立性を確保しようという考え方，もう一つは，介入すること自体は
ありうるが，その場合にはすべての宗教・非宗教を公平・対等・平等に扱う
（impartiality）という考え方である。現代国家においては，国家が様々な領域
で社会に介入することが多くなり，その結果，直接的・間接的に宗教とも関係
をもたざるをえなくなってきた。そのために，不介入の考え方より公平性の考
え方のほうが重視されるようになってきている。

(3)　政教分離の法的性格

憲法の定める政教分離規定が，人権規定なのか制度保障規定なのかが，解釈
上争われている。この対立の具体的争点は，第一に，政教分離規定をどの程度
厳格に解釈すべきかをめぐるものである。制度保障説は，信教の自由をよりよ
く保障するための手段にすぎないから，信教の自由が保障されている限り，政
教分離の方は柔軟に扱ってかまわないと主張し，国が宗教に関わる行為を広く
許容する態度をとる。これが判例の立場でもある（津地鎮祭事件・最大判昭和52
年7月13日民集31巻4号533頁参照）が，学説の多くは，制度保障説に立ちつつ
も，判例とは異なり，信教の自由をより完全に保障するための不可欠の手段で
あるからこそ，厳格な分離を貫くべきだと主張している。他方，人権説は，信
教の自由（狭義）と政教分離は，両者相まって信教の自由（広義）という人権
を保障した規定であり，人権である以上厳格な解釈がなされなければならない
と主張する。

争点の第二は，政教分離規定違反があった場合，誰が訴訟を提起しうるかと
いう問題に関係する。制度保障説は，判例・学説ともに，制度保障の違反があ
っても，それにより通常は特定個人の権利利益が侵害されたとはいえず，法律
により特に訴訟提起が認められていない限り，訴訟で争うことはできないと考
える。これに対し，人権説は，分離規定の違反があれば人権侵害があったとい

うことであり，侵害を受けた者は当然その救済を求めて出訴できると主張する。しかし，人権説のいうように，間接的圧迫からの自由を人権そのものと捉えるにしても，間接的圧迫を受けた者の範囲は特定しがたく，国が支援した宗教以外の宗教・非宗教に属する者すべてがそれに該当するということになりかねない。もしこの点を配慮して，出訴するためには，間接的圧迫を受けたといいうるだけの特別の立場・状況にあったことの論証が必要だとすれば，そのような者に対する原告適格の付与は，制度保障説からも認めうるところであり，人権説の特徴は減少する。なお，現実の訴訟の多くは，地方自治法242条の2の住民訴訟に依拠して提起されており，地方自治体の政教分離問題に関する限り，両説の違いは訴訟提起の可能性に影響しない。国による政教分離違反問題の場合（たとえば首相の靖国神社公式参拝）には，そのような訴訟制度が存在しないので，政教分離の趣旨を人権保障と解釈して訴訟の提起を可能にしようというのが人権説の一つのねらいであろうが，政治過程ではなく訴訟で決着をつけるのが好ましいというのであれば，むしろ国レベルにおける民衆訴訟を制度化するのが筋論であろう。

　結局，制度保障説であれ，人権説であれ，そこから政教分離の具体的内容に関する一定の帰結が論理必然的に生ずるわけではない。重要なのは政教分離の具体的内容を明らかにすることであり，そうだとすれば，この対立はあまり意味のあるものではないということになる。

(4) 政教分離の具体的内容

　政教分離を定めた規定は，20条1項後段，3項および89条である。これらの規定の具体的内容を，国家の宗教的中立性の理念を解釈指針として明らかにすることが重要である。

(ア) 特権・政治上の権力の禁止

　憲法20条1項後段は「いかなる宗教団体も，国から特権を受け，又は政治上の権力を行使してはならない」と定める。

　特権とは，広く特別の利益あるいは地位を意味する。特定の宗教団体に特別の利益を与えることのみならず，非宗教団体と比較して宗教団体一般に特別の利益を与えることも許されない。靖国神社に国営化など特別の地位を与えるこ

第2部　基本的人権

とも，本条に違反する。宗教団体を公益法人と認めて，他の公益法人と平等に
免税すること（法税4条1項・7条・66条3項）は，本条に反しないというのが
多数説である。宗教法人の公益法人性については，議論のあるところではある。

　政治上の権力とは，統治権に属する権限を意味する。歴史上宗教団体に認め
られたことのある課税権や裁判権が，この例である。今日では，宗教団体が統
治権の一部を行使するということはほとんどない。

　(イ)　国の宗教的活動の禁止

　憲法20条3項は，「国及びその機関は，宗教教育その他いかなる宗教的活動
もしてはならない」と規定する。ここでいう「国」には中央政府のみならず地
方自治体も含まれる。この規定の最大の問題は，宗教的活動とは何かである。

　a)　宗教的活動の判断基準

　　(i)　目的・効果基準　　これを判断する基準として，最高裁は，アメリカ
合衆国最高裁が形成したレーモン・テスト*を参考にして，目的・効果基準を設
定した（前出津地鎮祭事件判決，自衛官合祀訴訟・最大判昭和63年6月1日民集42巻
5号277頁参照）。それによれば，宗教的活動とは，その目的が宗教的なもので，
その効果が宗教を促進あるいは抑圧するようなもの，とされている。この基準
は，これだけでは内容がきわめて曖昧で，適用の仕方によってどちらの結論も
出しうるというところがあり，下級審判決には，この基準を適用して，同一事
件で相反する結論を出したものがいくつか存在するし，最高裁判所の内部でも
その有用性に疑問の声がある（後出愛媛玉串料事件判決参照）が，現在のところ，
基準自体としては確立された判例となっており，学説の多くもこれを受け入れ
たうえで，その内容をより精密化し厳格な適用を図っていくという態度をとっ
ている。

　　*　レーモン・テスト　　アメリカ合衆国最高裁判所が，1971年のレーモン事件
　　判決（Lemon v. Kurtzman, 403 U. S. 602）において定式化した基準。それによ
　　れば，国家行為が次の三つのうちの一つにでも反すれば国教樹立禁止違反とされ
　　る。①その目的が世俗的なものであること，②その主要な効果が，宗教を助長
　　したり，あるいは，抑圧したりするようなものでないこと，③それが，行政的
　　あるいは政治的に，宗教との過度の絡まり合い（entanglement）を促進するも
　　のでないこと。日本の最高裁は，このうちの③は特に考慮せず，①と②のみを参
　　照する形で目的・効果基準を設定した。しかも，アメリカ最高裁のように①と②

を独立のテストとし，いずれに反しても憲法違反というのではなく，①と②を総合的に評価するというニュアンスが強い。

（ⅱ）エンドースメント・テスト　内容を精密化するに際して，アメリカでレーモン・テストの読み直しとしてオコーナー（O'Connor）最高裁判事により主張されたエンドースメント・テストを参考にする見解が，日本でも主張されている。エンドースメント・テストというのは，国の行為が特定の宗教を肯定的に推奨（endorse）するというメッセージを発するような目的・効果をもつ場合には，許されないという基準である。これは，国の行為のメッセージ効果を重視することから，国と宗教の象徴的結合を含意する場合を禁止する意味をもつことになり，我が国が直面することの多い国と神道との象徴的結合という問題を考える場合に示唆を与えてくれるという長所をもつ。そこで，このテストも参考にしながら，目的・効果基準をどのように適用していくべきかを考えてみよう。

b）宗教的活動の二類型　宗教的活動として問題になる場合に，二つの類型を区別できる。一つは，国が自ら宗教的活動を行う場合（直接的宗教活動）であり，もう一つは，国が私人の宗教を支援する場合（宗教支援活動）である。

（ⅰ）直接的宗教活動　この例として，津市が市体育館建築の起工式を神職主宰の下に神式の地鎮祭として行った津地鎮祭事件が挙げられる。国が宗教的性格をもつ行為を行う場合には，その目的は原則的には宗教的といわざるをえないであろう。それを世俗目的により正当化しうるのは，その目的を達成するために非宗教的方法に訴えることができない場合に限定される。そもそも宗教を世俗目的のために利用することは許されないことである。したがって，主張された世俗目的が単なる口実にすぎないものではなく，真摯なものであるためには，それが非宗教的方法では達成しえないことが論証されなければならない。津地鎮祭事件の場合，仮にその儀式が宗教的性格をもつとすれば，工事の無事を祈念するという世俗目的のために地鎮祭という宗教儀式を市が主催する以外になかったとはとうていいえないから，目的が真摯に世俗的であったとはいえないと思われる。したがって，そこでの地鎮祭が宗教的儀式かどうかが決め手となるが，最高裁はその判断に目的・効果基準を適用して宗教的儀式では

第2部　基本的人権

ないとしたのである。原審の名古屋高裁（名古屋高判昭和46年5月14日行集22巻5号680頁）は，地鎮祭が宗教的性格のものであったか，それともそうではない習俗的なものにすぎなかったかの判断基準として，主宰者が宗教家であったか，順序作法が宗教界で定められたものであったか，一般人に違和感なく受容されうる程度に普遍性を有するものであったのかの三点を設定し，この基準に照らすと宗教的儀式といわざるをえないとしたのと対照的である。名古屋高裁の基準が宗教性の要件を定めようとする定義づけ衡量的なアプローチであるのに対し，最高裁の基準は「関わり合い」の程度を問題とする個別的衡量に類似したアプローチであると評しえよう。

　国の直接的宗教活動が，仮に世俗目的として目的審査をパスしても，次に問題になるのは効果の審査である。この類型の行為の効果を審査する場合に焦点となるのは，象徴的結合のメッセージを伝達することにならないかである。たとえば，首相の靖国神社公式参拝であるが，仮に戦没者への敬意の表明という世俗目的のために「公式参拝」という宗教的行為（ただし，これを宗教的行為ではないと捉えることも不可能ではなく，その場合には次に述べる(ⅱ)の問題になる）が不可欠であるとしても，そのことが生み出す象徴的結合の効果は無視しえないであろう。しかし，首相の公式参拝が政教分離に反するとしても，それを訴訟で争うのは，地方レベルにおける住民訴訟のような民衆訴訟が国レベルでは認められていない現行制度の下では，困難である。なぜなら，通常，首相の公式参拝により誰かの個別具体的な権利・利益が侵害されるということはなく，出訴しても訴えの利益がないとされる可能性が高いからである。もっとも，国家賠償訴訟を提起した場合に，結論的に権利利益の侵害はないとして請求棄却となるにしても，判断の順序として公式参拝の違法性を先行させ，違法かどうかとの関連で憲法判断を行うことは可能であり，実際，いくつかの下級審判決で憲法20条3項，89条に違反する疑いがあるとの見解が述べられている（大阪高判平成4年7月30日判時1434号38頁，福岡地判平成16年4月7日判時1859号76頁，大阪高判平成17年9月30日訟月52巻9号2801頁参照）が，最高裁は憲法判断に立ち入ることなく上告を退けている（最二判平成18年6月23日判時1940号122頁）。

　(ⅱ)　宗教支援活動　　この類型は，国が私人の宗教を支援するというもの

206

であるが，これが20条3項でカバーされているかどうかは，一つの問題である。宗教上の団体・組織への財政的な支援については，89条によりカバーされているが，それ以外の団体への財政的援助や，宗教上の団体・組織への財政的援助以外の援助は89条ではカバーされず，したがって，20条3項でカバーできないとすれば，たとえば国が自ら行うことは許されない宗教的な行為を，国の支援の下に私人に行わせれば許されるということになってしまおう。したがって，3項は，国が私人の宗教を支援する行為も国の宗教的活動として禁止していると解すべきである。この類型の行為は，国による宗教の直接的支援と付随的・間接的支援に分けることができる。

　直接的支援の例としては，忠魂碑の維持・移設を公費で行ったことが争われた箕面忠魂碑事件（最三判平成5年2月16日民集47巻3号1687頁），地蔵像の建立のために市有地を提供したことが争われた大阪地蔵像事件（最一判平成4年11月16日判時1441号57頁），県が靖国神社に玉串料として公金を支出したことが争われた愛媛玉串料事件（最大判平成9年4月2日民集51巻4号1673頁），市が新穀献納祭用の費用を補助したことが争われた近江八幡市新穀献納祭事件（大阪高判平成10年12月15日判時1671号19頁）などを挙げることができる。この類型は，基本的には国が自ら宗教的行為を行う場合と同様に考えることができよう。忠魂碑や地蔵像や靖国神社が宗教施設であり，新穀献納祭が宗教的儀式であるならば，それへの支援を世俗目的により正当化するのは原則的には困難である。また，効果の点でも，象徴的結合の問題は避けえないであろう。最高裁は，施設や儀式の宗教性そのものを判断することなく，目的・効果基準により関わり合いの程度を判断して，箕面忠魂碑事件，大阪地蔵像事件では合憲としたが，愛媛玉串料事件では違憲と判断した。玉串料判決でも多数意見は目的・効果基準を適用しているが，3名の判事は目的・効果基準（の適用）に疑問を呈しており，そこでは，本来分離が原則であるから例外的に許容される場合は厳格に審査されるべきなのに，目的・効果基準の発想は，国が宗教と関わり合うのが通常の事態であるかのような議論に立っており，原則と例外を逆転させているのではないかと批判する意見も述べられていて注目される。このような問題を意識したためか，最高裁は，空知太神社判決（最大判平成22年1月20日民集64巻1号1頁）で，目的・効果基準にまったく言及することなく政教

分離違反を指摘して原審に差し戻している。この事件は、市有地上に建築された地域住民の集会用の建物の中に神社の祠が設置され、また、その建物の外壁には神社の表示があり、同土地上には鳥居と地神宮があるという事例で、住民が地方自治法 242 条の 2 に基づき「怠る事実」の確認を求めたものであるが、多数意見はこれを憲法 89 条前段の核心に触れると判断したのである。しかし、従来の判例では、89 条に関しても目的・効果基準が用いられていたのであり、本件で多数意見がこの基準をなぜ使わなかったのかは説明されていない。この点につき、藤田補足意見が目的・効果基準は世俗的側面と宗教的側面が共存する事例に適用されるものであり、本件は明らかに宗教的であるから適用するまでもないとの説明を行っている。半年後に出された白山比咩神社訴訟判決（最一判平成 22 年 7 月 22 日判時 2087 号 26 頁）では、神社の記念事業の支援を目的とする団体の発会式に市長が出席して祝辞を述べたという事件につき、目的・効果基準を適用して合憲としているので、第一小法廷に関する限り目的・効果基準が放棄されたわけではないが、大法廷の意見分布がどうなるのかは、今後に残されている。

　これに対し、付随的・間接的な支援とは、正当な世俗目的が存在する場合であり、一般的な支援の結果、付随的に宗教も支援を受けることになるというにすぎない。一般的な支援を宗教にだけ拒否すれば、かえって宗教に基づく差別にさえなりうるのであり、ここでは公平性が重要となる。ゆえに、ここでの最大の問題は、効果の点で宗教に対する不釣り合いな便宜供与とならないか、あるいは、宗教との恒常的関係が設定される結果とならないかを厳格に審査することである。私学助成は、宗教系私学の宗教を付随的に支援する結果となるが、宗教系私学のみを除外することは差別となり公平性に欠け、また、現在程度の助成では宗教系私学が不公平というほどの恩恵を得ているともいえないので、違憲ではない。

　(ウ)　財政的支援の禁止

　憲法 89 条は、「公金その他の公の財産は、宗教上の組織若しくは団体の使用、便益若しくは維持のため、又は公の支配に属しない慈善、教育若しくは博愛の事業に対し、これを支出し、又はその利用に供してはならない」と規定する。これは、宗教上の組織・団体に対する財政的支援を禁止し、それを徹底するた

めに，脱法手段となりがちな慈善・教育・博愛事業に対する援助につき，公金等の支出が宗教への支援とならないよう厳格なコントロールをすることを要求したものである。宗教上の組織・団体とは，宗教団体より広く，非宗教団体でも宗教的行為を行う場合は，その限度で宗教上の組織・団体に該当する。もっとも，20条3項を前述のように解すれば，非宗教団体の宗教的行為への支援も20条3項でカバーされることになるから，89条前段の存在意義はほとんどなくなる。89条独自の意義は，その後段に求められることになろう。89条後段は，「公金その他の公の財産」を「公の支配に属しない慈善，教育若しくは博愛の事業に対し，これを支出し，又はその利用に供してはならない」と定める。従来，この規定は，慈善・教育・博愛の事業を行う「事業体」が「公の支配に属しない」場合には，公財政による援助を禁止したものであり，宗教とは直接関係のない問題に関するものであると解されてきた。しかし，慈善・教育・博愛事業を奨励・援助することを憲法が禁止しているとは考えがたいから，たとえそれが公の支配に属さない事業体により行われる場合でも，国が援助する「事業」自体に国のコントロールが及んでいれば公の支配に属する事業と解すべきである。その場合に重要なのは，援助を受ける慈善・教育・博愛事業が宗教活動の隠れ蓑になっていないことをきちんとコントロールすることである。本条後段の趣旨はそのように解することができる。そうすれば，本条全体を政教分離に関する規定として統一的に理解することが可能となるのである。

　㈔　天皇制と政教分離

　明治憲法体制の下では，その28条で信教の自由が保障されていたにもかかわらず，国家神道が宗教ではなく「臣民タルノ義務」だとして国民に強制され，これに抵抗する宗派が厳しく弾圧された。この国家神道は，各地で神社を中心に行われていた民俗宗教を，古事記・日本書紀の語る神話を基礎に，天照大神を祭る伊勢神宮を頂点とする階層秩序に組み立てて形成されたものであり，これを明治憲法のイデオロギー的基礎とすることにより体制の安定を図ったのである。天皇家の神道を核とする国家神道は，事実上国教的地位を与えられ，まさに政教一致の体制であった。戦後，GHQの指令によりこの政教一致体制は解体された。日本国憲法は神道を宗教と位置づけた上で厳格な政教分離の体制を採用した。したがって，天皇家の神道に基づく宮中祭祀もまったく私的な性

第2部 基本的人権

質のものと理解されており，その経費も内廷費によりまかなうことになっている。しかし，たとえば戦前に宮中祭祀と結びついていた「祭日」の多くが名前を変えてではあるが「国民の祝日」に承継されていたり（たとえば，春秋の皇霊祭は春分の日・秋分の日，紀元節は建国記念の日とされている），あるいはまた，宮中祭祀に際しての政府高官の参列が報道されることもある。それが必ずしも違憲であるということではないが，戦前的意識の継続を示すものではあろう。そうしたなかで，天皇の代替わりに関係する諸儀式は，憲法違反を疑わせかねない微妙な問題を提起した。即位や退位の儀式は，国事行為として行われる世俗的儀式と天皇家の宗教的儀式とが絡み合うからである。

　昭和から平成への代替わりに際しては，即位の礼は国事行為として，大嘗祭は皇室の私的行事ではあるが公的性格をも有するものとして，国費を支出して行われた。かりに大嘗祭は皇室の私的な宗教的儀式として私費（内廷費）をもって行いたいという天皇の意向を押さえて国費（宮廷費）により行ったとすれば，政教分離違反かどうかという問題以前に信教の自由の侵害という疑いも生じうるところである。平成から令和への移行に際して，皇族の中には内廷費で行うべきだという声もあったとの報道もなされていた。なお，平成への代替わりに行われた諸儀式に関連して政教分離違反を争う多くの訴訟が提起されたが，下級審段階では合憲判断と違憲判断が対立した。大阪高裁平成7年3月9日判決（行集46巻2＝3号250頁）は，国費支出の禁止・違憲確認・損害賠償請求をすべて斥けたが，傍論で即位の礼と大嘗祭が宗教的色彩を持ち，違憲の疑義を一概には否定できない旨述べている。ちなみに，大阪高裁平成10年12月15日判決（判時1671号19頁）は，宮中の新嘗祭のために献上する米・粟の募集行事である献穀祭に近江八幡市が行った公金支出につき，この行事が宗教的意義を色濃く帯びていることを認め，政教分離違反と判断している。他方，福岡高裁宮崎支部平成10年12月1日判決（判例地方自治188号51頁）は，知事の大嘗祭への参列を目的効果基準に照らし合憲とした。また，東京地裁平成11年3月24日判決（判時1673号3頁）は，都知事の即位の礼への参列につき，即位の礼正殿の儀の宗教的色彩は認めつつも，それへの参列は目的効果基準に照らし合憲，同様に大嘗祭への参列も合憲と判示した。こうした裁判例の流れから，かりに儀式そのものは宗教的色彩をもつとしても，社会的儀礼として敬意・祝

意等を表すために儀式に参列することは政教分離に反しないとする裁判例の傾向を読み取ることができよう。最高裁もこうした儀式に知事が公費で参列したことを目的効果基準に照らし合憲と判断した（最一判平成14年7月11日民集56巻6号1204頁）。

(5) 政教分離原則と信教の自由（狭義）の緊張関係

現代国家においては，国は多くの分野で社会に介入する。その結果，国家が定立した法律が宗教の禁止する行為をするよう要求したり，あるいは，宗教の要求する行為をしないよう禁止したりすることが起こりうる。このような場合に，宗教の自由を重視して法律上の義務を免除するとすれば，国家がその宗教に特権を与えることになり，政教分離の原則に反しないかが問題となる。このように，今日では，信教の自由と政教分離原則の衝突する場面が大きな問題となってきている。これをどう解決すべきかであるが，二つの場合を分ける必要があろう。第一に，信教の自由が義務免除を要請する場合である。この場合には信教の自由が優先し，政教分離の問題は生じないと考えるべきである。剣道授業不受講事件がこの例である。第二は，信教の自由が義務免除を要請はしないという場合であり，これはさらに，法律で義務免除をしても政教分離には反しない場合と，義務免除をすることが政教分離に反する場合に区別される。それぞれの場合に，どのような線引きを行うかは困難な問題であり，今後具体的事件が生じた際に妥当な解決を図りながら考えていくべき課題である。

Ⅲ 学問の自由

1 意 義

学問という精神的営為は，内心の活動としては思想・良心の自由によって保障されているし，その成果の発表という側面については表現の自由により保障されている。にもかかわらず特に独立の条文を設けてこれを保障したことにつ

第2部　基本的人権

いては，次の点を指摘することができよう。

　第一に，学問というのは，既存の知識・体系・秩序を疑ってかかるという特性をもっている。そのために，既成の秩序の権威を動揺させる危険をもつものとして，権力による弾圧を受けやすい。実際，戦前においては，明治憲法が学問の自由を保障していなかったこともあって，滝川事件（1933〔昭和8〕年）や天皇機関説事件（1935〔昭和10〕年）のような弾圧の事例が多く生じた。そのため，念のために特別の規定を置くことにしたという事情である。

　第二に，人々の福祉を発展させるためには学問の発展が不可欠であるが，学問の発展のためには学問の自由を保障するのが最善の方法だということである。そこで，学問を大切にし，その成果を人々が最大限に享受しうるような社会を建設することを宣言する意味を込めたのである。

　第三に，しかし，23条をわざわざ設けた最も重要な意味は，学問の中心的な場としての大学に特別の自由を与えることにあったと解される。学問自体は，誰でも，どこでも行いうることであるが，そのような意味での学問の自由なら，19条と21条だけでも十分保障しうるであろう。しかし，今日の学問の多くは，個人的営為のレベルを超えて，共同研究として，かつ，巨額な費用を必要とする施設・器具を前提としてしか，遂行できないものとなってきている。それを可能とするのが大学という場なのである。ゆえに，学問の自由は大学においてこそ最大限に保障されなければならない。それを可能とするのが大学の自治である。したがって，23条は，「学問の自由は，これを保障する」と規定することによって，明示はしていないものの，大学の自治をも保障したものと解されている。その意味で，本条は，個人的自由権の規定というよりは，制度的自由の規定と理解すべきものと思われる。

2　学問の自由

　学問の自由が保障する内容は，研究とその成果の発表の自由である。研究は，対象を選択し，その対象に適した方法により遂行されるが，絶対的に保障されるべき内心における思索・思考は別にして，対象選択に関しては倫理的な観点から制限を受けることがありえないわけではない。たとえば，大量殺戮兵器の

研究などである。大学によっては，内部の自律的決定で，たとえば軍事研究は行わないといった制限をしていることもある。大学構成員にその尊重が求められるが，最終的には研究者個人のモラルに委ねられるべき問題であろう。他方，方法については，他人に害を及ぼすような方法が認められないのは当然である。たとえば，人体実験はいうに及ばず，周囲に危険を及ぼすような方法（実験）は制約を受けるし，個人の情報コントロール権との関連でも困難な調整問題を提起しうる（病気に関するデータを本人の同意なしに研究に使う場合などを考えよ）。研究対象・方法の制約に関連して今後ますます重要な問題となっていくことが予想されるのは，生命科学の領域であるが，当面は国による拙速な介入は避け，研究者団体の自律的対応に委ねるべきであろう。

研究成果の公表については，基本的には表現の自由による保障と大差はないが，大学における講義という形で公表する場合には，教育上の配慮から制約を受けることがありうる。「授業の自由」も原則的には尊重されねばならないが，教育制度の枠内のものであり，枠をはみ出すような自由が認められるわけではない。なお，初等・中等教育機関（小・中・高校）における教師にも「教育の自由」が学問の自由の一環として保障されるという議論もあるが，教師の教育の自由は，それ自体が人権であるのではなく，むしろ生徒の「教育を受ける権利」（26条）の不可欠の前提として構成されるべきものと思われる。

3　大学の自治

大学の自治とは，大学の構成員が大学の管理・運営を大学設置者・資金提供者の干渉を受けずに自主的に行っていくことを意味する。

学問は，大学においては，大学という制度の枠内で行われなければならない。そのために，もし大学制度の管理・運営が大学設置者・資金提供者（国，地方公共団体，私大設置者）により行われることになれば，管理・運営の権限を通じて学問の自由を不当に制約する危険が生じる。これを避けるために，大学の管理・運営を大学の自治に委ねるという慣行が生じた。

大学の自治という考え自体は，すでにヨーロッパ中世に教授陣や学生のギルド的自治権として成立したが，これが学問の自由と結びつけられて理解される

第 2 部　基本的人権

ようになるのは，19 世紀後半のドイツにおいてであり，その後次第に各国で採用されるようになる。日本でも，戦前に大学の自治を確立しようとする努力がなされたが，十分に確立するには至らず，何度も政府の介入を受けた。この経験を踏まえて，日本国憲法の下では，大学の自治は憲法 23 条により保障されたものと解している。

　大学の自治の具体的内容としては，教員人事，研究内容（対象・方法を含む）の決定，教育内容（カリキュラムの編成等を含む）の決定，学生の管理（入学者の決定を含む），予算の管理，施設の管理，構内秩序の維持などである。秩序維持に関しては警察権との関係が問題となる。警察が常時監視しているようでは，大学の自治も学問の自由も存在しえない。ゆえに，警察が大学構内に立ち入ることは，大学側からの要請がない場合には，原則として許されるべきではない。しかし，大学も治外法権を有するわけではないから，警察が裁判所の令状をとり，事前に通告してきた場合には，立入りを拒否することはできない。

　警察の無断の立入りが争いとなった事例に，ポポロ事件がある。これは，1952 年に東京大学の教室で大学の公認学生団体「ポポロ劇団」が松川事件を素材とする演劇発表会を開催した際に，そこに観客として潜入していた私服警察官 4 名を学生が発見し暴行を加えたというものであるが，そのとき学生が取り上げた警察手帳から，警察が連日構内に立ち入って学内諸団体の活動等に関する情報収集を行っていたことが明らかになった。学生は暴力行為等処罰法 1 条 1 項（当時）違反で起訴されたが，第一審（東京地判昭和 29 年 5 月 11 日判時 26 号 3 頁）および控訴審（東京高判昭和 31 年 5 月 8 日高刑集 9 巻 5 号 425 頁）は警察による大学の自治の侵害を重くみて被告人を無罪とした。これに対して最高裁の多数意見は，「本件集会は，真に学問的な研究と発表のためのものでなく，実社会の政治的社会的活動であり，かつ公開の集会またはこれに準じるものであって，大学の学問の自由と自治は，これを享有しないといわなければならない。したがって，本件の集会に警察官が立ち入ったことは，大学の学問の自由と自治を犯すものではない」と判示して，破棄差し戻した（最大判昭和 38 年 5 月 22 日刑集 17 巻 4 号 370 頁）。しかし，本件の学生の活動が大学の公認していたものであるとすれば，大学側の判断が尊重されるべきであったと思われる。

　大学の自治は，従来は主として大学と国との関係の問題として議論されてき

第7章　精神活動の自由 (1)

た。しかし，大学の自治が学問の自由を担保すべき制度保障であるとすれば，対外的な問題のみならず内部的問題も存在することを忘れてはならない。つまり，大学の自治は，国による不当な干渉の排除という問題と同時に，大学内部における構成員自治の問題でもあり，内部自治をどう組織し運用するかが重要なのである。最近の動向として，内部における管理者の地位・権限の強化が顕著にみられ，2003 年に施行された国立大学法人法の定める組織にもそれが反映されているが，その運用がどのようになされていくか注目される。なお，大学の自治の観点から，大学の内部組織の基本原則を法律でどう定めるべきか，現行法制は憲法の要請を満たしているのかは，私立大学についても存在する問題である。

第8章

精神活動の自由（2）

　憲法21条1項は，「集会，結社及び言論，出版その他一切の表現の自由は，これを保障する」と定める。文言上は，ここで保障されている自由は「集会の自由」，「結社の自由」および「言論，出版その他一切の表現の自由」の三つに分解される。それぞれが人の精神活動の外的表明という点で共通性をもち，そのため同一条文の中に規定されたものと思われる。集会も結社も広い意味での表現活動の一形態と捉えられているのである。しかし，集会・結社の自由は，表現の自由には解消できない問題も含んでいるので，ここでは便宜上区別して説明する。2項前段の検閲の禁止は，主として表現の自由に関連する問題であり，そこで取り上げる。

　なお，2項後段は「通信の秘密は，これを侵してはならない」と規定するが，通信の秘密は，表現の自由にも関係しないわけではないものの，むしろプライバシー保護により密接に関係するものであり，これも表現の自由とは別項目で取り扱う（諸外国の憲法では，たとえばドイツ基本法10条のように，表現の自由とは別個の条文で規定する例が多い）。

第2部　基本的人権

Ⅰ　表現の自由

A)　表現の自由の体系的位置

1　表現の自由の基礎づけ

　表現の自由を個別人権として保障する理由は何か。それは，個人の自己実現と自己統治にとって表現の自由が不可欠と考えるからである。我々は，他者とのコミュニケーションを通じて自己自身や自己を取り巻く環境についての理解を深め，その過程のなかで自己を自律的に規定し，規定した自己を実現していこうとする。このプロセスは，表現の自由なしには成り立たない。また，我々人間は社会を形成して生きる存在であり，我々の生き方は，社会的な共同決定に影響を受けざるをえない。ゆえに，個人の尊厳を原理とする社会は，共同決定への個人の参加を保障しなければならないが，共同決定への参加，すなわち，自己統治は，表現の自由なくしては実効性をもちえないのである。

　個人の尊厳を基本価値として構成される社会は，一方で個人の自己実現を尊重し，同時に他方で自己統治を尊重する社会でなければならず，憲法が保障する人権はすべて究極的にはこのいずれかの価値に結び付いているが，とりわけ表現の自由はこの両者と深く関わっているのである。このことから，表現の自由が人権体系において占めている戦略的地位が理解されるが，このゆえに表現の自由の「優越的地位」が語られたりするのである。つまり，表現の自由を他の人権以上に強固に保障することこそ，人権全体の保障に不可欠であるという信念である。この理解の重要な帰結として，表現の自由に対する畏縮効果を可能な限り除去しようという傾向が生じ，いくつかの理論に結実している。たとえば，規制法規の明確性の要請である。「漠然性のゆえに無効の理論」と呼ばれたりしている。刑罰の明確性の要請は，通常31条に根拠をもつとされる。

第8章　精神活動の自由 (2)

刑罰という重大な制裁が科されるには，予めいかなる行為が対象となるかが明確に定められていなければならないという罪刑法定主義の帰結とされるのである。これに対し，表現規制の明確性の要請は，制裁が刑事か民事かとは関係なく，表現に対する畏縮効果を除去するという目的から生じるものであり，表現の自由の保障そのものに基礎をもつと説明されているのである。また，規制の範囲が広汎にすぎ，憲法で保障された表現行為までが規制対象に含められているような場合には，その規制法規のもつ畏縮効果を早期に除去するために，規制が合憲とされるべき表現行為を行った者にも法規自体の文面上違憲を主張する適格性を認めようという「過度の広汎性ゆえに無効の理論」が唱えられている（465頁参照）。

2　現代社会における表現の自由の意義

表現の自由が保障する他者とのコミュニケーションは，近代の段階では双方向的であった。そこでは，表現者とその受領者とは，相互に互換的であり，受領者は平等な立場で直ちに表現者となりえた。したがって，ここでは表現する自由を保障すれば，表現を受け取る自由も自動的に保障されると考えられていた。ところが，マス・メディアの出現が，表現者と受領者のこの関係を根本的に変革してしまい，それぞれの役割を固定化することになった。新聞・雑誌や放送のようなマス・メディアを通じたコミュニケーションにおいては，表現者の立場は一部の者に独占され，ほとんどの国民は受領者の立場に追いやられる。表現者と受領者の分離が生じ，コミュニケーションは一方向的なものとなってしまったのである。その結果，表現者（マス・メディア）と受領者（国民）の利害の対立が表面化することになった。国民の側からみれば，問題は情報を受け取る場面（知る権利の問題）と情報を発信する場面（メディア・アクセスの問題）の両方で生じる。

(1)　国民の知る権利と情報公開法

(ア)　国家との関係

社会的コミュニケーションの中核をマス・メディアが占めるようになった現

第2部　基本的人権

代社会においては，国民は自己実現や自己統治に不可欠な情報の入手をマス・メディア側の表現の自由に大きく依存せざるをえなくなった。その国民が，かかる受動的な立場を乗り越え，必要な情報の提供を積極的に要求するための観念として「知る権利」（right to know）という言葉が生み出された。知る権利は，個人の自己実現に必要な情報についてもいわれるが，今日では特に自己統治・政治参加に必要な情報について強調されるようになり，その情報源である国家に対する要求として観念されるようになっている。報道機関は，国民の知る権利を国民に代わって国家に対して主張し，そこで獲得した情報を国民に伝達する責務を負うものと説明され，かくして報道の自由は国民との関係では知る権利に奉仕すべき報道の責務として位置づけられるのである。

知る権利と国家秘密　　政治情報を知る権利に関連して最も問題になるのは，「国家秘密」あるいは「行政秘密」の制度である。国家公務員法は，職員が職務上知りえた秘密を守るよう命じ（守秘義務といわれる），違反行為を処罰する（100条1項・109条12号）。たしかに行政の保持する情報には，個人情報や防衛や外交に関する情報など，少なくとも一定期間秘密にすべき情報が存在することも事実であり，守秘義務の必要性は否定できないが，これを口実に本来国民に伝達すべき情報までが行政の都合を優先して秘匿されてしまうということが起こりがちである。ゆえに，守秘義務の対象は，行政内部で秘密の指定をしたもの（「形式秘」といわれる）のすべてに及ぶのではなく，そのうち真に秘密にする必要のある「実質秘」に限定され，それに該当するかどうかは裁判所が判断すると解されている（次に述べる外務省秘密漏洩事件最高裁決定参照）。

　守秘義務に関連して，より重要な問題を提起するのは，報道記者による取材の自由との調整である。というのは，国家公務員法111条は，職員の守秘義務違反の「そそのかし」を処罰することにしているからである。国民の知る権利に奉仕すべき責務を負う記者は，職業上，職員に接触し，様々な情報を聞き出そうとするが，それを秘密漏洩の「そそのかし」であるとしたのでは，取材はできなくなってしまう。「そそのかし」の解釈・適用において，守秘義務と取材の自由との調和的な線引きを行う必要があるのである。この点が争われたのが，外務省秘密漏洩事件（最一決昭和53年5月31日刑集32巻3号457頁）であっ

220

た。そこでは，沖縄返還協定に関する極秘電文を男性記者が外務省の女性事務官から入手した行為が「そそのかし」にあたるのか，「正当な業務による行為」（刑35条）といえるのかが問題となった。最高裁は，取材の「手段・方法が法秩序全体の精神に照らし相当なものとして社会観念上是認されるものである限りは，実質的に違法性を欠き正当な業務行為というべきである」が，本件では情報入手の目的で事務官と肉体関係をもつなど，相手の「個人としての人格の尊厳を著しく蹂躙した」方法を用いており，正当業務行為とはいえないと判断した。

特定秘密保護法　国家の安全保障のために防衛や外交等に関する重要情報の秘匿が必要となるが，公務員の秘密保持義務を中心とした従来の体制では不十分であるとして，これら特定の情報をより効果的に守るために「特定秘密の保護に関する法律」（特定秘密保護法）が制定され 2014 年 12 月に施行された。それによれば，特定秘密に指定しうる事項が「防衛」「外交」「特定有害活動（スパイ活動）の防止」および「テロリズムの防止」の 4 事項（別表に定められているが，より詳細な内容は 18 条に基づく運用基準に挙げられている）に限定され，大臣などの行政機関の長が，自己の所掌に属し上記 4 事項に関係する情報で「公になっていないもの」（秘密性のあるもの）のうち，「その漏えいが我が国の安全保障に著しい支障を与えるおそれがあるため，特に秘匿することが必要であるもの」を「特定秘密」に指定する（特定秘密保護 3 条 1 項）。長による指定は 5 年を超えない範囲で期間を定めてなされるが，通算 30 年を超えなければ何度でも延長可能である。内閣の承認を得れば 30 年を超えて延長することも可能であるが，60 年を限度とするとされている。ただし，これにも例外があり，武器・弾薬等防衛の用に供する物についての情報や人的情報源，暗号等 7 項目（同 4 条 4 項 1 号ないし 7 号）については，無制限に延長可能である。なお，指定の有効期間中でも必要がなくなれば（指定要件が欠ければ）速やかに指定の解除を行うことが求められている（同条 7 項）。

　特定秘密の取扱の業務に従事する者がその業務により知得した特定秘密を漏らしたときは，10 年以下の懲役が科される（同 23 条）。漏えいの共謀・教唆・煽動も 5 年以下の懲役である（同 25 条）。この規定が取材の自由と最も関連するであろう。法 22 条は，取材の自由に配慮すべきことを規定しているが，「専

第2部　基本的人権

ら公益を図る目的を有し，かつ，法令違反又は著しく不当な方法によるものと認められない限りは」，取材を正当業務と認めると規定するから，おそらく外務省秘密漏洩事件のような場合は，処罰可能と考えているものと思われる。なお，秘密保護のために違反に対する重罰化と並んで，特定情報取扱者の「適性評価」制度も組み込まれている。これは取扱者が漏えいを侵す危険な背景を有していない人物であることを確保するために，本人の同意の下においてではあるが，本人および家族等の身辺調査をするものであり，プライバシー・個人情報の保護との調和という困難な問題を抱えている。

　国民の知る権利の観点からは，国民の知るべき情報が不当に特定秘密に指定されないように監視・統制する仕組みが組み込まれているかどうかが問題である。そのような仕組みとして，行政内部の統制，国会による統制，国民による統制を分けることができる。まず行政内部の自己統制の仕組みであるが，第一に，有識者から成る「情報保全諮問会議」が構成され（同18条2項），総理大臣は運用基準の策定・変更に際してこの会議の意見を聴取するとともに，年に一回ここに法の運用状況の報告を行うものとされており，国会への年次報告には，この会議体の意見書が添付される。第二に，総理大臣が運用基準に基づき特定秘密の指定・解除等につき行政機関の長を指揮監督するのを補佐する機構として，官房長官を長として事務次官級官吏により構成される内閣保全監視委員会が置かれる（同18条4項）。第三に，内閣府に独立公文書管理監（内閣府本府組織令）を室長とする情報保全監察室を置く（情報保全監査室の設置に関する訓令）。独立公文書管理監は，局長に準ずる審議官級のポストとされ，監察室は将来は局への格上げが予定されている。任務は，特定秘密保護法の定める特定秘密の指定・解除，秘密指定文書の廃棄や国立公文書館への移管等の諸措置が適正に行われているかどうかを監視・検証することである。不正処理の内部通報の窓口にもなる。しかし，強制調査の権限はない。以上が行政内部に組み込まれた統制システムであるが，独立行政委員会のような独立性を保障された機関による統制ではないので，その実効性に疑問がないわけではない。次に国会による統制であるが，衆参両院に情報監視審査会が設置され（国会102条の13以下），この統制に当たることになっている。情報監視審査会は，秘密会にして秘密保護のための必要適切な措置をとることを前提に特定秘密の提供を要求

222

することができる（特定秘密保護10条1項，附則10条）。これにより運用状況の調査が可能ではあるが，議院内閣制の下で野党が調査権の発動を決定できない以上，政権交代が正常に機能し衆参両院の多数派にねじれが生じるような場合を別にして，与党が政府の反対を押し切って情報提供を求めることがありうるかどうかは，大いに疑問だろう。最後に，国民による統制であるが，このために中心となるのは，情報公開制度である。特定秘密に関する文書も行政文書であるから情報公開の対象となるが，情報公開法5条の定める不開示情報に該当するとして開示請求は拒否されるであろう。そこで不服申立てをすると，情報公開・個人情報保護審査会に諮問されることになろうが，審査会が要求すれば特定秘密は審査会に提供されることになっている（情報審9条1項，特定秘密保護10条1項3号）。ゆえに，当審査会に防衛・外交等についての専門的な判断が可能ならば，実効的なチェックもある程度期待できるであろう。しかし，最終的には裁判で争うことになろうが，その場合に，裁判所には現在のところインカメラ審理は認められていないという問題がある。

情報公開制度　上に見た知る権利（＝表現を受け取る自由）は，自由権として憲法21条により保障された権利である。しかし，この知る権利は，憲法21条の保障する妨害排除権（権力からの自由）としての「表現を受け取る自由」という消極的内容を超え，国に対し情報を提供せよという積極的要求をも内包する。したがって，その積極的要求については21条によっては十分に根拠づけることはできず，学説は国民主権の原理を用いて説明している。すなわち，主権者たる国民が政治に参加するには，政治に関する情報は不可欠であり，国民は主権者の地位に基づいて情報の提供を要求しえなければならないというのである。しかし，国民主権を根拠に情報の公開を請求しうるということは，抽象的な原理としてはいいうるとしても，現実に情報提供・公開を要求するためには，いつ，誰が，いかなる情報を，いかなる手続で請求しうるかにつき具体的な定めがないと，国としても要求に応ずることが困難であり，憲法のみを根拠に具体的な請求を行うことはできない。そこで，知る権利を具体化するために，最初は多くの地方公共団体が条例で情報公開制度を制定した。これが公金支出の住民による監視の点などで多くの成果を上げ，それに刺激されて国レベルでも情報公開法が制定されることとなった。

223

第2部　基本的人権

　情報公開法は，国家の有するあらゆる情報が国民のものであり，すべて公開されるのが原則であるという前提に立ち，公開請求の具体的手続を定めるとともに，例外的に非公開にしうる情報の範囲（たとえば，個人のプライバシーに関係する情報，国の安全に関係する情報等）を定め，同時にその点についての争いの裁定の仕方を規定している。なお，情報公開制度は個人情報保護制度とは目的が異なり，個人情報の取扱いを異にする。前者は個人情報を保護するためにそれを公開請求の対象から除外するが，後者は本人の個人情報の開示請求を認めるのである。ただし，判例は，個人情報保護制度が未制定の時点において，情報公開制度に依拠した本人情報の開示請求を認めている（最三判平成13年12月18日民集55巻7号1603頁）。

　(イ)　マス・メディアとの関係

　国家に対して知る権利を主張する場面では，マス・メディアと国民は共闘し，情報公開法を制定することができた。では，マス・メディアに対して国民が知る権利を主張するとき，両者の関係はどうなるのか。マス・メディアは，自己に不都合な情報については「報道をしない自由」を主張する。では，国家は，メディアの報道の自由と国民の知る権利の対立を調整すべく法律をもって介入すべきであろうか。この点では，国民の知る権利をメディアに対する情報公開の請求という積極的権利の形で法制化することは考えられていない。基本的には，報道機関の多元性を実現し報道の自由に基づく競争に委ねた方がよい結果が得られると考えているからである。しかし，まったくメディアの自由に委ねているかというと，必ずしもそうではなく，国民の知る権利を配慮した規制が行われている。

　この点に関しては，出版メディアと放送メディアでは，異なる態度が採用されている。すなわち，出版メディア（新聞・雑誌）に対しては，国家の介入は否定され，国民の知る権利は報道の自由に基づく競争を通じて実現されることが期待されているのに対し，放送メディアに対しては，たとえば放送法4条1項が，放送番組の編集にあたっては，「政治的に公平であること」（2号），「意見が対立している問題については，できるだけ多くの角度から論点を明らかにすること」（4号）などを番組編集準則として要求している。当初はこの規定は倫理規定・訓示規定にすぎないと解釈・運用されていたが，1993年にある民

間放送の報道責任者が選挙報道に関して政治的偏向を疑わせるような発言をしたことをきっかけに，政府は解釈変更を行い，この規定の重大な違反に対しては電波使用（無線局の運用）の停止等の処分を行いうる（電波76条1項）とか，5年ごとの電波使用（無線局の開設）の免許更新（電波13条参照）に際してその間の番組内容を考慮しうると述べるに至っている。さらに，2010年の放送法改正は，特定地上基幹放送事業者（従来の地上波放送事業者が中心）を除く放送事業者による放送法違反に対して3ヶ月以内の業務停止を命ずる権限を総務大臣に与えた（放送174条）。これは放送業務内容に対する直接的な規制権限であり（電波使用の規制を通じての間接的な以前の規制とは異なり），放送内容に対するより強力な規制となりうるものである。それだけ合憲性に対する疑問も深刻となっている。

　番組編集準則は表現の内容規制であるから，合憲と言うためには厳格な審査をパスするする必要がある。従来は，周波数の有限性・稀少性や映像の衝撃力（影響力）などを理由に正当化されてきたが，最近の技術的発展により有限性・稀少性は解消されていると考えて，こうした正当化を疑問視する見解も有力となっている。そのため，一方で違憲論も唱えられているが，他方で，別の正当化を模索する立場も存在し，部分規制論と呼ばれている。それによれば，メディアの一部である出版を自由にし，他方の一部である放送を規制することにより，相互に欠陥を矯正することが可能となり，まったく規制しない場合よりメディア法制全体が良好に機能する可能性が高まるというのである。そのこと自体を否定するつもりはないが，公益侵害を予防・除去するためではなく，公益を増進するために規制するというのは，表現の自由の規制の正当化としては問題があろう。地上波放送からニュース情報を得ている国民が最も多いという事実を前提にすると，地上波の周波数帯が需要に比べて依然として稀少であること，音声・画像により直接かつ迅速に強烈な印象を与えることが可能であるという放送の特質から，番組準則なしでは情報の多様性が損なわれる危険が大きいということを正当化理由とすべきであろう。かかる立法事実がもはや存在しないというのであれば，規制を廃止するのが筋である。

　日本の放送法制は，公共放送（NHK）と民間放送の二元体制を採用している。公共放送は受信料により，民間放送は主として広告料により支えられている。

第2部　基本的人権

財政基礎を異にする放送局が相互に競争と補完をすることにより，よりよい内容の放送が実現されていくと期待されているのである。しかし，最近は，民間放送は広告料を左右する視聴率の過剰な競争の下で番組の画一化・低俗化を招いているのではないか，NHK は予算や受信料に関する権限をもつ政権に配慮しすぎではないか，といったことが指摘されている。受信料支払拒否運動も一部の市民により行われており，裁判でも争われた。次のような内容の争いである。

　放送法は，「協会〔NHK ―筆者注〕の放送を受信することのできる受信設備を設置した者は，協会とその放送の受信についての契約をしなければならない」（64 条 1 項）と定めており，受信契約の締結が受信料徴収の法的根拠となっている。しかし，この規定に関しては，訓示規定にすぎず契約締結の法的義務を定めたものではないとか，あるいは，法的義務を定めたものだとしても，いかなる条件の下に契約締結の効果が発生するかは定まっていないといった議論が存在し，契約の不存在等を理由に受信料の支払を拒否する事例が発生していた。そこで NHK が支払請求訴訟を提起したのであるが，これに対して最高裁は，放送法 64 条 1 項は NHK による契約締結の申込みに対して応諾すべき法的義務を定めた規定であり，任意に応諾しない場合には，裁判所による応諾命令により契約が成立すると判示した。この限りでは，64 条 1 項の民法的な法律論構成の問題にすぎないが，NHK 受信料支払拒否は，NHK の報道等に対する不満を表明する政治的運動として行われたという面もあり，憲法との関係で放送法制をどう理解するかという非常に難しい憲法問題が背景に存在する。受信料を強制徴収することが如何なる憲法問題を提起するのかに関しては，財産権の侵害，契約の自由の侵害も主張されたが，最も重要なのは「（NHK の）表現を受け取らない自由」あるいは「（民放の）表現を受け取る自由」（21 条）の侵害とならないかである。最高裁は，現行放送法制は「知る権利」を実質的に充足するために採用されたものであり，立法裁量の範囲内だという単純な議論で合憲を導いた（最大判平成 29 年 12 月 6 日民集 71 巻 10 号 1817 頁）。たしかに，「知る権利」という積極的権利を法律により実現する場合には，〈放送を受信する権利は放送法制の枠内のものにすぎず，如何なる法制を採用するかは立法裁量の問題となる〉という議論も理解できないわけではないが，「表現を受け取

りあるいは受け取らない自由」は精神的自由権であり，その制限の合憲性は立法裁量の問題として簡単に片付けうるものではない。現行の法制は，受信装置を設置した以上，NHK は見ないという者からも受信料を強制徴収しうるとし，無料の民放だけを見る目的で受信装置を設置することを事実上認めないが，かかる法制の合憲性をより厳密に論証すべきであったと思われる。

(2) アクセス権
(ア) 反 論 権

現代のマス・メディア状況の下で，国民の情報発信の自由についても見直しの議論がなされている。国民がビラ貼り・ビラ配り・演説等の伝統的な方法による表現の自由を享受することはいうまでもないが，これらの方法では影響力においてマス・メディアと対抗することは困難である。そこで，一定の場合には既存のマス・メディアを通じて表現することを権利として認めるべきだという主張が，マス・メディアへのアクセス権として主張されるに至ったのである。

マス・メディアの所有者・管理者は，それを通じて行う表現の内容を決定する権利（「編集権」と呼ぶ）を表現の自由により保障されている。これに対し，アクセス権は，「私の意見を掲載あるいは放送せよ」と相手に積極的な行為を要求する権利であるから，消極的権利としての表現の自由により保障された権利ということはできない。そこで，仮に憲法が私人間に直接適用されると考えても，私人がメディア所有者にアクセス権を主張することは認められない。最高裁も，サンケイ新聞が共産党を批判する自民党の意見広告を掲載したのに対し，共産党が反論文の無料掲載を要求した事件において，法律に根拠のない反論権を認めることはできないと判示している（最二判昭和 62 年 4 月 24 日民集 41 巻 3 号 490 頁）。

では，法律によりアクセス権を設定することは許されるのだろうか。マス・メディアがある個人の名誉を毀損する表現を行った場合には，民法上救済方法の一つとして謝罪広告がありうることは前に見た。では，名誉毀損には至らないが，新聞・雑誌で批判・攻撃を受けた場合に，同一紙・誌面に反論文を掲載せよという要求はどうか。フランスのように法律で一定の場合に反論権を認めている国もあるが，アメリカ合衆国最高裁は，新聞による公職の候補者の批

第2部　基本的人権

判・攻撃に対し反論権を認めたフロリダ州法を新聞社の編集権を侵害し違憲であると判断した。日本では，反論権を定めた法律は存在しないが，通説はそのような法律を定めるのは違憲であると考えている。しかし，放送については，電波の稀少性や国民に対する影響力の程度などの点で出版メディアとは異なり，反論権を法律で認めることも許される場合があるとする見解も有力である。反論権ではないが，真実でない事項を放送した場合に訂正放送をすることを義務づけた放送法4条1項（現9条1項）につき，判例は被害者に私法上の訂正放送請求権を与えた規定ではなく，放送事業者を公法上義務づけた規定にすぎないと判示している（最一判平成16年11月25日民集58巻8号2326頁）。

(ｲ)　インターネットの可能性

インターネットの急速な発展は，国民に重要な情報発信手段を与えた。インターネットは発信・受信の双方向性を特徴としており，国民がマス・メディアに対抗して発信主体性を回復する大きな可能性を与えてくれる。しかし，同時にそれは表現の自由をめぐる新たな問題も生み出しつつある。表現の自由も絶対的に保障されるわけではない。「オフ・ラインで許されない表現は，オン・ラインでも許されない」のが原則である。しかし，メディア・アクセスの容易性や匿名性などの特質が，通常のメディアを通じての表現（オフ・ライン上の表現）とは性質・程度を異にする問題を生み出してきており，将来インターネットが表現メディアの中核を担うようになるときには，プリント・メディアを基礎に形成されてきた従来の表現の自由論も抜本的な再検討を迫られるかもしれない。

B)　表現の自由の保障の範囲と程度

憲法は表現の自由を保障する。したがって，保障された「表現」を明確に定義すれば，後はその定義に該当するかどうかだけを判断すればよいと思うかもしれない。しかし，実際には，多様な形態で行われる表現を，保障されるものと保障されないものに明確に区分けしうるような「表現」の定義を確立することは，ほとんど不可能である。そこで，通常は，作業を二段階に分け，まず，

第8章　精神活動の自由（2）

表現の自由の及ぶ範囲を画定し，次に，その範囲に入ってきた表現行為につき，その表現価値とそれに対立する価値を比較衡量して保障される表現かどうかを決定するという手順で問題を考える（120頁参照）。

1　表現の自由の範囲

　二段階で問題を考える場合，範囲の判断においては範囲を広くとり，とりあえず表現の自由の射程内に入れておいて，次の段階で，そこで問題となっている表現の価値の性質・程度を厳密に衡量するという発想になるのが通常である。そこで，範囲の画定についてはそれほど厳密さを強調する必要はなくなり，むしろ範囲を拡大する傾向にある。

⑴　表現方法における拡大
　明治憲法が「言論著作印行」の自由と規定していたように，表現の自由は，まず，口頭・手書き・活字の表現を対象にしていた。しかし，今日では，映画，演劇，音楽，放送その他一切の態様の表現を保障の対象に取り込んでいる。
　しかし，あらゆる「表現」が表現の自由にいう「表現」に入るわけではない。たとえば，髪型や服装なども「自己表現」の一形態といわれるが，特殊な状況を除けば，表現の自由の対象とは考えていないのである。限界線上で現れる問題に「象徴的言論」（symbolic speech）といわれるものがある。たとえば，かつてアメリカでベトナム戦争に反対する意思を表明するために公衆の面前で徴兵カードや星条旗を焼却する行為が行われた。このような行為は通常は言論とは認められず，「言論」とは区別された「行動」にすぎないとされるものであるが，一定の状況の下に意見表明のための言論として行われ，受け手もそのように理解している場合には，そのような行為を「象徴的言論」と呼び，表現の自由の範囲に取り込んでいる。

⑵　表現内容における拡大
　当初は政治的内容の表現が中心であったが，今日ではいかなる内容であれ一応表現の自由の保障の射程内にあると考えている。特に，かつては射程外と考

229

第 2 部　基本的人権

えられていたわいせつ的表現，名誉毀損的表現，プライバシー侵害的表現，商業広告なども，今日では一応表現の自由の範囲に入るものと考えるようになっている。本書も，商業広告を除いて（245 頁「営利的言論」参照），そのような考え方に従っている。

(3)　時間的拡大

　さらに，時系列に沿った縦軸的な拡大も問題となる。表現のプロセスは，資料収集等の準備行為に始まり，表現内容を加工・編集して外部に表明し，受け手に受領されるという一連の過程である。このうち，加工・編集して外部に表明する行為が表現の自由の中核であるのはいうまでもないが，表現する自由は，さらに表現を受け取ってもらう自由まで含むものであった。もちろん，受け取ることを要求する権利まで含むわけではないが，受け手が受け取ろうとすれば受け取りうる状態に置くことを妨害されない権利までは含むのである。これを受け手の側から捉えれば，「表現を受け取る自由」ということになる。では，準備的行為，表現の素材の収集活動は，表現の自由により保障されるのか。これが特に問題となるのは，報道の自由の前提としての「取材の自由」をめぐってである。

　報道の自由が表現の自由の保障を受けることについては，今日では異論がないが，取材の自由については学説が対立しており，判例も「報道のための取材の自由も，憲法 21 条の精神に照らし，十分尊重に値いするものといわなければならない」（博多駅事件・最大決昭和 44 年 11 月 26 日刑集 23 巻 11 号 1490 頁）と述べ，保障されるとは明言しないで曖昧な態度をとっている。しかし，「尊重する」というのであるから，一応表現の自由の射程内にはあると理解してよいであろう。問題は，将来の取材を困難にするような国家からの要求を報道機関がどこまで拒みうるかである。この問題の多くは「公正な裁判」との関連で現れる。たとえば，新聞記者は取材源についての証言を拒否しうるか（石井新聞記者事件・最大判昭和 27 年 8 月 6 日刑集 6 巻 8 号 974 頁），テレビ局の取材フィルム等を裁判の証拠として用いるためにその提出を命令したり（前出博多駅事件），押収したり（日本テレビ事件・最二決平成元年 1 月 30 日刑集 43 巻 1 号 19 頁，TBS 事件・最二決平成 2 年 7 月 9 日刑集 44 巻 5 号 421 頁）することは許されるかが争わ

れた。証言要求や提出命令に応ずれば，公正な裁判に資するかもしれないが，今後の取材が困難になろう。取材の自由を重視すべきだという学説も有力だが，最高裁は，刑事手続と関連するときにはいずれの場合も取材の自由より裁判の公正（適正迅速な捜査処理の要請も含めて）という価値を重視する判断を行っている。しかし，民事手続の場合には，証言拒否を認めた判例がある。事案は，あるアメリカ人がアメリカ合衆国を被告にアメリカの裁判所に提起した損害賠償請求事件に関して生じたものである（最三決平成 18 年 10 月 3 日民集 60 巻 8 号 2647 頁）。その主張によると，アメリカの税務官が日本の税務官に秘密（上記原告アメリカ人の徴税に関する情報）を漏洩し，それを日本のテレビ記者が日本の税務官から取材して報道し，それを受けてアメリカのメディアが報道したことが原因で損害を受けたというのである。そこでアメリカの裁判所から司法共助の取決めに基づいて日本の裁判所に当該記者に対する嘱託尋問が依頼されたが，記者は取材源についての証言を拒否し，これを日本の最高裁が民訴法 197 条 1 項 3 号の「職業の秘密」に該当するとして容認したというものである。証言拒否が認められる場合を規定している刑訴法 149 条と民訴法 197 条の規定の仕方の違いにも関連しており，刑事に関する上記石井新聞記者事件の大法廷判決を変更したわけではないが，博多駅事件判決で表明された取材の自由に対する理解が進展してきたことも影響していると思われる。

(4) 表現受領補助行為への拡大

　表現の自由の保障は表現を受領する自由の保障も含んでいた。表現を受け取ることを妨害するのは，この保障に反するのである。これに関連して，特定の方法で受領することが，受領の自由の保障に含まれるか，換言すれば，特定の受領方法を規制することが受領の自由の侵害になるかが問題となることがある。たとえば，法廷で傍聴人がメモをとることを禁止するのは，その一例である。最高裁判所は，メモ採取は「憲法 21 条 1 項の規定によつて直接保障されている表現の自由そのものとは異なる」から厳格な審査は必要ないが，その自由を認めることは「憲法 21 条 1 項の規定の精神に合致するものということができる」と述べている（レペタ事件・最大判平成元年 3 月 8 日民集 43 巻 2 号 89 頁）。取材の自由に関する最高裁の判示と同旨と捉えることができる。

第2部　基本的人権

　公開された情報の機械複写を制限・禁止する場合などにも，同種の問題が生
ずるが，こうした問題は，公開の射程や取材の自由の問題として捉えることも
可能であろう。

2　表現の自由の限界

　表現の自由を絶対的保障と考える立場に立つと，「表現の自由」を狭い範囲
に限定して明確な範囲画定をすることが必要となるが，そのようなアプローチ
は，現実には明確な線引きが困難なために結局は裁判官の恣意的な判断を許す
ことになりがちであるのみならず，新たな表現形態が次々に生み出されてくる
現代の表現の自由の問題に柔軟に対応できないという欠陥をもつ。そのため，
上述のように，表現の自由の射程は広くとり，そのうえで問題となる表現行為
の価値と弊害とを利益衡量して保障の程度・限界を判断するというアプローチ
をとるのが一般である。しかし，利益衡量を事件ごとにあらゆる利益を考慮に
入れて行うという「個別的衡量」(ad hoc balancing) によって行うと，対立す
る利益のレベルや大きさを測る尺度も存在せず，これもまた，結局は裁判官の
主観的・恣意的な判断に委ねざるをえなくなり，往々にして「公益」を優先さ
せることになりがちである。そこで，この弊害を避け，できる限り客観的な判
断を可能にし人権保障を確実にするために，対立する利益の性格や規制の仕方
などを基礎に様々な類型を設定し，類型ごとに利益衡量の方向づけを行う基準
を考えていくというアプローチがとられる。類型をどのように設定するかこそ，
表現の自由論の最も重要な課題となるので，項を改めてその類型・基準の代表
的なものを見ておくことにする。

C)　類型論のアプローチ

　ここでは，審査の厳格度に差異を生み出しうる類型区分として，①事前抑
制と事後抑制の区別，②内容規制と内容中立規制の区別，③パブリック・フ
ォーラムと非パブリック・フォーラムの区別，④抑制と援助の区別を取り上

げる。

1 事前抑制と事後抑制

　表現行為の行われる前にそれを制限・禁止することを事前抑制，行われた後
に制裁を加える場合を事後抑制という。事前抑制の典型は許可制である。許可
を受けずに表現すれば，無許可ということ自体が処罰の対象となる。これに対
し，一定の表現行為の制限・禁止を予め定めておき，表現が行われた後にそれ
が制限・禁止に該当したと判断された場合には処罰するというのが，事後抑制
である。

(1)　事前抑制の原則禁止
　一般に，表現の事前抑制は好ましくないとされるが，それは事前抑制が次の
ような問題点をもつからである。第一に，事後抑制と比べると規制の範囲が広
くなりがちである。事後抑制においては，通常，許されない表現行為を予め法
律で定めておき，その行為が行われたとき，事後的に制裁を加える。したがっ
て，現実に行われた表現行為がその具体的状況の中で評価され，制裁を加える
に値するかどうかが判断される。また，検察官も，起訴するかどうかを証拠に
照らして慎重に判断せざるをえない。ゆえに，制裁は真に必要な場合に限定さ
れる。これに対し，事前抑制の場合は，判断が抽象的で憶測に基づくものとな
らざるをえず，多少とも問題を感ずるものは安全を期して不許可にしようとい
う考えに傾きがちである。これと関連して，第二に，事前抑制においては，判
断が抽象的・憶測的になる分，許可権者の主観的・恣意的判断の余地が広くな
り，公権力にとって不都合な表現が妨害されがちとなる。第三に，本来許され
るべき表現は，いずれにおいても最終的には許されることになるが，事前抑制
の場合は，不許可処分が裁判で取り消されるまでの間は表現が停止されること
になり，時宜性（timeliness）を要する表現にとっては致命的となりうる。以上
のような理由により，事前抑制は，表現の規制については原則的に禁止される
というのが通説である。例外的に許される場合は，厳格な審査が必要である。

第 2 部　基本的人権

(2)　検閲の禁止

(ア)　事前抑制と検閲の関係

　日本国憲法は，21 条 2 項前段で「検閲は，これをしてはならない」と定め
た。検閲は表現の許可制であり，事前抑制の典型と考えられている。もし 21
条 1 項による表現の自由の保障が事前抑制の原則禁止を含意しているとすれば，
2 項がわざわざ検閲の禁止を規定したのはなぜか。この点の理解につき，学説
が対立している。一つの説は，事前抑制の原則禁止は，1 項の保障する表現の
自由から当然に出てくる原理であり，2 項は，この事前抑制の特定の形態であ
る検閲を絶対的に禁止したものである，と説明する。これに対し，いま一つの
学説は，2 項の検閲とは事前抑制のことであり（1 項は事前抑制について特に定め
てはいない），2 項は事前抑制の原則禁止を定めたものであるが，例外を許さな
い趣旨ではない，と捉える。要するに，前説は，検閲と事前抑制を区別し，2
項の検閲は絶対的に禁止されるが，それ以外の，1 項により保障される事前抑
制の禁止は，原則禁止であり例外は認められると解するのに対し，後説は，検
閲と事前抑制を区別せず，2 項の定める検閲＝事前抑制は原則禁止であるが例
外は認められると解するのである。したがって，前説にとっては，検閲概念を
明確に定義することが必要となるが，それを適切な形で行うことに成功すれば，
検閲禁止の明確な保障を確立することができるという長所をもつ。しかし，実
際には，そのような定義を行うことは非常に困難である。絶対禁止を貫くため
には，検閲を狭く限定して定義することになるが，狭くしすぎれば，それに該
当するような検閲制度は現実には存在せず，絶対保障の意味がなくなってしま
うのである。それを懸念させたのが，判例による検閲の定義であった。最高裁
は，基本的には前説の立場に立ち，憲法は検閲を絶対的に禁止していると解し
たが，その検閲を「行政権が主体となつて，思想内容等の表現物を対象とし，
その全部又は一部の発表の禁止を目的として，対象とされる一定の表現物につ
き網羅的一般的に，発表前にその内容を審査した上，不適当と認めるものの発
表を禁止することを，その特質として備えるもの」と，きわめて限定的に定義
した（輸入書籍・図画の税関検査事件・最大判昭和 59 年 12 月 12 日民集 38 巻 12 号
1308 頁）。これは，検閲を①主体を行政権に，②審査の時点を発表前に，③対
象を思想内容に限定（後述参照）するのに加えて，さらに「一定の表現物につ

234

き網羅的一般的に」審査する場合に限定した点に特徴をもつが，この定義に該当するような制度は，今日ではほとんど考えられず（もっとも，刑事収容施設法129条・136条・141条の定める信書の発信の差止めが最高裁判決の定義する検閲に該当しないかは，一つの問題であろう。最一判平成18年3月23日判時1929号37頁参照），実際的な意味はないのではないかと批判されている。もっとも，最高裁の見解でも，検閲以外の事前抑制も1項により原則的には許されず，厳格な審査に服するとされる（北方ジャーナル事件・最大判昭和61年6月11日民集40巻4号872頁参照）から，検閲概念に該当するものがほとんどないとしても，事前抑制の厳格審査は行われる。したがって，実際には検閲を事前抑制と同視する後説とほとんど変わりないことになろう。

(イ)　検閲の定義

税関検査事件判決で最高裁が行った検閲の定義はあまりに狭すぎるという批判が強いが，ではどのように定義するのがよいか。それを考える要素として，次の三点が重要である。

第一に，検閲を行う主体を行政権に限定するか，裁判所も含めるか。裁判所まで含める場合には，裁判所がプライバシー侵害や名誉毀損を理由に出版物の事前差止めを認容することも検閲の問題となる。判例は行政権に限定しており（上述税関検査事件判決参照），北方ジャーナル事件では，名誉毀損を理由とする事前差止めを検閲ではないとして認めた。もっとも，検閲ではないが事前抑制ではあるとして，厳格な審査を行う態度は示している。

第二に，事前かどうかを，表現する時点と受け取る時点のいずれで判断するかという問題がある。税関検査事件判決で最高裁は，表現する時点を採用し，すでに海外で発表済みであるから検閲にはあたらないとした。しかし，日本に輸入する者にとっては，受け取る前に検査を受けていることになる。同様の問題は，よど号ハイジャック記事抹消事件でも生じた。そこでは，発行済みの新聞につき，未決拘禁者が受け取る前に「検閲」されたのである。しかし，憲法にいう検閲は，いわば一般市民法秩序における概念であり，刑事収容施設というような特殊な制度の内部においては妥当しないという見解も有力である。なお，岐阜県青少年保護育成条例の定める「有害図書」指定の制度も，受領前の「検閲」ではないかが問題となる。指定を受けても自動販売機への収納が禁止

第2部　基本的人権

されるだけであるから，販売方法の制約にすぎないともいえるが，自動販売機以外での販売がきわめて困難であれば，指定は実質上販売禁止と同じ効果をもちうる。もちろん，出版後になされる指定であるから，最高裁の定義からは検閲でないことはいうまでもないが，事前抑制にはなりえ，そう解する場合には厳格な審査が必要となろう（最三判平成元年9月19日刑集43巻8号785頁参照。伊藤補足意見は，青少年保護の観点から厳格審査を緩和してよいとする）。

　第三に，思想内容の審査の場合に限定するか，それとも広く表現内容一般の審査とするか。たとえば，教科書検定制度においては，教科書の記述内容が検定され，合格しない場合には教科書として認めてもらえない。この制度の合憲性が争われた教科書裁判の第二次訴訟一審判決（東京地判昭和45年7月17日行集21巻7号別冊1頁）は，検定が思想内容に及ばない限り検閲とはならないとして，検定制度そのものは合憲としたが，本件における検定の実際は思想内容にまで及んでいるから違憲であるとした（杉本判決）。なお，最高裁は，検定制度につき，教科書として合格しなくとも，一般書として発行することが禁止されるわけではないから，税関検査事件判決での定義に照らして検閲にはあたらないとしている（最三判平成5年3月16日民集47巻5号3483頁）。

2　内容規制と内容中立規制

　表現の内容に着目した規制を内容規制（content-based regulations）といい，これに対し，表現の内容には関係なく，表現の手段・方法等を規制する場合を内容中立規制（content-neutral regulations）という。一般論としては，表現の内容規制は，その内容の表現が言論市場から締め出されてしまうことになるし，また，権力者が自己に都合の悪い表現内容を規制したのではないかという疑いの余地があり，表現の自由に対する規制のインパクトが非常に強いと考えられるので，厳格な審査が必要であるが，内容中立規制の場合は，表現の他の回路が存在することが通常であり，したがってまた，権力者が都合の悪い表現を規制しているのではないかという疑いも小さく，規制のインパクトは内容規制と比べれば小さいと解されるので，通常審査（中間審査）でよいということになる。

(1) 内 容 規 制

　内容規制といっても様々な種類・類型が区別され，一律の扱いは不可能である。ここでは，重要な区別として，見解（viewpoint）と主題（subject-matter）の区別，および，価値の高い表現と低い表現の区別を取り上げて説明しておく。

㈦　見解と主題

　内容規制にも，様々な立場・見解・観点がある中で特定の立場・見解・観点のみを禁止するという「見解規制」と，特定の主題につき，その主題に関してどのような立場をとるかとは関係なしに，その主題を内容とする表現を禁止するという「主題規制」とがある。たとえば，選挙に関する表現を禁止するというのは，主題規制であり，野党候補を支持する表現を禁止するのは，見解規制である。

　見解規制は，特定の立場を公的議論の過程から排除するもので，自己統治・民主政治の理念に反するし，政府が自己に都合の悪い表現を抑圧する危険性も大きいから，きわめて厳格な審査が必要となる。これに対し，主題規制は，特定主題を公的討論の場から全面的に排除してしまう場合には，見解規制と同じ問題をはらみ，厳格な審査が必要であるが，時・場所・態様規制と結合してなされる場合には，公的討論の場に向けて表現する他の回路が開かれている限り，内容中立規制の場合と同様に考えることができよう。たとえば，公衆の目に触れる場所でのポルノ表現を制限する場合などが，その例である。

　内容規制に関連して困難な問題を提起しているのが，放送法4条1項による放送内容の規制である。特にその2号「政治的に公平であること」，および，4号「意見が対立している問題については，できるだけ多くの角度から論点を明らかにすること」が問題となる。これは内容規制の中でも見解規制にあたると思われるが，そうだとすると厳格審査が要求される。従来は，周波数の有限・稀少性，映像の影響力などを理由に合憲とされてきたが，最近ではこのような理由に疑問を提示する見解も見られる（224頁参照）。違反に対する制裁規定がないことも，合憲論の根拠としてあげられるが，放送免許の更新に際して事実上違反の有無が考慮されうるとすれば，制裁がないともいえないであろう。

㈦　「低価値表現」

　表現内容そのものに価値の高低が内在するという考え（high-value speech と

low-value speech の区別）を支持することは困難であるが，自己実現・自己統治という表現価値とどの程度密接に関連するかを基準に内容価値の高低を議論することは可能であろう。たとえば，政治的表現は自己統治に密接に関連するから高価値の表現であるが，わいせつ的表現はそういう関連はないから低価値だといわれたりする。しかし，わいせつ的表現を使って政治的批判を目的とした表現をすることもあるし，受け手の自己実現という観点から見ればわいせつ的表現も重要だという反論も可能であり，表現価値との関連で低価値・高価値をカテゴリカルに分けるのは，表現価値を自己統治に限定し，政治的表現の保護が核心であるという立場をとる場合を除き，困難であろう。

　低価値表現という場合，むしろ表現内容がもたらす社会的害悪に着目していることが多い。わいせつ，名誉毀損，プライバシー侵害，差別的表現などは，伝統的にその内容自体が保護すべき法益を侵害するものと考えられてきた。それゆえに，また，表現を抑圧する場合にも，こういった表現の規制を口実に行われることが多かった。そのためこれらの表現規制を表現の自由の観点から限定する必要が痛感され，今日では表現の自由の保障範囲内に取り込むようになったのである。しかし，通常の表現と同程度の保護が与えられるわけではないということを強調するために，低価値の表現といわれたりする。低価値かどうかは別にして，これらの表現の保障の限界を扱う場合に重要なことは，許される表現と許されない表現の境界を明確に画定し，法執行者の恣意的な法適用の余地をなくすとともに，本来許されるべき表現さえも安全を期してやめてしまうという「畏縮効果」（chilling effect）を除去することである。そのためには，可能な限り「定義づけ衡量」のアプローチが好ましい。しかし，このことは低価値表現といわれる類型だけではなく，内容規制一般についていえることである。そこで，表現内容の特性に応じて類型を設定し，類型ごとに最適の審査基準を考えていくアプローチがとられる。類型からはずれる内容規制については，見解・主題規制審査の一般的枠組で考えることになる。以下に，主要な類型としてa）せん動，b）わいせつ表現，c）名誉毀損表現，d）プライバシー侵害，e）営利的言論，f）差別的言論，g）著作権，を取り上げて説明しておこう。

　a）せん動　　せん動罪が問題となるのは，通常，政治的言論と関連する場合が多く，厳格な審査が必要となる。せん動罪を処罰する規定の例としては，

破壊活動防止法38条1項（刑法の内乱罪・外患誘致罪等の「せん動」を処罰），39条（政治目的のための放火の罪の「せん動」を処罰），40条（政治目的のための騒乱の罪の「せん動」を処罰）や，東京都公安条例（集会，集団行進及び集団示威運動に関する条例）5条（違法なデモ行進等の「煽動者」を処罰）があるが，国家公務員法110条1項17号（違法なスト・ボイコット等を「あおる」行為を処罰）もこれに含まれよう。刑法上の教唆犯の場合は教唆された犯罪が実行されたことが前提となるが，せん動罪の場合はせん動された犯罪が行われたかどうかと無関係にせん動行為そのものを処罰するため，たとえば政治的な集会・デモに際しての「アジ演説」が保護された表現なのか処罰可能なせん動なのかが問題となる。

　政治的言論がどの時点で可罰的な「せん動」となるかを考える場合に参考になるのは，アメリカの判例で形成された「明白かつ現在の危険」(clear and present danger) の理論（害悪の発生する危険が明白であり，かつ，現に存在するに至っているかどうかという基準），あるいは，その発展として定式化されたブランデンバーグ原則（1969年の Brandenburg v. Ohio 判決で定式化された，違法行為の唱道を罰しうるのは，その唱道が差し迫った〔imminent〕違法行為の誘発に向けられた場合に限るという原則）である。この考えを参考にして，現実の法適用を厳格に絞っていく必要があろう。たとえば，破防法4条2項は，せん動を「特定の行為を実行させる目的をもって，文書若しくは図画又は言動により，人に対し，その行為を実行する決意を生ぜしめ……るような勢のある刺激を与えること」と定義しているが，この条文の解釈適用に際してはブランデンバーグ原則を参照するのがよいであろう。この点で，破防法の規定するせん動罪を合憲とした最高裁判例（最二判平成2年9月28日刑集44巻6号463頁）は，表現の自由も絶対無制限ではないというのみで，違法行為誘発の切迫性等に関説するところがなく，抽象的危険があればよいとの印象を与え説明不足の感を否めない。

　b）わいせつ表現　　刑法175条は，「わいせつな文書，図画，電磁的記録に係る記録媒体その他の物を頒布し，又は公然と陳列した者」（1項）および「有償で頒布する目的で，前項の物を所持し，又は同項の電磁的記録を保管した者」（2項）を処罰する旨規定する。かつてはわいせつ物の頒布等は表現の自由の保障の対象外と考えられていたが，現在では保障の範囲に入りうると考えられている。そこで，表現の自由を尊重しながら処罰の対象となる「わいせつ

第 2 部　基本的人権

物」を定義することが必要となるが，そのためには，わいせつ罪が何を保護し
ようとしているかをまず明らかにする必要がある。

　この点につき，判例は，保護法益を性道徳・性秩序の維持に求め，わいせつ
物を「徒らに性欲を興奮又は刺戟せしめ，且つ普通人の正常な性的羞恥心を害
し，善良な性的道義観念に反するもの」と定義している（チャタレー事件・最大
判昭和 32 年 3 月 13 日刑集 11 巻 3 号 997 頁）。しかし，近代法における法と道徳の
分離論を基礎に，性道徳は社会の変化に応じて変化する性質が強いからその規
制は社会的道徳に委ね，法は介入すべきでないという批判も有力である。また，
仮に最低限の道徳の維持を法が担うことを認めるにしても，最高裁のわいせつ
物の定義は広汎かつ曖昧にすぎ，表現の自由に対する強度の畏縮効果をもつか
ら，わいせつ物の範囲をハード・コア・ポルノおよびそれに準ずるものに限定
すべきであるという見解も有力である（ビニール本事件・最三判昭和 58 年 3 月 8
日刑集 37 巻 2 号 15 頁の伊藤補足意見は，ハード・コア・ポルノと準ハード・コア・ポ
ルノを区別して分析することを提案する）。しかし，最高裁は上記定義を広汎でも
曖昧でもないとしており，その前提の下に関税定率法 21 条が定めていた輸入
禁制品（現在は関税法 69 条の 11 に規定されている）の「風俗を害すべき」書籍，
図画等の意味を「わいせつな」書籍，図画等の意味に解釈して，この規定が広
汎・曖昧で違憲であるという主張を退けている（最大判昭和 59 年 12 月 12 日民集
38 巻 12 号 1308 頁）。仮にわいせつ概念が明確であるとしても，何がそれに該当
するかの判断は，主観的評価を避けえない。判例のいうように社会通念に従う
としてもである。そこで，その主観性を可能な限り限定する試みが判例上もな
されてきているが，少なくとも問題部分を表現全体から切り離して評価するの
ではなく，全体との関連において評価する必要がある。判例も，当初は部分的
評価方法をとったが，その後全体的評価方法を採用するに至った（「悪徳の栄
え」事件・最大判昭和 44 年 10 月 15 日刑集 23 巻 10 号 1239 頁）。

　これに対し，最高裁判例を批判し，道徳と法の区別を強調する立場は，保護
法益を「見たくない人」および青少年の保護に求め，わいせつ物を「見たくな
いものをむりやり見せられない権利」を害するもの，および，青少年の情操を
害するものと理解する。かかる観点からは，現行のわいせつ罪は広汎にすぎる
から，文面上違憲か，あるいは，少なくともこの趣旨に合うような限定解釈が

必要ということになる。最高裁の見解は，成人との関係では規制の範囲が広すぎるが，見たくない人や青少年との関係では，逆に狭すぎるという欠点を有する。青少年の保護に関しては，地方公共団体の条例（青少年保護条例）により対処されており，また，風俗営業法（風俗営業等の規制及び業務の適正化等に関する法律）が18歳未満の青少年にインターネット等を通じてわいせつな映像を送信することを禁じている（31条の8）。また，児童ポルノ禁止法（児童買春，児童ポルノに係る行為等の規制及び処罰並びに児童の保護等に関する法律）が，児童（18歳未満）をモデルにしたポルノの作成・提供，提供目的の所持のみならず自己鑑賞目的の所持も禁じている。青少年保護で対象とされている性表現は，刑法のわいせつ物より広いことに注意が必要である。

　以上のいわば伝統的なわいせつ規制の議論に対し，近年，フェミニズムの立場からわいせつ概念を捉え直す主張がなされている。それによれば，ポルノ表現は女性差別・男性優位社会を我々の意識において再生産し強化する役割を果たしており，その意味で差別表現であり，かつ，単なる表現にとどまらず差別的「行為」と評価すべき性格をも有している。ゆえに，そのような性格をもつポルノ表現をこそ法で規制すべき「わいせつ表現」と捉えるべきだというのである。しかし，この議論には，差別「表現」を規制しうるのか，また，表現ではなく行為を規制するのだというのであれば，いかなる段階で表現が行為となるのかといった点に問題が残されており，現在のところ多くの支持を得るには至っていない。

　c）名誉毀損表現　　名誉毀損に対しては，刑事制裁（刑法230条の名誉毀損罪）と民事制裁（民法709条の不法行為に基づく損害賠償請求，民法723条による名誉回復措置）の両方が可能である。名誉とは，社会的評価であり，人格権を構成すると理解されている。しかし，名誉の侵害は，通常，表現により行われるので，表現の自由との調整が必要となる。実際，名誉毀損は，権力者が自己に対する批判を抑圧するのに使われやすく，国民の政治的表現の自由と衝突することが多い。民主政治にとっては，為政者やその政策の自由な批判が不可欠であることに鑑み，名誉毀損的表現に対する畏縮効果を除去することが重要となる。この目的のために，刑法230条の2第1項は，名誉毀損的表現が「公共の利害に関する事実に係り，かつ，その目的が専ら公益を図ることにあったと認

第2部　基本的人権

める場合には，事実の真否を判断し，真実であることの証明があったときは，これを罰しない」と定めた。つまり，名誉毀損罪は，「公然と事実を摘示し，人の名誉を毀損した」とき，「その事実の有無にかかわらず」成立するとされている（刑230条1項参照）が，①事実が公共の利害に関係し，②専ら公益を図る目的で表現した場合には，③事実が真実であることの証明があれば，免責されるとしたのである。そして，犯罪報道については，公共の利害に関する事実とみなして（刑230条の2第2項），①の論証を免除し，公務員および公職の候補者に関する事実については，①と②ともに論証を免除している（同条3項）。しかし，いずれの場合も，③の論証は不可欠であり，これを文字通りに解すれば，表現者の側に相当重い負担がかかる。事実が真実であることを訴訟の場で証明しうる自信がなければ，名誉毀損罪による処罰を覚悟してしか表現しえないことになるからである。しかし，判例は，この点の証明責任を緩和して，「事実が真実であることの証明がない場合でも，行為者がその事実を真実であると誤信し，その誤信したことについて，確実な資料，根拠に照らし相当の理由があるときは，犯罪の故意がなく，名誉毀損の罪は成立しない」と判示している（夕刊和歌山事件・最大判昭和44年6月25日刑集23巻7号975頁）。そして，この考えは，民事の名誉毀損にも妥当するとされている（最一判昭和41年6月23日民集20巻5号1118頁参照）。

　以上は事実を摘示して名誉を毀損した場合（事実摘示型名誉毀損）であるが，事実を摘示しないで名誉毀損的な表現をした場合はどうか。刑事責任としては侮辱罪（刑231条）の可能性はあるものの名誉毀損罪とはならないが，民事の不法行為責任との関連では名誉毀損を事実摘示型には限定しておらず，公正さを欠く論評によっても名誉毀損が成立すると解されている（論評型名誉毀損）。その場合，事実の摘示がないから，仮に論評が公共の利害に係り，かつ専ら公益を図る目的でなされたとしても，事実の真実性あるいは真実と信じたことの「相当の理由」の論証による免責は問題にならない。この点につき判例は，名誉毀損的事実を摘示するのではなく，名誉毀損的ではない「事実を基礎としての意見ないし論評の表明による名誉毀損」の場合には，「前提としている事実が重要な部分について真実であることの証明があ」るか，それを真実と信ずるについて「相当の理由」があれば免責されるとした。そして，事実摘示型と論

242

第 8 章　精神活動の自由 (2)

評型の区別は，当該表現が「証拠等をもってその存否を決することが可能」な内容か，それとも「証拠等による証明になじまない物事の価値，善悪，優劣についての批評や論議」なのかにより行うとしている（最一判平成 16 年 7 月 15 日民集 58 巻 5 号 1615 頁）。

　なお，民事の名誉毀損では私人間における表現の自由が問題となるという理解がなされることがあるが，そこでの表現の自由の主張は被害者に対して行っているのではなく，裁判所に対して「私に名誉毀損の責任を課すならば，裁判所が私の表現の自由を侵害することになる」と主張しているものと理解すべきであり，そのように理解すれば国家と私人との関係であり直接適用の場面ということになる。判例上も名誉毀損による不法行為が争われた事件において私人間効力が論じられていないのは，このためである。

「現実の悪意」論　　アメリカでは，表現者に「現実の悪意」(actual malice) がなければ免責されるという判例法理が確立されている。現実の悪意とは，表現者が事実が真実でないことを知っていたか，あるいは，簡単な調査で容易に知ることができたのに調査をしなかった場合をいい，名誉毀損を主張する側が現実の悪意の存在を証明しなければならないとされている。日本の判例が，「相当の理由」を要求し，かつ，それを表現者に証明するよう求めているのと比べると，表現の自由の保障が圧倒的に大きい。そのため，日本でも現実の悪意の法理を取り入れるべきだという主張も有力であるが，しかし，アメリカでは名誉毀損に対する制裁（刑罰あるいは損害賠償）が日本と比べてはるかに重く，それだけ畏縮効果も大きいことを考えると，日米の比較は容易ではない。直ちに現実の悪意を採用することを考えるよりは，制裁を強化することと，相当の理由の挙証責任を転換することを当面の課題とすべきであろう。

「公人」理論　　何が公共の利害に関係する事実かに関して，判例は，「私人の私生活上の行状」であっても，その私人が社会的な影響力を発揮しうる立場にある者の場合には，その社会的な活動の評価・批判の一資料として，「公共ノ利害ニ関スル事実」とされることがありうることを認めている（月刊ペン事件・最一判昭和 56 年 4 月 16 日刑集 35 巻 3 号 84 頁）。アメリカでも，現実の悪意の法理は，もともとは公務員に関して形成されたものであったが，私

243

第 2 部　基本的人権

人でも社会的な名士・有名人などのいわゆる「公人」(public figures) に対しては適用されるとされている。その根拠としては，公共の関心事ということもあるが，公人は事実上メディアへのアクセスを有しており，反論が可能であるという点が強調されている。言論による攻撃に対しては，対抗言論で闘うのが基本であり，両者が平等な表現の場を確保しうる限り，公権力が安易に介入すべきでないという考えが，その基礎にある。日本の判例は，公共の利害の方を重視しているが，対抗言論の思想も見落とすべきではないであろう。

対抗言論の理論　討論過程で名誉毀損的表現がなされた場合に対抗言論による解決を考慮すべきと思われるのは，インターネット上の言論である。インターネット上の討論の場合は，参加者の間に平等なメディア・アクセスが成立するからである。したがって，インターネット上で討論のイニシャティヴをとって問題提起的発言をした者は，そのテーマに関連して名誉毀損的攻撃を受けた場合，まず対抗言論によって名誉回復を図るべきであり，名誉毀損的言論を討論過程という文脈から切り離して安易に名誉毀損の成立を認めるべきではない（東京高判平成 21 年 1 月 30 日判タ 1309 号 91 頁参照。ただし，最高裁はインターネット上でも名誉毀損についての通常の手法が妥当するとしている〔最一決平成 22 年 3 月 15 日刑集 64 巻 2 号 1 頁〕)。

　d) プライバシー侵害　　表現によるプライバシー侵害は名誉毀損と相伴って問題となることが多いが，保護法益としてはまったく別のものである。名誉が社会的評価を保護法益とするのに対し，プライバシーは社会的評価から自由な領域を保護法益とするといわれることもある。表現との関係で問題となるプライバシーの中心は，他人に知られたくない私事であり，それが私人間に適用される人権かどうかは別にして，いまや「法的に保護された利益」であることに異論はない。ゆえに，他人の私事を暴露する等，プライバシーを侵害する表現は，表現の自由として保護されない。名誉毀損と異なり，侵害されたプライバシーは対抗言論で回復するということは不可能であり，また，裁判に勝訴することによって回復されることもない。ゆえに，裁判所による事前差止めも，名誉毀損の場合より許容されやすいであろう。

　問題はいかなる場合にプライバシー侵害を認めるべきかであるが，争いの大部分が政治家やタレントなどの公務員・公人に関して生ずるであろうことを考

えると，ここでは名誉毀損の場合の考えを参照するのが妥当であろう。つまり，「私事」でも「公共の利益」に関係する情報はプライバシーの保護の対象外と考えるべきである。たとえば，政治家の私生活に関する情報も，政治家としての資質を判断する材料となるような情報は「公共の利益」に関するものと考えられる。ただし，対抗言論による回復は不可能であるから，名誉毀損の場合と異なり，私事を暴露されても対抗言論により弁明すればよいという理屈にはならない。

**モデル小説と
プライバシー**　より難しい問題を提起するのは，いわゆるモデル小説の場合である。モデル小説には，私事にわたる「事実」のみならず「虚偽の事実」も描写されることが多い。「事実」に関しては，モデルの人物が容易に同定され，その人に関する事実が多かれ少なかれ基礎となっていると受け取られている限り，プライバシー侵害を認めるべきであろう。「虚偽の事実」については，観念上はプライバシーということにならないにしても，真実と受け取られる可能性が強い限り，本人の苦痛は同程度に大きいから，プライバシーに含めて考えるべきであろう。

　モデル小説が争われたリーディング・ケースは，三島由紀夫の小説「宴のあと」事件であり，東京地裁が初めて民法上プライバシーの権利を認めて話題となった（東京地判昭和39年9月28日下民集15巻9号2317頁）。最高裁判決としては，「石に泳ぐ魚」事件（最三判平成14年9月24日判時1802号60頁）がある。小説ではないが，ノンフィクション「逆転」事件（最三判平成6年2月8日民集48巻2号149頁）では，前科の公表がプライバシー侵害となるかが争われた。服役後一般市民として平穏な生活を送っていた原告の過去の事件を実名を使って著したもので，原告が「公人」ではないことも考慮して，プライバシー侵害を認めている。なお，モデル映画の上映の事前差止めを争ったものに「エロス＋虐殺」事件がある（東京高決昭和45年4月13日高民集23巻2号172頁）が，扱った題材が歴史上公知の事実であるとしてプライバシー侵害は認められなかった。

　e）営利的言論（commercial speech）　商業広告のような営利的言論は，かつては経済的自由の問題であると考えられていたが，マス・メディアを通じての広告活動が盛んになると，広告情報を受け取る消費者の側から見れば，そ

第2部　基本的人権

の情報は個人の人生設計にも密接に関連する重要な意味をもちうることが認識されてきた。そのため，経済的自由の規制には緩やかな審査しか認めないアメリカにおいて，こうした情報流通に経済的自由より厚い保護を与えようとして，これを表現の自由の保護を受ける「営利的言論」と捉える見解が生じた。非営利的言論の場合と同程度の厳格審査をするのではないが，経済的自由の場合より厳格な審査，つまりは「中間審査」を行うというのである。その結果，判例上次のような基準に具体化された。①表現の自由の保護を受けるためには，合法的活動に関する広告であり，かつ，誤解を招きやすい内容であってはならない。②規制の利益（目的）が実質的なものでなければならない。③規制がその利益を直接的に促進するものでなければならない。④規制がその目的を達成するのに必要な以上に広汎であってはならない。このうち①は，保護の及ぶ（あるいは及ばない）範囲を画定する基準であり，②以下が制限の正当化に関するもので，②が目的審査に，③④が手段審査に対応している。

　これを参考にして，日本でも営利的言論を表現の自由の保護の下に置くべきだとする学説が唱えられている。しかし，広告を行う広告主の行為は，本来の性質としては経済的活動というべきであり，それを表現と捉えるのは，主としては広告の受け手の側に着目してのことである。たしかに，情報を自由に受け取る権利も表現の自由により保障されると解すべきであるから，受け手に広告を受け取る自由を認めること自体に問題はないが，しかし，受け手の表現の自由に役立つから広告主にも表現の自由を認めるべきだという議論には問題がある。人権の正当化論として，他者（の人権）に役立つ活動を人権と捉える構造となるからである。広告主に表現の自由の保護を及ぼそうというのであれば，あくまでも広告主の利益として正当化する必要があり，正当化しうる場合にのみ，その限度で，認めるべきなのである。商業広告である限り，広告主の行為は経済活動であり，表現の自由の保護は受けないが，広告の受け手は「情報を受け取る自由」としての表現の自由の保護を受ける。問題は，広告主が「受け手」の表現の自由を援用しうるかである。これは，憲法訴訟論における第三者の憲法上の権利の主張適格という問題となる。受け手が自己の権利の侵害を訴訟で争うことが困難だという事情は，通常はないであろうから，広告主が自己に対する広告規制を争う訴訟で受け手の権利を援用することは，なかなか認め

246

られないであろう。しかし，かりに認められたとしても，受け手が受ける規制は表現を受け取る自由の付随規制となるから，厳格審査とはならない。したがって，広告主にとっては，経済活動の規制として通常審査を受けるのと変わりないということになる。アメリカのように経済活動の規制は敬譲審査となる場合には，営利的言論を認めるかどうかは重大な問題となるが，日本ではそれほど実益のある議論ではないのである。

　この問題に関連した日本の判例に，灸の適応症の広告規制を争った事件がある（最大判昭和36年2月15日刑集15巻2号347頁）が，最高裁は表現の自由の問題としては捉えていない。広告にも表現の自由の保障を及ぼすべきだという立場からは批判のあるところであるが，しかし，上述のように，日本の最高裁は，経済的自由につきアメリカの最高裁のような緩やかな審査を行う立場はとっていないから，アメリカとは事情を異にする。経済的自由の問題と捉えても通常審査を行えば特に問題はないと思われる。京都府風俗案内所規制条例の合憲性が争われた最近の事件において，風俗案内所の広告規制（同条例7条）の憲法21条違反も争われたが，ここでも最高裁はこの規制が表現の自由の規制に該当するかどうかを明示的に判断することなく，灸の適応症の広告に関する上記判決を援用して合憲の判断をしている（最一判平成28年12月15日集民254号81頁）。他に弁護士の広告規制（現在では若干緩和されている）やたばこの広告規制などの問題が存在するが，今後の議論に残されている。

　f）差別的言論（hate speech）　　人種・性・性的志向等を異にするマイノリティ集団に対する敵意・憎悪・嫌悪などを表す表現をアメリカではヘイト・スピーチと呼んでいるが，日本では差別的言論と呼ぶことが多い。こうした言論は，特定個人に向けて発せられた場合には，不法行為となりうるし，刑事的にも侮辱罪や名誉毀損罪等の対象となりうるであろう。では，特定個人ではなく，人種，民族，女性あるいは障害者などの特徴あるいは属性をもつ不特定多数の集団に向けて発せられる場合には，いまだ言論に留まっていると考えるべきであろうか，それとも差別「行為」に踏み込んでいると考えるべきであろうか。前者なら原則として規制は許されないが，後者なら許されるということになる。言論の保護を重視し，言論に対しては言論で対抗するのが原則と考えるアメリカでは，前者の考えが有力であり，合衆国最高裁の判例ともなっている。

第2部　基本的人権

それに対し，ヨーロッパ諸国では後者の理解が一般であり，たとえばユダヤ人を憎悪しナチスを擁護するような言論は刑罰の対象とされている。アメリカ合衆国が，差別的言論の処罰を求める差別撤廃条約の批准を渋ったのも，この点に関連していた（1994年に批准）。

　日本は1995年にこの条約に加入し1996年に発効しているが，条約上の義務を憲法と抵触しない限度で履行する旨の留保を付しており，これまでは既存の法律により対処可能と考えて特別の処罰法律は制定してこなかった。しかし，最近，特定外国人に対するヘイト・スピーチが街宣活動として行われたり，インターネット上で領布されるという事件が増加傾向にあり，危惧されている。騒音を伴う街宣活動に威力業務妨害罪を適用した判決（京都地判平成23年4月21日判例集未登載，控訴，上告ともに棄却され確定）も生じているが，既存の法律で対処することにも限界があることが意識されてきて，2016年にはヘイト・スピーチ対策法（正式名称は「本邦外出身者に対する不当な差別的言動の解消に向けた取組の推進に関する法律」）が制定されるに至った。しかし，啓発活動の実施を中心にした法律であり，処罰規定はないから，実効性は未知数である。言論と行為の区別を基礎に許される表現と許されない表現を切り分けるアメリカ的発想も，表現の自由の保障の観点からは重要であるが，我が国の国民性を考慮すると，言論を通じて差別的・憎悪的感情が醸成・増幅されていくのを手遅れにならない段階で防止する方策を考える必要があるかもしれない。

　g）著作権　　自己の見解や感情の表現を他者の著作権に属する表現を無断で用いて行うことは許されない。著作権は表現の自由を制約するのである。したがって当然，この制約は憲法上正当化されるのかどうかが問題となる。著作権による表現の自由の制約は，内容規制なのか，それとも内容中立規制なのかに関しては，見解が分かれる。誰かの表現内容が他者の著作権に該当すれば著作権侵害となると考えれば，表現内容を問題としているから内容規制であるという捉え方になる。これに対して，著作権侵害は表現内容の主題あるいは観点の相似性を問題とするのではないことに着目すれば，内容中立規制という捉え方になる。おそらく具体的問題の文脈に従って，いずれの構成を採るべきかを決めることになろう。内容規制となれば，厳格な審査が要求される。

　著作権を著作活動へのインセンティブを高めるため等の政策的目的から法律

248

で創設した権利であると考えると，そのような法律上の権利が憲法上の権利である表現の自由を制約することをどのように正当化しうるかという困難な問題に直面する。もちろん，著作活動を活発化させることは，国家の重要な政策であり，「公益の増進」を目指すものとして憲法の許容するところである。しかし，「公益の増進」のために表現の自由を制限するという論理は，憲法学の通説の忌み嫌うものである。したがって，正当化を可能にするためには，著作権を是非とも憲法上の権利と理解する必要がある。憲法上の権利として位置づけることができれば，著作権と表現の自由の衝突は，憲法上の権利同士の調整の問題として考えることが可能となるのである。

　著作権を憲法上の権利と捉える場合，基本的には二つの可能性がある。一つは，財産権に包摂することであり，もう一つは，人格権により基礎づけることである。まず前者であるが，通説によれば，憲法29条2項により，著作権法の創設した著作権は，憲法上の財産権として憲法29条1項の保障を受けることになる。しかし，この場合，著作権の内容を決定するのは法律であり，法律によりいかようにも定めうることになる。そうだとすれば，立法者は著作権を表現の自由を侵害しないような内容に定めるべきだという主張に対抗し難いであろう。したがって，結果的には著作権を法律上の権利と捉えた場合と，ほとんど違いはないことになろう。著作権法の解釈にあたっては，著作権の範囲を限定し，その制限規定を拡大する方向で解釈するのが，憲法の要請だということになる。これに対して，憲法29条1項は，自己の「労働」により生み出した価値は自己の財産権となることを保障した規定だと解すると，著作権は，法律を媒介にすることなく，直接憲法上の権利としての資格を獲得する。これにより，表現の自由と同資格で調整に臨むことが可能となるのである（本書290頁参照）。

　他方，著作権には，人格権的側面もある。著作権法もその財産権的側面とは別に著作者人格権（公表権，氏名表示権，同一性保持権）を保障している（著作18条以下）。しかし，判例上，憲法上の権利として認められている人格権はきわめて限定されており（肖像権，指紋押捺を強制されない権利，等），法律上の著作者人格権のすべてが憲法上の人格権に包摂されるとは，現状では考え得ない。したがって，著作者人格権（特に同一性保持権）には，相当広範囲の法律上の権

第 2 部　基本的人権

利が含まれていると想定せざるをえない。そうだとすれば，著作者人格権による表現の自由の制約については，憲法上の権利同士の調整となる場合とそうではない場合の区分け作業が必要となろう。この観点から，パロディ・モンタージュ写真事件（最三判昭和 55 年 3 月 28 日民集 34 巻 3 号 244 頁）は，再検討が必要である。

(2)　内容中立規制

内容中立規制が通常審査（中間審査）基準で審査してもよいとされるのは，政府が自己に不都合な表現を抑圧しようとする危険が少なく，特定内容の表現が完全に言論市場から閉め出されるということもなく，通常は言論市場への他の回路が開かれているという事情による。ゆえに，逆にいえば，法文上は内容中立につくられていても，現実には特定内容の表現が言論市場から締め出されたり，あるいは，特定内容の表現にきわめて不利に働くという場合には，内容規制と同様に扱うべきことになる。

内容中立規制についても，表現活動の規制を直接の目的とする場合と，何らかの弊害をもたらす行為を規制した結果，たまたま「付随的」に表現活動も規制されうることになったという場合が区別される。前者の典型が，表現の時・場所・態様（time, place and manner）の規制といわれるものである。

(ア)　時・場所・態様の規制

内容中立規制のほとんどは，時・場所・態様の規制として行われる。たとえば，混雑する時間帯あるいは場所でのビラの配布や，交通の重大な妨害となる態様でのビラの配布の規制（道交 77 条 1 項 4 号参照），他人の家屋へのビラ貼り（軽犯 1 条 33 号），危険であったり街の美観を損ねるような態様の（意見）広告物・看板（屋外広告物に関する法・条例），道路上での演説（道交 77 条 1 項 4 号），拡声器等による騒音（騒音防止条例）等々の規制がその例である。メディアへのアクセスをもたない一般人にとって重要な表現手段が多いが，内容中立的である限り通常審査が妥当する。

(イ)　付随的規制

これは表現行為の規制を直接の目的とするのではない規制を指す。したがって，表現行為がその規制を受けることになるのは例外的な状況であるのが通常

である。その典型例は，アメリカで問題となった徴兵カードの焼却行為である。徴兵カードの滅失行為を処罰する目的は，少なくとも建前上は，表現行為の規制ではない。徴兵制度の円滑な運用に必要とされた規制なのである。徴兵カードを焼却するという行為は，通常は表現行為とは考えられていない。その行為を意見表明の手段として使ったために，表現としての意味をもつことになったにすぎない。その意味で，表現の付随的な規制に属する（c.f. United States v. O'Brien, 391 U. S. 367（1968））。このような場合には，表現の規制を意図しているわけではないので，厳格な審査は必要でないが，付随的とはいえ表現が規制される結果となっているから緩やかな審査でよいとはいえない。ゆえに，通常審査（中間審査）が適切である。また，その結果，表現の方を優先すべきということになったとしても，適用上違憲の判断方法で対処すべきであろう。もっとも，実際には表現行為の規制が目的なのに，法文上は付随的規制の形となるよう装ったにすぎない場合や，現実に規制される行為の多くが表現行為であるような場合は別である。

　日本の判例では，公務員の政治的行為の規制（猿払事件・最大判昭和49年11月6日刑集28巻9号393頁参照）や選挙の戸別訪問の規制（最二判昭和56年6月15日刑集35巻4号205頁参照）が付随的規制として説明されているが，政治的行為や戸別訪問は通常は表現活動として理解されており，そうであるとすれば表現の直接規制であって，付随的規制とは類型を異にする。これに対し，他者が所有・管理する敷地に無断で立ち入ってビラ配布を行う行為を住居侵入罪（刑130条）に問うのは，表現の自由の付随的規制の例といえよう。判例もこのようなビラ配布（新聞受けへの投函）を表現の自由の保障下にあると認定したうえで，それへの住居侵入罪の適用（表現行為の規制）の正当性を論じている（最二判平成20年4月11日刑集62巻5号1217頁，最二判平成21年11月30日刑集63巻9号1765頁）が，規制目的としては敷地等の管理権と「私生活の平穏」の保護を挙げている。特に後者は今日重要性を増しており，目的の重要性は肯定されよう。他の表現回路も存在するのが普通であるから，通常審査基準により規制そのものが違憲となることはないであろうが，この種の規制の問題点は，特定表現内容をねらい撃ちにする危険が存在することである。そのような事例である場合には，たとえ構成要件に該当しても違法性阻却等により限定し，表現に

第2部　基本的人権

対する畏縮効果を除去する必要がある。

3　パブリック・フォーラムと非パブリック・フォーラム

　表現のためには，表現の空間を確保することが不可欠である。道路・広場・公園等は，伝統的に，交通や憩いの場というだけでなく，人々が自由に交流し表現する場としても認められてきた。このような場をパブリック・フォーラムと呼び，そこでの表現の自由を施設の管理権を楯に安易に規制することに対し警戒している。

　アメリカの判例では，政府の所有・管理する施設を①伝統的なパブリック・フォーラム，②指定されたパブリック・フォーラム，③非パブリック・フォーラムに区別している。それによれば，道路・広場・公園等の「伝統的パブリック・フォーラム」における表現規制は厳格な審査に服し，表現のために特に設置された公会堂等の「指定されたパブリック・フォーラム」についても，設置し維持するかどうかは裁量の問題であるが，設置・維持する限りは，伝統的なそれと同様に扱うべきであるとされる（泉佐野市民会館事件・最三判平成7年3月7日民集49巻3号687頁参照）。

　これに対し，「非パブリック・フォーラム」の場合は，表現のために使用させるかどうかは裁量の問題であり，使用させる場合には後述の「規制と援助」の区別における「援助」型となり，アメリカの判例ではこのような場合，「見解」に基づく差別をしてはならないとしている。

　以上のような考え方は日本でも参考になろう。日本の行政法学における公共用物と公用物の区別に対応した面をもつが，それを表現の自由との関係で捉えているところに特徴がある。最高裁の判決にも，駅構内でのビラ配布の許可制を駅舎の管理という観点だけでなく，それがパブリック・フォーラム性を有する点にも配慮してその具体的な運用を考察すべきだとした伊藤判事の補足意見が存在する（最三判昭和59年12月18日刑集38巻12号3026頁）。

　ちなみに，自治体が掲示板や広報のコラムを市民に開放した場合なども，「指定されたパブリック・フォーラム」性を獲得すると考えるべきであろう。

4 規制と援助

　政府は，自己の掲げる政策を実現するために，表現活動の規制（禁止あるい
は制限）ではなく，たとえば活動資金の助成等の「援助」という手法を用いる
こともある。憲法は国に対し私人の表現活動を援助することを義務づけてはい
ないが，禁止しているわけでもない。ゆえに，政府は，自己の政策の国民への
浸透を私人の表現活動に対する援助を通じて，促進することができる。しかし，
自己の政策に対する批判表現を規制すれば表現の自由の侵害となるのに，支持
表現を援助することは憲法問題とならないのであろうか。たとえば，政府が特
定の宗教を援助すれば，政教分離違反となる。同様のことが思想についてはい
えないであろうか。憲法には「政治と思想の分離」を明示的に要求した条文は
存在しない。民主政治において，政治と思想を分離することなど不可能だから
である。政府の政策は，通常，特定の思想を基礎にしている。多数派の支持し
た思想が「公認の思想」となるというのが，デモクラシーの含意なのである。
表現の自由が要求するのは，公認の思想以外の表現も保障せよということであ
る。様々な思想（それに基づく政策）の間で競争し，多数派を形成した思想が次
の選挙まで公認思想となるというのがデモクラシーなのである。ゆえに，政府
は自己の思想の推進に公的資源を用いることを許されている。ただし，そのた
めには，法律と予算の根拠が必要であり，かつ，政治的には「説明責任」を問
われる。政府が自己の政策を国民に対し説明・推進する行為は「政府言論」
（government speech）と呼ばれることがあるが，それは憲法論としては「言論」
ではなく，言論の自由の対象になるわけではない。その逆で，あくまでも政府
の行為であり，政府は反対派の批判の自由を保障し，説明責任を果たさねばな
らず，また，法治主義の原則の下に法的根拠を要求される。しかし，そういっ
た条件を満たす限り憲法上許された行為である。では，「公認思想の宣伝」を
自ら行うのではなく，公認思想に適合する私人の表現活動を援助することはど
うか。援助も政府の行為（政府言論）であるから，上の条件を満たせば同様に
考えてもよさそうに見える。しかし，ここでは政府と私人の間に直接的な接触
が生じており，人権問題が生じうる。というのは，特定の私人に関して，援助

第2部　基本的人権

を受ける者と受けない者の「差別」が生じうるからである。よく問題になるのは，芸術的活動への援助である。誰にも国から援助を受ける憲法上の権利があるわけではないが，法律により援助を制度化する場合には，援助の要件をまったく自由に定めうるわけではない。たとえば，ポルノ的芸術あるいは天皇制批判的芸術には援助をしないという趣旨の要件を定めたらどうだろうか。

　公立図書館が特定蔵書を著者の思想を理由に廃棄したことが争われた事件において，最高裁は著者に法的保護を受けるべき利益を認めて国家賠償請求を認容した（最一判平成17年7月14日民集59巻6号1569頁）が，この問題も表現活動に対する政府援助の側面を有している。著者には自己の著書を公立図書館に収蔵し閲覧に供してもらう権利があるわけではない。それは，著者にとっては自己の表現活動に対する一種の「援助」の意味をもつにすぎない。援助するかどうかは，つまりいかなる図書を購入するかは，公立図書館の広範な裁量に委ねられている。しかし，一旦購入し閲覧に供したならば，その廃棄（援助の撤回）は内容中立的な基準に従って行うべきであり，著者にも自己の著書を差別的に廃棄されない法的利益が認められるというのである。

　この問題は，上述の非パブリック・フォーラムに似た側面をもつ。政府には非パブリック・フォーラムを表現活動に開放する憲法上の義務はなかった。同様に，政府には，芸術活動を援助する憲法上の義務はない。しかし，特定ジャンル（主題）の芸術活動に援助することに決定した場合には，「観点」（viewpoint）中立的に行う必要がある。あらゆる表現に援助することは不可能であるから，主題の限定はせざるをえない。ゆえに，主題の選定は政府の裁量に委ねるべきであろう。しかし，観点の選別については，政府が自ら選別する場合には，「通常審査」以上の厳格度が要求されよう。観点の選別と作品の評価とは区別が困難なことを考えれば，政府が自らそれを行うのではなく，独立性をもった中立的・専門的な評価機関を設置する制度設計を考えるのが望ましい。

5　青少年の保護のための規制

　青少年を保護するための人権制限は，表現の自由に限られず，たとえば自己決定権や職業選択の自由などに関連しても生ずるが，表現の自由との関連が最

第 8 章　精神活動の自由（2）

も難しい問題を提起する。表現の内容規制となることが多く，通常だと厳格審
査が要求されるが，厳格審査を行うと合憲的な規制が困難となるからである。
しかし，判断能力の未成熟な青少年を保護するために表現の自由の規制が必要
となる場合のあることについては，コンセンサスがある。問題は，それが必要
な場合に，一般論としての表現の自由の重要性と厳格審査の必要性を傷つける
ことなく，いかにして青少年保護のための規制の合憲性を根拠づけるかである。
「わいせつ的」な文書・図画（「有害図書」）の規制を例にとって考えてみよう。
わいせつ文書・図画は，刑法により禁じられているから（刑 175 条），それを前
提にすると，ここで「わいせつ的」と述べたのは，成人間では自由な流通が保
障された図画を意味する。それが青少年の目に触れることを防止しようとする
場合，通常，青少年自体に対してその取得を禁止する（その違反に制裁を科す）
という規制の仕方は採用せず，それを頒布する側の行為を規制する。いわゆる
青少年保護条例による指定図書の青少年への頒布の禁止や自販機への収納の禁
止がその典型例である（岐阜県青少年保護条例事件・最三判平成元年 9 月 19 日刑集
43 巻 8 号 785 頁参照）。この場合，頒布者の視点からは，①わいせつ的な図画を
青少年に頒布することの禁止は，頒布者の表現の自由を侵害しないか，②自
販機への収納禁止との関連では，わいせつ的な図画を成年者に頒布することの
制限ともなるが，それは表現の自由の制限として正当化されるか，という問題
となる。

　まず①から考えると，これは表現内容の規制となるから，厳格審査が必要で
あるが，その場合わいせつ的な図画が青少年の健全な成長に障害をもたらすと
いうことは，厳密な論証に耐えうるのかという問題に直面する。この領域の専
門家の間でも見解が分かれるし，厳密な因果関係の論証は困難だというのが現
状であろう。しかし，青少年の保護や先端科学の問題のように，学問が未発達
で厳密な論証が困難である場合に，「害」（harm）の論証ができるまでは自由
にしようということでよいのか。「害」の存在が分かったときには手遅れだと
いうことにならないのか。そうなる危険を回避するために，このような領域に
関しては，弊害の防止・除去のための規制という考えではなくて，福祉の増進
のための規制という考えをとるべきではないかが問題となる。そもそも青少年
の育成の第一次的権限は親権者にあるのであり，いかなる書籍や玩具を子ども

255

第2部　基本的人権

に与えるかは親権者の決めるべきことである。国家が口出しすべきことではない。しかし、親権者以外の者が親権者の同意なしに青少年に「有害図書」を与えることを禁止することは、親権者に最終的権限が留保されている限り、本来の権限者であるべき親権者の権限行使の「援助」と捉えることも可能である。そう考えれば、ここでは親権者以外の者が親権者の同意なしに青少年に図画を提供する自由（そのような自由が保障されているとして）の規制というよりは、親権者と青少年の福祉の増進のための規制という捉え方のほうが妥当ではないかということになる。福祉の増進という考えは、経済的自由権については憲法の認めるところである（129頁参照）が、精神的自由権に関しては認められないと考えられてきた。しかし、少なくとも青少年の保護が問題となる領域については、青少年の福祉の問題と考えてもよいというのが、我々の直感ではないであろうか。いずれは成年となって自由に情報に接しうるようになるのであるから、情報に接しえないことの損失は、得られることが想定される利益と比べて大きくはないであろうとも思われる。そして、福祉のための規制という把握が認められれば、審査基準を緩めることが可能となるのである。

　次に②については、どうか。ここでの問題は、青少年を保護するための規制の結果、本来は自由であるべき成年者への頒布が困難となっている（制限されている）という問題である。成年者との関係では、内容規制であるから厳格な審査が必要となりそうであるが、しかし、直接規制しているのは青少年への頒布であり、成年者への頒布の制限は、いわばその「付随的」効果とみることができよう。そうだとすれば、青少年への頒布の規制が許される場合には、直接・付随規制の区別を応用して、ここでも審査の厳格度を緩めることが可能と考えることができよう。したがって、青少年の保護という目的は重要といえるから、手段審査において他の回路が十分に存在するかどうかに重点を置いた審査をすればよいということになる。

　このような考え方が認められるとすれば、青少年保護のための表現規制は、審査基準を通常の場合より緩めるという類型設定が可能となる。この考え方は、岐阜県青少年保護条例事件判決において、伊藤補足意見が提示したものとほぼ同じである。伊藤判事によれば、「知る自由の保障は、提供される知識や情報を自ら選別してそのうちから自らの人格形成に資するものを取得していく能力

256

が前提とされている。青少年は，一般的にみて，精神的に未熟であって，右の選別能力を十全には有しておらず，その受ける知識や情報の影響をうけることが大きいとみられるから，成人と同等の知る自由を保障される前提を欠くものであり，したがって青少年のもつ知る自由は一定の制約をうけ，その制約を通じて青少年の精神的未熟さに由来する害悪から保護される必要があるといわねばならない」のであり，「ある表現が受け手として青少年にむけられる場合には，成人に対する表現の規制の場合のように，その制約の憲法適合性について厳格な基準が適用されないものと解するのが相当である」。この伊藤補足意見を継承し，その理論的説明を援助と福祉の論理で行ってみたのである。

　なお，青少年保護を目的とするいわゆる「出会い系サイト」規制も，最高裁は表現の自由の規制として判断している（最一判平成26年1月16日刑集68巻1号1頁）。「インターネット異性紹介事業を利用して児童を誘引する行為の規制等に関する法律」（「出会い系サイト規制法」と略す）は，出会い系サイトを運営する事業者に児童（18歳未満）による利用を防止する努力義務を定めるとともに，具体的には児童による利用禁止の明示義務，異性交際希望者が児童でないことの確認義務等を課し，都道府県による適切な監視・監督が容易となるように，事業者に届出を義務づけ，無届けの事業経営を処罰する旨定めている。事業者の提供する掲示板に書き込みあるいは閲覧をする利用者は，表現の自由の保護を受けるであろうが，事業者のサービス提供行為が表現の自由の保護の対象となるかどうかは，一つの問題であろう。単なる営業にすぎないと考えれば，営業の自由の保護対象ではあっても，表現の自由の保護は受けないという理解も可能なように思われる。その場合には，成人利用者の表現の自由の規制は，あるとしても付随的規制にすぎないという理解となろう。しかし，最高裁は，この点の詰めた議論をしないで，表現の自由の問題として議論した。表現の「場」を提供する行為も表現に含まれると考えたのであろうか。あるいは，かりに表現の自由の保護を受けるとしても，届出さえすれば自由に表現しうるということに加え，青少年保護のための規制であるから，厳格な審査は必要ないということかもしれない。

　もう一つ青少年を保護するための表現規制に触れておこう。少年法61条は，「家庭裁判所の審判に付された少年又は少年のとき犯した罪により公訴を提起

第2部　基本的人権

された者については，氏名，年齢，職業，住居，容ぼう等によりその者が当該
事件の本人であることを推知することができるような記事又は写真を新聞紙そ
の他の出版物に掲載してはならない」と定めている。いわゆる推知報道の禁止
規定である。しかし，罰則の規定はないから規制は合憲と解されている。犯罪
の報道は，国民にとっての重大関心事であり，自由であるのが原則だが，少年
につき推知報道を禁止したのは，可塑性に富む少年の将来の更生と社会復帰を
阻害しないようにするためである。とくにインターネットの発達した今日では，
一旦報道されればインターネット上に拡散され，長期にわたり世間の批判にさ
らされ続けることにもなりかねない。しかし，稀にではあるが，事件がきわめ
て特異であることを理由に，例外的に国民に知らせるべきだと判断してその氏
名や写真を報道した週刊誌もなかったわけではない。そのような場合，罰則は
ないが，民事制裁がありうるかどうかは問題である。少年法 61 条の規定は，
少年に推知報道されない権利を与えたものではないとするのが判例である（大
阪高判平成 12 年 2 月 29 日判時 1710 号 121 頁参照）が，少年が不法行為（プライバ
シーあるいは名誉の侵害）に基づく損害賠償を請求したらどうするか。それが争
われたのが，最高裁第二小法廷平成 15 年 3 月 14 日判決（民集 57 巻 3 号 229 頁）
である。しかし，この判決は，「少年法 61 条に違反する推知報道かどうかは，
その記事により，不特定多数の一般人がその者を当該事件の本人であると推知
することができるかどうかを基準として判断すべき」であるところ，本件記事
には原告少年 X と特定するに足りる事項の記載はないから，「X と面識等のな
い不特定多数の一般人が，本件記事により，X が当該事件の本人であること
を推知することができるとはいえない」として，推知報道の存在を否定したの
で，不法行為の成否の問題には立ち入らなかった。

　以上に説明してきた表現の自由についての考え方を図（「表現の自由のアルゴ
リズム」）にしてみたので，参考にされたい。

258

第 8 章　精神活動の自由（2）

表現の自由のアルゴリズム

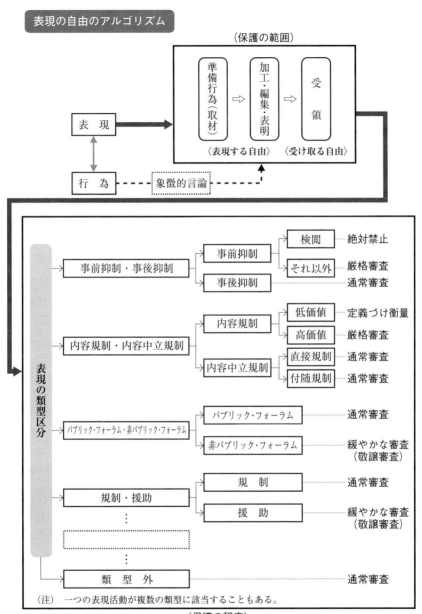

第2部　基本的人権

II　集会・結社の自由

1　総　説

　集会とは，複数人が共通の目的をもって同一の場所に集まり，目的実現に向けた行動を行うことである。共通の目的をもつ点で，それをもたない「群衆」と異なり，また，場所という物理的空間に一時的に集まる点で，場所には特に着目せず，むしろ結合の持続を可能とするための組織化を核心とする「結社」と異なる。集会の自由は，請願権と結びついて保障されることが多い（アメリカ合衆国憲法修正1条参照）が，参政権的価値には還元できない価値も有することから，今日では表現の自由の延長上で理解するのが一般である。集会の自由と結社の自由は性格を異にするが，結社を形成するには，集会を伴うことが多く，また，結社の活動も集会の形をとることが稀でなく，両者は密接な関係にある。

　集会・結社の自由を保障する理由は，第一に，それが個人の人格の発展に不可欠だということにある。個々人は様々な集会・結社に参加・帰属することを通じて自己のアイデンティティーを確立し，人格の形成・発展を行う。かつ，複数の結社に所属することにより，一つの団体により全人格を搦め捕られることから免れ，より自由な空間を確保することが可能となる。我々は何らかの団体に帰属することなしに生きてゆくのは困難であるが，一つの団体に拘束されることになっては自由を失う危険が大きいのである。第二に，集会・結社の自由は，政治的力を表明する手段として不可欠である。国民が政治過程に参加する場合，集会・結社によってその力を結集することが可能となるのである。この観点からは，現代のマス・メディアから排除された一般大衆にとって，集会・結社を通じての表現活動は重要な意味をもつ。

第8章　精神活動の自由 (2)

2　集会の自由

集団示威行進も，「動く集会」の自由として捉えることができるので，ここ
であわせて説明する。現行法上，集会の自由は以下のような規制を受けている。

(1)　施設管理権を通じての規制

集会のためには，場所の確保は不可欠である。広場・公園や公会堂などが使
われることが多いが，これらを使用するには，通常，管理権者の許可を得るこ
とが必要である。これらの場所はパブリック・フォーラムの性格をもつから，
施設の管理に支障がない限り許可すべきものであるが，支障の有無の判断に微
妙な問題が生じることがある。本来，施設の管理が目的であるから，不許可理
由は，収容可能人数を超えるとか，施設への過大な損傷が予想されるといった
ことに限定されるはずであるが，ときに公共の安全が脅かされるといった警察
的観点の混入することがある。しかし，集会の警察的規制は，法律または条例
の根拠が必要であり，施設管理規則に基づく権限の範囲を越える。具体的事例
においては，両者を区別することが困難なことも多いが，理論上は重要な区別
であり，具体的事実に即して慎重に判断する必要がある。広場あるいは市民会
館の利用が問題となった事例に次のようなものがある。

1952 年 5 月 1 日のメイデーの集会に皇居前広場の使用を申請したところ厚
生大臣（当時）が不許可処分をした。これに対しては，公園管理権の範囲を逸
脱したのではないかとの批判が強い。しかし，この不許可処分を争った行政訴
訟は，訴訟係属中に 5 月 1 日が経過したため，訴えの利益を欠くとして棄却さ
れてしまった（最大判昭和 28 年 12 月 23 日民集 7 巻 13 号 1561 頁参照）。

自治体の市民会館等の施設の利用については，地方自治法 244 条が「正当な
理由がない限り，住民が公の施設を利用することを拒んではなら」ず（2項），
「不当な差別的取扱いをしてはならない」（3項）と規定するとともに，施設の
「管理に関する事項は，条例でこれを定めなければならない」（244 条の 2 第 1
項）と規定しており，これを受けて関係自治体で管理条例が制定されている。
しかし，激しいグループ間対立が存在する場合に，一方のグループが施設利用

第2部　基本的人権

を申請しても，他方のグループによる暴力的妨害行為が懸念されるとして不許可にされることがある（かかる不許可を違法とした上尾市福祉会館事件・最二判平成8年3月15日民集50巻3号549頁，不許可とするには「明らかな差し迫った危険の発生が具体的に予見されることが必要」という厳格な基準を適用しながら，結論的には合憲とした前出泉佐野市民会館事件判決参照）。両グループが過去に暴力的手段による対立を繰り返していたような場合（上記泉佐野の事件は，この場合にあたる）は別にして，激しく反対するグループが存在するというだけでは不許可の正当な理由にはならない。合法的な集会である以上，それを妨害する行為の方を規制し，集会の自由を保護するのが正しい解決である（「敵意ある聴衆」〔hostile audience〕の理論といわれる）。

　なお，集団示威行進は，次に述べる公安条例により公安維持の観点からの規制を受けるのに加え，道路施設管理の観点から，道路の管理につき定める道路交通法の適用を受ける可能性もあり，特に同法77条により，一定の場合に所轄警察署長の許可が必要とされている。運用上，道路管理に公安的観点を混入しないよう注意が必要である。

(2)　公安条例による規制

　現在，ほとんどの都道府県が公安条例を制定し，集会・集団示威行進を規制している。この規制の合憲性を判断した最高裁の最初の判例は，新潟県公安条例に関するものであった（最大判昭和29年11月24日刑集8巻11号1866頁）。新潟県公安条例は，道路・公園等における集会・集団示威行進は，予め公安委員会の許可を得ることを要するとしていた。最高裁は，事前抑制でも，単なる届出制ならば許されるが，許可するかどうかを公安委員会の裁量に委ねるような一般的許可制は憲法違反となるとしながら，許可制でも合理的かつ明確な基準を伴った許可制ならば許されるとの判断基準を設定し，本件はこれに照らして合憲とした。この判断基準自体に対しては妥当との評価が一般であったが，新潟県公安条例の定める内容が「合理的かつ明確」かについては学説上疑問の声が強かった。しかし，その後，最高裁は，さらに一層明確度の低い東京都公安条例をも合憲と判断し（最大判昭和35年7月20日刑集14巻9号1243頁），この判断基準の適用の仕方に疑問を残した。ともあれ，東京都公安条例判決以降，公

安条例自体の合憲性は判例上確立することになった。

　その後の公安委員会による運用の実態においては，示威行進のコースや態様に条件を付けて許可することが多く，許可条件の明確性が争いの対象となってきた。特定の許可条件や運用実態を違法・違憲とした下級審判決も存在する（たとえば，国会周辺の進路を変更することを条件にした許可を違法とした東京地決昭和42年6月9日行集18巻5＝6号737頁，全体としての運用実態が違憲的であるとの判断の下に当該条件付許可をその運用の一環であり違憲とした東京地判昭和42年5月10日下刑集9巻5号638頁）。

　なお，届出制の場合でも，示威行進に際して遵守すべき事項を法定し，その違反を処罰することが普通であり，遵守事項の定めが明確かどうかが争いになっている。たとえば，徳島市公安条例は，遵守事項の一つに「交通秩序を維持すること」と定めているが，集団行進をすれば多かれ少なかれ交通秩序は乱れるので，この遵守事項が何を禁止しているのか不明確ではないかが問題となった。しかし，最高裁は，「通常の判断能力を有する一般人の理解において，具体的場合に当該行為がその適用を受けるものかどうかの判断を可能ならしめるような基準」が，この条文から読み取ることができると判断した（最大判昭和50年9月10日刑集29巻8号489頁）。

　ところで，集会・集団示威行進は，先に触れたように，道交法の適用も受けるので，これと公安条例との関係という問題が生じる。すなわち，条例は法律の範囲内でしか認められないのであり，道路交通法の規制を超える公安条例は法律違反とならないのかという問題である。この点につき，上掲の徳島市公安条例事件最高裁判決は，両者は同一対象を規制するとはいえ，道交法は交通秩序の維持を目的とするのに対し，公安条例はそれにとどまらず地方公共の安寧と秩序の維持を目的としており，道交法に公安条例を排斥する趣旨はないので，公安条例が道交法に違反するということはないと判示している。

　公安条例ではないが，他の条例による集会規制が判断された最高裁判決があり，重要な論点を含んでいるので，ここで取り上げておく。事案は広島市暴走族追放条例に関するものである（最三判平成19年9月18日刑集61巻6号601頁）。主要な争点は，条例の規定がいわゆる暴走族による集会の規制に限定されず，憲法により保障されるべき集会まで規制対象に含まれうる書き方になっており，

第 2 部　基本的人権

過度に広汎ではないかという点にあったが，その点について多数意見は，条例
全体の趣旨から合憲限定解釈が可能であるとして合憲とした。問題は，合憲限
定解釈により明確化された意味での本条例の集会規制が合憲かどうかを判断す
るにあたり，猿払基準（猿払事件最高裁判決で採用された基準）を適用したことで
ある。猿払基準は基本的にはアドホックな利益衡量論であり，政治的自由の規
制の審査基準とするには適当でない。暴走族の集会は政治的集会ではないが，
集会の自由の多くは政治的自由にかかわるのであり，猿払基準を集会の自由に
適用することには大きな問題がある（134 頁以下参照）。

(3)　破壊活動防止法による規制

破防法 5 条 1 項は，「公安審査委員会は，団体の活動として暴力主義的破壊
活動を行つた団体に対して，当該団体が継続又は反覆して将来さらに団体の活
動として暴力主義的破壊活動を行う明らかなおそれがあると認めるに足りる十
分な理由があるときは，左に掲げる処分を行うことができる」と定め，「左に
掲げる処分」の 1 号で「当該暴力主義的破壊活動が集団示威運動，集団行進又
は公開の集会において行われたものである場合においては，6 月をこえない期
間及び地域を定めて，それぞれ，集団示威運動，集団行進又は公開の集会を行
うことを禁止すること」と定めている。この禁止処分は，もちろん行政処分取
消訴訟で争いうるが，制度のつくり方としては，委員会が自ら禁止処分をする
のではなく，裁判所に禁止命令を求める形にした方が，憲法上問題が少ないと
思われる。

3　結社の自由

(1)　意　　義

結社とは，複数人が共通の目的で持続的に結合すること，または，結合した
団体を指す。結社の自由は，結社をつくり，それに加入しあるいは加入しない
自由，および，結社を通じて活動する自由を意味する。

結社の自由は，近代初期には認められていなかった。アメリカの権利章典
（憲法修正条項）にも，フランスの人権宣言にも結社の自由という言葉は見あた

264

らない。フランスでは，革命当時，営業の自由を実現するという観点から，アンシャン・レジーム下に存在したギルド等の職業団体の存続・復活をおそれ，結社を禁止した。その後変遷をたどるが，基本的には19世紀後半に労働組合運動の台頭などを契機に徐々に自由化が進み，第三共和政において結社の自由が承認されるに至る。アメリカにおいては，憲法には規定されていなかったが，コモン・ロー上の権利として承認されていたといわれる。新大陸でギルド的規制の問題をもたなかったアメリカでは，特に結社の自由に警戒的になる必要はなく，当然の権利と考えられていたものと思われる。憲法解釈論上は，修正1条の言論の自由や集会の自由の延長線上で，当然そこから演繹される自由であると考えられている。そのためもあって，政治過程との関連では，候補者を支持する行為さえも候補者と「結社する」権利（right to associate）であるとして，結社の観念がきわめてダイナミックに捉えられている。

　結社における「共通の目的」は，政治的・宗教的・文化的・娯楽的等，違法なものでなければいかなる目的でもかまわないが，会社など営利目的の団体は含まれないと解する。営利目的の団体は，経済的自由権の保護を受けることはありうるが，結社の自由の対象とはならない。労働組合は，営利目的の団体ではないので，結社の自由の保護を受ける。しかし，労働組合については，憲法28条に労働基本権の規定があり，結社の自由とは別に，これによる特別の保護を享受する。政党も結社の自由の保護を受けるが，しかし，政党は，公職の候補者を擁立あるいは支持して選挙過程に参加する場合には，その限りで公的制度の性格を帯びるから，この観点から結社の自由の制限を受けることがありうる。なお，弁護士や税理士などのようにその職業を遂行する前提として法律により団体への加入が強制されている場合があるが，かかる「強制加入団体」は，法律上の制度であって結社ではなく，法律により定められた内部の自治権は，結社の自由に基づくものではない。

(2)　結社の自由をめぐる諸問題
以下に，結社の自由をめぐるいくつかの問題点を取り上げて説明しておく。
(ア)　構成員の差別
誰と結社を形成するかは自由であり，私人間の関係であるから，結社のメン

第2部 基本的人権

バー資格につき差別を行ったとしても，原則的には憲法問題は生じない。しかし，結社の性格や事実上の影響力如何によっては，差別が公序に反し，あるいは，不法行為にあたることも無いわけではない。たとえば，社会的な評価を得た有力な団体が，偏見に基づき女性を排除するような場合，問題となりうる。

これに関連して，営利団体は結社とは異なるから，人種・性・信条等に基づき差別をすれば，通説のいう「人権の私人間適用」を受け違法（無適用説の立場からは，単に公序良俗違反あるいは不法行為）と評価される可能性は，結社の場合より高いといわねばならない。しかし，営利事業も行っているが，結社的性格が中心であるような団体（いわゆる「傾向経営」団体，日中旅行社事件・大阪地判昭和44年12月26日労民集20巻6号1806頁参照）の場合には，結社の自由が優先する。

(イ) 結社に関する調査

結社のメンバー名を秘匿することも，結社の自由により保障される。したがって，名簿の開示を要求することは，特に社会で敵視されやすいマイノリティの結社の場合には，立法資料の調査や税務調査の名目でも許されない。ただし，法人格の付与等，一定の便益供与の条件として，必要な限度でメンバー名の開示を求めることは許される。なお，税務上の調査権等，行政調査権を使って，行政に非協力な団体の内部調査をいやがらせ的に行うのは，調査権の濫用であり，結社権の侵害となる（団体の会員であることを理由に，税務調査上不利益な扱いをしたのではないかが争われた事例として中野民商事件・東京地判昭和43年1月31日下民集19巻1＝2号41頁参照）。「無差別大量殺人行為を行った団体の規制に関する法律」は，当該団体が今後も無差別大量殺人行為に及ぶ危険を有すると判断しうる一定の要件（5条参照）に該当する場合には，公安調査庁長官の観察に付すことができ，観察処分を受けた団体に対して必要があれば公安調査官に立入検査等の調査をさせうることを規定する（7条参照）が，観察処分とそれに基づく調査が団体の結社の自由を不必要に制約しないよう運用する必要がある。

(ウ) 破壊活動防止法による解散命令

破防法7条は，暴力主義的破壊活動を行った団体に対し，それが将来さらに同種の活動を行う蓋然性がきわめて高く，他にそれを防止する方法がない場合には，公安審査委員会が団体の解散の指定を行うことができるとしている。ここでも，違憲の疑義を回避するには，裁判所に解散命令を求める制度にする方

がよいであろう。

(エ)　政党の規制

　政党が結社の自由の保護を受けることは先に述べた。日本国憲法は，ドイツ基本法（21条）やフランス第五共和政憲法（4条）のような政党条項をもっておらず，政党は，憲法規定上は，私的な結社としての地位しか認められていない。しかし，現代民主政治において政党が事実上公的制度としての地位・役割を果たしていることは，誰もが認めるところで，この観点から民主政治の良好な運営のために必要な規制は許されると考えている。ただし，それは選挙過程に参入することにより公的性格を帯びて以降の側面に関してであって，それ以前の私的領域における活動に関する限りは，通常の結社と同様の自由を享受する。しかも，公的側面の規制も，多くは政治過程で特別の資格・地位を認められるための条件として課されるものがほとんどであり，結社の自由の制限が問題となるよりは，特別の資格・地位を得ることのできる政党とできない政党の間の不平等の問題として現れ，それを通じて間接的に結社の自由が制約されることが多い。たとえば，政党助成は，結社の自由を直接制限するものではないが，助成を受けるためには一定の条件を満たさなければならない点，および，助成が受けられないと政党としての活動がきわめて不利・不平等になる点で，間接的に結社の自由を制約する意味をもつ。

(オ)　結社の内部紛争への司法的介入

　結社の自由は，結社内部の問題を自治的に処理する権利を含んでいるから，裁判所が内部紛争の解決を求められた場合には，結社の自由との関係でどこまで介入しうるかが問題となる。紛争を解決する内部のルールが存在し，それに従った決定が自主的になされている場合には，ルールが結社の目的との合理的な関連性を有している限り，その決定を尊重すべきであろう。ただし，除名の場合のように，被除名者が内部で説得等の活動をして支持者を拡大する道を閉ざされてしまっている場合には，除名から生じうる不当な不利益を除去するに必要な限度での介入は許される（最三判昭和63年12月20日判時1307号113頁参照）。

第2部　基本的人権

III　通信の秘密

1　通信の秘密の意義

　憲法21条2項後段は，「通信の秘密は，これを侵してはならない」と規定する。通信とは，非公開で行われる特定者間のコミュニケーションである。コミュニケーションであるから，当然，表現の自由の保護を受ける。しかし，通信にとって重要なことは，非公開性（秘密性）が保障されることである。そして，秘密が保障されれば，秘密の表現を規制するなどということは意味をなさないから表現の自由など問題にする必要はなくなる。もっとも，通信の秘密は，通信の自由，すなわち，「表現を非公開で行う自由」が存在しなければ無意味である。ゆえに，通信の秘密は，通信の自由を前提とする限りにおいて，表現の自由と接続する側面をもっている。表現の自由は，通信の自由も包摂しているのである。しかし，通信の秘密の保護法益は，私事の秘密，すなわちプライバシーも含むと考えるべきであろう。

　通信の秘密の保障は，まず第一には，当事者が非公開を望んだ表現の秘密を侵害しないことの保障である。しかし，それは，当事者が私的に通信を行うことを禁止しないというにとどまらず，さらに，通信という制度の存在を保障したものと理解すべきであろう。通信制度としては，郵便や電信・電話が代表例であるが，そういった制度を，公的にか私的に（民間企業として）かは別にして，維持する責務を国に負わせた規定と読むべきである。

　憲法でいう通信は，特定者間の秘密の交信をいうが，広義では，通信制度を利用して行う交信を通信という。広義の通信には，秘密でないものも存在する。それは，制度の組立て方による。たとえば，パソコン通信における掲示板やインターネット上のホーム・ページを通じての「電気通信」は，通常，公開を前提にしており，憲法上の通信には含まれない。

268

第 8 章　精神活動の自由（2）

2　通信制度と通信の秘密の範囲

　通信制度としては，郵便制度，電信・電話制度，コンピュータ通信が存在する。郵便については，郵便法 8 条および 80 条が，信書の秘密を保護している。電信・電話・コンピュータ通信は，電気通信事業法の適用を受け，その 4 条が通信の秘密を保護している。

　問題は，通信の秘密の及ぶ範囲である。通信は，発信人と受信人の間を通信業務担当者が媒介する。発信人は，業務担当者に通信に必要な情報を手渡すのであるが，その情報には二つの種類を区別できる。一つは，制度上，業務担当者に対し秘密にすることのできない情報である。たとえば，郵便における受信人の住所・氏名，発信回数，信書の形状・外観，郵便葉書の場合には信書の内容，電報における電文，電話における発信・受信の電話番号，時間，回数などである。これらが法律上の通信（信書）の秘密にあたることについては，争いがない。ゆえに，業務担当者は，これを外部に漏らしてはならない。しかし，憲法上の通信の秘密に入るかどうかは明確ではない。アメリカの判例では，電話番号などは秘密に入らないと解している。日本でも入らないと解すれば，法律を改正して秘密の範囲から除くことが可能となる。そうすれば，電話の逆探知などは，通信の秘密の問題ではなくなる。しかし，日本では，これらも憲法上の通信の秘密の対象と考えるのが通説である。もう一つの種類の情報は，いうまでもなく，通信の内容そのものであり，これは業務担当者に対しても原則的には秘密性が保障されている。

3　通信の秘密の制限

　通信の秘密の保障も絶対的ではないと解されており，実際，法律上いくつかの制限を受けている。たとえば，①破産法 81 条・82 条は，裁判所が郵便局または電話局に対し，破産者宛の郵便物等を破産管財人に配達するよう嘱託すべきこと，受け取った破産管財人はそれを開披することができることを規定している。破産者の財産を把握するために必要なやむをえない措置である。②刑

第2部　基本的人権

事収容施設及び被収容者等の処遇に関する法律127条および222条は，施設の秩序維持や収容目的等から必要な場合には，被収容者・被留置者の信書を検査しうるとしている。必要とする「相当の蓋然性」があればやむをえないと思われるが，検査の結果発受を許さない場合には，検閲とならないのかという問題は残ろう（特に発信の場合）。③刑事訴訟法100条1項は，「裁判所は，被告人から発し，又は被告人に対して発した郵便物，信書便物又は電信に関する書類で法令の規定に基づき通信事務を取り扱う者が保管し，又は所持するものを差し押え，又は提出させることができる」と規定している。2項が，1項に該当しない郵便物等については，「被告事件に関係があると認めるに足りる状況のあるものに限り」差押え・提出を認めているのと比較すると，被告人が発し，または被告人に対して発した郵便物等は，被告事件に関係あるものとみなした書き方になっているが，少なくとも被告人に対して発した郵便物等については，そのようにみなすのは行き過ぎであり，「被告事件に関係があると認めるに足りる状況のあるものに限」ると限定解釈すべきであろう。なお，関税法にも，犯則事件の調査に関連した類似の規定が置かれている（122条）。

　通信を傍受（盗聴）することも，原則としては通信の秘密の侵害となる。問題は，犯罪捜査の必要から例外的に許されることがあるか，許されうるとして，どのような条件の下においてかである。通信の秘密も絶対的でないとすれば，犯罪手口が巧妙化する現代の組織犯罪に対処するために必要最小限の傍受は，必ずしも通信の秘密を侵害すると考えるべきではないであろう。もちろん，必要最小限性は厳格に考えなければならない。現行の通信傍受法（犯罪捜査のための通信傍受に関する法律）は，制定当初は薬物関連犯罪・銃器関連犯罪等に限定して，他の方法では犯罪捜査が著しく困難な場合に限っていたが，2016年に自白偏重の弊害対策として容疑者取調べの可視化（録音・録画）のための刑事訴訟法改正を行った際に，取調べに代わる証拠収集方法として通信傍受の可能な範囲を拡大し殺人・詐欺・窃盗等の通常の犯罪でも組織性が疑われる場合には通信傍受を行うことを可能とした。傍受のためには裁判官の発する傍受令状が必要であるが，これまで必要とされていた通信事業者の立ち合いは，改正により不要となった。当初から傍受が許される範囲・態様の特定や傍受された者の事後的救済への配慮が不十分ではないかとの指摘もあったが，そうした点

第 8 章　精神活動の自由（2）

の改善のないまま適用範囲の拡大がなされたという点に懸念が残る。

第9章

経済活動の自由

Ⅰ　総　　説

1　経済活動の自由の意義

　経済活動とは，人が生活に必要・有用な財・サービスを生産・交換・消費等する行為を指す。かかる活動が社会において自由に展開されるためには，財・サービスの帰属に関する一定のルールが必要であり，国家はそのルールを制定し維持する責務を負うが，その任務遂行にあたり国家が国民との関係で守るべき事項が憲法上の人権として保障されている。日本国憲法でそれに該当するのが，22条および29条の規定する①居住・移転の自由（22条1項），②職業選択の自由（同項），③財産権の保障（29条）である。

　これらの権利は，歴史的には，封建的な経済構造を解体して自由な市場経済を確立するのに不可欠の権利として要求されたものである。封建社会においては，人々は土地に緊縛されて自由な移住・移転は許されず，身分制に拘束されて職業選択も制限され，ギルド的規制により自由な営業も許されなかった。自由な経済活動を求めたブルジョワジーは，そのためにこれらの権利の保障を要求したのである。これらの権利を骨格にして確立された経済秩序の原則が「私的自治の原則」と呼ばれ，それが貫徹された国家のあり方が消極国家と呼ばれた。

第 2 部　基本的人権

　しかし，この消極国家の経済秩序は，その後の歴史的展開のなかで，弱者の生活基盤を破壊し生存の自由さえ脅かすものであることが判明した。そこで，国家が社会に介入し，弱者保護のために私的自治を制限し，最低限の生活を保障し，さらには経済の安定的な発展のための舵取りを行うようになり，それに必要な限度で経済活動の自由を制限するようになる。日本国憲法が，個別人権の中で特に 22 条と 29 条についてのみ「公共の福祉」による制限を謳ったのは，かかる歴史を反映しているのである。この段階の国家が積極国家と呼ばれるものであった。

　今日では，国家による介入の過剰が逆に問題視されるようになってきている。国家の過剰な介入が，経済の活力を奪っているのみならず，人々を過度に国家に依存させ，個人が自律的生を生きる基盤を空洞化させているのではないかと危惧されるようになってきたのである。消極国家も極端なら積極国家も極端であり，両者の中間のどこかでバランスをとる必要があるが，その調和点を見つけるためには，個人の尊厳という基本価値に立ち返り，経済活動の自由の存在理由を捉え直す必要があろう。

2　経済的自由権を保障する理由

　経済活動の自由は，なぜ人権として必要か。人権とは，個人を個人として尊重するために不可欠と考えられた権利であった。では，個人の尊重のために，なぜ経済活動の自由が不可欠なのか。それは，経済活動の自由が保障された体制こそ，自律的生の可能性を最もよく保障してくれると思われるからである。自律的生が可能となるためには，自らの力で自己の生存手段を獲得できる体制が必要であるが，それは自由な経済活動が保障された体制であろう。この体制の下で，自らの力で経済的に自立しえてこそ，自律的生は真に可能となる。精神活動の自由も，経済活動の自由と切り離されては実現不可能である。それは，精神活動の自由のための物的基礎が保障されがたくなるからだけではない。それ以上に，両者が個人の自律という構えにおいて，相互に依存し不可分に結合しているからである。

　しかし，このような体制においては，自らの力で自己の生存を維持しえない

274

弱者が生み出されることも否定できない。したがって，そのような人々を救済するセーフティ・ネットとしての生存権・社会権の保障は欠かせない。しかし，それは再起し自律を確立していくことを助けるような内容として具体化されなければならない。国家に依存し，自律的生への意欲さえ喪失させるようなものとして具体化・制度化されるならば，生存権の名に値しないであろう。

3 経済的自由権の種類と営業の自由

　経済活動の自由に属する権利を経済的自由権と呼ぶが，日本国憲法は，それに属するものとして，①居住・移転の自由，②職業選択の自由，③財産権の保障を規定している。しかし，①と②は，たしかに歴史的には経済的自由としての性格が中心的であったが，今日ではむしろ自己決定権的な性格を強めており，具体的ケースにおける現れ方により，経済的自由として扱うか，自己決定権として扱うかを判断していく必要がある。

　なお，憲法22条2項で規定する海外移住・国籍離脱の自由は，これも経済活動の自由と無関係ではないが，自己決定権的な性格の方がはるかに強い。しかし，同じ条文に規定されているので，便宜上ここで取り上げて見ておくことにする。

　経済活動の自由に属する権利として，憲法には明示の規定はないが，もう一つ「営業の自由」が挙げられることがある。営業とは，営利を目的に行われる経済活動をいい，職業の遂行としての側面と財産権の行使としての側面をもつために，憲法上は職業選択の自由（後述のように，それは職業遂行の自由を内包する）および財産権の保障により根拠づけられるのが一般である。しかし，もし営業の自由が職業選択の自由もしくは財産権の保障に還元されるというなら，独自の人権類型として設定する必要はない。営業の自由が問題となるときには，問題の現れ方に応じて，職業遂行の自由あるいは財産権の行使の問題として分析すれば足りるはずである。はたして，営業の自由はこの二つの経済的自由権に還元し尽くせない独自の価値をもつのだろうか。この点，疑問なしとしない。

　もっとも，営業の自由は，歴史的には人権としてではなくて「公序」として出現したものであり，「自由権」である職業遂行の自由により根拠づけること

第2部 基本的人権

は誤りであるという議論もある。つまり，歴史的には営業の自由は，ギルド的規制・営業独占等にみられた社会における「自由な営業」の束縛に対し，それからの解放要求として主張されたものであり，近代国家はそれを国家の手によって実現しようとした。ゆえに，営業の自由は，国家により私人間において強制されるべき「公序」だというのである。「憲法上の公序」という主張は，憲法論としては，私人間において直接的に適用される権利だという意味をもつ。たとえば，労働基本権の保障は，通説においては，私人間にも直接適用され，「日本国憲法上の公序」とされる。ゆえに，営業の自由が憲法上の公序だとすれば，ある私人が独占的地位を確立し他の私人の営業を制限するのは憲法違反であり，国家はこの独占を規制して営業の自由を確保する憲法上の責務を負うことになる。

しかし，日本国憲法の解釈としては，営業の自由を「公序」として理解するための根拠となる条文は見いだしがたい。営業の自由がもともとは公序として主張されたという歴史的事実の指摘は貴重であるが，その理解を日本国憲法の解釈論に持ち込むことは無理であろう。憲法論としては，独占禁止という「公序」は憲法レベルのものではなく，法律レベルの政策問題であり，法律により独占禁止政策を採用する場合には，職業遂行の自由（営業の自由）を侵害しない範囲内で行わねばならないのである。したがって，営業の自由は憲法レベルでは「公序」ではなく自由権であり，かつ，それは職業遂行の自由あるいは財産権の保障により十分カバーされているから，特に新しい人権類型として捉える必要はないと思われる。

以下に憲法の保障する経済的自由権の諸類型を順次説明していこう。

Ⅱ　居住・移転の自由

憲法22条1項は，居住および移転の自由を保障した。この自由は，歴史的には経済活動の自由の不可欠の内容として成立したことはすでに述べた。しかし，住む場所を強制されたり，あるいは，自由な移動（旅行を含む）を禁止さ

れたのでは，身体を拘束されるにも似るから，この自由は人身の自由の側面も
もつ。また，自由に移動し様々な人々と出会い交流し，あるいは，異なる自然
や文化に接触し思索を深めることが，精神活動の必須の前提であることに着目
すれば，この自由は精神活動の自由とも密接な関連にあることが理解されよう。
ゆえに，今日ではこれを経済的側面でのみ捉えるべきではない。むしろ，自律
的生にとって不可欠の独自の人権類型として位置づけるべきであろう。

　明治憲法も22条で「日本臣民ハ法律ノ範囲内ニ於テ居住及移転ノ自由ヲ有
ス」と規定し，この自由を保障した。徳川幕藩体制下においては，許可なしに
藩の外に出ることも，外国に行くことも禁止されていた。明治になってこの禁
止はなくなり，居住・移転が自由となったが，明治憲法22条はこれを確認し
たものである。

　日本国憲法上，国内旅行が移転の自由により保障されることは異論がないが，
外国旅行（海外渡航）もこれに含まれるのか，それとも外国旅行は22条2項の
外国移住の自由により保障されると考えるべきかにつき対立がある。判例およ
び学説の多数は2項説に立っている。1項と2項では，条文上は公共の福祉に
よる制限が明示されているかどうかの違いがあるが，しかし，どちらの説も外
国旅行の自由を経済的自由の側面では捉えていないので，どちらの説をとるか
により規制の限度や審査の方法について違いが生じることはなく，実益のある
議論ではない。本書では，便宜上，外国移住の自由に関連して後述することに
する。

　現行法上，居住・移転の自由を直接制限するものとして，たとえば，夫婦の
同居義務（民752条），親権者による子どもの居所の指定（同821条），被告人の
勾留執行停止に際しての住居制限（刑訴95条），破産者が裁判所の許可なしに
居住地を離れることの禁止（破37条1項），精神障害者や感染症患者の強制入
院（精神29条・29条の2，感染症19条・20条），自衛官に対する居住場所の指定
（自衛55条）などがあるが，いずれも合憲と解されている。

第 2 部　基本的人権

Ⅲ　外国移住・国籍離脱の自由

1　外国移住の自由

　外国移住とは，外国に行ってそこに住むことをいい，通常はある程度長期の定住をいうが，ここでは短期のものまで含むと解し，一時的な外国渡航の自由も本項で保障されていると解する。ただし，外国に入国できるかどうかは，相手国の決めることであり，ここでの外国移住の自由は，相手国が入国を受け入れてくれることを前提としての保障である。

　外国に行くためには，日本を出国することになるが，出国には一定の要件が課されている。すなわち，出入国管理及び難民認定法 60 条は，出国するには「有効な旅券を所持」すること，および，「入国審査官から出国の確認を受け」ることを要求しており，事前に旅券の発給を受けることが必要であるが，旅券法 13 条は政府が一定の者に旅券の発給を拒否しうることを定めている。問題となるのは，そのうちの 1 項 7 号が定める「著しく，かつ，直接に日本国の利益又は公安を害する行為を行うおそれがあると認めるに足りる相当の理由がある者」という条項である。この規定は，文面上あまりにも漠然かつ不明確であり，政府に恣意的な裁量を許す結果になるのではないかという疑問がある。外交関係における政府の広範な裁量権を理由に，この規定を合憲とする説もある一方，国民の海外渡航の自由の重要性を強調し，広すぎる裁量を許している点で違憲であるとする説も有力である。しかし，この規定を，「そのような行為を行う高度の蓋然性が客観的に存在する」場合に限定して合憲解釈すれば，政府の裁量を覊束することが可能となろう。

　なお，渡航の自由は，当然帰国（入国）の自由も含む。帰国に際しても，有効な旅券の所持と入国審査官による帰国の確認が義務づけられている（入管 61 条）。

第 9 章　経済活動の自由

2　国籍離脱の自由

　国際法上は無国籍者を生み出すのは好ましくないと考えられており，ゆえに，憲法の保障する国籍離脱の自由も，他の国籍を有することが前提となっている。つまり，無国籍となる自由を保障したものとは解されていない。国籍法も「外国の国籍を有する日本国民は，法務大臣に届け出ることによつて，日本の国籍を離脱することができる」(13 条 1 項) と定めている。なお，離脱の自由は，離脱しない自由を含むかという問題もある。国籍法 11 条は，自己の意思で外国の国籍を取得したときは，日本の国籍を失うと定めているが，これは，従来，国際法上は二重国籍は好ましくないと考えられてきたからである。しかし，今日，国際化が進展するなかで二重国籍を忌避する考えを見直す国もでてきており，将来の問題としては，日本でも再考の余地があろう。特に父母の一方が外国籍である子は二重国籍を有することが多いが，国籍法 14 条は原則として 22 歳 (2022 年 4 月 1 日よりは 20 歳) になるまでにいずれかを選択することを求めている。国際化が進展する今日，二重国籍は特権ではなく当人のアイデンティティーの重要な要素であることを考えると，選択を強制することが個人の尊厳に反しないかどうか，真剣に考えるべき時がきている。

Ⅳ　職業選択の自由

1　意　　義

　職業選択の自由とは，人が社会において従事する職業を自由に選びうるということであるが，選んだ職業を遂行する自由も当然含んでいる。遂行する自由なくしては選択の自由自体が無意味だからである。職業が営利を目的として行われる場合，それは営業と呼ばれるが，職業選択 (遂行) の自由は営業の自由も含むとされる。営業の自由の場合は，経済活動の自由としての性格が強いが，

第 2 部　基本的人権

営利を目的としない職業の場合には，自己の生き方としての性格が強くなり，問題を精神活動の自由（自己決定権，学問の自由，政治活動の自由等）の側面で捉えるべき場合が多くなろう。

2　判 例 理 論

(1)　規制目的二分論

　経済活動の自由としての職業選択の自由は，現代社会においては様々な規制に服している。判例は，一時期，それらの規制の合憲性審査にあたり，消極目的の規制と積極目的の規制を区別し，それぞれに対し異なる審査基準が妥当するとしていた。消極目的の規制とは，自由にすれば国民の健康や安全に危険が生ずるという場合に，その弊害を除去・防止するための規制をいう。このような規制は，社会の最低限の秩序維持のために必要な措置であり，国家の役割が社会の治安維持に限定されていた近代の消極国家においても認められていた規制目的であるという意味で消極目的というのである。警察目的の規制といわれることもある。これに対し，積極目的の規制とは，福祉国家の理念の下に，弱者保護のため，あるいは，社会経済の均衡のとれた調和的発展のために行われる規制であり，現代の積極国家において要請されるに至った規制目的であるということから積極目的あるいは社会経済政策的目的の規制と呼ばれる。そして，判例によれば，審査基準として，消極目的の規制の場合には，目的審査において立法目的が必要かつ合理的なものであることが要請され，手段審査においては規制手段が立法目的との関連で「より制限的でないもの」であることが要求されるのに対し，積極目的の規制の場合には，目的および手段の選択に関して立法府に広範な裁量が認められるべきであり，「その裁量を逸脱し，当該法的規制措置が著しく不合理であることの明白である場合」にのみ違憲となるという，いわゆる「明白性の原則」が採用されるというのである。

(2)　小売市場判決

　この判例理論を形成するにあたり，最高裁は，まず最初，1972 年の小売市場判決（最大判昭和 47 年 11 月 22 日刑集 26 巻 9 号 586 頁）において，積極的な社

第9章 経済活動の自由

会経済政策を実施するために経済活動の自由を規制する場合には，精神的自由を規制する場合とは異なり，立法府の政策的技術的裁量を尊重すべきであり，明白性の原則により審査すべきであるという考えを打ち出した。この事件は，中小の小売商が過当競争により共倒れとならないよう保護するためにとられた「距離制限」（既存の店舗から一定の距離内では新店舗の開業を許可しない）の合憲性が争われた事例であったが，最高裁はこれを積極目的の経済規制と捉えた。そして，かかる規制は精神的自由等の規制の場合とは異なり「明白性の原則」により審査すべきであると述べ，審査の結果，「著しく不合理であることが明白」とはいえないと判示したのである。

(3) 薬局開設距離制限違憲判決

　小売市場判決で，積極目的の経済規制と精神的自由の規制とが区別されたが，では消極目的の経済規制に対してはいかなる審査基準で臨むのかという問題が残された。この疑問に答えたのが，1975年の薬局開設距離制限違憲判決（最大判昭和50年4月30日民集29巻4号572頁）であった。

　この事件においては，薬局開設の許可基準として適正配置を要求していた薬事法に基づき広島県条例が定めた距離制限の合憲性が争われた。最高裁は，この規制の目的を，「薬局等の経営の保護というような社会政策的ないしは経済政策的目的」（つまり積極目的）ではなく，「主として国民の生命及び健康に対する危険の防止という消極的，警察的目的」であると捉え，かかる目的で許可制を採用する場合には，「一般に許可制は，単なる職業活動の内容及び態様に対する規制を超えて，狭義における職業の選択の自由そのものに制約を課するもので，職業の自由に対する強力な制限であるから，その合憲性を肯定しうるためには，原則として，重要な公共の利益のために必要かつ合理的な措置であることを要し」，そのためには「許可制に比べて職業の自由に対するよりゆるやかな制限である職業活動の内容及び態様に対する規制によつては右の目的を十分に達成することができないと認められることを要する」と論じ，この基準で判断すると，「不良医薬品の供給の危険又は医薬品乱用の助長の弊害」の防止という目的は他の手段により達成しうるから，許可条件としての距離制限は必要かつ合理的な方法とはいえず違憲であると判示した。

第2部　基本的人権

　かくして，この判決により，消極目的の経済規制に際して許可制を採用する場合には，立法目的が重要な公共の利益のためのものであること，許可制が手段として「必要かつ合理的」であることの論証が必要となったのである。

3　学説の対応

　職業選択（営業）の自由の規制に関するこの審査基準論（消極・積極目的二分論）は，学説の多くに支持されているが，異論がないわけではない。第一に，問題の規制が消極目的か積極目的かは容易に決められない場合が多く，その結果，合憲としたい場合には緩やかな審査基準が適用される積極目的の規制として説明するという具合に，望む結果に合わせて規制目的を恣意的に選択するということになりやすい。実際，薬局開設距離制限の立法目的について，零細の薬局が過当競争で経営難に陥るのを救済するのが目的であると捉えることも不可能ではなかった。第二に，第一の問題と密接に関係するが，積極目的の場合に審査の厳格度を緩和する理由が必ずしも明らかでない。積極目的といっても，弱者保護のための介入もあれば，経済・財政政策の観点からの介入もある。特に問題となるのは，弱小商工業者の過当競争による共倒れを防止するためと称してなされる競争制限的介入である。このような場合には，消費者の利益が無視されがちとなるから，その点について裁判所がチェックするために通常審査を行うべきであろう。

　かかる批判に対する反論としては，立法過程で問題の規制が積極目的として提案されれば，妥当な政策は何かをめぐって関係利益集団が競争して均衡を生み出し，特定の利益集団が他者の犠牲において利益を得るという危険は減少するから，裁判所はその結果を尊重することができるのに対し，消極目的として提案された場合には，そのもっともらしさに幻惑されて関係利益集団間の競争と均衡がうまく機能しない危険があるから，裁判所は厳格な審査をする必要があるのだとする興味深い議論もある。しかし，積極目的の場合，利害関係を有するすべての集団が平等に立法過程における競争に参加しているのかどうか疑問がある。消費者の利益のように組織化が困難な利益は，立法過程において十分な考慮が与えられないことの方が多いであろう。そうだとすれば，裁判所は

規制が消費者の利益を不当に害することがないかを厳格に審査すべきではなかろうか。また，消極目的を掲げられると幻惑されてしまうほど，関係利益集団とそれを代表する議員がナイーヴなのかも疑問のあるところであろう。

異論の第三として，規制される自由の側からすれば，重要なのは自由が制限されるということであり，それが消極目的からか積極目的からかは重要ではなかろう。それどころか，あえていえば，消極目的の場合の方が，自己の自由が制限されることに納得しやすいことが多く，ゆえに，積極目的の場合こそ，厳格に審査してほしいと思うことが多いかもしれない。このような疑問が生ずるのは，消極・積極という区別が規制を受ける人権の性格の違いに基づく区別ではなく，規制する側の理由（悪くすれば，都合）に基づく区別であり，しかも，具体的な立法目的の緊要度とは関係のない区別だからである。本来，審査基準は，一方での規制される人権の性格や重要性，他方での制約の目的の重要性と方法の適切性の間のバランシングを枠づけ，方向づけるものである。ところが，消極・積極という区別は，規制される権利の性質・重要度にも規制により得られる利益の性質・重要度にも直接的な関係をもたないのであり，ゆえにこの区別が審査基準の厳格度を決めることには違和感が残るのである。

ただし，裁判所の審査能力に着目すれば，規制目的二分論も理解できないわけではない。というのは，消極目的の規制の場合は，健康や安全に対して現に生じている害悪の除去，あるいは，規制しない場合には必ず生ずるであろう害悪の予防が立法目的であり，裁判所が「目的―手段」審査の枠組の下で立法事実を基礎とする審査を行うのに特に能力的な障害はないが，積極目的の規制の場合には，立法目的は現実的な弊害の除去・予防というよりは，より安定的・調和的な社会の創造という未来志向的性格の強いものとなりがちで，経済的弱者の保護や経済の安定的あるいは戦略的成長の実現など，政治的考慮の優越した政策目標が背後にあることも多く，そのような場合，目的や手段の選択範囲は広いし，目的と手段の適合関係も推量的なものとならざるをえず，裁判所が「目的―手段」審査の枠組の下で立法事実を精査することには限界があるからである。かかる限界を自覚すれば，立法府の裁量を尊重するのもやむをえないということになろう。しかし，積極目的だということから一律に審査の厳格度を緩和するのではなく，通常審査を出発点に置き，具体的事例における積極目

第2部　基本的人権

的の内容に応じて厳格度を緩和すべき場合かどうかを考えていくべきであろう。

4　判例の展開

　判例上一時は確立されたかに見えた規制目的二分論は，その後，整合的に説明することが困難ないくつかの判例が現れて，その妥当範囲が曖昧になっている。たとえば，当初この二分論は経済的自由の規制一般に適用される理論かに見えたが，財産権に関する森林法違憲判決（最大判昭和62年4月22日民集41巻3号408頁）によりその理解が動揺した。この事件では，民法256条1項の共有物分割原則の例外として森林共有者に対し分割請求権を制限した森林法186条（当時）の合憲性が争われたが，最高裁はこの規定の立法目的につき，森林経営の安定化といった積極目的的な理解を示しながらも，相当厳格な手段審査をして違憲の結論を出したのである。このため，この判決をどう理解するかをめぐり，必ずしも積極目的と捉えたわけではないとして規制目的二分論の維持を唱える説や，判例は経済的自由権につき二分論を放棄したとする説，財産権には二分論の適用はないとする説などが対立している。では，営業の自由に関しては，二分論が維持されているかといえば，それも明確ではない。たとえば，公衆浴場の距離制限につき，かつて最高裁はこれを国民保健・環境衛生の保全を目的とすると理解しながらも合憲の判断を示し（最大判昭和30年1月26日刑集9巻1号89頁），学説の強い批判を受けたが，規制目的二分論を打ち出した後に改めて公衆浴場の距離制限を扱った1989年判決（最二判平成元年1月20日刑集43巻1号1頁）では，むしろ業者の経営困難に着目して積極目的と捉える方向を強調しており，二分論の結論志向的な適用ではないかと批判されている。さらに，酒税法の定める酒類販売業免許制の合憲性を争った事件の判決（最三判平成4年12月15日民集46巻9号2829頁）では，一方で，免許制が事業への参入制限であることから，同じく参入制限である許可制が争われた薬局開設距離制限違憲判決との類似性を指摘しながらも，他方で，本件が租税の適正・確実な賦課・徴収という国家の財政目的のための規制であることから立法府に広範な裁量が認められるべきことを強調し，結局は免許制の必要性と合理性についての立法府の判断がその「裁量の範囲を逸脱するもので，著しく不合理なもの

でない限り」合憲との結論に達している。園部逸夫判事の補足意見が指摘したように，このような財政目的からの規制は，規制目的二分論には収まらない性格をもつというべきであろう。このように見てくれば，まず規制目的により審査基準を振り分けるというアプローチは，必ずしも適切ではないということになる。判例自身も，最近では目的の議論において消極的・積極的という表現を使うこと自体を回避して（最大判平成 14 年 2 月 13 日民集 56 巻 2 号 331 頁参照），規制目的二分論に立つものではないことを示唆し，「規制の目的，必要性，内容，その規制によって制限される財産権の種類，性質及び制限の程度等を比較考量して判断すべきものである」という利益衡量の採用を表明している。これは，規制目的により審査基準の厳格度を変えるというアプローチを否定するものであるが，その結果「裸の利益衡量論」に戻ってしまったことも意味しよう。そうならないためには，いかなるアプローチをとるべきか。

5 「通常審査」とその緩和理由の究明

審査の基本的な態度としては，ベースラインとしての厳格審査（私のいう「通常審査」）から出発すべきであろう。そのうえで，職業選択の自由の規制については，通常審査より一層厳格な審査（通説のいう厳格審査）が必要という場合はないはずであるから，逆に，審査基準の厳格度を緩和しうる場合を個別的に検討していくというアプローチをとることになる。

たとえば，薬局開設距離制限事件の判決が示唆した，許可制（いわゆる職業への参入規制）と職業活動の内容・態様の規制を区別し，前者は厳格に後者は緩やかにという考えは，前者は通常審査，後者はそれより緩やかな審査と理解しうるのではないかにつき十分検討に値する。また，積極規制は一律に緩やかな審査という考えは前述のように支持できないとしても，弱者保護のために強者を規制する場合には緩やかな審査でよいという考えは，より説得力をもちえよう。もっとも，弱者保護の手段については立法府の広範な裁量が認められるにしても，真に弱者保護が目的なのかどうかについては，弱者の存在とその窮状を裏づける立法事実の確認が必要と思われる。さらに，租税制度の観点からの規制は，納税義務を憲法が明示することからも，租税制度そのものが公平か

第2部　基本的人権

つ合理的なものである限り，立法府の広い裁量を認めるべきであろう。このほか，裁判所が審査能力を著しく欠くと認められ，その結果民主的な政治プロセスに委ねる方がより適切な解決が得られるという場合にも，通常審査を緩和することが認められるといえよう。

　以上は思いつくままに拾い上げたほんの一例であるが，このように経済活動の自由の規制を緩やかな審査に付しうる場合とその理由を個々に精査し，体系化していくことが今後の課題である。

V　財産権の保障

1　財産権保障の意義

　財産権は狭義では所有権と同視されるが，所有権とは，自律的生に不可欠・有用な資源を排他的に獲得し自由に利用・処分する権利である。自己に帰属する財産に対する権利であるから，前提として，獲得・帰属に関するルールが存在していなければならない。広義の財産権は，財産的価値をもつすべてのものを指し，所有権その他の物権，債権，特許権・著作権などの知的財産権，鉱業権，漁業権などすべてを含むと解されているが，それぞれの具体的内容が何かについては，それを定めるルールが別途必要である。

　したがって，財産権保障は，その前提として財産の獲得・帰属と内容に関するルールを必要とするが，そのルールがいかなるものかについては憲法に明示的な規定はない。

　近代初期においては，財産権は「神聖不可侵」（フランス人権宣言17条）の自然権とされたから，前提的ルールは社会・国家以前に存在する自明のルールと観念され，それを前提に財産権は国家内においては「権力からの自由」として構成され，私的自治の中核となったのである。しかし，19世紀における資本主義の展開のなかでかかる財産権の問題性が明らかとなり，社会経済政策的な観点からの財産権制約の必要性が認識されるに至る。財産権は，今では，もは

286

や神聖不可侵として自由国家的規制（消極目的の規制）にしか服さないなどとは主張しえず，社会国家的規制（積極目的の規制）にも服さざるをえなくなっているのである。しかも，自然権思想の衰退により，財産権の前提的ルールも実定法による人為的所産ということになり，どのような前提的ルールを制定するかは，人為的な政策選択の問題として意識されるようになっている。つまり，今日では，財産権が成立するための前提的ルールも，国家により人為的・政策的に制定され執行されるものと考えられているのである。そうだとすると，その前提的ルールが憲法に定められているかどうかは重要な意味をもつことになる。もし憲法に定めがなく，全面的に法律に委ねられているとすれば，憲法で財産権を保障したことの意味はほとんど失われることになろう。そこで，前提的ルールの最低限の内容は，自然権的（超憲法的）ルールと考えるかどうかは別にして，少なくとも憲法的ルールとして理解する必要がある。

　憲法 29 条 1 項は，「財産権は，これを侵してはならない」と規定する。これは，近代以来の財産権保障を引き継いでいる。ところが，同条 2 項は，「財産権の内容は，公共の福祉に適合するやうに，法律でこれを定める」と規定する。これは，1 項の定める財産権の近代的保障を修正するものであり，現代的財産権に対応する規定である。問題は，「財産権の内容は法律で定める」とは，何を意味するかである。もしこれが，財産権の獲得・利用・処分の内容は法律で定めるということを意味するとすれば，1 項が保障するのは法律で定めた財産権にすぎないということになってしまいかねない。そうなれば，1 項は「法律に従い現に所有する」財産に対する権利の保障にすぎなくなる。しかし，憲法による保障という以上，法律が侵害することの許されない何ものかが存在しなければならないはずである。それは何か。ここで，1 項の保障するのは私有財産制度であるという説が生じた。1 項は主観的権利としての財産権ではなく，私有財産制という制度保障なのであるという。これによれば，2 項の「法律による内容決定」は，私有財産制度の本質を侵害しない限度内で行わなければならない。しかし，1 項の保障するのが，私有財産制度だけだとすると，法律に従って獲得・所有する（主観的）財産権が侵害されても，裁判所で「憲法上の権利」としての財産権の侵害を主張できなくなってしまう。そこで，1 項は財産権と私有財産制度の両者を保障しているのだとされる。これが通説である。

第2部　基本的人権

　この通説の核心は私有財産制度の保障にある。1項の保障する私有財産制度の枠内で2項により内容決定された財産権が，1項によって主観的権利として保障されるのである。財産権の内容は法律により決定されるから，憲法の保障としては，私有財産制度だけなのである。しからば，私有財産制度とは何か。私人が財産を獲得し自由に利用・処分することを許容する制度である。そうだとすれば，1項は，私人が財産を獲得し自由に利用・処分する（主観的）権利（それが財産権である）を保障していると解すればよいのではないか。そうすれば，制度保障などという議論を持ち出す必要はない。冒頭に掲げた財産権の定義は，これを含意している。

　1項の意味をこのように解した場合，2項はどのように解釈することになるのであろうか。通説は，現代国家・社会の要請に対応できるように，法律に財産権の内容決定の広汎な裁量を与えた規定と解釈した。それが「公共の福祉に適合するやうに」の意味するところであり，ここでの公共の福祉は現代国家・社会の要請に対応した意味をもつのだという。しかし，2項のいう「財産権の内容」とは，近代の財産権とは異なる「内容」を意味するのであろうか。むしろ，財産権の「内容」自体は，近代のそれを前提にしながら，その制限の原理を現代化するのであり，その結果として生じる財産権のあり様をここで「財産権の内容」と述べているのではないだろうか。換言すれば，財産権の内容自体が近代のそれとは質的に異なるものとして変更されることを意味するのではなく，制限の仕方が近代とは質的に異なるものとなることを意味しているのではないかということである。公共の福祉とは人権の制限原理である。それには，近代的な内容と現代的な内容があると解されており，29条2項の公共の福祉は，現代的なもの，すなわち社会経済的な積極規制の意味を含むと解されている。そうだとすれば，29条2項にいう「公共の福祉に適合するやうに」とは，制限の現代的あり様を意味すると解するのが自然であろう。このように理解すると，1項は近代的な財産権の保障を定め，2項がその制限原理が現代的であることを定めたと解することになる。

第 9 章　経済活動の自由

2　保障の内容と制限

(1)　財産権の内容と公共の福祉による制限

財産権の内容　　財産権とは，自律的生に不可欠・有用な資源を排他的に獲得し自由に利用・処分する権利であった。これは近代の財産権と同じである。かかる財産権が法律により「内容決定」される以前に憲法により保障されているのである。しかし，現実には，財産権の具体的内容は民法を中心とする法律により定められている。それらの法律以前に憲法上の財産権というものがあるというなら，それはいかなる内容か。憲法にはその定義はない。そうだとすれば，結局は法律の定めた内容を，それが私有財産制度を否定するようなものであるなどという不合理なものでない限り，換言すれば立法裁量を濫用・逸脱した内容でない限り，受け入れて，憲法 29 条 1 項はその財産権を保障するのだと解する以外にないのではないかという疑問が生じよう。しかし，この立場を採ると，立法裁量の逸脱・濫用はきわめて例外的であるから，通常は立法府の決定を認めることとなり，憲法による保障が実質上空洞化してしまう。現代財産権は様々な制限を受け入れる必要があることは認めざるをえないとしても，憲法上の権利として書かれている以上，違憲立法審査権を取り入れている日本国憲法の下で，ほとんど無審査に近い形で法律を受け入れてよいとは思えない。立法裁量論よりは厳密な実質的審査が可能となる財産権の理解が必要ではないだろうか。そこで本書では，次のような考え方を採ることにする。

　憲法の保障する財産権の内容は，近代において想定されていた財産権であると理解する。そうすると，民法等の法律による財産権の「内容決定」は，財産権の「創設」あるいは「形成」ではなく，憲法の定める財産権の内容（保護範囲）の「確認」か「制限」か「拡張」かのいずれかになる。確認であれば，憲法問題は生じない。拡張の場合には，拡張部分に関しては法律上の財産権の創設という立法政策の問題となる。現代財産権に関しては，近代財産権の内容自体の拡張が行われることは稀であろう。むしろ，近代財産権の内容は維持しつつそこに包摂される財産を法律により拡張すると理解することになる。制限の場合は，制限の正当化が必要となり，まさにこの点に本書の立場の利点がある。

第2部　基本的人権

違憲審査を立法裁量論ではなく「制限の正当化」論，つまり審査基準論の土俵で行うべきだということである。

　近代の財産権を参考に29条1項の財産権を定義すると「自律的生に不可欠・有用な資源を排他的に獲得し自由に利用・処分する権利」と解することができると考えているが，この中で「自由に利用・処分する権利」という点についてはあまり問題ないであろう。「自律的生に不可欠・有用な資源」については，何がそれに該当するか不明確ではないかという疑問があろうと思われる。たしかに，土地・家屋や日常品などのように財産権の中心的部分に属するものを別にして，周辺的部分については意見の分かれることもあろう。何が自律的生に不可欠・有用かは，個々人によっても，また，時代の変化に応じても，変わりうる。とすれば，その内容は，個別事例において当事者が主張・論証し，裁判所の判決を通じて確定していくべきものと考え，オープンとすることが望ましいのではなかろうか。「獲得」については，近代財産権においては，ロックの「労働」による獲得が自然権的ルールと考えられていた。コモンズ（共有）に属する財産がほとんど存在しなくなっている現代にロックの理論をそのまま再生させることはできないが，自己の身体的・知的「労働」により生み出したものは自己のものであるという考えは，「財産」の原始取得として憲法の保障するものだと考えてもおかしくはないだろう。「労働」の対象は，今日ではほとんどが誰かの財産権に属していよう。したがって，労働の生み出したものと既存の財産権の間で正当な分配が必要となるが，そのルールを決定するのが法律である。ゆえに，その法律は，憲法上の財産権を確認・制限・拡張しているという関係になるのである。たとえば，著作権は「労働」により生み出された限りにおいて，著作者の憲法上の財産権に属する。著作権法が著作権を創設し，それを憲法が財産権として保障しているという関係ではないのである。著作権を立法政策により著作権法によって創設されたものだと解するなら，それが表現の自由を制約することの正当化は困難となろう。

公共の福祉による制限　　憲法29条2項は，「財産権の内容は，公共の福祉に適合するように，法律でこれを定める」と規定し，財産権の内容の決定を法律に委任している。ここでの「内容の決定」は，上で述べたように，財産権自体の意味内容を決定するということではない。財産権自体の

意味は，近代的意味を基本としており，それを「公共の福祉に適合するやうに」修正するということなのである。換言すれば，財産権の意味を近代的なそれから現代的なそれに法律により変更するということではない。繰り返しになるが，財産権の意味は，近代的な意味と現代的な意味で異なるというのではなく，変化するのは「公共の福祉に適合するやうに」の意味なのである。

しかし，近代的な財産権も公共の福祉により制限されていたのではないか。そうだとすると，何が変わるのか。公共の福祉とは，抽象的には，すべての国民が等しく個人として尊重されることを意味した。この公共の福祉には，自由国家的な内容（消極目的）と社会国家的な内容（積極目的）があり（128頁参照），本条の公共の福祉は，後者を含むものと解されている。すなわち，ここでいう「公共の福祉に適合するやうに」とは，消極目的の規制のみならず，積極目的の規制である社会経済的な政策目的からの規制をも含むと解されるのである。

「財産権の内容」は，民法をはじめとする様々な法律により，所有権や債権などの様々な種類として定められている。財産権の保障は，財産権を国家により取り上げられないことの保障と，財産権を「法律の定める内容」に従って行使することの保障を含むが，いずれも無制約ではない。前者については，公用収用の問題として後述することにして，ここでは後者の公共の福祉による制約につき見ておく。なお，制約は法律により行うのが原則であるが，条例によっても可能であると解されている（429頁参照）。

(2) 財産権の内容制限と行使の制限

財産権の限界を考えるに際して，その内容と行使を区別する見解がある。それによれば，財産権の制限は，まずその内容を規定する段階で生じる（内容規定は同時に内容の限定・制限という意味をもつ）とともに，次いでそれを行使する段階でも生じる。前者に関わるのが，29条2項に基づく公共の福祉による内容制限であり，後者における制限の根拠は13条の規定する公共の福祉であるとされる。

たしかに，理論上はまず財産権が一定内容を与えられたものとして成立し，次いでそれがその内容に従い行使されるのであるから，それぞれの段階における制限を区別して考えることは論理としては明快である。しかし，現実には，

第2部　基本的人権

何が内容における制限で何が行使における制限かは，明確には区別できない。法律が財産権の制限を行っているとき，それは内容上の制限としても理解しうるし，行使上の制限としても理解しうるということが多いのである。たとえば，土地所有権は大深度地下にまでは及ばないと定めることは，土地所有権の内容規定でもありうるし，行使制限でもありうる。しかも，それをどちらと捉えるかにより法律上何らかの有意味な違いが生ずるということもなく，これを区別する実益がない。したがって，通説は，内容上の制限であれ，行使上の制限であれ，その根拠を 29 条 2 項の公共の福祉に求めている。

　本書も基本的には財産権の制限につき内容と行使を区別しない。憲法上の財産権の内容としては，近代的な内容を想定し，その意味での財産権が（内容か行使かに関係なく）消極目的あるいは積極目的の制限を受けると理解している。

(3)　保障の理由

　財産権の限界とその審査基準を考えるためには，財産権が人権として保障された理由を確認しておく必要がある。憲法は，なぜ財産権を人権として保障したのであろうか。人権とは，人が個人として自律的生を営むのに不可欠と考えられた権利であった。では，財産権は，いかなる意味で自律的生に不可欠なのか。

　第一に，財産権が個人の自律を支えるからである。たしかに，現代国家においては，自律の基礎として社会権が強調されるようになった。しかし，社会権は国家による給付である以上，心理的には国家への依存を免れがたく，自律の真の基礎にはなりえない。せいぜい自律を助成するためのセーフティ・ネットの役割しか果たせないであろう。第二に，他の人権を行使するために必要な物的基礎を提供する機能を果たすからである。たとえば，表現の自由を行使するためには，紙やインクなどの表現手段が必要であるが，財産権がその取得を助けてくれるのである。もちろん，財産権が保障されたからといって，財産のない者にとっては表現手段を入手することができるわけではないが，財産権の保障がなければ，表現の自由の大半は画餅にすぎなくなろう。

　したがって，財産権は自律的生にとって必須の権利であり，表現の自由などより価値の低い権利ではない。人権そのものには，価値の序列は存在しないの

292

である。

⑷　独占財産と生存財産の区別

　財産権の保障を考える場合に,「大きな財産」と「小さな財産」, あるいは, 独占財産 (他者の労働を搾取する機能を果たす財産) と生存財産 (自己の労働により自己および家族の生存を支えるのに必要な財産) を区別しようという見解もある。財産権保障の正当化を自律的生に求める立場からは,「小さな財産」, 生存財産こそが保障対象であるという見解は, 一定の説得力をもつ。しかし, 独占財産と生存財産の区別は財産権の性質上の区別というよりは, 財産権がどのような社会的機能を果たしているかによる区別であり, ある財産がどちらに属するかは社会的コンテクストに依存する面が強い。したがって, この区別は, 財産権保障の範囲を画する場面に持ち込むよりは, 保護の程度を検討する場面で考慮する方がよいであろう。つまり, この区別は審査基準との関連で考慮に入れるのである。

3　審 査 基 準

　では, いかなる審査基準が妥当か。ここでも, ベースラインとしての厳格審査 (通常審査) が出発点に置かれるべきである。財産権制約の根拠としての公共の福祉が「自由国家的公共の福祉」と「社会国家的公共の福祉」を含むことから, 前者は厳格な合理性の基準, 後者は合理性の基準が採用されるべきだとする見解も有力であるが, 最初からこのようにカテゴリカルに区別するのは, 事件の特性に応じたアプローチを困難とする欠点をもつ。通常審査を原則とし, そのうえで基準を緩和しうる場合の論理・理由を解明していくアプローチをとるべきである。それを考えるのに, 最高裁の森林法違憲判決 (前出最大判昭和62年4月22日) は興味深い。

　森林法は, 共有林の分割請求に制限を加えていた。民法の原則によれば, 共有物については各共有者はいつでもその分割を請求することができることとなっている (民256条1項) が, 森林法旧186条は, この原則の例外として, 共有林の分割を請求するには持分価額の過半数が必要であると規定していた。本

第2部　基本的人権

件では，持分2分の1ずつの生前贈与を受けていた兄弟の一方が分割を望み，この分割請求制限規定を財産権侵害として争った。

　最高裁は，この規定の立法目的を「森林の細分化を防止することによつて森林経営の安定を図り，ひいては森林の保続培養と森林の生産力の増進を図り，もつて国民経済の発展に資することにある」と捉え，立法目的としては公共の福祉に合致し合憲であるとした。この立法目的の把握は，消極規制・積極規制の区別を使えば，積極目的の規制ということになる。ゆえに，職業選択の自由の判例理論に従えば，「規制措置が著しく不合理であることの明白」な場合かどうかを基準に審査することとなるはずである。しかし，最高裁は，手段審査について，薬局開設距離制限違憲判決を引用しつつ「目的を達成するための手段として必要性若しくは合理性に欠けていることが明らか」かどうかを基準とすると述べ，結論として違憲と判断したのである。

　このアプローチは，積極目的の規制にもかかわらず明白性の原則よりやや厳格な基準を用いている点で，職業選択の自由についての先例とは必ずしも整合せず，これをどう説明するかにつき学説に戸惑いを与えている。しかし，消極・積極二分論の機械的な適用を離れて，通常審査から出発するアプローチをとれば，それほど説明は困難ではない。本件は，弱者保護のために強者の財産権を制約したケースではなく，社会全体の経済的効率性のために財産権を制約したものであり，社会的効用を増大させるために人権を制限するという関係となっている。このような場合に人権を保護することは，まさに裁判所に期待された役割であるから，審査基準を緩和すべき理由はないのである。

4　公用収用と正当補償

　財産権の保障は，自己の財産を意思に反して収用されない保障を当然に含む。しかし，道路・公園の建設等にみられるように，公共のために個人の土地等を収用する必要が生ずることはありうる。そこで，憲法29条3項は，「私有財産は，正当な補償の下に，これを公共のために用ひることができる」と定めた。

第9章　経済活動の自由

(1) 「公共のために用ひる」

「公共のために」とは，公共の福祉のためにと同じで，すべての個人が等しく尊重される社会を実現するために必要として正当化されうる場合でなければならないことを要求している。特定個人（集団）の利益のみのために収用することは，たとえ補償を払っても許されない。「用ひる」方法としては，所有権を移転する「収用」が典型であるが，財産権行使を制限する「規制」も含まれうる。財産権を制限し，その結果所有者にとっての財産価値を減少させれば，減少分について収用したのと同じだからである。ただし，後述のように，財産権者が当然に受忍すべき制限の場合は別である。

(2) 正 当 補 償

「公共のため」として正当化される場合でも，正当な補償なしに収用・規制することは許されない。特定個人の「特別の犠牲」において社会公共が利益を得るというのでは，犠牲となる個人を「個人として尊重」したとはいえないからである。

(ア) 特 別 犠 牲

問題は何が「特別の犠牲」かである。収用の場合は，通常，特別の犠牲となるといってよい。難しいのは，規制の場合である。国民の健康や安全のためにする，いわゆる消極目的・警察目的の規制の場合には，財産権行使が社会に害悪を及ぼすのであるから，その制限は財産権者が当然受忍すべきものである。ゆえに，特別の犠牲とはいえない。これに対し，積極目的の規制の場合は，財産権者の側に落ち度があるわけではないのが普通であるから，特別の犠牲となることが多いであろう。しかし，具体的な規制が，どちらの目的かは簡単には決められないことが多い。ゆえに，どちらの目的かを決めることに目を奪われるよりは，特別の犠牲といえるかどうかを具体的なケースに即して判断していくべきであろう。なお，規制ではなく政府による「援助」（たとえば一定の財やサービスの提供）が継続的になされているとき，それを財政上の理由で廃止せざるをえなくなった場合，その援助に依拠して生計を立ててきた者に補償が必要かという問題もあるが，基本的には「特別の犠牲」といえるかどうかが基準となろう（最三判平成22年2月23日判時2076号40頁参照）。

295

第2部　基本的人権

(イ)　正 当 補 償

正当な補償の額は，特別な犠牲に見合う額である。何がそれにあたるかにつき，相当補償説と完全補償説が対立している。これは，戦後の農地改革に関連して生じた。農地改革においては，国が地主から農地を強制的に買い上げ，小作人に低額で払い下げたが，地主に支払われた対価があまりに低すぎ「正当な補償」とはいえないのではないかとして訴訟になった。最高裁は，正当な補償とは，時価に一致する必要は必ずしもなく，時価を基礎に合理的に算出された「相当な額」でよいとした（最大判昭和28年12月23日民集7巻13号1523頁）。学説の多くは，この判決は戦後の農地改革という特殊な事例に関する例外的なものであって先例的価値は小さく，今日では時価に基づく完全補償こそが正当補償と考えるべきであるとしている。農地改革の事例は，財産の帰属ルールが不公正として問題となり，公正なルールによる再配分を行おうとしたものであるから，憲法29条の枠に収まらない性格のものである。帰属ルール自体が問題化しない限りは，完全補償と考えるべきであろう。

完全補償の理解として，収用される財産の時価を補償するだけでよいのかという問題がある。これは，収用される「私有財産」の範囲の問題とも関連するが，たとえば私有地上の私有家屋で商売を営んでいるとき，公共工事のために立退きを求められたとしよう。その場所が当該営業にとっては格別に立地条件がよいが，その点は不動産の時価に反映されていないというような場合，どう考えたらよいのであろうか。他の場所では同じ商売で生活を維持することは困難というなら，生活を再建するに必要な額まで補償すべきではないのかという問題である。しかし，このように考えると補償すべき範囲があまりに曖昧になりすぎ，憲法上の権利が逆に希釈されるおそれもあるので，29条3項の解釈としては，補償の範囲は「私有財産」と明確に構成できる利益の時価と考え，それ以上は立法政策に委ねるのがよいのではなかろうか。

(ウ)　正当補償違反の訴訟

収用となる場合には，関連法律で補償規定を置くのが通常であるが，補償規定がないか，あるいは，あってもそこに定められた補償額が正当補償に不足する場合には，収用処分の違憲違法を理由にその取消しを求めることも可能であるが，憲法29条3項を直接の根拠として正当補償額の支払を求めることも許

296

される（河川附近地制限令事件〔最大判昭和 43 年 11 月 27 日刑集 22 巻 12 号 1402 頁〕
参照）。

(3) 予防接種事故補償判決

29 条 3 項には，個人の特別な犠牲において全体が利益を受けるということ
は個人の尊重原則に反する，という重要な思想が，財産権に関連して，具体化
されている。しかし，これは財産権に限られるものではない。同じ思想は，17
条（国家賠償請求権）や 40 条（刑事補償請求権）の背後にも存在する。しかし，
このように憲法に明示的な規定がない場合にも，この思想は適用されるべきで
はないかが問題となる。

たとえば，国会議員の院内での自由な発言・討論を保障した憲法 51 条（議
員の免責特権）に関連して，被害者救済の問題が議論されている。議員が院内
の発言により他者の名誉を毀損した場合，51 条により院外で名誉毀損の責任
を問われることはない。しかし，それでは被害者は何の救済も得られないのか。
もしそうなら，特定個人の犠牲において国民全体が利益を受けるということに
ならないのか，という問題である（最三判平成 9 年 9 月 9 日民集 51 巻 8 号 3850 頁
参照）。

同様に，予防接種禍の救済の問題も大きな議論を呼んだ。国（自治体）の勧
めで予防接種を受け，副作用で死亡あるいは後遺障害をもつに至った被害者と
親が，法律の定める救済では不十分であるとし，憲法 29 条を一つの根拠に補
償を求めた事件である。国が予防接種を勧奨したのは，それにより国民全体が
恩恵を受けるからである。ところが，統計上，一定のパーセントで被害者が出
るのは避けられない。この場合に，特定被害者の犠牲において国民全体が利益
を受けるということでよいのか。たしかに，命や健康を「収用」するという考
えには違和感があり，憲法 29 条を使うことには戸惑いが残る。しかし，救済
を認めるべきことにはほとんど異論はなく，地方裁判所の多くは，29 条 3 項
の類推適用を認めたり，あるいは，憲法 13 条を援用するなどの工夫をして補
償を認めた（東京地判昭和 59 年 5 月 18 日判時 1118 号 28 頁参照）。しかし，最高裁
は過失を認定して国家賠償を認める方向に向いているようである（東京高判平
成 4 年 12 月 18 日判時 1445 号 3 頁が依拠した最高裁判決参照）。

第2部　基本的人権

　おそらく，全体の利益のために特別の犠牲を強制されない権利，特別の犠牲に対する補償を請求する権利というものを，13条を根拠に「新しい人権」として構成するのが現代の要請となっていよう（159頁参照）。全体の利益を増進するための積極的介入が増大した現代において重大化した問題だからである。また，29条3項や17条，40条で特定のコンテクストに限定してではあるが憲法自体が認めている権利であるという点で，通信の秘密（21条2項）や住居の不可侵（35条）において部分的に保障されているプライバシーの権利に似ている面もあり，「新しい人権」として承認するにふさわしい特徴を備えているのではなかろうか。

第10章

人身の自由と刑事手続上の諸権利

　身体が不当に拘束されてはならないことは，あまりにも当然のことで，このことを正面から規定した条文は憲法にはない。強いて挙げれば，奴隷的拘束を禁止した18条がその趣旨を含んでいるといえようが，奴隷的拘束は身体の不当な拘束の極端な場合であって，不当な拘束すべてをカバーするものではなく，拘束そのものよりはむしろ拘束の特定のあり方を問題としている規定である。しかし，人身（身体）の自由は，最も基本的な人権であるから，憲法は奴隷的拘束しか問題にしていないと考えるわけにはいかない。いかなる拘束も許されないというのが原則のはずである。とはいえ，犯罪者の処罰の場合のように，拘束が必要となることがありうるのも否定できない。そこで憲法は，人身の自由の保障を明示するまでもない当然の前提としたうえで，その自由を公共の福祉により制約せざるをえない場合に，自由の制約としての身体拘束が「不当」とならないために最低限必要な条件を列挙するというアプローチをとった。犯罪の捜査と裁判手続が適正に行われることを保障することにより人身の自由を保障しようとしたのである。31条以下の規定がそれで，各条文が刑事手続上の被疑者・被告人に保障された権利を構成している。そこでは，31条の適正手続の一般規定に引き続き，33条ないし40条でその具体的な内容が詳細に定められている。このような詳細な規定を憲法に置くのは比較法的に見て珍しいことであるが，戦前の不当な捜査・裁判の反省に立ち，その根絶を目指したのである。

　31条以下の規定は，このように人身の自由の保障を核心とするが，しかし刑事手続の適正さの保障は身体の拘束の場合に限定されるわけではない。刑事

第 2 部　基本的人権

手続の過程で生じる人権制約は身体拘束に限られず，財産やプライバシーなどの制約も起こりうるからである。それらすべての制約に関して手続の適正さを保障しようというのが，憲法の趣旨である。もっとも，こうした制約が生ずるのは刑事手続の場合に限られず，行政手続においても問題になりうるが（159頁参照），31条以下の規定は（32条を除き），基本的には刑事手続に関するものと解すべきである。

I　奴隷的拘束および苦役からの自由

　憲法 18 条は，①奴隷的拘束を受けないこと，および，②刑罰の場合を除き，意に反する苦役を課されないことを保障している。奴隷的拘束とは，個人の尊厳とは相容れない非人間的な態様の拘束を意味し，本条の起源であるアメリカの奴隷制はいうに及ばず，戦前の日本の「監獄部屋」や「たこ部屋」などもこれに該当する。このような拘束は絶対的に禁止され，刑罰としても許されない。
　「意に反する苦役」とは，本人の意思に反する「苦役」であるが，ここにいう苦役とは，個々人の主観により苦痛と感じられる労務ではなく，一般人が苦痛と判断するであろう労務を指し，したがって，非常災害時に命じられることのありうる救援活動等（消防 29 条 5 項，水防 24 条，災害基 65 条 1 項，災救 7 条・8 条等）は，これに含まれない。徴兵制については，諸外国の憲法では兵役を憲法上の（市民的）義務と規定し，それを苦役とは考えていないのが普通であるが，日本国憲法は兵役義務を規定しておらず，平和主義・戦争放棄の規定を置いていることから考えて，苦役に該当すると解すべきであろう。

II　適正手続の保障

　31 条は「何人も，法律の定める手続によらなければ，その生命若しくは自

由を奪はれ，又はその他の刑罰を科せられない」と規定する。この規定は，アメリカ合衆国憲法修正 14 条のデュー・プロセス（適正手続）条項に起源をもつものであり，そのためにアメリカにおけるこの条項の解釈論が日本にも影響を与えることになった。すなわち，アメリカでは，修正 14 条の「いかなる州も，法の適正な手続なしに人の生命・自由・財産を奪ってはならない」という文言の解釈として，この条文が適正な「手続」のみならず「実体的権利」（自由）をも保障するものなのかが議論となり，合衆国最高裁は，契約の自由に関して，本条項がそれを保障すると解したのである。これが「実体的デュー・プロセス」といわれたのであるが，この議論が日本国憲法の 31 条解釈にも導入されることになった。つまり，31 条は刑罰を科す「手続」を法律で定めることだけでなく，「実体」（犯罪・刑罰の要件）をも法律で定めることを命じているのではないかという問題である。

犯罪・刑罰の実体を法律で定めるということは，近代刑法の基本原則たる罪刑法定主義の要請であり，日本国憲法も当然それを要請していると解すべきである。ところが，それを明示した規定がない。そこで，この要請を 31 条に読み込もうというわけである。しかし，法文上は「手続」となっているから，これを法律用語の「手続と実体」という用法に照らして理解すれば，実体まで読み込むことは解釈としては無理ということになり，見解が対立することになった。しかし，この手続を「手続と実体」という場合の手続ではなく，より広い意味での「方法」という程度の意味に理解すれば，罪刑法定主義の要請をそこに読み込むことも無理ではない。したがって，罪刑法定主義の当然の帰結とされる刑罰規定の明確性の原則も 31 条により保障されていると解することができる。

「法律に定める手続」とは，法律で定めればいかなる内容でもよいということではなく，当然「適正」な手続であることが要求されている。何が「適正」な手続かについては，その主要な具体的内容は 33 条以下に規定されているが，具体的規定がない場合には，本条が根拠となりうる。その意味で，本条は適正手続の一般規定なのである。上に見た，刑罰を科すには，予めいかなる行為が処罰されるかを法律で定めておかねばならないという「罪刑法定主義」も，処罰するために当然必要な適正手続の一環をなすものとして，本条により要求さ

第2部　基本的人権

れていると解するのである。また,「無罪の推定」あるいは「疑わしきは罰せ
ず」といった刑事訴訟の根本原則も, 本条により保障されている。

　なお, 本条は刑事手続に関する規定であり, 行政手続の適正さを直接要求し
た規定は憲法にはない。そこで, 本条を行政手続にも類推適用あるいは準用す
るという学説もあるが, 適正な行政手続は, 前に述べたように, 憲法13条を
根拠に構成すべきである。もっとも, 31条や35条, 38条などは, 行政手続に
おいても同類型の問題が生じるので, 直接の根拠条文にはならないにしても,
行政行為の適正さを考えるに際し参照する価値はある。

Ⅲ　刑事手続上の諸権利

1　裁判を受ける権利

　32条は「何人も, 裁判所において裁判を受ける権利を奪はれない」と規定
する。ここで保障された「裁判を受ける権利」は, 刑事裁判に限定されず, 民
事裁判(行政裁判を含む)にも及ぶ。31条が刑事手続に関する一般規定であり,
33条以下が明らかに刑事手続を対象とした規定であることを考えると, 32条
は刑事のみならず民事も対象とすると解するのはいささか整合性を欠く感を否
めない。しかし, 民事裁判を受ける権利も近代憲法以来保障されてきた重要な
権利であり, 日本国憲法も当然それを保障していると解すべきであるが, 32
条の他には規定がない。整合性を確保する試みとして, 31条を民刑事一般に
関する手続(行政手続も含む)の保障規定, 32条を民刑事の裁判を受ける権利
の保障規定と解する見解もあり注目されるが, 31条は文言上刑事に限定され
ており, 民事(行政)手続まで含めることは躊躇される。32条に特殊な地位を
認める以外になかろう。なお, 民事に関する裁判を受ける権利は, 国務請求権
として後に扱う。

　刑事事件に関しては, 裁判を受ける権利は, 裁判なしに処罰を受けることの
ない権利を保障した意味をもつ。しかし, この権利は, 37条で「公平な裁判

第 10 章　人身の自由と刑事手続上の諸権利

所の迅速な公開裁判を受ける権利」として，より内容の濃い保障が与えられて
おり，したがって 32 条の独自の意味は，刑事に関してはほとんどない。しか
し，「裁判所において」という点に本条の独自の意味を見いだすことも不可能
ではなかろう。37 条の「公平な裁判所」の重点は「公平な」というところに
あると思われるからである。

　「裁判所」による裁判の保障との関連で問題となるのは，陪審制あるいは参
審制である（442 頁以下参照）。ともに法律の素人である一般国民が裁判に参加
する制度であるが，陪審制は，英米で発達した制度で，一般国民から抽出され
た陪審員（典型的には 12 人により構成）が犯罪を正式に起訴するかどうかを評決
したり（「大陪審」と呼ばれる），あるいは，起訴された事件につき有罪かどうか
を評決したりする（「小陪審」と呼ばれる）ものである。これに対し，参審制は，
ドイツをはじめとする大陸諸国で発達した制度で，数名の一般国民が裁判官と
一緒に裁判所を構成するものである。国民が裁判に参加するという，民主的意
味を担った制度であり，日本でもその導入が議論されてきた。戦前，大正デモ
クラシー期に日本でも陪審制が導入されたが，陪審による裁判を受けるかどう
かは被告人の選択とされ，また，陪審の評決は裁判官を拘束しないなどの制約
があったので，十分活用をみないうちに戦争になって運用を停止されてしまっ
た。戦後，日本国憲法の下で，いつか停止を解除することもありうると理解さ
れてきたが，2004 年の司法制度改革で，まったく新たに「裁判員制度」とし
て導入することが決定され，2009 年 5 月 21 日より実施されている。

　問題は，一般国民が参加した裁判所が憲法の保障する「裁判所」といえるか
どうかである。32 条の「裁判所」は，憲法 76 条以下の司法に関する諸規定に
従って構成された裁判所を想定しているが，そこでは裁判所は身分を保障され
た裁判官により構成されるものとされている。たしかに，裁判官だけで構成す
べきだと定めた規定はないが，裁判官が一人も入らない裁判所を許容している
とは思われず，一般国民が参加するにしても，やはり裁判所の中心的役割は裁
判官により担われるべきものと思われる。被告人にとって重要なのは，裁判所
が政治的圧力や一時的激情に左右されることなく法に従った裁判を行いうるこ
とであるが，そのためには法の訓練を受けた「裁判官」が必要なのである。明
治憲法 24 条が「裁判官ノ裁判ヲ受クルノ権」を保障していたのも，このため

303

第2部　基本的人権

である。日本国憲法では，国民主権の下に国民の参加がより重視されるから，「裁判所」に一般国民が参加することを否定すべきではないが，「裁判官による裁判」を形骸化するようなものであってはならない。少なくとも，法の専門家である裁判官（の多数）が無罪とするものを一般国民の参加で有罪にするということのないような制度設計が必要と思われる。

　かかる観点から，新たに導入された裁判員制度を見ると，危惧される点がないわけではない。2004年5月に制定・公布された「裁判員の参加する刑事裁判に関する法律」は，この制度を次のような内容に定めている。そこでは，原則として6名の裁判員が3名の職業裁判官とともに裁判所を構成し（2条2項），共同して有罪決定と量刑を行うものとされており（6条1項），ゆえに基本的には陪審制ではなく参審制の一種である。裁判員は，有権者の中からくじで選んで作成された名簿に基づき，一定の手続を経て選任される（13条以下）。この制度が適用されるのは，重罪事件（死刑または無期の懲役・禁錮にあたる罪の場合，あるいは，短期1年以上の有期懲役・禁錮にあたる罪を犯し故意に被害者を死亡させた場合）に限られ（2条1項），裁判員と裁判官が合同で「双方の意見を含む合議体の員数の過半数」（67条）をもって事実の認定・法令の適用・刑の量刑を行うとされている。「双方の意見」を含まねばならないから，有罪とするには裁判員だけの過半数では足りず，少なくとも1人の裁判官の賛成が必要であるが，逆にいえば，2人の裁判官が反対しても有罪にしうるわけである。この点をどう評価するかは微妙なところがある。最高裁は，裁判員制度が憲法32条・37条・76条等に反する違憲の制度であるという主張をすべて退け合憲の判断をしている（最大判平成23年11月16日刑集65巻8号1285頁参照）。

　なお，法令の解釈については，裁判官が決定し（6条2項1号），裁判員もその解釈に従う。裁判員は，職務上知りえた秘密を保持する義務を負う（9条2項・70条1項）。

2　身体の拘束に対する保障

(1)　不当逮捕からの自由

「何人も，現行犯として逮捕される場合を除いては，権限を有する司法官憲

が発し，且つ理由となつてゐる犯罪を明示する令状によらなければ，逮捕され
ない」（33条）。司法官憲とは裁判官を意味し，検察官・警察官は含まれない。

　現行犯の場合は，現にそこで犯罪が行われているのであるから，恣意的な逮
捕の危険は小さいと判断されたものである。しかし，現行犯の範囲が拡大され
る危険がまったくないともいえない。刑訴法210条は，逮捕令状を請求してい
る余裕のないほど緊急を要する一定の場合には，まず逮捕を行い，事後に直ち
に逮捕令状を請求するという「緊急逮捕」の制度を認めている。これを現行犯
に含めるのは容易ではなく，違憲の疑いの指摘もないわけではないが，判例は
合憲と解している（最大判昭和30年12月14日刑集9巻13号2760頁）。事後に直
ちに令状を請求することにより，恣意的逮捕は防止できると考えたのである。

(2)　不当な抑留・拘禁からの自由

　「何人も，理由を直ちに告げられ，且つ，直ちに弁護人に依頼する権利を与
へられなければ，抑留又は拘禁されない。又，何人も，正当な理由がなければ，
拘禁されず，要求があれば，その理由は，直ちに本人及びその弁護人の出席す
る公開の法廷で示されなければならない」（34条）。逮捕後一時的に身柄を拘束
するのが抑留，比較的長期に拘束するのが拘禁である。刑訴法の定める留置が
抑留に，勾留が拘禁に対応すると解されている。逮捕に際しては，その理由と
弁護人を依頼する権利があることを直ちに告げねばならない。

　逮捕後拘禁するには，要求があれば，さらに正当な理由を弁護人の立会いの
下に公開法廷で告げねばならない。抑留の場合は，一時的ということで，これ
は要求されていないが，刑訴法の定める留置は最大72時間に及びうるから，
これを憲法上の抑留と解して公開法廷における理由開示を否定することには，
問題がないわけではない。なお，被告人の場合と異なり，被疑者については国
選弁護人の権利（37条3項）を認める明示的な規定はないが，拘禁された場合
には，理由開示に弁護人の立会いを要求していることなどを勘案して，国選弁
護人の権利を認めるべきであろう。この点については，2004年の刑訴法改正
により，一定の重罪事件の被疑者に対し国選弁護人を付しうることになった
（刑訴37条の2）が，さらに2016年の改正によりこの適用範囲が拡大され，被
疑者に対して勾留状の発せられているすべての事件に適用されることになった。

第2部　基本的人権

(3)　行政手続等における身体の拘束

身体の拘束は行政手続においてもなされることがある。たとえば，麻薬及び向精神薬取締法58条の8（強制入院），精神保健及び精神障害者福祉に関する法律29条・29条の2・33条〜34条（強制入院），感染症の予防及び感染症の患者に対する医療に関する法律19条・20条（強制入院）などの場合である。これらは刑事手続ではないから，憲法33条・34条が直接適用されるわけではないが，13条に基づく適正な行政手続の具体化として本条の類推適用を考えるべきであろう。心神喪失等の状態で重大な他害行為を行った者の医療及び観察等に関する法律は，心神喪失または心神耗弱の状態で重大な他害行為（殺人，放火，強盗，傷害，強制わいせつ，強制性交等）を行い，不起訴や無罪等となった者に対して，適切な医療を提供し再発を防止する目的で，裁判所が「入院」や「通院」の決定をなしうると定めている（42条）。裁判所の決定によるが，法的性質としては行政処分である。これは憲法31条の法意に反しないとされている（最三決平成29年12月18日刑集71巻10号570頁）。

3　証拠の収集・採用に関する保障

犯罪の容疑者を有罪にするには，証拠が必要であるが，証拠の収集・採用を警察等の自由に委ねれば，証拠欲しさに強引な手法に走りやすく，弊害が大きい。そこで，最低限守るべき以下のようなルールが憲法で定められている。これに反して収集された証拠は，原則として証拠から排除される（違法収集証拠の排除）。

(1)　不法な捜索・押収からの自由

憲法35条は，「何人も，その住居，書類及び所持品について，侵入，捜索及び押収を受けることのない権利」を保障した。かつては「住居は各人の城」であり，公権力も勝手に立ち入ることは許されないとされ，私的空間の安全を保障したものと説明されたが，プライバシーの観念が認められるに至った今日では，この規定は，「通信の秘密」（21条2項）と並んで，プライバシーの特定態様を保障したものと理解されている（一般的保障は，前述のように，13条に求めら

306

第 10 章　人身の自由と刑事手続上の諸権利

れる）。

　憲法は，この権利が例外的に制約される二つの場合を定めている。一つは，裁判所が正当な理由により発した捜索・押収令状に基づく場合である。令状は捜索・押収ごとに各別に発する必要があり（35 条 2 項），そこには捜索する場所，押収する物が明確に記載されていなければならない（同条 1 項）。裁判所が令状を発するには，「正当な理由」が必要であるが，捜索・押収が他の重要な人権を害する場合には，正当な理由が否定されることもある。たとえば，通信の秘密を侵害するような郵便物の押収（刑訴 100 条 1 項参照），取材の自由を大きく制約しかねないテレビ・フィルム等の捜索・押収，人格権を侵害するような体内物の捜索・押収（採尿・採血等）などの場合である。これらの場合には，厳格な実体的・手続的要件を満たすことが要求される。

　もう一つの例外は，「第 33 条の場合」（35 条），すなわち，判例によれば「不逮捕の保障の存しない場合」（最大判昭和 30 年 4 月 27 日刑集 9 巻 5 号 924 頁）であるが，要するに適法に逮捕する場合と解される。令状逮捕であれ，現行犯逮捕であれ，適法な逮捕の場合で，逮捕理由に関連する捜索・押収に限定される。

　なお，35 条 1 項の適用範囲は，文言上は「住居，書類及び所持品」に限定されているように見えるが，通説はこれを例示と解して，プライバシーや通信の秘密などの重要な権利侵害をもたらすような捜査方法に対しても適用されると解している。この点が GPS 捜査に関連して問題となった。捜査対象者の自動車に令状なしで GPS 端末を取り付けて位置情報を取得するなどの捜査を約 6 ヶ月半の間行ったために，これに基づく証拠の排除をすべきかどうかが争われた事件に関して，最高裁大法廷平成 29 年 3 月 15 日判決（刑集 71 巻 3 号 279 頁）は，「合理的に推認される個人の意思に反してその私的領域に侵入する捜査手法である GPS 捜査は，個人の意思を制圧して憲法の保障する重要な法的利益を侵害する」と述べて，憲法 35 条 1 項の適用を認めた（ただし，結論的には他の証拠により有罪を認定しうるとした一審判決を認容した）。

　本条は刑事手続に関する規定であるが，非刑事手続への（類推）適用の有無が問題となることもしばしば起こる。最近の例では，税関職員が，国外から発送された郵便物の内容が輸入禁制品に当たるかどうかの検査を令状なしで行ったことが問題となった。最高裁は，結論としては，「憲法 35 条の法意に反しな

307

第2部　基本的人権

い」とした（最三判平成 28 年 12 月 9 日刑集 70 巻 8 号 806 頁）。

(2)　自白の強要からの自由

(ア)　不利益供述強要の禁止

憲法 38 条 1 項は、「何人も、自己に不利益な供述を強要されない」と定める。この規定は、アメリカ合衆国憲法修正 5 条の「自己負罪拒否特権」（privilege against self-incrimination）に由来する。自己自身の刑事責任に結びつくような事実、あるいは、自己の刑事責任を重くするような事実を供述するよう強制されないということであり、一般に「黙秘権」と呼ばれている。刑事訴訟法は、黙秘権の存在を被疑者・被告人に告知することを要求している（198 条 2 項・291 条 4 項）。

拷問等の直接的強制が「強要」にあたるのは当然であるが、供述拒否に対し法律上・事実上の不利益を課す間接的強制も原則的には「強要」にあたる。たとえば、供述拒否に対し不利益な事実を推定する効果を与えることは許されない。また、氏名・住所が「不利益な供述」に該当する場合に、その記載がないことを理由に弁護人選任届や上告申立書を無効とすることも許されない。

難しい問題を提起するのは、行政上の諸目的を達成するために、行政法規が特定の事項について質問への応答、届出、記帳などを義務づけ、その違反に罰則を科している場合である。こういった制度は、それ自体としては行政目的を達成するためのものであり、犯罪捜査を目的とするものではないが、これらの応答、届出、記帳などが一定の犯罪についての捜査の端緒となりうるような場合、義務違反を処罰することは、不利益な供述を強要することにならないであろうか。たとえば、国税通則法は、税務職員の質問に答えないと処罰されうることを規定している（129 条）が、答えると脱税が発覚するという場合どうなるのか。判例は、その手続が「実質上、刑事責任追及のための資料の取得収集に直接結びつく作用を一般的に有する」かどうかにより決めるとしている（川崎民商事件・最大判昭和 47 年 11 月 22 日刑集 26 巻 9 号 554 頁）が、これだと基準が曖昧にすぎ、実際上ほとんどの場合強要とならないとされる可能性が強いため、学説では、答弁から得た資料は行政目的の実現のためにのみ使用が許され、刑事責任の追及には使用できないと解するのが有力である。他の例として、道路

交通法は，事故を起こした運転者に警察への報告義務を課している（72条1項・119条1項10号）し，麻薬及び向精神薬取締法は，麻薬取扱者に麻薬の品名・数量等の記帳を義務づけている（37条〜40条・70条11号）。判例は，前者については，法が求めているのは警察官が事故に対処するに必要な事項（発生日時・場所など）の報告のみで，刑事責任の基礎となるような事故の原因等の事実の報告まで義務づけているわけではないと解して合憲とし（最大判昭和37年5月2日刑集16巻5号495頁），後者については，麻薬取扱いの免許を受けた者は，その特権と引換えに不利益供述拒否権を放棄したのだと擬制して合憲とした（最二判昭和29年7月16日刑集8巻7号1151頁）。最近の事例としては，医師法の定める異状死体の届出義務が争われている。医師法21条は，医師が死体等の検案をして異状があると認めたときには警察に届け出ることを命じているが，医療過誤で刑事責任を問われるおそれのある医師にこの届出義務を課すことは憲法違反とならないかが問題となった事件で，最高裁は，「犯罪行為を構成する事項の供述までも強制されるものではない」と解釈し，かつ，「医師免許に付随する合理的根拠のある負担」だと論じて憲法38条1項に違反しないと判断している（最三判平成16年4月13日刑集58巻4号247頁）。

(イ)　自白の証拠能力の制限

憲法38条2項は，①「強制，拷問若しくは脅迫による自白」と，②「不当に長く抑留若しくは拘禁された後の自白」を証拠として使うことを禁止した（証拠能力の否定）。なぜ禁止したかについては，このような自白には任意性がないからだとする任意性説と，このような自白は違法に収集したものだからと考える違法排除説がある。後者は，自白が任意になされたかどうかを問題とせず，違法収集証拠排除の代表例として本条を理解するのである。しかし，どちらか一方に割り切る必要はなく，両方の趣旨を生かす方向で運用すべきであろう。

(ウ)　自白の補強証拠

憲法38条3項は，証拠が「本人の自白」だけの場合には処罰してはならない旨を規定している。ここで問題としている自白は，2項をクリアーした証拠能力のある自白である。そのような自白でも，自白だけでは不十分で，別に補強証拠が必要だとして，自白の証明力に制限を加えたのである。

第 2 部　基本的人権

　本項の「本人の自白」の意味に関し，判例は「公判廷における被告人の自白」は含まれないと解している（最大判昭和23年7月29日刑集2巻9号1012頁）。裁判官の面前での自白であり，その信憑性を直接判断しうるから，それのみで有罪としても誤判のおそれはないと考えているようであるが，疑問なしとしない。

(3)　証人審問権および証人喚問権の保障

　憲法37条2項は，「刑事被告人は，すべての証人に対して審問する機会を充分に与へられ，又，公費で自己のために強制的手続により証人を求める権利を有する」と規定する。前段が証人審問権，後段が証人喚問権の保障である。

　証人審問権の保障は，自己に不利な証人に対する反対尋問権の保障を意味し，反対尋問を経ない証言には原則として証拠能力が認められない。その典型例が伝聞証拠である。伝聞証拠とは，証人が他者から伝え聞いた話の内容を供述したものであるが，その供述内容に関する反対尋問権は，証人ではなく他者との関係で問題となるのであり，他者に対して反対尋問がなされない限り，証拠能力が否定されるのである。刑訴法は伝聞証拠を原則的に禁止している（320条1項）。なお，刑訴法157条の5・157条の6は，証人尋問に際して相当な理由がある場合には，遮蔽措置をとったり，ビデオリンクを通じての尋問を可能としている。これが証人の態度・表情を直接観察することを困難にするから，証人尋問権の侵害とならないかが問題となったが，最高裁は，弁護人が直接あるいはビデオを通じて観察できるから合憲であると判示している（最一判平成17年4月14日刑集59巻3号259頁）。

　証人喚問権は，自己に有利な証人を喚問する権利を意味する。これに関連してよく問題となるのは，伝聞証拠禁止の例外として刑訴法321条に規定のある検察官面前調書である。これは検察官の取調べに対し供述した内容を書面にしたものであるが，それが法廷に証拠として提出された場合，供述者に対する反対尋問がなされていないから，伝聞証拠と同じであり，そのままでは証拠能力を認められない。しかし，被告人は供述者を証人喚問して反対尋問を行いうるから，必要なら証人喚問権を行使すればよいわけである。しかし，刑訴法321条1項2号は，証人喚問権を行使しえないときでも，一定の場合には証拠能力

第 10 章　人身の自由と刑事手続上の諸権利

を認めるとしている。その「一定の場合」が広すぎないか，また，運用が緩や
かすぎないかにつき，学説からはかねて強い批判のあるところである。

4　公平な裁判所の迅速な公開裁判

「すべて刑事事件においては，被告人は，公平な裁判所の迅速な公開裁判を
受ける権利を有する」(37 条 1 項)。

(1)　公平な裁判所

被告人にとって「公平な裁判所」とは，訴追者側の利益に偏した裁判をする
おそれのない裁判所である。そのようなおそれを生じさせる場合としては，①
裁判所と訴追者が裁判の結果に対して利害を共通にしている場合（たとえば，
裁判官が被害者と親しい），②裁判所が訴追者側に従属している場合（たとえば，
戦前の制度のように，裁判官が司法大臣の下にある），③裁判所が予断・偏見を有
している場合（たとえば，公判開始前に一件書類が検察側から裁判所に送付されるよ
うな制度）などが考えられる。こういったおそれの大きい一定の場合には，裁
判官を除斥・忌避しうる制度が刑訴法に定められている（20 条以下）。

(2)　迅速な裁判を受ける権利

法諺にいうように，「裁判の遅延は裁判の拒否に等しい」。被告人にとって，
裁判が遅延すれば，有利な証拠の散逸，身柄拘束の長期化，裁判を闘う心理
的・物質的負担などの危険が増大する。ゆえに，訴追側の都合で極端に遅延し
た場合には，被告人の権利の侵害となり，何らかの救済が必要である。ところ
が，どのような救済を与えるかにつき法律の規定がないために，裁判所は，長
い間，救済を与えるのに消極的態度を示してきた。しかし，最高裁は，高田事
件判決（最大判昭和 47 年 12 月 20 日刑集 26 巻 10 号 631 頁）において，迅速な裁判
の要請に反するほどに裁判が遅延した場合には免訴判決により審理を打ち切る
という救済方法を解釈論により創設した。

第 2 部　基本的人権

(3)　公開の裁判を受ける権利

　公開の裁判とは，国民が自由に傍聴できる裁判をいう。憲法 32 条が裁判を
受ける権利，憲法 82 条が裁判の公開原則を規定しており，この両規定からも
公開の裁判を受ける権利が保障されているが，刑事事件の秘密裁判は特に問題
が大きいことから，ここに明示的に被告人の権利として規定したのである。

　被害者保護のために刑事手続に取り入れられた証人の被告人からの遮蔽（刑
訴 157 条の 5），証人を法廷とは別の部屋に在席させてビデオリンク方式で行う
尋問（同 157 条の 6），被害者を特定する氏名・住所等の一定事項を公開法廷で
明らかにしない措置（同 290 条の 2）は，裁判の公開に反しないか。最高裁は，
これを裁判の非公開には該当しないと判示している（前出最一判平成 17 年 4 月
14 日，最一決平成 20 年 3 月 5 日集刑 293 号 689 頁）。

5　弁護人依頼権および国選弁護人権

　「刑事被告人は，いかなる場合にも，資格を有する弁護人を依頼することが
できる。被告人が自らこれを依頼することができないときは，国でこれを附す
る」（37 条 3 項）。

　前段が弁護人依頼権，後段が国選弁護人に対する権利の保障である。

(1)　弁護人依頼権

　弁護人依頼権については，34 条にも規定がある。そこでは，抑留・拘禁す
る際に弁護人依頼権が与えられねばならないことを規定している。抑留・拘禁
は被告人だけでなく被疑者にも起こりうるから，抑留・拘禁する場合には，被
疑者にも弁護人依頼権が保障されているのである。これに対し，本条は，「被
告人」の弁護人依頼権を規定する。ここでは，抑留・拘禁の有無は関係ない。
「被告人」には，いつでも弁護人依頼権があることを一般的に規定しているの
であり，弁護人依頼権の根拠規定の意味をもつ。そうだとすれば，34 条は，
抑留・拘禁する場合には弁護人依頼権があることを告げ，その行使の機会を与
えることを要求した規定ということになる。問題は，本条のいう「被告人」が
刑訴法上の「被疑者」と区別された意味なのかである。マッカーサー草案では

第 10 章　人身の自由と刑事手続上の諸権利

"accused" となっており，被告人・被疑者の双方を指していた。日本語には双方を指す上位概念がなかったので「被告人」と訳したのではないかとも推測され，ここでの「被告人」を刑訴法上の被告人と同義に解する必要はないと思われる。要するに，被疑者・被告人には弁護人依頼権があることを保障したのである。

弁護人依頼権の保障は，弁護人の援助を受けることの保障であるから，これを実質的に妨害するような措置は許されない。たとえば，検察官等は，弁護士が被疑者と接見する時間・場所の指定（刑訴 39 条 3 項参照）を恣意的に行ってはならない（「その指定の方法等において著しく合理性を欠く違法なものであ」るとして国家賠償を認めた最三判平成 3 年 5 月 10 日民集 45 巻 5 号 919 頁参照）。

(2)　国選弁護人権

37 条 3 項の前段が「被告人」が自己の防御のために弁護人を依頼し援助を受けることを妨げられないという消極的（自由権的）権利を保障したのに続け，後段は，資力の欠如等で自ら依頼することができないときには，国に対し弁護人をつけてくれるよう請求する積極的権利を保障したのである。判例は，憲法はこの権利の存在を告げることまで要求してはいないとする（最大判昭和 24 年 11 月 2 日刑集 3 巻 11 号 1737 頁）が，刑訴法では告知するよう規定している（77 条・272 条）。

ここでの「被告人」も被疑者を含むと解すべきである。通常，抑留・拘禁される段階で被疑者と判明するであろうから，現実に弁護人が必要となるのはこの時点であり，その意味で 34 条とあわせて理解する必要があろう。なお，刑訴法 37 条の 2 は，一定の場合に被疑者にも国選弁護人を付すことにしている（305 頁参照）。

Ⅳ　拷問および残虐な刑罰の禁止

「公務員による拷問及び残虐な刑罰は，絶対にこれを禁ずる」（36 条）。

第 2 部　基本的人権

1　拷問の禁止

近代以前には，処罰するために自白が必要とされ，自白を得るために拷問も許容されていた。日本でも，明治の初期までは同様であったが，その後，ボアソナードの進言もあり，旧刑法（1882 年施行）において拷問を犯罪と規定して禁止した。しかし，戦前に拷問が行われたことは周知のところで，日本国憲法はこれを改めるべく「絶対に」禁止したのである。

2　残虐な刑罰の禁止

「残虐な刑罰」とは，判例によれば，「不必要な精神的，肉体的苦痛を内容とする人道上残酷と認められる刑罰」（最大判昭和 23 年 6 月 30 日刑集 2 巻 7 号 777 頁）である。これには，①刑罰の種類・性質が残虐である場合と，②犯罪と刑罰が極端に均衡を失している場合が区別される。

前者に関して最大の問題となってきたのは，死刑である。最高裁は，死刑も執行方法如何によっては残虐となりうるが，死刑そのものが残虐な刑罰であるとはいえないとした（最大判昭和 23 年 3 月 12 日刑集 2 巻 3 号 191 頁）。刑罰が残虐かどうかは，刑罰の目的に照らして必要かどうかで判断すべきものであり，刑罰の目的が被害者による報復の代替というより，威嚇力による一般予防にあるとすれば，死刑が必要かどうかは，その威嚇力による一般予防の現実的効果をどう評価するかに依存しよう。

後者に関しては，尊属殺重罰規定が残虐な刑罰にあたるかどうかが問題になった。最高裁の違憲判決（最大判昭和 48 年 4 月 4 日刑集 27 巻 3 号 265 頁）は，尊属殺を平等権の問題として構成したが，多数意見は刑罰が重すぎる点を問題としたのであるから，残虐な刑罰かどうかの問題と構成した方がよかったと思われる。

第10章　人身の自由と刑事手続上の諸権利

V　刑罰法規の不遡及と二重の危険の禁止

　憲法39条は，「何人も，実行の時に適法であつた行為又は既に無罪とされた行為については，刑事上の責任を問はれない。又，同一の犯罪について，重ねて刑事上の責任を問はれない」と規定する。前段の前半は遡及処罰（事後法）の禁止を定めたものである。これに対し，前段の後半と後段には大陸法的な「一事不再理の原則」とアメリカ憲法の「二重の危険の禁止」が混在しているといわれる。

1　遡及処罰の禁止

　行為時には適法であった行為を，行為後に制定した法により違法と定め，行為時に遡って処罰する法を「事後法」（ex post facto law）というが，39条前段前半はこれを禁止した。

　これにより刑罰規定の遡及適用が禁止されるのは当然であるが，手続規定はどうであろうか。文言上は手続規定について直接述べてはいないが，防禦を非常に困難にするような手続規定の変更は，これを遡及適用すれば刑罰を遡及適用するに匹敵するということもありうるから，そのような場合には，本条の適用があると考えるべきであろう。

　公訴時効の変更を遡及適用するのはどうか。2010年の刑訴法改正は「人を死亡させた罪であつて……死刑に当たるもの」（殺人罪，強盗殺人罪など）につき，それまで25年であった公訴時効を廃止し（刑訴250条参照），本改正法附則3条2項は改正法施行時に公訴時効が完成していない罪に対しては改正法を適用する旨定めた。そのために，犯行から25年以上経過した後に強盗殺人罪で起訴された事件において，公訴時効廃止を遡及適用することが憲法39条に

315

第 2 部　基本的人権

反しないかどうかが問題となった。公訴時効の性格をどう理解するかに関して，刑訴法で定められていることからも推察されるように刑事手続の問題と解されるとする訴訟法説，刑訴法は公訴時効が完成したときには免訴にするとしているから実体法的性質も認められていると解する折衷説などが唱えられていた。訴訟法説からは公訴時効の変更には憲法 39 条の適用はないということになるが，折衷説からは適用があるということになるのではないかが議論されていたところ，最高裁は公訴時効未完成の事件に公訴時効の変更を適用しても憲法 39 条に反しないと判示した（最一判平成 27 年 12 月 3 日刑集 69 巻 8 号 815 頁）。

2　二重の危険の禁止

　前段後半と後段を大陸法的な発想で解釈する説は，前段後半は無罪の確定判決を覆して処罰することを禁止し，後段は同一行為を二種類の犯罪と評価して二重に処罰することを禁止した規定と解する。しかし，この説に対しては，同一の行為を二重に評価する場合の問題はその行為に対する刑罰が全体として重くなりすぎるということにあるが，それは罪刑均衡原則の問題であり，本条ではなく，36 条あるいは 31 条で対処すべきではないかという批判がある。つまり，刑罰が全体として均衡を失していないなら，同一の行為をどのような種類の犯罪として構成するかは立法府の決めるべきことであり，本条がそれに対する制約を規定したと解すべきではないというのである。

　これに対し，アメリカ憲法の二重の危険の禁止を参照する説は，本条の趣旨は刑事裁判を受けるという手続的負担を二重にかけないという点にあると解する。被告人の立場に置かれることは，刑罰の不安におののき，裁判に時間をとられ，経済的に追いつめられ，社会的制裁を受けるなどの危険にさらされることを意味する。ゆえに，同一行為に対しかかる危険を二重に課されることのない保障を規定したのであり，「責任を問はれない」とは二重に起訴されることがないという意味であると解するのである。二重に起訴されないから，当然二重に処罰されることもなくなる。なお，本条は確定判決の存在を前提にしているから，判決確定前に検察官が上訴するのは二重起訴とならない（最大判昭和 25 年 9 月 27 日刑集 4 巻 9 号 1805 頁参照）。

第10章　人身の自由と刑事手続上の諸権利

　本条に関してよく問題となるのは，刑事罰と行政制裁の併科が本条に反しないかである。判例は，詐欺その他不正な方法で法人税を免れた者に対し，一方で逋脱犯として刑罰を科し，他方で追徴税（重加算税）を課す場合，刑罰が反社会的行為に対する制裁であるのに対し，追徴税は納税義務違反の発生を防止し納税の実をあげるための行政上の措置であって刑罰と性格を異にするから，両者を併科しても39条には反しないとしている（最大判昭和33年4月30日民集12巻6号938頁）。39条が問題としているのは，刑罰の併科の場合に限定されるという理解である。基本的にはその通りであろうが，行政制裁かどうかは実質に即して判断すべきであり，形式的には行政制裁の形をとっていても，実質は刑罰と同性質であるとか，あるいは，刑事手続と同程度の負担を強いるものであるような場合は，実質は刑罰の併科と評価すべきであろう。独占禁止法における課徴金と罰金の併科についても，同様の観点から判断すべきものと思われる。

317

第11章

参政権・国務請求権・社会権

本章で扱う権利は，自由権を支え補完する権利という性格をもつ。

先に日本国憲法が依拠した立憲主義は，自由の観念につき，「権力からの自由」を選択したことを述べた。「権力への自由」という古代都市国家的・ルソー的自由観を基本理念とはしなかったのである。しかし，国民が権力主体になるという観念を完全に否定したわけではない。そもそも国民主権（人民主権）原理は，国民が憲法制定権力の主体であることを理念上含意した。憲法が採用した現実の政治形態の基本は代表制であったが，国民は自ら権力主体とならないまでも，代表者を通じて参加することが想定された。それにより「権力からの自由」をより確実に保障しようとしたのである。そのために，選挙権を中心に参政権を「憲法上の権利」として保障した。

「権力による自由」は，自由の独自の観念ではなく，自由の実質的な基礎を権力により担保しようとするとき成立する観念であった。「権力からの自由」は権力（国家）の存在を前提としている。権力が存在しなければ「権力からの自由」の観念も成立しない。しかし，なぜ権力（国家）は存在するのか。それは国民にとって一定の有用な機能（役務）を果たすからである。しかし，国家の事実問題としての存在理由を問うことは憲法学の課題ではない。憲法学が問うのは，「国家は，なぜ存在すべきか」という規範的な問いである。これに対する立憲主義からの回答は，「自然権」をよりよく保障するために必要だから，というものであった。憲法は，自然権を実定法上の権利として保障するためのシステムを定め，国家に対し実定的権利の侵害に対する裁判的救済を与えることを命ずる。これにより，国民は裁判を受ける権利を保障され，裁判という

第2部　基本的人権

「役務」(国務) の提供を国家に要求する権利を獲得する。自由はその侵害に対する裁判的救済の保障を得て，初めて真の実定的権利となるのであり，国家が自由の保障のために積極的行為を行うことに着目して「権力 (国家) による自由」というのである。

　近代における「権力による自由」は，憲法上の権利としては「裁判を受ける権利」が中心で，他は憲法の規定する法的手続に従って法律で実定化するというのが原則であった。しかし，現代においては，国家に対する国務請求という性質をもつ「社会権」が憲法上の権利として実定化されている。今日，「権力による自由」という場合には，「社会権」を指すのが通常である。

I　参政権

1　総　説

　参政権とは，政治に直接，あるいは代表者を介して間接に，参加する権利である。国民が政治に参加する権利をもつことは，国民主権からの当然の帰結であり，ゆえに，参政権は「主権的権利」であるといわれることもある。

　国民の政治参加は，日常的レベルでは制度外の表現の自由や請願権を通じて行われるが，ここで問題とする政治参加は一定の制度を通じてのものである。日本国憲法は，国民が政治参加するための制度を，様々なレベルと領域で予定している。憲法改正についての国民投票 (96条)，最高裁判所裁判官の国民審査 (79条2項)，国会議員の選挙 (43条・44条)，地方公共団体の長および議員の選挙 (93条2項)，特別法の住民投票 (95条) である。これらの参加形態は，国民 (住民) による政策意思の表明という点からは，①それを直接表明する方法 (国民投票，住民投票) と，②人を選挙したり罷免したりすることを通じて間接的に表明する方法 (国政・地方選挙，国民審査) とに区別できるが，後者については，憲法15条1項が「公務員を選定し，及びこれを罷免することは，国民固有の権利である」と規定して，一般原則を定めている。もっとも，公務員

第11章　参政権・国務請求権・社会権

の選定・罷免が国民固有の権利であるからといって，国民がすべての公務員を直接選定・罷免しなければならないというわけではない。本条項の趣旨は，公務員の地位の根拠は直接あるいは間接に国民に由来しなければならないということにあり，国民主権の当然の帰結として，生まれや身分等を理由に公務に就くという封建的な身分制の原理を否定した規定なのであり，国民による選定・罷免が間接的であることまでを禁止しているわけではないのである。ただし，憲法は，特定の公務員については国民による直接的な選定あるいは罷免の権利を保障しており，直接「選定」としては国政・地方選挙，直接「罷免」としては国民審査がある。

　なお，従来の学説は，公務員になる資格（公務就任権）を参政権的権利と捉え，参政権に関連して説明してきたが，議員という公務に就く資格（被選挙権）は別にして，通常の公務に関しては，参政権というよりはむしろ職業選択の自由の問題と考えた方がよいように思われる。ゆえに，本節では扱わないが，参政権的性格がないわけではないので，一応ここで注意を喚起しておく。

2　選　挙　権

　日本国憲法における参政権の中心は選挙権である。憲法前文は，この憲法が主権者である国民により「正当に選挙された国会における代表者を通じて」制定されるものであることを述べるとともに，「そもそも国政は，国民の厳粛な信託によるものであつて，その権威は国民に由来し，その権力は国民の代表者がこれを行使し，その福利は国民がこれを享受する」と述べている。これは，一般には，代表民主政を宣言したものと解されている。この原理を国民の権利の側から規定したのが憲法15条であり，その1項は「公務員を選定し，及びこれを罷免することは，国民固有の権利である」と規定している。そこでの公務員の中心が，国権の最高機関である国会（41条）を構成する議員（43条参照）であることはいうまでもない。国会議員を選挙する権利こそが，主権者たる国民の参政権の核心とされているのである（15条3項参照）。

321

第2部　基本的人権

(1)　選挙権の性質

　選挙権は選挙制度を前提とした権利であり，選挙制度が代表者を選ぶための公的制度であることから，選挙権（選挙という集団的行為へ参加し投票する権利）の行使は必然的に公的機能を果たすことになる。ここから，選挙権は権利というより公務であるという見解が，特に制限選挙下においては唱えられた。しかし，公的機能を果たすことと，権利と捉えるかどうかは別次元の問題である。今日では，選挙権の権利性を疑う見解はほとんどない。権利性を認めたうえで，権利であると同時に公務でもあると捉えるかどうか，見解が対立している。

　権利・公務二元説は，選挙への参加は権利であると同時に公務でもあるという二重の性格をもつものとして捉えるべきだとする。これに対して，権利一元説は，選挙権の根拠を「人民主権」に求め，公務性の基礎には「国民主権」や国家法人説などが残存しており，日本国憲法の解釈としてふさわしくないと二元説を批判する。ここでの公務は，権利の果たす機能であるという理解を前提にすれば，選挙権の性質論としては権利一元説に分がある。しかし，両説の違いは，基礎にあるデモクラシー観の違いを別にすれば，実はあまり大きくはない。

　具体的な違いとして通常指摘されるのは，第一に，選挙権制限の正当化に関係する問題である。公職選挙法は，一定の者から選挙権を奪っている（9条・11条参照）が，二元説はそれを選挙権の公務性によって正当化する。これに対し，権利一元説は，現行の制限は広範にすぎ，違憲の疑いのある制限までが公務性を理由に安易に正当化されていると批判する。たしかに，選挙権は，民主政治の基礎をなす重要な権利であるから，その制限の合憲性審査は通常以上に厳格にしなければならない。もし，二元説の主張者が，公務性を理由に通常の審査あるいは通常より緩和された審査でよいとするなら問題であるが，一元説と同じく厳格審査を要求し，厳格審査の結果合憲となる制限につき，その正当化の一根拠として公務性に言及しているというだけならば，両説に実際上の違いはないといわざるをえない。

　第二の違いとして，強制投票制度（棄権の禁止）に対する態度の違いが指摘される。権利一元説からは，棄権は権利の不行使にすぎず，これを禁止することは許されないが，二元説からは，公務性を理由に棄権の禁止を法定すること

第11章　参政権・国務請求権・社会権

も許されることになるというのである。しかし，権利の不行使も権利行使の一形態と考えれば，権利の行使・不行使が重大な害悪を生み出し，その防止が厳格審査の結果許容される限り，権利一元説に立っても棄権の禁止を合憲とする結論は導き出しうるし，逆に，二元説に立ったからといって，厳格審査が行われれば，棄権の禁止が違憲となることもありうる。要は，具体的な社会状況下における棄権の害悪の評価の問題であり，どちらの説に立つからといって自動的に結論が出る問題ではない。重要なのは，選挙権の権利としての性格に着目した厳格な審査を行うことである。

(2)　選挙の基本原則と選挙権の価値の平等

選挙権は代表者の選出に参加する権利であり，一定の選挙制度の枠内で行使される。選挙制度をどのようなものにするかについては，憲法は基本原則を規定するにとどめ，細部は立法府の裁量に委ねた（47条）。選挙の基本原則としては，①普通選挙（15条3項），②平等選挙（14条・44条），③秘密選挙（15条4項），④自由選挙（強制投票の禁止），⑤直接選挙（間接選挙の禁止，43条1項）が挙げられる。

普通選挙　　普通選挙の原則は，すべての成人（15条3項は「成年者」という）に選挙権を与えることを要求する。公職選挙法11条は，選挙権の制限を規定するが，民主的政治過程における選挙権の重要性に鑑み，厳格な審査が必要である。その点で，1項1号に規定していた成年被後見人については，制限が真に必要不可欠なのかどうか，厳密な論証が必要と指摘されていた。民法の定める成年後見制度は，選挙権を行使する能力を問題とする制度ではないから，仮に憲法が選挙権行使能力の有無を基準とする制限を認めるものであるとしても，その有無の判断に成年後見制度を「借用」するのは，制度の趣旨の混同といわざるをえない。この主張を東京地裁が認めて成年被後見人の選挙権制限を違憲と判断するに至り（東京地判平成25年3月14日判時2178号3頁），これが確定したのを受けて2013年に公選法の改正が行われて同11条1項1号は削除された。なお，仮釈放された者に選挙権を制限している点も（公選11条1項3号），再検討が必要であろう。さらに，受刑者に対し一律に選挙権を否定している点も現在では再考が必要となっている（大阪高判平成25年9月27日判

323

第 2 部　基本的人権

時 2234 号 29 頁は,「一律に制限していることについてやむを得ない事由があるということはできず」違憲であるとしながら,国賠法上の違法とはいえないとして控訴を棄却し,判決は確定している)。

　普通選挙の原則は,すべての成人に等しい選挙権を与えることまで要求するものではなく,複数選挙(特定の選挙人には複数の投票権を与える制度)や等級選挙(選挙人をいくつかの等級に分け,等級ごとに代表者を選ぶ制度で,等級ごとの選挙人あるいは代表者の数の違いから実質的な不平等が生じる)は許されるとされた。これを否定したのが平等選挙の原則であり,これにより選挙人は平等な選挙権をもつことになった。なお,「成人」(「成年者」)は,選挙権に関しては,2015 年の公選法改正により「満 20 年以上」から「満 18 年以上」に改められ (9 条),2016 年 7 月の参議院通常選挙で初の適用をみた。

平等選挙　　　　戦後,日本の選挙制度もこの平等選挙の原則の下につくられた。ところが,その後地域間の人口変動により,選挙区間の選挙人数あるいは定数の違いから,定数 1 あたりの選挙人数(または人口)に不均衡が生ずるという問題が生じた。これは,結果的には複数選挙や等級選挙を認めるのと同じであり,憲法上許されないことである。そこで最高裁も,定数不均衡には一定の許容限度があると判決した。その際,最高裁は,不均衡を憲法 14 条の平等権の侵害の問題であると捉えた(最大判昭和 51 年 4 月 14 日民集 30 巻 3 号 223 頁)。しかし,選挙権は,日本国憲法においては概念上当然に,相互に平等な内容を有するという意味を内包しているのではなかろうか。そうだとすれば,定数不均衡は選挙権(憲 15 条)そのものの侵害だということになる。つまり,選挙権は,その価値が相互に等しいものと最初から想定されており,選挙制度が価値の不平等を生み出せば,その制度は選挙権を制約するものであり,その制約が必要不可欠として正当化されない限り違憲となると考えるべきなのである。

　論者の中には,選挙権の価値の平等は,代表者をもつことの平等まで保障するものだと主張する者もいる。この考えからすると,選挙制度としては比例代表制でなければならず,たとえば小選挙区制は違憲だという主張となろう。しかし,比較法的に見ても,小選挙区制をとる民主政国家は少なくなく(イギリス,アメリカ等),日本国憲法がそれを否定していると解すべき根拠はない。選

第 11 章　参政権・国務請求権・社会権

挙権の価値の平等は，代表者の選出にあたり，自己の投票が平等にカウントされることまでを要求するのみで，自己の票が現実に代表されることまで要求するものではないと解すべきである。

秘密選挙　　秘密投票とは，誰に投票したかが秘密にされる投票方法をいう。19 世紀の中頃までは，有権者は自己の投票に責任をもつべきだという考えの下に公開投票や記名投票が広く行われていたが，公正な選挙を確保しがたいことに気づき，秘密投票が一般化した。判例は，当選や選挙の効力を争う訴訟においても，不正投票者や無権利投票者が誰に投票したかを証言させたり調査したりすることは許されないとする（最一判昭和 25 年 11 月 9 日民集 4 巻 11 号 523 頁）が，詐偽投票などの選挙犯罪の刑事手続においては許されると述べている（最三判昭和 23 年 6 月 1 日民集 2 巻 7 号 125 頁）。しかし，学説は，選挙の公正を理由に安易に投票の秘密を制約すべきでないとする見解の方が強い。

自由選挙　　自由選挙とは，投票しない自由を認め，棄権に対し罰金等の制裁を科さない制度をいう。憲法に明文の規定はないが，現行選挙法はこれを採用しており，憲法上の要請とするのが通説である。しかし，強制投票制度が憲法上まったく許されないかどうかは議論のありうるところである。

直接選挙　　直接選挙とは，投票人が直接代表者を選ぶ制度をいい，投票人がまず選挙人を選び，選挙人が代表者を選ぶ間接選挙と区別される。アメリカ大統領の選挙が間接選挙の例とされ，今日でも国民（投票人）が直接選ぶのは大統領選挙人にすぎないという制度は維持されているが，民主主義の進展とともに選挙人は投票人の多数意思に拘束される（命令的委任）という事実上の慣行が成立し，投票人が直接大統領を選ぶのとほぼ同じに機能している。日本国憲法には国会議員の直接選挙を定めた明文はないが，43 条の「選挙された議員」とは，今日の国民主権の下では，当然「直接選挙された議員」と解される。もっとも，すべての議員が直接選挙でなければならないわけではなく，その中心が直接選挙であれば，周辺的な部分に間接選挙が取り入れられても必ずしも違憲とはいえないであろう。なお，たとえば地方議会の議員が国会議員を選出するような制度は，間接選挙とは区別して「複選制」と呼ぶが，この場合の地方議員は国会議員の選挙のために選ばれているわけではないから，これにより選ばれた国会議員を「選挙された議員」ということはできないであろう。

325

第2部　基本的人権

　公職選挙法は，衆議院議員選挙の比例代表選挙につき拘束名簿式を採用している。このため，政党が提出した名簿上の順位に従って当選者が決まるが，これは政党が当選者を決めるのと同じ意味をもち直接選挙の原則に反しないか。判例は，直接選挙とは有権者による投票の結果自動的に当選人が決まることを意味するのであり，有権者が投票前に名簿上の順位を知ったうえで政党に投票し，その結果自動的に当選人が決まる以上直接選挙に反しないと判示している（365頁参照）。他方，参議院議員選挙の比例区選挙には非拘束名簿式が採用されており，特定候補者への投票がその候補者の所属政党への投票とみなされる制度となっているが，これもそのような制度になっていることを知ったうえで投票する以上直接選挙の原則に反するものではないというのが判例である（366頁参照）。

(3)　選挙権行使の実質的保障

　選挙の基本原則に従って制度はつくられているが，その制度の下で選挙権を行使することが非常に困難だということが起こりうる。特に，制度は一般人を想定してつくられていることが多いので，一般人とは異なる特殊な状況にある者には，形式的には選挙権の行使が認められているが，実際にはその行使が困難だという場合である。たとえば，現行選挙制度では投票所に自ら赴いて投票することが原則とされているが，投票日に投票所から遠く離れた所にいたり，あるいは，身体的・精神的障害のために投票所に行くのが困難というとき，投票を可能とする何らかの方法を制度的に整備しないとしたら，選挙権の侵害とはならないであろうか。現行の公職選挙法も，期日前投票制度（公選48条の2），不在者投票制度（同49条）や郵便投票制度（同条2項）などを備えてある程度の対応はしているが，投票の困難なすべての場合をカバーしているわけではない。そのために，選挙権がどこまでの現実的保障を含むのかが問題となる。

　在外日本人の選挙権制限も，広い意味ではかかる問題の一つであった。公職選挙法は市町村ごとに選挙人名簿を作成し，市町村に居住する成人を自動的に名簿に登録し，登録された者に選挙権行使を認めるという制度を採用している。そのために，外国に転居して住民票を移すと選挙人名簿から外されてしまい選挙権が行使できなくなっていた。1998年にこの制度を改正し，新たに在外選

第 11 章　参政権・国務請求権・社会権

挙人名簿を作成して在外日本人にも選挙権の行使ができるようにした（公選 49 条の 2）。しかし，公正な選挙の実施が困難という理由から，投票しうるのは当分の間は比例代表選挙に限定し，衆議院議員の小選挙区選挙と参議院議員の地方区選挙での投票は否定されたままであった。そこで，過去の選挙における選挙権行使の否定を理由とする国家賠償と将来の選挙において選挙権を行使しうる地位の確認を求める訴訟が提起されたが，最高裁はこれを選挙権の制限と捉えて厳格な審査を行い，公選法が違憲であると判断した（最大判平成 17 年 9 月 14 日民集 59 巻 7 号 2087 頁）。この事案では法律上選挙権行使が否定されていたから，厳密にいえば選挙権の実質的制限という問題とは異なるが，在外日本人にも選挙権は保障されているのであり，それを現実に行使しうる制度を整備することまで憲法は要求しているという点に着目すれば，広い意味での実質的保障の問題ともいえよう。

　身体的障害が理由で投票所に行けない場合には，かつては在宅投票制度が広く認められていたが，これが悪用されて多くの選挙違反が生じたために廃止されてしまった。これを選挙権の実質的制限であり違憲であると争った事件で，最高裁は，選挙権の保障は身体障害者に在宅投票を認めることまで含むものではないと判示した（最一判昭和 60 年 11 月 21 日民集 39 巻 7 号 1512 頁）。もっとも，憲法上の要請ではないにしても，その後郵便投票制度が創設されて（公選 49 条 2 項），限定的ではあるが法律上実質的保障がはかられている。しかし，精神的理由で投票所に行けない場合には，郵便投票制度は適用がない。この点の立法不作為を違憲と争った訴訟において，最高裁は，在外日本人の選挙権に関する違憲判決に依拠して，精神的原因により投票所において選挙権を行使することができない場合も選挙権の制限となるから，厳格な審査が必要だと論じている（最一判平成 18 年 7 月 13 日判時 1946 号 41 頁）。結論的には，この制限は正当化されるとされたが，在宅投票制判決と異なり，ここでは選挙権の保障がその実質的保障まで含むものであるとしたのであり，注目される。

(4)　被選挙権

　日本国憲法は，被選挙権に明示的には言及していない。にもかかわらず，通説は，国民が主権者として政治に参加する権利をもつと考える以上，選挙権と

327

第2部　基本的人権

被選挙権は一体不可分のものと捉えるべきであり，選挙権の保障は被選挙権の保障も含んでいると解している。しかし，憲法が明示的に定めていない権利を認めるためには，厳密な論証が必要である。被選挙権を憲法上の権利として認めなければならない理由はあるのであろうか。それを考える場合に最も重要な点は，多数派により少数派の被選挙権が侵害される危険がどの程度存在するかである。少数派の被選挙権が法律により不当に制限されることに対する憲法上の歯止めは存在するのであろうか。その役割を果たすと考えられるのは，平等権である。一般的には憲法14条がそれを規定しているが，特に選挙との関連では44条が存在する。それに加え，選挙権は「誰に投票するのも自由」な権利であるから，被選挙権の制限は選挙権の制限ともなる。そうだとすれば，被選挙権を憲法上の権利と構成しなければ困るということもない。被選挙権が国民の政治参加を拡大する方向でよりも，既存の政治家の既得権擁護のために援用されることの方が多いことを考えると，憲法が規定していない権利をあえて憲法上の権利と構成する実益は小さいであろう。判例には被選挙権を憲法15条により保障される基本的人権であると述べたものもある（最大判昭和43年12月4日刑集22巻13号1425頁）。この事件では，労働組合の統制権が組合員の立候補の自由を制約しうるかが争点であったが，最高裁は，立候補の自由が選挙権の自由な行使と表裏一体であることを強調し，その観点から立候補の自由も重要な基本的人権の一つであると述べており，選挙権とは独立に被選挙権を人権と認めたものではない。むしろ選挙権と表裏一体であり，選挙権の保障が被選挙権にも及ぶという趣旨に理解すべきであろう。被選挙権の制約は選挙権の制約となるのである。なお，被選挙権とは，直接的には，投票対象となりうる権利である。それは，立候補するとしないとに関わりない。論者の中には，被選挙権とは，立候補する権利であるとする者もいるが，必ずしも正しくない。日本国憲法は，選挙制度として，立候補制を採用しているわけではないからである。公職選挙法は，立候補制度を採用し，立候補者以外への投票は無効としている（公選68条）。しかし，憲法自体は，立候補制をもたない選挙制度を否定しているわけではないし，立候補制をとった場合に立候補者以外への投票を無効にすべきことを命じているわけでもない。もっとも，立候補制をとった場合には，被選挙権は立候補する権利として現れる。

第 11 章　参政権・国務請求権・社会権

　公職選挙法は，被選挙権（立候補権）に様々な制約を付しているが，選挙権の制限あるいは憲法 44 条列挙事由による差別という観点から厳格な審査が必要である。特に問題となるのは，高額な供託金の制度であり，これを合憲とする地裁判決もある（神戸地判平成 8 年 8 月 7 日判時 1600 号 82 頁）が，資金を欠く者に対し一定数有権者の署名により代替することを認めるなどの措置がとられなければ，違憲の疑いが強い。その他，今後の問題としては，自治体首長の再選回数制限が許されるかが議論されており，憲法上の被選挙権の制限となるという主張もあるが，選挙権あるいは平等権の問題として検討すべきであろう。

II　国務請求権

　国務請求権とは，国家による行為を請求する権利であり，受益権とも呼ばれる。社会権も同様の性格を有するが，社会権は積極国家の思想と結びついている点で，そのような性格をもたない国務請求権とは区別して扱っている。日本国憲法が規定する人権で通常これに属するとされるのは，請願権（16 条），国家賠償請求権（17 条），刑事補償請求権（40 条），裁判を受ける権利（32 条）である。この国務請求権を参政権とあわせて「基本権を確保するための基本権」と分類する見解もある。

1　請　願　権

　国民に参政権も表現の自由も十分に保障されていなかった時代には，為政者（君主）に請願を行うことは，国民がその窮状を訴え救済を求めるための重要な手段であった。しかし，為政者の側からみれば，請願は往々にして民衆の圧力を背景にし，暴動に発展する契機となりがちであったため，これを厳しく弾圧することが多かった。そこで請願権を人権として保障し，請願を阻止したり，請願したことを理由に不利益（差別等）を課したりすることを禁じたのである。しかし，参政権や表現の自由が保障されるようになると，請願権は大半その意

第2部　基本的人権

味を失った。

　憲法16条の規定する請願は，国会・内閣・裁判所等いかなる公の機関に対してもなすことができ，一般的には請願法が，特別には国会への請願については国会法（79条〜82条・102条）が，地方議会への請願については地方自治法（124条・125条）が規定している。しかし，請願に対して官公署は「これを受理し誠実に処理しなければならない」（請願5条）とはされているものの，何らかの応答が憲法上義務づけられているわけではないと解されている。ゆえに，厳密にいえば，国務「請求権」とはいえず，むしろ参政権的な文脈で理解する方が正確であろう。もっとも，現代において請願権を意味ある人権として捉え直そうとする立場から，一定の要件を備えた請願には何らかの応答の義務を課す立法や，あるいは，オンブズマンの制度との連携を考えるべきだといった提案がなされている。

2　国家賠償請求権

　憲法17条は，「何人も，公務員の不法行為により，損害を受けたときは，法律の定めるところにより，国又は公共団体に，その賠償を求めることができる」と規定する。公務員が国民に損害を与えた場合に，その公務員が賠償責任を負うことがありうることは別にして，国が責任を負うという考えは，20世紀になってようやく認められるに至ったものであり，しかもそれが諸外国で一般に受け入れられるようになったのは第二次大戦後のことである。絶対君主政の時代には「国王は悪をなしえず」という法諺により賠償責任は否定されたし，その考えは，近代国家においても「主権免除」の考えに受け継がれた。日本でも，明治憲法下では国家賠償は原則的には否定されていた。なお，国家賠償は不法行為責任であり，不法行為が存在しない場合の問題である国家補償とは区別を要する。しかし，国家賠償も国家補償も，特定個人に不当な負担を押し付けてはならないという考えを基礎にしている点では共通である。

　国家賠償の具体的あり方は，「法律の定めるところ」とされており，国家賠償法が基本原則を定めている。国家賠償法は，二つの場合に国家の賠償責任を認めている。第一が，「公権力の行使に当る公務員が，その職務を行うについ

第 11 章　参政権・国務請求権・社会権

て，故意又は過失によつて違法に他人に損害を加えたとき」（1条1項）である。
ここでは，公務員の故意・過失があった場合に，国が代位して責任を負うとい
う考えに立っている。しかし，憲法は，公務員に故意・過失があるないに関係
なく，国自身の責任として賠償を命じているのではないかという批判もある。
第二は，「道路，河川その他の公の営造物の設置又は管理に瑕疵があつたため
に他人に損害を生じたとき」（2条1項）である。こちらの方は，営造物の設
置・管理者の過失は原則として要求されず，無過失責任と解されている。

　国家賠償の基本原則は国家賠償法で定められているが，他の法律で責任範囲
を制限あるいは免責していることがあり，その合憲性が問題となりうる。最高
裁は，郵便法が定めていた賠償責任の制限・免除につき違憲の判決を下してい
る（最大判平成14年9月11日民集56巻7号1439頁）。事案は，原告の訴外Aに
対する損害賠償請求の認容に伴い，B銀行にあったAの預金に対して裁判所
が発した債権差押命令が特別送達の方法（書留郵便の一種）で送達されたが，郵
便業務従事者が誤ってB本人に直接配達せず私書箱に投函したため遅配とな
り，その間にAが預金を全額引き出してしまったために損害を受けたという
ものである。ところが，郵便法旧68条・73条はかかる場合の郵便局（国）の
賠償責任を制限あるいは免除していた。これに対し最高裁は，法の目的は低料
金での普遍的な郵便役務（ユニバーサル・サービス）を可能にすることにあるが，
本件のようなきわめて例外的にしか起こらないような場合にまで責任を制限・
免除することは，目的達成のための手段として合理性を欠き立法裁量の範囲を
逸脱しており違憲と判断した。

3　刑事補償請求権

　憲法40条は，「何人も，抑留又は拘禁された後，無罪の裁判を受けたときは，
法律の定めるところにより，国にその補償を求めることができる」と規定して
いる。犯罪者を裁判により処罰することは，国民の生命・自由・財産を保護し
安全な社会を維持するために不可欠の国家作用である。しかし，捜査・訴追を
どんなに注意深く適正手続を守って行ったとしても，裁判の結果無罪となるこ
とが起こりうるのは避けえない。その場合，捜査・訴追関係者の側に故意・過

第2部　基本的人権

失や違法性があれば国家賠償を受けられようが，通常はその証明は困難である。そこで，社会全体の利益のために特定個人が犠牲となることを少しでも緩和し公平を期すために，抑留・拘禁という大きな負担を負った場合には，捜査・訴追関係者に過失がなくとも補償を認めることにしたのである。請求の具体的要件は，刑事補償法で定められている。

4　裁判を受ける権利

　裁判を受ける権利は，憲法上の権利・自由の裁判的保障を強化するのみならず，法律により創設された権利の裁判的保障を担保するものとして重要であり，法の支配の不可欠の前提をなす。

(1)　事件の種類と裁判を受ける権利

　個人は，公権力等により不利益を課される場合には，それを裁判で争う権利を保障される。その権利が具体的にどのような形で現れるかは，争いの種類（刑事・行政・民事）により異なりうる。刑事事件の場合，憲法上，人を処罰するには裁判が必要であるという原則がとられている（31条・37条）から，裁判を受ける権利は，裁判なしに処罰されることのない権利として実現されている。なお，犯罪の訴追権は国家の独占するところであり（刑訴247条参照），裁判を受ける権利は犯罪の被害者等に訴追権を保障したものではない。もっとも，近年では加害者の人権のみならず，被害者の保護・救済の観点も裁判手続に反映させるべきだという声が高まり，そのための刑事訴訟法改正（刑訴157条の2以下・290条の2・316条の33以下参照）がなされている。しかし，これらの政策は，理論上は裁判を受ける権利の具体化ではなく，逆に被告人の裁判を受ける権利と衝突しないかという問題を提起する（被告人の公開裁判の権利に関する312頁参照）。

　行政事件の場合には，個人に不利益な行政処分を行うには予め裁判を必要とするという原則は憲法上採用されておらず，行政処分を争う制度をどう設計するかは立法政策に委ねられている。現行制度においては，行政が公益を代表することを重視し，原則的には処分を受ける個人の側から訴訟を提起する形にな

っている。ゆえに，裁判を受ける権利は，ここでは行政の行為を争う訴訟を提
起する権利として構成されている。明治憲法においても裁判を受ける権利は保
障されていた（明憲24条）が，そこでは裁判は刑事事件と民事事件に限定され，
行政事件は含まれないと解されており，かつ，行政事件については行政裁判所
が別途存在した（同61条）が，出訴しうる事項が限定されていた（限定列挙主
義）ので，裁判を受ける権利の保障は不十分なものにすぎなかった。日本国憲
法では，行政事件についても裁判を受ける権利を完全に保障したのである（概
括主義）。

　最後に，民事事件の場合であるが，ここでは国家は社会の平和と秩序を維持
するために私人間における自力救済を禁止し，その見返りとして私人間におけ
る権利・利益の侵害に対しては国家が救済を与えることを約束し，その救済供
与の前提として裁判を設定している。ゆえに，裁判を受ける権利は，原則とし
て国家による救済（強制執行等）供与を求める側が訴訟を提起する権利として
構成されている。

(2) 「裁判を受ける権利」の保障内容

　憲法32条は「裁判所において裁判を受ける権利」を保障している。ゆえに，
まず第一に，裁判所以外の機関による裁判は許されない。ただし，裁判所とは
何かの基本原則は，76条以下で規定しているが，そこで行政機関も終審とし
てでないなら裁判することを認めている（76条2項）から，裁判所の意味とし
て，職業裁判官のみからなる裁判所と解すべきではないであろう（303頁。裁判
員制度参照）。しかし，裁判所というためには，少なくとも当事者から中立で公
平な立場を保障された機関であることが必要である。第二に，「裁判」の保障
である以上，それは「裁判」といいうる内実を備えたものでなければならず，
少なくとも①中立で公平な第三者により，②適正な手続（その核心は，当事者
が自己の主張・立証の機会を十分に与えられることにあるが，他に公開裁判も憲法の保
障する重要な原則である）に従い，③十分な理由の説示を備えて下された，④実
効的な救済方法であることが要請される。裁判の内実として上訴の可能性も原
則的には不可欠と考えられる。上訴を何段階に構成するかは立法裁量の問題で
あり，憲法問題以外についての最高裁への上告制限も可能であるが，上訴を一

第 2 部　基本的人権

度も認めない制度はよほどの理由がない限り許されないと解する（即決裁判手続において上訴を認めないことを合憲とした最三判平成 21 年 7 月 14 日刑集 63 巻 6 号 623 頁参照）。このほかに何が「裁判」の内実をなすかは，事件の性質にも依存し一般論として述べることは困難であるが，事件の性質に応じた適切な裁判手続を法律により定めて裁判を受ける権利を具体化する必要がある。その際，事件の性質によっては，公開の裁判（447 頁参照）が，たとえばプライバシーや営業の秘密を守りえず，かえって裁判を受ける権利を侵害するという場合もあり，このような場合には非公開を可能とする規定を法律で置くことは裁判を受ける権利の現実化として許されよう（不正競争 23 条参照）。もっとも，法律の規定がない場合に非公開にするには，憲法 82 条に従う必要がある。

　非公開裁判に関連して理論上より困難な問題を提起するのは，イン・カメラ方式の審理を認めうるかどうかという問題である。営業秘密の侵害や国家秘密の公開請求が争われる場合，証拠として秘密情報を法廷に出せば，たとえ非公開にしても相手方当事者には開示してしまうことになる。これを避ける方法として，裁判官が裁判官室（イン・カメラとは裁判官の部屋でという意味）で証拠を検討し，それを判断の基礎にすることを許す審理方式が提案されており，これをイン・カメラ審理というが，これは裁判の公開原則に反しないか。相手方当事者がその証拠を反対尋問により弾劾する権利を放棄して，イン・カメラ審理に同意する場合には，公開原則や適正手続に反するという必要はないであろう。

　なお，ここでいう「裁判」は，既存の権利義務あるいは法律関係の確定を目的とする「訴訟事件」に限らず，権利義務の具体的内容の形成を目的とする「非訟事件」も争いの解決を目的とする限り含まれ，その手続は訴訟事件の場合とは異なりうるが，その性質に応じた「裁判」といいうる内実が要求される。判例は公開が要求される裁判を訴訟事件に限定する（最大決昭和 35 年 7 月 6 日民集 14 巻 9 号 1657 頁，最大決昭和 40 年 6 月 30 日民集 19 巻 4 号 1089 頁）が，社会的紛争解決の方法として国家の後見的介入を求めて「訴訟の非訟化」が進展する現代国家においては，非訟事件を裁判から除外し「裁判」としての内実の保障の範囲外に置くことは，裁判を受ける権利の空洞化につながりかねない。

　裁判を受ける権利が法により保障されても，それを現実に享受するには裁判費用も必要であるし，弁護士による助言も必要であろう。それを補助するため

334

第 11 章 参政権・国務請求権・社会権

に法律扶助制度等が設けられているが（総合法律支援法参照），裁判を受ける権利の実質化として不十分な場合には，裁判を受ける権利の侵害となることもありうると思われる。

Ⅲ 社 会 権

　個人の尊厳は，個人に人たるに値する生活を保障することを要求する。近代においては，人たるに値する生活は個々人が自らの経済活動を通じて確保するものとされ，そのために経済活動の自由が保障された。ところが，経済活動の自由を中核にした近代社会の私的自治は，労働者の失業や困窮を構造的に生み出し，彼らの生存の確保さえ困難とすることが明らかとなった。そこで，問題の解決能力を失った社会に対し，国家が後見的に介入して個人の生存の確保を配慮するようになる。その理念を最初に表明した憲法がドイツのワイマール憲法であった。その 151 条 1 項は「経済生活の秩序は，すべての者に人間たるに値する生存を保障する目的をもつ正義の原則に適合しなければならない」と規定したのである。

　積極国家がとった政策には，二種のものがあった。一つは，「強い個人」に有利な私的自治のルールを部分的に修正し，「弱い個人」も自己の経済活動により生存を支えることが可能となるよう，ルールをつくりかえることである。日本国憲法は，ルール修正の中で最も重要と考えた勤労の権利（27 条）と労働基本権（28 条）を憲法上の権利として保障している。しかし，見落としてはならないことは，ここではあくまでも経済活動の自由が中心であり，それを前提に弱者が強者と可能な限り対等な競争的地位に立てるよう，私的自治のルールを修正したということであり，生存を確保する責任は，依然として個人が負うのである。しかし，かかる体制の下では，自己の責任に帰しえない理由により自ら生存を確保できない者が生ずることは避けがたい。そこで，この政策を補完する第二の政策として，国がそのような個人の生存を配慮することが必要となる。これを，日本国憲法は生存権として規定した（25 条）。さらに日本国憲

第2部 基本的人権

法は，個人が自己の生き方を自律的に選択し実践していくことの可能な成熟し自立した個人となることを助けるために，教育を受ける権利（26条）を保障した。

上の二種の政策のうち，自律的生の観点からは第一の政策を中心にして社会権を理解すべきである。従来，生存権こそが社会権の核心と理解する傾向がなかったわけではないが，憲法の想定する自律的生のあり方は，自己の労働と財産により生計をたてることを基本としていると考えられるからである。生存権は，重要な権利ではあるが，国家による給付に依存する危険があり，自律的生を支えるというよりは，自律的生の再構築を援助するものと理解すべきものと思われる。

1 生 存 権

憲法25条は，1項で「すべて国民は，健康で文化的な最低限度の生活を営む権利を有する」と規定し，2項で「国は，すべての生活部面について，社会福祉，社会保障及び公衆衛生の向上及び増進に努めなければならない」と規定して，1項で保障した権利に対応する国の責務を定めている。

1項が保障した「健康で文化的な最低限度の生活を営む権利」を生存権と呼んでいるが，この権利は国家に対してその侵害行為を控えるように求める（自由権的側面）のみならず，それ以上に，それを実現する行為を行うことを求める（社会権的側面）ところに特質があるとされてきた。つまり，生存権を国家に対して主張するということは，生存権として保障された具体的内容を実現せよ（与えよ）と要求することを意味する。そのために，この権利はいかなる意味で法的効力をもちうるのかについて解釈の対立を生み出した。

(1) 法 的 性 格

⑺ 問題の所在

権利である以上は，それが侵害されたり，あるいは，実現されていない場合には，裁判所で救済を求めうるというのが原則である。ところが，生存権について裁判所が救済を与えるためには，「健康で文化的な最低限度の生活」とは

第 11 章　参政権・国務請求権・社会権

何かが具体的に定まっていなくてはならない。本来は，それを定めるのは国会
の役割である。国会が法律で具体的な保障内容を規定し，行政がその法律に基
づき，生存権を実現しえていない国民に対し一定の給付等を行うというのが通
常のプロセスである。このプロセスにおいて，行政が法律の解釈適用を誤れば，
法律が法的効力をもつことに疑問はないから，裁判所で救済を受けうることに
異論はない。また，法律の解釈にあたり 25 条の理念を基準に使って，生存権
をよりよく実現しうる方向で解釈を行うべきことにもほとんど異論はない。問
題は，法律の（または法律の委任による命令の）定めた内容が，25 条の理念に照
らして不十分であり，法律の解釈によっては補完しえないような場合，あるい
は，その極限として，そもそも法律が制定されていないような場合である。こ
のような場合，裁判所は，憲法の要求する生存権の内容を独自に判定し，それ
に基づき法律（または法律の不存在＝立法の不作為）を違憲と判断することが許さ
れるのであろうか。仮に許されるとして，いかなる救済を与えることが許され
るのか。具体的な不足分を給付せよと命ずるのか，それとも法律が違憲である
ことを確認するにとどめ，後は国会が法律を改正（あるいは制定）するのを待
つことにするのか。

　(イ)　学　　説

　生存権の具体的な内容を定める権限は国会がもつべきであり，裁判所が国会
の権限を代位行使することは認めるべきでないとする立場をとれば，法律がな
い以上，あるいは，法律の不十分な点については，裁判所は介入すべきでない
と考えることになる。それを説明する方法に二つが提案されている。その一つ
はプログラム規定説といわれるもので，この立場は，25 条は法的効力をもた
ず，政治の指針あるいは法律解釈の基準以上のものではないと説明する。もう
一つは，抽象的権利説といわれるもので，この説は，25 条に法的性格は認め
るが，そこで保障された生存権は抽象的な権利にすぎず，そのままでは裁判所
で適用しうるものではないが，法律が制定されればその法律の審査の基準とし
ては働きうるとか，あるいは，それと一体化して具体的権利となると説明した
りする。しかし，実際上この説がプログラム規定説，あるいは，後述の具体的
権利説とどう違うのかははっきりしない。法律の解釈基準として働くことはプ
ログラム規定説でも同じであるから，それ以上にいかなる基準として機能する

337

第2部　基本的人権

かの説明が必要であるが，それがないし，抽象的権利と一体化して具体的権利
となるとは，その法律が憲法と同じ形式的効力を取得するという意味ならば，
法形式の混同といわざるをえないからである。

　他方，生存権の具体的内容の決定については，第一次的には国会が権限をも
つが，国会が権限行使を適正に行わなかったり，あるいは，怠ったときには，
裁判所にも発言権を認めるべきだという立場もある。具体的権利説といわれる
ものがそれで，25条は生存権を具体的権利として規定していると主張する。
そして，あらゆる権利の具体的内容を最終的に判定するのは裁判所であるから，
生存権についてもその具体的内容を裁判所が判断することに問題はないという。
もっとも，この説に立つ者も，25条を根拠に裁判所が具体的な給付命令（たと
えば，一定額を最低保障として支払えという命令）を出すことまでは認めず，現行
法が違憲であることの確認判決を出すことにとどめるべきであり，それを受け
て具体的な改善を行うのは国会の責務であるとしている。生存権は，法律を審
査する基準となる程度には具体性を有しているが，給付命令の基礎となりうる
ほどには具体的内容をもつとはいえないと考えるからである。

　(ウ)　判　　例

　a）　食管法事件　　戦後の食糧難の時期に「闇米」を買って帰宅する途中
に検挙され，食糧管理法違反で起訴された刑事事件である。一審有罪となった
被告は飛躍上告し，本件行為は憲法25条の保障する「生活権」の行使であり，
これを処罰する食糧管理法は憲法25条に反すると主張した。これに対して最
高裁大法廷は，次のような趣旨の理由を述べて上告を棄却した（最大判昭和23
年9月29日刑集2巻10号1235頁）。①憲法25条は，すべての国民が健康で文化
的な最低限度の生活を営みうるよう国政を運営すべき国家の一般的・概括的な
責務を宣言したものであり，個々の国民に直接国家に請求しうる具体的・現実
的な権利を保障したものではない。②食糧管理法は，主食の不足する戦後の状
況の下で，国民の生活条件を安定させるために必要な法律であり，憲法25条
の趣旨に適合する立法である。

　この理由①は，憲法25条の保障する主観的権利としての生存権は個々の国
民が国家に請求しうる法的効力を認められた具体的権利ではない，との解釈を
示したものと理解しうる。学説はこの点に着目して，この判決はプログラム規

338

定説をとったものだと理解してきた。しかし，そうだとすると，理由②は何のために判示されたのであろうか。仮に法的効力をもつとしても合憲であるということを，念のために判示したのであろうか。おそらくそうではなくて，仮に生存権が具体的権利としての法的効力をもたないにしても，国家を義務づける客観法的側面においては法的効力を有するのであり，これに反する食管法は違憲無効であり本件に適用できない，という主張に対して判示することの必要な理由であったと思われる。すなわち，憲法 25 条は客観法的な効力は有するが，具体的な主観的権利という法的性格は有しないというのが，最高裁の見解であったと思われるのである。

b）朝日訴訟　最高裁判所は，朝日訴訟判決（最大判昭和 42 年 5 月 24 日民集 21 巻 5 号 1043 頁）において，問題を裁量論で捉える方向を示唆した。この事件は，生活保護法に基づく扶助が低額にすぎ憲法に反するのではないかを争った行政訴訟である（具体的には，原告の兄が仕送ることになった負担分を国の扶助から控除する扶助額変更処分に対する不服申立てを却下した厚生大臣〔当時〕の裁決の取消しを求めた）。事件そのものは，原告が上告中に死亡したため，最高裁は保護受給権の一身専属性を理由に相続人による訴訟承継を否定して訴訟の終了を宣言したが，傍論として請求に対する法的判断も行っている。最高裁によれば，憲法の定める生存権は具体的権利ではないが，生活保護法により具体的権利性を与えられた。しかし，何が健康で文化的な最低限度の生活かについては，生活保護法はその認定判断を厚生大臣の裁量に委ねており，本件の事実関係の下では裁量権の逸脱・濫用があったとはいえない。この判断において最高裁が厚生大臣の裁量のみを問題にし，立法府の裁量（憲法と法律の関係）を問題としなかったのは，事件が厚生大臣の裁量の違憲・違法を争ったものであったためである。したがって，憲法 25 条の法的性格をどう捉えるかについて真正面から判断することはなかったが，しかし，生活保護法が 1 条で「最低限度の生活を保障する」ことを目的とすると規定し，3 条で「この法律により保障される最低限度の生活は，健康で文化的な生活水準を維持することができるものでなければならない」と規定して，生存権の内容につき 25 条 1 項とほとんど同じ内容を規定しているにすぎないにもかかわらず，最高裁がこの生活保護法により生存権が具体的権利となったという捉え方をした点は，食管法判決が憲法 25

第2部　基本的人権

条の主観的権利につき具体的請求権としての法的効力をもつものではないとしたことを継承したものと理解しうる。生活保護法という法律により具体的権利となったと捉えているのである。

c)　堀木訴訟　最高裁判所が，25条を具体化する法律を立法裁量の問題として捉えたのは，堀木訴訟判決（最大判昭和57年7月7日民集36巻7号1235頁）においてであった。この事件は，障害福祉年金を受給していた原告が，児童扶養手当の受給資格の認定を請求したところ，児童扶養手当法の定める併給禁止規定に該当するとして却下されたために，併給禁止規定が25条に違反すると主張して却下処分の取消しを求めたものである。最高裁は，憲法25条とそれを具体化する法律の関係につき，「憲法25条の規定の趣旨にこたえて具体的にどのような立法措置を講ずるかの選択決定は，立法府の広い裁量にゆだねられており，それが著しく合理性を欠き明らかに裁量の逸脱・濫用と見ざるをえないような場合を除き，裁判所が審査判断するのに適しない事柄である」と判示した。立法裁量の問題と捉えたということは，25条の法的効力を認めたことを意味する。それは，食管法判決が主観的権利の側面で法的効力がないとしたことと整合するのであろうか。整合しないと考えれば，食管法判決を（密かに）変更したという理解になろう。しかし，そうではなく，本件判示は，客観法的側面に関するものと理解すべきである。25条の客観法的効力は食管法判決も認めていたのであり，本判決はこれを継承しつつ，本条は客観法的には立法裁量を認めた規定と解したのである。本判決の論理をこのように理解できるとすれば，25条の法的性格に関する最高裁の判例は整合的な一貫した論理で構成されていることが分かる。しかし，だからといって，判例をそのまま無条件で支持しうるというのではない。25条が立法裁量を認めた規定だという点は支持しうるとしても，その裁量の範囲を広範なものと解し，きわめて緩やかな審査（明白性の原則）しか行わないとした点は，学説からの強い批判がある。生存権が弱者の自立を助成するための最低限保障であることを考えると，少なくとも原告の置かれた具体的状況が憲法の想定する最低基準に達しているかどうかは，ある程度厳格に審査する必要があると考えるべきであり，通常審査を緩めることを正当化する理由はないように思われる。また，主観的権利の側面においても，コアの部分は法的効力をもつと考えるべきであろう。

340

第 11 章　参政権・国務請求権・社会権

　なお，生存権の争いは，同時に平等権の争いとして構成されることが多いが，生存権は保護の実体が最低限の要請を満たしているかという問題であるのに対し，平等権は他者との比較の問題であり，両者の違いを明確に意識して分析する必要がある。仮に憲法の要請する最低限の保護水準を満たしていても，同様な状況にある他者と比べ不当な差別を受けていれば違憲となりうるのである。堀木訴訟の場合，平等権の問題として構成しようとすると，原告を誰と比較するかについて難しい問題が存在し，それをめぐって一審と二審が対立していた。平等権の問題として考えるなら，原告ではなくその扶養する児童が差別を受けているという構成が最も分かりやすいが，最高裁は，児童扶養手当は児童の保護を目的とするものではなく，児童を扶養する者に対する所得保障であるとして，この構成を否定したのである。

(2)　25 条 1 項・2 項の関係と審査基準

　25 条は 1 項で生存権を規定したのに続けて，2 項で「国は，すべての生活部面について，社会福祉，社会保障及び公衆衛生の向上及び増進に努めなければならない」と定め，生存権保障のために展開すべき政策に関する国の責務を規定している。この 1 項と 2 項の関係につき，堀木訴訟の控訴審判決は，「本条第 2 項は国の事前の積極的防貧施策をなすべき努力義務のあることを，同第 1 項は第 2 項の防貧施策の実施にも拘らず，なお落ちこぼれた者に対し，国は事後的，補足的且つ個別的な救貧施策をなすべき責務のあることを各宣言したものである」という解釈を提示した（大阪高判昭和 50 年 11 月 10 日行集 26 巻 10 = 11 号 1268 頁）。それによれば，1 項は「『健康で文化的な最低生活の保障』という絶対的基準の確保を直接の目的とした施策をなすべき責務」を意味するのに対し，2 項は諸施策の有機的な総合により健康で文化的な最低限度の生活保障を行う責務を規定したものであり，「特定の施策がそれのみによつて健康で文化的な最低限度という絶対的な生活水準を確保するに足りるものである必要はなく，要は，すべての施策を一体としてみた場合に，健康で文化的な最低限度の生活が保障される仕組みになつていれば，憲法第 25 条の要請は満たされている」のであり，ゆえに「同項に基づいて国が行う個々の社会保障施策については，各々どのような目的を付し，どのような役割機能を分担させるかは立法政

341

策の問題として，立法府の裁量に委ねられている」というのである。

この見解は，「健康で文化的な最低限度の生活」を裁量の限界と解するもののようで，「何が健康で文化的な最低限度の生活か」自体が裁量の対象と考える最高裁とはニュアンスを異にするが，この判決が「憲法第25条第1項にいう『健康で文化的な最低限度の生活』（生存権）の達成を直接目的とする国の救貧施策としては，生活保護法による公的扶助制度がある。そして，国民年金法による障害福祉年金，母子福祉年金及び児童扶養手当法による児童扶養手当，児童手当法による児童手当などは憲法第25条第2項に基づく防貧施策であって，同条第1項の『健康で文化的な最低限度の生活』の保障と直接関係しない」として，1項の施策としては生活保護法に限定しつつ，他の社会保障関連法を2項に割り振って広範な裁量に委ねた点には批判が強い。生活保護法も含めた社会保障関連諸法の全体が最低限保障の役割を担っていると考えるべきであろう。したがって，考え方としては，ある個人に関係する諸法が全体として最低限を確保しているかどうかにつき「通常審査」をすべきであり，本判決のように，2項の諸施策で不十分なら1項の生活保護を求めればよいから，2項の諸施策については広範な裁量に委ねてもよい，というアプローチはとるべきでない。

(3) 不利益変更の場合の裁量統制

憲法25条2項は，政府に対し社会福祉等の「向上及び増進に努め」る義務を課している。このことは，政府に少しずつ国民の生活水準を高めていくことを義務づけているものと解されるから，そのための政策を具体化するに際してはある程度広い裁量が認められるにしても，一旦具体化した水準を低下・後退させる場合には，裁量の幅は狭まると解すべきであり，そうする必要性についての相応の正当化が要求される。生活保護法56条が「正当な理由がなければ，既に決定された保護を，不利益に変更されることがない」と規定しているのは，この理を定めたものであるが，その考え方自体は，憲法25条2項に照らせば，行政処分の不利益変更に限られるものではなく，行政立法による基準の不利益変更（たとえば生活保護法上の老齢加算制度の廃止）はいうに及ばず，議会の立法による不利益変更にも妥当する。最高裁も，表現の自由に対する「援助」の文

脈ではあるが，公立図書館はどの著書を蔵書として購入するかについては広い裁量をもち，著者に購入を求める権利があるわけではないが，購入した著書の廃棄については著者にも法的に保護されるべき利益が生じ，図書館に広い裁量が認められるわけではないと判示している（最一判平成 17 年 7 月 14 日民集 59 巻 6 号 1569 頁）が，同じ構造の問題と理解できる。もっとも，最高裁は，老齢加算の廃止の審査に際しては，特に裁量の範囲が狭まるという考えは採用しておらず，裁量論における「総合判断」のなかで考慮するという考え方をとっている（最二判平成 24 年 4 月 2 日民集 66 巻 6 号 2367 頁参照）。

2 教育を受ける権利

憲法 26 条は，1 項で「すべて国民は，法律の定めるところにより，その能力に応じて，ひとしく教育を受ける権利を有する」と規定し，2 項で「すべて国民は，法律の定めるところにより，その保護する子女に普通教育を受けさせる義務を負ふ。義務教育は，これを無償とする」と規定している。

(1) 学 習 権
個人が自己の最も価値あると思う生き方を自律的に選択し実践していくことができるためには，それに必要な成熟した判断能力と教養等を身につける必要がある。子どものそうした基礎的な能力と知識を育てる過程が教育であり，子どもが「個人として尊重」されるために不可欠の権利として，本条は「教育を受ける権利」を保障した。しかし，教育を受ける権利という表現には，若干受動的な響きがある。個人の尊重という観点から重要なことは，子どもが主体的に学んでいくことであり，学んでいく能力を獲得し鍛錬していくことである。教育の役割は，それを助けることにすぎない。このことを見失わないために，教育を受ける権利を考える場合には，子どもの「学習権」を常に中心に置いていく必要があると指摘されている。判例もかかる学習権の観念の存在を認めている（後出旭川学力テスト事件判決参照）。

第2部　基本的人権

(2)　公 教 育

　子どもの学習を助けるのに最も重要な役割を果たすのは，通常は親である。しかし，親がすべてを受け持つことには限界があり，共同作業の場として近代以降学校制度が発達してきた。学校も，最初は私的なものが中心であったが，今日では国（自治体を含む）が責任をもつ公立学校が中心となるに至っている。そのため，子どもの教育を受ける権利の問題は，学校教育制度をめぐって生じる子ども・親・国の三者の法関係をどのように理解するかが鍵となる。

　子どもの教育を受ける権利が実現されるためには，国が教育の場を提供し，親が自己の保護する子どもをそこに通わせることが必要である。そこで憲法は，国に対し無償で普通教育を提供する義務を負わせ，保護者に「普通教育を受けさせる義務」を負わせた。普通教育とは，全員が共通に受ける教育であり，9年と定められている（教基5条1項，学教16条）。

(ア)　公教育制度の基本設計

　問題は，国が提供の責務を負った「教育」の範囲である。それは教育の施設・資源等のいわゆる「外的条件」整備に限定されるのか，それとも教育の内容（内的事項）まで含むのか。すなわち，国の責務（権限）は，何をいかに教えるかにまで及ぶのかという問題である。

　a)　自由競争モデル　　教育内容についてまず発言権をもつのは，当然，親である。このことを重視し強調すれば，親が教育内容を自由に選択しうる教育制度が必要ということになり，そのためには様々な教育内容を提供する多くの学校が存在し競争することが一つの有力な解答となる。ここでは，教育内容の決定は，基本的には「権力からの自由」の構造で理解され，各学校単位で自由に決められるのが最善ということになる。これは，教育制度の自由競争モデルである。

　b)　参加モデル　　しかし，他方で，学校教育が親（国民）の共同作業であることを重視すれば，そこで教える内容は，親が「共同決定」すべきだという考えも成り立つ。教育制度の参加モデルである。その場合に問題は，共同決定のレベルをどう設定するかである。たとえば，学校単位で共同決定するのか，それとも市町村単位，都道府県単位，全国単位で共同決定するのか。それはどの程度地方分権を認めるかの問題となるが，いずれにせよ共同決定の通常の

第 11 章　参政権・国務請求権・社会権

ルートは「選挙→議会→行政」である。国レベルで共同決定するとすれば，法律（国会）に基づき文部科学省（行政）が決定するという論理となる。

　(イ)　国の教育権と国民の教育権

　いずれのモデルをベースに考えるかは，子どもを教育する権利（権限）は国がもつのか，それとも国民がもつのかという問題として争われた。この問題につき，最高裁は旭川学力テスト事件判決（最大判昭和51年5月21日刑集30巻5号615頁）において，親あるいは国が全面的に決定権をもつという考えをいずれも極端であると排し，両者の中間で線を引くアプローチを採用した。つまり，一方で，親にも学校選択等を通じて，あるいは，親の負託を受けた教師の一定限度の「教授の自由」を通じて，一定範囲内で子どもの教育内容を決定する自由をもつとしながら，他方で，国も一定範囲で教育内容を決定する権限をもつとし，しかし「子どもが自由かつ独立の人格として成長することを妨げるような国家的介入，例えば，誤つた知識や一方的な観念を子どもに植えつけるような内容の教育を施すこと」は憲法26条に反すると判示したのである。このアプローチは，基本的には支持しうるものであるが，問題は国家的介入の限界を具体的にどのように線引きするかであり，実際の運用においては，国家的介入の過剰と画一的教育の弊害が指摘されている。

　親・教師・国（自治体）の教育に関する権利・権限は，あくまでも子どもの学習権を実現するためのものであり，子どもの個性を伸ばすという理念により方向づけを与えられている。もちろん，社会の責任ある構成員に育てるということも教育の目的であるが，その社会は個性を尊重する社会であるべきことを忘れてはならない。

　(ウ)　道徳教育の歴史

　教育内容をめぐる論争につき，すぐ後で見る歴史教科書問題と並んでもう一つの争点を形成してきたのが，道徳教育である。戦前の道徳教育は教育勅語を基礎に行われた。教育勅語は1890年に発布された明治天皇の勅語である。これを1889年制定の明治憲法の思想と国家神道に結びつけて解釈した「忠君愛国」的内容が「修身」という科目の中で国定教科書を用いて教育されたのである。戦後，1945年末にGHQから「修身，日本歴史及び地理」の授業を停止する指令が出され，翌年1月1日に「天皇の人間宣言」がなされ，1947年

第2部　基本的人権

5月に日本国憲法が施行される。この下で教育基本法に基づく新たな教育が始まるが，それに合わせて 1948 年 6 月に教育勅語が日本国憲法の下でもはや効力を有しないことを確認する趣旨の決議が衆参両院で行われた。戦後の教育が，明治国家体制とは根本的に異なる原理に依拠する日本国憲法と教育基本法に基づくものであることを宣言したのである。

　新たな道徳教育は，当初，そのための特別の科目として行うのではなく，全教育活動を通じて行うものとされた。すべての科目が日本国憲法の基本原理である「個人の尊厳」に支えられ，国語であれ歴史であれ体育であれ，各科目の教育を通じて個人主義的道徳も啓発されるものと理解されたのである。1958 年に学習指導要領が改定され週一時間の「道徳の時間」が特設されるが，科目外の扱いであった。しかし，今世紀に入ると道徳教育の促進が加速される。2006 年に教育基本法が全面改正され，教育目標に「伝統と文化を尊重」し，「我が国と郷土を愛すること」が追加された（2条5号）。その立ち位置を個人尊重から共同体主義へと一歩移動させたのである。文部科学省は「道徳の時間」の副教材として 2002 年に「心のノート」を配付したが，これを 2014 年に「私たちの道徳」と改称して全面改定した。そして 2015 年の学習指導要領において道徳を教科化した（経過措置を定める学校教育法施行規則の改正附則〔平成 27 年 3 月 27 日文科省令 11 号〕で「特別の教科である道徳」と定めた）。これは，小学校については 2018 年，中学校については 2019 年に開始され，道徳科目につき検定教科書の使用と生徒の評価が始まっている。

　全教育活動を通じて行われる道徳教育は，科目の谷間で生じる道徳問題を補充し全体を統合する「場」を必要とすることもあろう。たとえば，今後テクノロジーの発展に対応しながらますます情報リテラシーと情報モラルの教育が必要となることが予想されるが，そのための科目と関連モラルの教育が徐々に整備される間，その不足を補充していく「場」が必要となろう。そういったニーズに柔軟に対応しうる「場」として道徳を教科化することは，教育政策としてありうることである。しかし，その場合も，日本国憲法の下での道徳教育は，個人の尊重を基礎にするものでなくてはならないこと，教育方法として道徳を知識として教え込むのではなく，「なぜか」を問い論ずる思考訓練の場となるような授業が必要であることを忘れてはならない。

第 11 章　参政権・国務請求権・社会権

(3)　教科書訴訟

　教育のあり方をめぐって争われた最大の訴訟は，故家永三郎教授が自己の執筆した高校の日本史教科書に対する検定を争った教科書裁判であり，一次から三次までの三つの訴訟が提起された。現行法では，小中高校で使う教科書は，文部科学大臣の行う検定に合格したものでなければならないとされている（学教 34 条・49 条・62 条）。訴訟では，この教科書検定において，国が叙述内容の当否にまで立ち入ることが許されるのかが争われ，この争点に関連して国の教育権と国民の教育権が対立したのである。この訴訟を通じて，教科書検定制度そのものは合憲であることが確定した。また，国も内容について旭川学テ判決に基づき「必要かつ相当と認められる範囲」内で決定権限をもつとされた（第一次訴訟・最三判平成 5 年 3 月 16 日民集 47 巻 5 号 3483 頁参照）が，いくつかの点でその範囲を超える介入がなされたことが判示されている（第三次訴訟・最三判平成 9 年 8 月 29 日民集 51 巻 7 号 2921 頁参照）。

3　勤労の権利

　自己の生存は自己の勤労により確保するというのが社会の基本原則であり，それがやむをえない理由により実現困難となったとき 25 条の生存権保障が働くのである。ゆえに，まず勤労の権利が保障されねばならない。27 条 1 項はそれを規定した。この勤労の権利は，国家により勤労の権利を妨害されないという自由権的権利（客観法的効果）はいうに及ばず，むしろ勤労の機会の保障を要求しうる社会権（給付請求権）としての性格をもつものであり，国家は勤労の機会を実質的に保障する政策を推進する責務を負うとともに，失業者に対する生活配慮の責務を負うことになる。

　基本は自己の勤労であるが，その勤労の条件が健康で文化的な最低限度の生活（25 条 1 項）を可能とするような内容でなければならない。しかし，私的自治の下で賃金等の勤労条件の決定を契約の自由に委ねれば，弱い立場の労働者は劣悪な条件をのまざるをえなくなる。そこで，27 条 2 項は「賃金，就業時間，休息その他の勤労条件に関する基準は，法律でこれを定める」ことにし，契約自由の原則を制限した。これを受けて，労働基準法が勤労条件の最低基準

347

第2部　基本的人権

を定めている。最低基準を超える条件をどのように決めるかは契約の自由に委ねられるが，この点で勤労者が使用者と対等に交渉しうるために，後述の労働基本権が保障されている。

27条3項は，「児童は，これを酷使してはならない」と規定し，児童の保護をはかっている。学習権を活用し自律的個人として成熟していかねばならない大切な時期の児童が，低賃金で酷使されたという歴史を反省して挿入された規定である。

4　労働基本権

⑴　保障の意義と内容

近代的な私的自治に委ねられた経済秩序においては，労働者は生存を確保することも困難であった。そこで労働関係における私的自治の修正が行われるが，それには二つの方法が存在した。一つは，労働契約の内容を契約の自由に委ねないで，最低限の労働条件の保障を法律で定める方法であり，日本国憲法も27条2項でかかる法律の制定を国に義務づけていることはすでに述べた。いま一つの方法は，労使の話合いに委ねられた労働条件につき，労働者に使用者と対等の交渉力を確保する目的に出るものであり，憲法28条の定める勤労者の団結権・団体交渉権・争議権がこれにあたる。一般に労働基本権あるいは労働三権と呼ばれている。労働者が組合をつくり，集団をもって使用者に圧力をかけたり，争議を行ったりすることは，近代においては私人間の契約の自由や営業の自由を侵害するものとして法律で禁止され，違反に対しては刑事・民事の責任を問われるのが一般であった。日本国憲法は，これらの行為を憲法上の権利として保障し，刑事・民事の責任から解放したのである。28条は，勤労者が労働基本権を行使しうる条件整備を国に義務づけた意味をもち，これを受けて労働組合法等の法律が定められている。

㈠　団　結　権

労働組合を結成する権利である。労働組合も結社の一つであり，憲法21条の結社の自由の保障も受ける。しかし，通常の結社の自由が「結社しない自由」（結社に加入しない自由）も含むのに対し，労働者の団結権の場合は団結し

ない自由の制約が結社権の場合より広範に認められる。すなわち，労働協約により，労働者は雇用されたあかつきには労働組合に加入しなければならず，加入拒否・脱退・除名の場合には解雇されると定める（これをユニオン・ショップと呼ぶ）ことは合憲であると解されている（労組7条1号但書参照）。しかし，これは，戦後の日本社会の民主化のために労働組合の強化が必要だと考えられた時代の名残を引きずった考え方であり，労働者の多様化が進み自己決定が強調されるようになった今日では，早急に見直す必要がある。

(イ) 団体交渉権

労働条件についての交渉を労働者個々人が使用者と行うのではなく，団体（労働組合）として行うことを権利として認めたものである。これにより，労働者の交渉力を強化し，使用者との対等性を確保しようとした。権利であるから，交渉を求められたら使用者は交渉の場につくことを正当な理由なく拒否することは許されない。しかし，労働者側の要求を受け入れる義務があるわけではない。合意した事項は労働協約となり，個々の労働組合員の労働契約を拘束する。

(ウ) 争 議 権

憲法28条にいう「団体行動をする権利」の中心は，労働者の要求を認めさせるための争議権である。争議の方法は，典型的にはストライキや怠業であるが，その際職場占拠やピケッティングが行われることもある。いずれにせよ，争議は目的・方法の点で正当なものでなければならないとされており，逸脱すれば刑事責任（威力業務妨害等）や民事責任（解雇・損害賠償）を問われることもありうる。目的の点で問題となるのは，いわゆる政治ストである。政府の政策に反対するためのストは，使用者の権限外のことであり，労使間の交渉の対象になりえないとして，これを正当な争議とはいえないとする見解もあるが，労働条件の改善には法律の改正等政府の政策に依存する面も否定できないから，政治ストをすべて不正ということはできないであろう。方法に関しては，工場の所有者・管理者を排除して組合の管理下に生産を行う「生産管理」という争議方法の正当性がかつて問題となった。最高裁は，これを使用者の財産権侵害であり違法と判断している（最大判昭和25年11月15日刑集4巻11号2257頁）。

第2部 基本的人権

(2) 公務員の労働基本権の制限

　現行法上公務員の労働基本権は広範に制限されており，その内容から公務員を三つのグループに分けることができる。第一は，三権すべてを否定されているグループで，警察官，消防隊員，自衛官などがこれにあたる。第二は，団結権は認められているが，団体交渉権が制約され，争議権が否定されているグループで，非現業の国家・地方公務員がこれにあたる。第三は，団結権と団体交渉権は認められているが，争議権が否定されているグループで，現業の公務員（「行政執行法人の労働関係に関する法律」の適用される職員，および地方公営企業職員等）がこれにあたる。公務員も憲法28条の「勤労者」に含まれると解されており，労働基本権を享有することにほとんど異論はないが，にもかかわらず広範な制限がなされている。この点につき，支配的学説は特別権力関係論の影響を指摘し，強い批判を行ってきた。最高裁も一時期この制限を問題視する姿勢を見せたが，それが全逓東京中郵事件判決（最大判昭和41年10月26日刑集20巻8号901頁）と都教組事件判決（最大判昭和44年4月2日刑集23巻5号305頁）である。

　前者は，郵便職員が争議で職場を離れたことを郵便物不取扱罪（郵便79条1項前段）の教唆罪で起訴した刑事事件，後者は教員組合指導者のスト指令を争議の「あおり」罪（地公61条4号）で起訴した刑事事件である。最高裁は，正当な争議を認める観点から関係条文の合憲限定解釈を行い，いずれの行為も処罰対象には含まれないと解した。

　しかし，最高裁のこの態度は政治部門の強い反発を受け，最高裁判事の定年退職による交代等もあって，結局その後，国家公務員の争議行為禁止が問題となった全農林警職法事件判決（最大判昭和48年4月25日刑集27巻4号547頁）において，この立場は全面的に覆された。公務員の争議行為の一律禁止も合憲であり，これを合憲限定解釈することは構成要件を不明確にしかえって問題であるとされたのである。この論旨に従って，岩手教組学テ事件判決（最大判昭和51年5月21日刑集30巻5号1178頁）は地方公務員に関する都教組事件判決を変更し，全逓名古屋中郵事件判決（最大判昭和52年5月4日刑集31巻3号182頁）は全逓東京中郵事件判決を覆し，現行法制をまるごと合憲としたまま現在に至っている。

350

第 3 部

統治のメカニズム

　戦後の憲法学は，日本国憲法の想定する政治のあり方を国会を中心に構想した。議会制民主主義と呼ばれる体制である。それによれば，主権者国民の意思は選挙を通じて国会に忠実に反映される。その国会が討論を通じて重要な政策決定を行い，その決定を国会により選出された首相を中心とする内閣が忠実に執行する。こうして，国民の意思は政治に貫徹されるのである。現実の政治が憲法の想定通りに機能していないのは，官僚や財界が選挙や政策決定のプロセスを形骸化させているからであり，こうした弊害を正して議会制民主主義を正常に機能させることが戦後日本の課題である。憲法の解釈は，このような課題を遂行するという観点からなされなければならない。

　かかる構想は，戦前の政治の欠陥を克服し，民主化を推進するという問題意識からは，評価されるべき側面を有していた。しかし，現代国家が直面する課題には的確に応えることができないものであることが次第に明らかになっていく。なぜなら，現代政治には，議会制民主主義論が想定するよりはるかにダイナミックな役割が期待されることになるからである。国会がダイナミックな政治の中心になることは困難である。内閣を中心にした新たな構想が必要となるのである。

　本書の憲法解釈は，そのような問題意識からなされている。ダイナミックな政治が民主的に展開されるためには，憲法をどのような構想に従って解釈すべきかという観点である。と同時に，政治がダイナミックになればなるほど，それが行き過ぎる危険をチェックするために，法の支配が強調されることになるのである。

第 12 章

国政のメカニズム

1 統治機構の全体構造

　日本国憲法前文は，国政が主権者たる国民の信託に基づき公共の福祉を目指して行われるべきことを宣言している。では，国政を行うための機構を憲法はどのように設計したのであろうか。まず，その全体構造を最初に見ておこう。

(1) 政治の領域と法の領域

　日本国憲法は，国政をまず大きく政治領域と法領域に分割した。この理解は「法の支配」を実現するために必要な思考過程に対応している。政治を法に従わせて法の支配を実現するには，政治領域で展開される諸活動を法の言語に翻訳し，法領域に移し替えて捕捉する必要があるが，この思考上の操作を可能とするためには二つの領域を観念上分離する必要があるのである。

　法領域を司祭する機構としては裁判所が設置され，それが司法権を行使する。では，政治領域を司る機構はどのように設計されたか。まず，中央（国）の政治（狭義の「国政」）と地方（自治体）の政治が分割される。これが「垂直的権力分立」であり，日本国憲法はこれを「地方自治」という言葉で表現している。次いで，国と自治体の各レベルで，政治権力は立法権（法律・条例制定権）と行政権（執行権）に分立される（水平的権力分立）。この場合に，両権を担当する機関相互の関係をどう設定するかに関して，国レベルと自治体レベルでは異なる機構が採用されている。国レベルでは議院内閣制が採用され，国会が内閣総理大臣を指名する。これに対し，自治体レベルでは，その長（市町村長および知

353

事）は，地方議会によってではなく住民により直接選出される「大統領制」型の機構を採用しているのである。

(2) 政策決定過程と政策遂行過程

議院内閣制にしろ大統領制にしろ，それが関わるのは主としては政策決定過程である。日本国憲法は，政治領域を政策決定過程と政策遂行過程に分けて設計している。なぜそう理解されるかといえば，憲法は内閣の下で政策遂行にあたる行政機構の存在を想定しているからであり，そのことは内閣を構成する国務大臣が同時に行政各部の「主任の国務大臣」（74条参照）となることが予定され，内閣総理大臣が「行政各部を指揮監督する」（72条）と定められている点に表れている。議院内閣制の運用に携わるのは政治家であり，行政各部に就く職員を官僚と呼ぶことから，両者の関係は「政官関係」と呼ばれたりするが，重要なのは，「政」が政策選択・決定を行い，「官」が選択・決定された政策の執行にあたるという図式が憲法の想定するところだということである。もちろん，「官」が政策決定のために必要な情報・資料を整備することは許されるし，かつ重要な任務であるが，それが行き過ぎて，実質上「官」が決定し，「政」はそれを追認しているにすぎないという運用に陥ってはならないのである。

従来の憲法学は，「決定―執行」図式を国会と内閣の関係を理解するのに用いてきたが，この図式はむしろ「政官関係」の説明に適用すべきものである。国会と内閣はともに政策決定過程に関わり，その関係は「統治―コントロール」図式で理解する必要がある。

(3) 国民の役割

国民は，国民主権の下に政治に参加し，あるいは，直接・間接それに影響を与える。その方法として，まず，国民は，日常的には，表現・集会・結社の自由や請願権などの人権行使を通じて政治参加を行うことが予定されている。このコンテクストで，マス・メディアと政党は国民意見の形成・集約・伝達・反映等において重要な役割を果たすことが期待されている。次に，制度的な方法としては，国民が直接的に政策選択を行う制度と代表者の任免を通じて間接的に政策選択を行う制度とがある。前者の典型例が国民（住民）投票制度（一般

第12章 国政のメカニズム

統治機構の全体構造

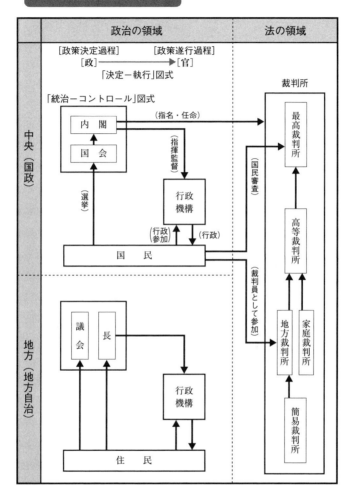

に「レファレンダム」と呼ばれる）であるが，日本国憲法は，憲法改正（96条）と特定の地方のみに適用される特別法の制定（95条）に関して，これを採用している。後者の例は選挙と解職制（リコール制）である。日本国憲法は代表民主政治を基本構造としており，国民の政治参加の中心は，制度的には選挙である。参政権（その中心は選挙権）は人権（15条）でもあるが，それは具体的には選挙

第 3 部 統治のメカニズム

制度を通じて行使される。憲法は，国会議員（衆議院議員・参議院議員）の選挙
（43 条・44 条）および自治体の長・議会議員の選挙（93 条）を要求しており，そ
のための具体的な選挙制度は公職選挙法により定められている。解職制につい
ては，最高裁判所裁判官の国民審査（79 条）がこれに属する憲法上の制度だと
解されている。なお，法律により採用された解職制としては，地方議会の解散
請求（自治 76 条以下），地方議会議員の解職請求（同 80 条），地方公共団体の長
の解職請求（同 81 条）がある。

以上に見た統治機構の全体構造を基礎に**第 3 部**の構成を示すと以下のように
なる。なお，前頁の図（「統治機構の全体構造」）も参照されたい。

【Ⅰ】 政治の領域
    1. 国政（狭義，すなわち中央政治）のメカニズム（第 12 章・第 13 章）
    2. 地方政治のメカニズム（地方自治）（第 14 章）
【Ⅱ】 法の領域 （第 15 章・第 16 章）

本章では，中央政府の基本的な機構である議院内閣制をまず説明し，その後，
議院内閣制を運用する下部構造として，選挙，政党，政治資金の問題を扱う。

2 議院内閣制

(1) 大統領制との違い

行政権の担い手が議会（国会）とどのような関係に立つかに着目するとき，
統治機構の主要なモデルとして議院内閣制と大統領制が区別される。議院内閣
制においては，行政権の担い手は内閣であり，内閣を構成する国務大臣，特に
その首長である内閣総理大臣（首相）は，議会の多数派から選出される。これ
に対して，大統領制にあっては，行政権を担当する大統領は，国民により直接
選出される。したがって，国民から見た場合，議院内閣制においては，国民が
議員を選出し，議員が首相を選出するという縦のピラミッド構造を形成するの
に対し，大統領制においては，ともに国民が選出する議会と大統領が並列する

356

第 12 章　国政のメカニズム

という横の構造を形成する。大統領制が厳格な権力分立を基礎にするといわれるのは，議員と大統領がともに国民の選挙によって任命され，相互にはその任免に対し権限をもたないのを原則とするからである。このため，大統領制の場合には，「議会の多数派」と「大統領の多数派」が一致しないことも起こりうることになり，この対立をどう調整し解決していくかが困難な課題となる。アメリカでは，政党の紀律が弱く党所属議員の「交差投票」（自党の政策に反する他党の政策に賛成投票すること）が比較的容易であり，このことが対立を緩和する方向に作用していることは，よく指摘される点である。これに対し，議院内閣制においては，内閣は議会の多数派によって形成されるから，多数派の不一致が生じるということは，機構上ありえない。内閣が議会の多数派の支持を失えば，内閣を替えるか議会の構成を変えるかして両者の一致を回復する方法が機構上組み込まれているのである。それが衆議院による内閣不信任の制度と衆議院の解散制度である。

(2)　内閣総理大臣の指名

　内閣総理大臣は，国会議員の中から（ゆえに，参議院議員でもよい）国会の議決により指名される（67条1項）が，衆議院と参議院で異なる指名を行った場合，両院協議会で話し合っても意見の一致に至らなければ，最終的には衆議院の指名が優先する（同条2項）。内閣総理大臣の迅速な指名は国政にとって最重要課題であるから，両院の対立が長期にわたることを阻止する（原則的には67条2項により10日以内に決着をつける）規定を置いたのである。

(3)　内閣不信任と解散の制度

(ｱ)　議院内閣制のメカニズム

　憲法69条は「内閣は，衆議院で不信任の決議案を可決し，又は信任の決議案を否決したときは，10日以内に衆議院が解散されない限り，総辞職をしなければならない」と規定する。内閣が衆議院の多数派の支持を失った場合には，この規定により衆議院を解散するか，あるいは，内閣が総辞職して，多数派に支持された内閣を構成し直すのである。衆議院を解散した場合には，「解散の日から40日以内に，衆議院議員の総選挙を行ひ，その選挙の日から30日以内

に、国会を召集」(54条1項) することになっており，かつ，「衆議院議員総選挙の後に初めて国会の召集があつたときは，内閣は，総辞職をしなければならない」(70条) から，衆議院により不信任されれば，内閣は遅かれ早かれ総辞職しなければならない運命にある。その総辞職を受けて国会が新たに内閣総理大臣を指名し (67条)，衆議院の多数派に支持された内閣が回復されるのである。

(イ)　国民意思との関係

上述のメカニズムで重要なことは，内閣がその存立のためには単に国会 (特に衆議院) の多数派の支持を必要とするということだけではなくて，むしろ国民の多数派の支持を必要とするということである。というのは，衆議院は，内閣が国民の多数に支持されている限り，安易に内閣不信任を行うことはできない。衆議院解散の反撃を受けたとき，選挙で苦戦することを覚悟しなければならないからである。逆にいえば，内閣が自己を支持する衆議院の多数派の熔解を阻止する最善の方法は，自己の政策に対する国民の支持を確保することだということになる。この力学を，それが現実に作用する与野党の関係に引き写してみれば，内閣を攻撃する野党は，いつ解散されてもいいように，常に国民の多数派に支持されうるような代替政策を提示しようとする。与党も，選挙が迫れば，国民の多数派の動向に無関心ではいられなくなり，内閣の政策が国民の支持を失っていると感じれば，政策の修正を迫り，それが受け入れられなければ，内閣から距離を置く行動にでるであろう。それが進行すれば，やがては内閣不信任に至るのである。要するに，内閣も衆議院も，あるいは，与党も野党も，相手が自己を破壊する武器 (不信任権・解散権) を行使できないようにするための最善の方法は，相手よりも国民の意思により近いところに身を置くことであり，これにより国民意思への接近競争の動因が生み出されるのである。それは，国民の側から見れば，国民の政策選択が国政に反映されるということを意味する。

(ウ)　阻 害 要 因

もっとも，この接近競争は，様々な要因によって阻害される。たとえば，選挙制度や選挙行動が国民意思の変化に敏感に反応しえないものであれば，議員も従来の支持層の支持さえ固めていれば選挙民の一般的な動向にそれほど気を遣う必要はなくなろう。また，政党がイデオロギー的な純粋性を重視し，妥協

第12章　国政のメカニズム

による多数派形成を忌避する傾向が強い場合も，阻害要因として働こう。制度上の要因としては，解散権の制限がある。解散権が制限されている場合には，接近競争が阻害されやすくなる。

　本来，解散の理念は国民の信を問うところにあり，国民の判断を仰ぐべき争点が生じたときに行うべきものであるが，内閣による自由な解散を認めると，内閣が自己に有利な時点を選んで解散を行うということになりがちであるし，選挙前に世論を自己の有利になるよう誘導する（世論操作）ということも行われたりする。この弊害を重く見たイギリスでは，2011年に議員の任期を固定する法律を制定し，解散は議会による議決によることとし，首相が自由に庶民院（下院）の解散を女王に求めることを禁止した。これを参考に，首相権限が強くなりすぎることを懸念する立場から，日本でも解散権を制限すべきだという声が高まってきている。議院内閣制の根本に関わる問題であり，十分な議論が必要であろう。イギリスの改正がどのような結果をもたらすのかの分析も重要な参考資料となる。

解散権論争　憲法69条は，内閣が不信任されたときには，衆議院を解散しうると規定するが，解散が不信任の場合に限定されるかどうかは明確ではない。通説は，解散権の名目的な主体は天皇である（7条3号）が，実質的な主体は天皇に助言と承認を行う内閣であり，内閣は7条3号を根拠にいつでも解散権を行使しうると解している。しかし，学説には，解散は69条の場合に限定されるという説も存在する。内閣よりも国会の方が国民に近く，その意味でより民主的性格が強いと考える立場からは，内閣が衆議院を解散するということは非民主的であり，必要最小限に制限されるべきだという考えになりやすい。民主主義の精神が次第に定着・強化されていくなかで，二元型議院内閣制から一元型議院内閣制へと展開し，さらに国民を直接代表する議会が発言権を高めてきた歴史を基礎に考えれば，内閣が議会と対抗する武器である解散権が非民主的と烙印を押され制限されていくことも自然な展開に見える。その極限として，内閣に解散権を否定し，内閣を議会に従属させる「議会統治制」が展望され，議会統治制こそが最も民主的制度だという見解が生じる。しかし，議会統治制が国民主権の現実化として機能するためには，直接民主政的な制度を広範に取り入れることにより国民が真に政治の主体となり，議会は国

359

民に従属するという構造を必要とする。代表民主政の下に議会統治型を志向すれば，解散権の脅威から逃れた議会が同時に国民からも乖離するという展開に陥りやすい。したがって，議院内閣制を考察する場合，議会と内閣のどちらがより民主的かという見方をするのではなく，議会と内閣がどのような相互関係に置かれるとき，国民の意思は最もよく政治に反映されることになるかという観点から問題を捉えていくべきである。そうすれば，代表民主政を基礎にする限り，内閣に自由な解散権を与え，議会を解散の恒常的な脅威の下に置いた方がよいことが理解される。実際，過去の解散は通説の見解に従って行われてきており，実務は7条説で確定している。したがって，制度的には，衆議院の不信任権と内閣の自由な解散権が対抗するという図式は確立されているのである。にもかかわらず，現実の運用が国民の意思に基づく政治を十分に実現しえていないとすれば，それは制度以外の要因からくるものと考えざるをえない。

3　選挙制度

(1)　二つのモデル

日本国憲法は，国民主権の下に「その権力は国民の代表者がこれを行使」（前文）する代表民主政を基本としている。したがって，国民がその意思を政治に反映させる最も重要な制度は選挙である。国民は，選挙を通じて国の政策を選択し，あるいはそれに影響を与えようとするのである。

国民意思の反映を考える際の重要な出発点は，国民は多様な個人から成っているということである。憲法の基本価値は「個人の尊厳」であった。そこでは個々人が，その価値観，その生き方において相互に異なるということが尊重されねばならない。そういう多様な個人が集まって社会を形成しているのである。そして，政治とは，そのような集団の全構成員を拘束する共同決定（政策選択）をめぐって展開する。多様な個々人は，多様な政策を提案・要求するが，共同決定として採択されるのは，一つの政策体系のみであり，それが内閣の政策となる。すなわち，国民の多様な政策から出発し，最終的には内閣が担う一つの政策体系を生み出さねばならないのである。この過程が，制度的には国民による議員の選挙，議員による首相の指名，首相による内閣の構成として設計され

第 12 章　国政のメカニズム

ている。そこで問題は，国民の多様な政策構想を最終的に一つの政策体系へと統合し，絞り込んでゆく過程において，選挙制度にいかなる役割を期待するかである。この点で，二つの考えが対立する。

多様性反映モデル　一つは，国民の間に存在する多様性をできるだけ忠実に国会の構成に反映させるというものである。この立場をとると，それに適した選挙制度は比例代表制ということになる。この場合には，通常，単独で多数派を形成しうる政党は存在せず，議会は多数の政党により構成され，この多様な議会から一つの政策体系を形成する役割は，議員や政党に委ねられることになる。ところが，比例代表制において政党が得票を拡大するには，自党の「差別化」を目指して自己の考えに近い政党との違いを際立たせる必要があるため，小さな違いを強調して自己に近い政党の政策を厳しく批判することになりがちである。このため，選挙後に連立政権を組む段階で，突如それまで厳しく批判してきた政党との妥協を行うということになり，違いに着目して投票した有権者の意図に背く結果となりがちである。したがって，最終的に形成された内閣とその政策体系は，議会の多数派の支持は得たが，実は国民の過半数の支持を得ることのできる内容ではないということも起こりうる。国民としては，自己の考えに最も近い政党・政策に投票することで満足し，後は代表者の見識に委ねざるをえないのである。

多数派形成モデル　もう一つの考えは，国民が選挙を通じて明確な多数派を形成し，国会に選出された多数派政党が自動的に内閣を構成するというものである。選挙制度にこのような統合機能を期待する場合には，小選挙区制の方がその役割に適している。小選挙区制とは，一つの選挙区から議員 1 名しか選出しない制度であるから，勝つためには多数派形成をせざるをえない。すべての党派が多数派形成を目指せば，対立状況は自ずと二極化・二党化してゆく傾向を示そう。そうなれば，選挙の段階で国民の多様な政策も主要な二つの政策体系へと収斂し，選挙はそのいずれを選択するかという形で争われるようになる。現実にこのような状況が生み出されれば，国民は選挙で個々の議員を選出するのみならず，それ以上に，内閣とその政策体系を直接選択することが可能となる。もっとも，そこで選択の対象として提示される政策体系は，妥協を経たものであり，その分自己の政策からは逸脱した内容を

361

第3部 統治のメカニズム

含んでいるのが通常である。したがって，比例代表制の下におけるように，自己の政策に近いものを選択しえたという満足感はないかもしれない。しかし，自ら妥協して選んだ政策体系は，選挙に勝ったときには政府の現実の政策となるのである。もっとも，国民が政策体系を直接選択するといっても，それは政策の基本方針あるいは骨格にすぎず，それを具体化する任務は代表者に委ねざるをえないであろうが，しかし，少なくとも政策の基本方向は自ら決定したという満足感はもちえよう。

以上は理念型的に構成した二つのモデルであり，現実の選挙制度がいずれかに割り切れるわけではない。現実の選挙制度は，両者の組合せからなり，その中でどちらかの性格がより強いというにすぎないことが多いであろうし，また，現実の機能においても程度の差としてしか現れないということが稀ではない。とはいえ，モデルとしての両者の違いを理解することは，制度の設計や現実の運用を考えるのに非常に重要である。

(2) 現行の選挙制度

憲法は，選挙制度について普通・平等・秘密・自由・直接選挙の原則（323頁以下参照）を要請し（14条・15条・43条・44条），具体的制度は法律に委ねた（44条）。それを受けて，公職選挙法が具体的な制度を定めている。

㋐ 衆議院議員選挙制度

日本は長い間「中選挙区単記投票制」（一つの選挙区から3〜5名の議員を選出するが，有権者は1票のみをもち，得票数の上位3〜5名を当選とする）を行ってきたが，派閥政治の弊害が指摘されたために，これを改革して政策本位・政党本位の政治の実現を目指して，1994年の公職選挙法改正により「小選挙区比例代表並立制」に改められた。これは，衆議院の総定数を500（2000年の改正で480に，2012年の改正で475に，2016年の改正で465に変更）議席とし，それを小選挙区定数300（2012年の改正で295に，2016年の改正で289に変更），比例代表定数200（2000年の改正で180に，2016年の改正で176に変更）に分割し，有権者はそれぞれにつき1票を行使するというものである（公選4条1項・12条1項・13条）。

小選挙区選挙 小選挙区選挙においては，当初，全国を300の選挙区に分割するが，その際にゲリマンダーリング（自己の党派に有利に恣

362

意的な選挙区割を行うこと）を避けるために，都道府県や市町村の行政区画を尊重する方針をとった。そのこと自体は好ましいことであったが，しかし，その際に，定数の配分方式として，まず 47 都道府県に 1 ずつ基礎配分したうえで（一人別枠方式），残りの 253 を人口比例で都道府県に配分し，次いで各都道府県ごとに，かく配分された定数と同数の選挙区を形成するという方針をとったために，選挙区間の定数不均衡が増大し，人口較差を 2 対 1 以内に抑えることが困難となった。定数配分は，本来，可能な限り人口あるいは有権者数に比例的であるべきで，1 対 1 からの乖離には正当な理由が必要であるが，ましてや人口最大選挙区と最小選挙区の較差が 2 対 1 を超えるということは，最小選挙区の有権者は 2 票を行使していると同じ意味をもち，平等選挙の原則に反する疑いが強い。しかし，最高裁は，このような配分方針をとることも立法府の合理的な制度選択の範囲内であり，その結果生ずる不均衡は選挙権の平等に反しないと判示していた（最大判平成 11 年 11 月 10 日民集 53 巻 8 号 1441 頁，本書 174 頁参照）。しかし，その後，一人別枠方式は，中選挙区制から小選挙区制に移行する際に暫定的に必要とされたものであり，一定期間の経過後は改正されるべきものであり，そのための合理的期間はすでに経過し「投票価値の平等に反する状態に至って」いると判示した（最大判平成 23 年 3 月 23 日民集 65 巻 2 号 755 頁）。ところが，この判決を受けた国会は，2012 年 11 月に一人別枠方式を定めた衆議院議員選挙区画定審議会設置法 3 条 2 項を削除するとともに，定数を過大に配分されている 5 県から各々配分を 1 減して小選挙区の総定数を 5 減する公選法改正を行ったものの，これに応じて行うべき新選挙区の線引きが間に合わず，同年 12 月に行われた総選挙は違憲状態と判示された旧規定のまま実施された。選挙後に選挙区の画定を行う法律改正がなされたものの，その実態は定数減された 5 県を除き一人別枠方式の下で定められた定数配分をほとんどそのまま維持したものであり，5 減により区画審設置法 3 条の定める較差 2 倍未満をかろうじて達しはしたが，再び 2 倍を超えることは時間の問題にすぎないものであり，実際，選挙の時点で最大較差は 1 対 2.129 となっていた。最高裁は，この選挙についても違憲状態と判断した（ただし，合理的期間の徒過はないとした。最大判平成 27 年 11 月 25 日民集 69 巻 7 号 2035 頁）。2 倍未満を長期的に確保しうるような抜本的な改革を必要としているのは明らかであった。それに

第3部 統治のメカニズム

応えるべく2016年に区画審設置法および公選法の一部が改正され施行されたが，それによると衆議院議員定数の都道府県への配分方式につき旧一人別枠方式に代わるものとしてアダムズ方式が採用されることになった（改正後の区画審設置法3条2項）。ただし，この方式による都道府県への定数配分は，制度の安定性を考慮して10年ごとの大規模国勢調査により行うこととされており（同4条1項），現実に適用されるのは2020年の国勢調査からということになる。とりあえずの較差是正としては，小選挙区の総定数を6減し（衆議院議員の総定数を10減し，小選挙区6減，比例代表4減に割り振る公選法改正を行った），2016年の簡易国勢調査を基にアダムズ方式で計算した場合の過大配分を受けている6県を対象県とし，区画審が区画改定案を答申して2017年に改定法が成立した。同年の衆議院議員選挙はこれに基づいて行われたが，最大較差1.98倍であった定数不均衡につき，最高裁は合憲と判断した（最大判平成30年12月19日民集72巻6号1240頁）。ちなみに，アダムズ方式は，比例ブロックにも導入されることになっている（公選13条7項）。アダムズ方式とは，都道府県の人口数をある数（x）で割り，その商の小数点以下を切り上げた数を各都道府県の配分定数とし，その合計が総定数とほぼ同一となるようなxを見つけて，それにより各都道府県への配分定数を確定する計算方法である。小数点以下を切り上げるので，人口の少ないところに有利な配分方法といわれている。どんなに人口数が減少しても最低1議席は配分されるので，一人別枠方式と似た機能ももつが，別枠ではなく全体が比例的に配分されるので較差は減少する。しかも，国勢調査により人口数が確定されれば都道府県への定数配分は自動的に決まるので，後は1年以内に出される区画審の選挙区画定案の勧告に従って法改正をすればよく，2倍未満という区画審設置法3条1項の要請を重視すれば，定数不均衡問題の抜本的改革につながる可能性は高い。しかし，1対1が原則であり，そこからの乖離は正当性の論証が必要という立場からは，今後の議論の焦点がここに移行することになろう。

比例代表選挙　他方，比例代表制においては，全国を11のブロックに分割しそれぞれに人口数に比例した定数配分を行っている。この計算方式が上述のように2016年の改正でアダムズ方式に変更された。投票はブロックごとに届け出られた政党名簿に対して行い，ブロックごとに集計し当

選人を決定する方式をとっている。政党名簿を基礎にする比例代表制において当選人を決定するには，まず各政党名簿が獲得する議席数を決定しなければならない。その決定方法には様々なものがあるが，日本ではドント式（各名簿の得票数を順次 1，2，3……の整数で除し，その商の多い順に定数が尽きるまで議席を配分していく方式）といわれる方法を採用している。各名簿の獲得議席数が決まると，次に各名簿からの具体的な当選人を決定することになるが，日本では名簿に予め記載された順位に従って，上から順次獲得議席数までを当選とする方式を採用している。これを拘束名簿式と呼ぶ。このような方法では国民が議員を直接選出することにならないから違憲であり，非拘束名簿式（名簿上の順位は有権者の投票で決める方式）にすべきだという意見もあるが，最高裁は，「投票の結果すなわち選挙人の総意により当選人が決定される点において，選挙人が候補者個人を直接選択して投票する方式と異なるところはない」から直接選挙の原則には反しないとしている（最大判平成 11 年 11 月 10 日民集 53 巻 8 号 1577頁）。なお，現行制度では，小選挙区の立候補者が，同時に比例選挙の名簿にも載ることができる「重複立候補制度」が採用されている点も，特徴の一つである。

並立制の性格　小選挙区制も比例代表制も，ともに政党を中心とする選挙になじみやすく，両者の並立制への改正は，中選挙区制が政党よりは候補者個人を中心とするものであったのを是正する意味をもっていた。そのうえで，この並立制の性格は，基本的には小選挙区制的要素が強いものとされている。小選挙区選挙によって国民による基本政策の選択を可能とするとともに，比例代表選挙により少数意見のある程度の反映も実現しようとしたのである。しかし，小選挙区制と比例代表制は考え方がまったく異なる制度であり，国民がそれぞれの制度の性格の違いを十分理解して投票に臨まないと，期待通りの調和は実現できないという困難を抱えている。特に小選挙区制においては，有権者が自ら多数派形成を考慮して投票を行うことが期待されるのであり，この点が理解されないと「死票」の多い欠陥制度と誤解されることになる。

(イ)　参議院議員選挙制度

参議院議員の選挙制度は，総定数 248 議席（2018 年改正による）を 148 と 100の二つに分け（参議院議員は任期が 6 年で 3 年ごとに半数ずつ改選する制度となって

第3部　統治のメカニズム

いる〔46条〕ので，1回の選挙ごとの総定数はこの半分の74と50。なお，2018年改正前は，総定数242を146と96に，2000年改正前は，総定数252を152と100に分けていた），前者を都道府県を単位とする選挙区から単記投票で選出し，後者を全国一区の比例代表制で選ぶというものである（公選4条2項・12条1項・2項）。

比例区選挙　かつては，後者は全国一区の単記投票で選出する制度がとられ，全国区選挙と呼ばれていたが，1982年にドント式を基礎に計算する拘束名簿式の比例代表制に改められ，比例区選挙と呼ばれている。この比例区選挙が，2000年の改正で，非拘束名簿式に変えられた。有権者は，政党名あるいは候補者名のいずれかを記名投票し，政党名簿への議席数配分の計算に際しては，候補者名の投票は当該候補者の所属政党名簿への投票として扱い，当選人の決定は同一名簿内での得票数の多い順とする。非拘束名簿式の批判として，名簿登載者個人には投票したいが，所属政党には投票したくないという場合にも，所属政党への投票として扱われる点で，憲法15条の選挙権の侵害である等の主張がなされたが，最高裁は，国民の政治意思の形成における政党の役割を評価して，かかる制度も合憲であると判示している（最大判平成16年1月14日民集58巻1号1頁）。

ところが，この非拘束名簿式比例代表制に2018年の改正で「特定枠制度」が付加された。この特定枠制度は，政党の提出する候補者名簿に優先的に当選する順位を与えられた2名の候補者を記載することを認めるものである。参議院の比例代表制は，非拘束名簿式を採用しており，当選順位は名簿上の各候補者が個別に獲得した票数により決まることになっているが，これに関係なく最初から順位1と順位2の優先順位を割り当てられた特別枠を設定することにしたのである。これは，2015年の改正で選挙区選挙に導入した後述の「合区」（二つの県を合わせて一区とする）に対する関係県民・議員の不満に対処するための苦肉の策であった。上述の2018年改正における比例区定数4増は，この枠に当てるためのものであった。その心は，政党が望むならこの特定枠に合区された選挙区を代表する候補者を割り当て不満を解消しようということである。もちろん，実際にそうなるかどうかは名簿を提出する政党の決めることであり，法律にそうせよと書かれているわけではない。もし書いたとすれば，特定地域を特別扱いするものとして憲法違反の疑いが生じるであろう。書いていないか

ら，政党としては最も当選してもらいたい候補者をそこに割り当てることが可能となり，使い勝手のよい制度と考える政党もあろう。いずれにせよ，拘束名簿式と非拘束名簿式を折衷したような，明快な理念を欠く制度という印象を拭いえない。

選挙区選挙　これに対し，都道府県を単位とする選挙区選挙においては，各都道府県の人口の違いに応じて定数が異なり，二人区が31，四人区が10，六人区が3，八人区が2，十人区が1存在する（2015年改正が「合区」を含む10増10減，2018年改正が2増の改正を行ったので，現在，二人区が32，四人区が4，六人区が4，八人区が4，十二人区が1となっている）。小選挙区単記投票制と中選挙区単記投票制が混在し，性格を捉えるのが困難な制度である。なお，選挙区間の定数不均衡が拡大し，最大較差が1対5を超え，また選挙人数の少ない選挙区が多い選挙区より多くの定数をもつという「逆転現象」も生じたが，最高裁は参議院に衆議院と異なる都道府県代表的な性格を与える選挙制度を採用することも国会の裁量権限の範囲内であるという立場から，この程度の較差はいまだ許容限度を超えたとはいえないと判示した（最大判昭和58年4月27日民集37巻3号345頁）。2000年の改正で逆転現象は解消されたが，不均衡の改善は微々たるものにすぎず，2001年の選挙時には最大較差1対5以上に達した。それでも最高裁は，違憲とする裁判官の数が増えてきているとはいえ，結論的には合憲判断を維持していた（最大判平成16年1月14日民集58巻1号56頁，最大判平成18年10月4日民集60巻8号2696頁）。

　ところが，平成21年および24年の大法廷判決（177頁参照）は，次第に審査を厳格化し，投票価値の平等を実現するためには都道府県を単位とする選挙区選挙の枠組自体の見直しも含めた抜本的改正が必要であることを示唆するに至った。にもかかわらず，これを受けた2012年改正は，都道府県を選挙区とする枠組を維持したままで，4選挙区の定数につき4増4減を行って最大較差を1対4.75にするという内容に止まった。そのため，最高裁は2014年，これを違憲状態と判断することになり（最大判平成26年11月26日民集68巻9号1363頁），追い込まれた国会は，2015年に，徳島県と高知県，および，島根県と鳥取県を一つの選挙区に「合区」する内容を含む改正を行った。この結果，2016年の通常選挙の時点では最大較差が1対3.08となった。これを最高裁は合憲

第3部　統治のメカニズム

と判断した（177頁参照）。

二院制との関係　参議院の選挙制度は衆議院のそれと相当類似したものとなっており，二院制の趣旨からは問題のあるところである。二院制を採用した理由の一つとして，両院の選挙制度を異なる性格のものにすることにより，一方の制度では十分反映しえない意見を他方の制度で反映しようという考えがある。この観点から見ると，両院の選挙制度の違いが不十分ではないかという問題である。さらに，二院制のもう一つの趣旨が，衆議院が政策推進の動力の役割，参議院がそれを抑制するブレーキの役割を負い，「数の政治」と「理の政治」のバランスをはかるということにあるとすれば，参議院が政党化することを促進するような制度は好ましくないのではないかという問題もあり，この点からは，特に拘束名簿式の比例代表制は参議院議員の選挙制度としては適切ではないとの批判があった。非拘束名簿式に改正されたが，政党単位の名簿を想定し個人の単独立候補を許さない制度となっているから，政党化を促進する制度という性格が払拭されたわけではない。もっとも，参議院のブレーキ機能も重要であるが，それが行きすぎて重要な法案の成立が極端に困難になることも避ける必要があり，選挙制度の設計に際してこの観点も考慮する必要がある。いずれにせよ，二院制の下で参議院にいかなる役割を期待するかを踏まえて，それにふさわしい選挙制度を考えることが肝要である。

(3)　選挙活動の規制

(ｱ)　選挙制度と表現の自由

選挙活動とは，広い意味では誰を代表者として選ぶかをめぐって展開される活動であり，立候補者が中心となるとは限らず，選ぶ側の国民が中心となった活動を観念することも十分可能である。しかし，活動のイニシャティヴは立候補者がとるのが自然な成り行きであり，立候補者による訴えかけに有権者が反応し，相互の対話を通じて支援あるいは反対の運動が展開されていくのが通常の姿であろう。そうだとすれば，この活動は表現の自由により保障されたものという理解となるのが自然である。そして，それは民主的政治過程の核心を構成する活動であるから，その規制の合憲性は厳格な審査を行うべきだということになるはずである。しかし，現実の立法は必ずしもそのような考えに従って

368

なされてはいない。表現の自由が妥当する政治活動とそれとは異なる原理が妥当する選挙運動（特定候補者の当選あるいは落選を目指した活動）とが区別され，選挙運動については詳細な規制がなされている。その指導原理は公正な選挙の実現であり，しかも立候補者から見た公正さが支配的である。たとえば，立候補者間の平等な競争を実現することを理由に各候補者が使用しうる選挙カーや拡声器，運動員の数（公選141条・141条の2），ポスターや葉書の枚数（同142条）などが詳細に規定されており，その結果，国民が特定の候補者の当選あるいは落選を目指して行う活動も選挙運動としてこの規制に服することになり，候補者の選挙運動とは独立に市民として行う選挙への参加も，その手段が大幅に制約されることになっている。主権者国民が選挙運動の主体ではなく，いわば「観客」の立場に置かれているのである。このようなあり方となっている一つの理由は，選挙運動を市民の政治活動の延長線上で捉えるのではなく，選挙制度の一環として捉えていることにある。選挙制度の射程を投票の場面に限定し，その周辺を表現の自由の妥当する政治活動の場として構成するのではなく，選挙運動を政治活動から切り出して選挙制度の中に包摂する構成なのである。制度の設計は，多かれ少なかれ立法裁量の問題となる。したがって，制度の一環としてなされる選挙運動の規制は，表現の自由の観点からの厳格な審査には服さないことになる。もちろん，そこでの規制に関して判例も表現の自由を語るが，「制度優先思考」が支配し，制度が合理的である限りそこでの表現の自由の規制も必要かつ合理的であるとされる傾向にある。そのため，表現の自由に関する厳格審査の原則を維持するために，選挙制度との関連では表現の自由の問題と捉えることをやめて，純粋に選挙制度の設計の問題と構成し，立法裁量論で説明すべきであるという主張もある（後述の戸別訪問に関する判決の伊藤補足意見参照）。

(イ) 判　　例

以下に選挙活動に関連する判例で注意しておくべきものをいくつか説明しておく。

a)　戸別訪問の禁止　　公選法138条は，「何人も，選挙に関し，投票を得若しくは得しめ又は得しめない目的をもって戸別訪問をすることができない」と定める。選挙運動の目的で戸別訪問することを禁止したのである。判例は，

第 3 部　統治のメカニズム

これを合憲と判断しているが（たとえば，最三判昭和 56 年 7 月 21 日刑集 35 巻 5 号 568 頁参照），審査の仕方が緩やかにすぎないかが指摘されている。これを表現の自由の観点から厳格審査をすれば，規制目的としては保護すべき必要不可欠の公益の存在が論証されねばならない。主たる目的は，票買収等の選挙腐敗の防止に求められたが，現時点において戸別訪問が選挙腐敗の温床となっているのか，あるいは，なりうるのかの立法事実に基づく論証はない。また，手段審査においては，戸別訪問の禁止が腐敗をよく防止しうるのかとか，それが目的達成のための必要最小限の方法なのかについても十分な論証はなされていない。戦前に戸別訪問が禁止された当時の議論を前提に「臆測」に基づく判断をしているという印象が強い。そのため，表現の自由についてこのような審査方法が採用されることに疑問を呈した伊藤正己判事の補足意見が，これを憲法 47 条を根拠とする立法裁量の問題と捉えることを提唱している。

　b)　報道・評論の規制　　選挙に関して新聞・雑誌が報道・評論を行うことは，それが真実を伝える公正な報道・評論である限り，有権者が情報を得るために不可欠なものであり，公選法もこれを保障している（148 条 1 項）。しかし，公選法の定める文書図画等の制限を回避し選挙運動のために脱法的に利用する目的で駆け込み的に創刊した新聞・雑誌による報道・評論を許すわけにはいかない。そこで公選法 148 条 3 項は，選挙に関して自由な報道・評論が認められる新聞・雑誌を同項の定める要件（毎月 3 回以上定期的に有償頒布される新聞あるいは 1 回以上定期的に有償頒布される雑誌で，第 3 種郵便物の承認を受けており，選挙期日前 1 年以来引き続き発行されているもの，等）を充足するものに限定した。この要件に形式上は該当しない新聞で立候補者の得票数や当落の予想を論じた報道・評論を行ったために，この処罰を定めた公選法 235 条の 2 第 2 号により起訴された被告人が，同条項の憲法 21 条違反を主張したのに対し，最高裁は，「立法の趣旨・目的からすると」，禁止された「報道又は評論」とは「当該選挙に関する一切の報道・評論を指すのではなく，特定の候補者の得票について有利又は不利に働くおそれがある報道・評論をいうものと解するのが相当である」と述べ，目的論的解釈により処罰範囲を限定した（最一判昭和 54 年 12 月 20 日刑集 33 巻 7 号 1074 頁）。表現の自由との調整を配慮した妥当な判断だと評しえよう。なお，この解釈手法が合憲限定解釈かどうかにつき見解の対立がある

370

が，合憲限定解釈は規制が合憲部分と違憲部分を含むことの確認を前提に違憲的部分を解釈により切り落とす場合をいうのであると考えるならば，本件の解釈は法律条文の目的論的解釈により限定しているから合憲限定解釈の手法とは区別すべきであろう。

c) 政見放送をめぐる判例　　放送によって選挙に関する報道・評論を行うことの自由が保障されるのは，新聞・雑誌の場合と同様である（公選151条の3）。しかし，選挙運動のために放送を利用することができるのは，公選法の定める場合に限定されている（同151条の5）。その一つに「政見放送」があり（同150条），それによれば，衆議院の小選挙区選挙については候補者届出政党が，衆参の比例制部分の選挙については名簿届出政党が，参議院の選挙区選挙については候補者が，NHK および民放により無料で政見放送（政党の政見のみならず，候補者あるいは名簿登載者の紹介も含む）を行うことができることになっている。この規定との関連で争われた事件の一つに，政党・候補者の作製した政見放送の内容を放送局が削除することは許されるかという問題がある。同条は，政党・候補者が作製した録音・録画を「そのまま放送しなければならない」と定めているが，録音・録画に「差別用語」が用いられているという理由でその部分を削除して放送したので，これを不当として損害賠償を求めた事件において，最高裁は，政見放送における品位の保持を命じた公選法150条の2を一つの根拠に「不法行為法上，法的利益の侵害があったとはいえない」と判示している（最三判平成2年4月17日民集44巻3号547頁）。

政見放送に関するもう一つの事件に，政党に所属しない衆議院小選挙区選挙の立候補者が，政見放送ができないことを差別として訴えたものがある。現行法は政策本位・政党本位の選挙制度を理念に衆議院については政見放送を政党にしか認めないことにしているが，政党の政見放送において党所属候補者の紹介をすることは認めている。このため，無所属の候補者との間に選挙運動上の差別が生じているのである。これを最高裁は，政策本位・政党本位の選挙という理念から生じた差別であり，かつ，無所属の候補者も通常の選挙運動は平等に行いうるのであるから，合理性があると判示している（最大判平成11年11月10日民集53巻8号1704頁）。政見放送の影響力についてのより具体的な検討が必要ではないかと思われる。

第3部 統治のメカニズム

4 政 党 制 度

(1) 議会制と政党

(ア) 院内政党から組織政党へ

　近代においては，政治の主体は個人（特に，その中心は個人としての代表者）で
なければならず，政党が政治的役割を果たすことは好ましくないと考えられた。
なぜなら，政党は，本性上，部分利益を代表するから，政治が実現すべき共同
利益を害するし，また，代表者が政党紀律に拘束されれば，全国民代表の理念
に反することになると考えられたからである。全国民の利益を体現する「一般
意思」は，選挙民や政党から独立し自己の良心に従って行動する代表者が議会
で真剣に討論し説得し合う中から形成される，というのが近代議会制の理念だ
ったのである。しかし，実際には近代段階においても，政党はすでに存在した。
ただ，それは，主義・主張を同じくする代表者達が議会内でグループを形成し
たという程度のもので，明確な組織と紀律をもち，メンバーを党議によって拘
束するというようなものではなかった。こういった政党を，議院内のグループ
が中心となっているという意味で「院内政党」と呼ぶが，それは，院外では，
代表者が自己の選挙区の有力な支持者（名望家）を集めた程度の緩やかな結合
にすぎなかったのである（「名望家政党」とも呼ばれる）。ところが，19世紀後半
以降，予め院外で特定のイデオロギーを基礎に強固に組織されて登場した政党
が，普通選挙の進展のなかで党の代表者を議会に送り込むようになる。普通選
挙の実現は有権者の数を飛躍的に増大させたため，選挙に勝つには有権者を組
織し，効果的な選挙運動を展開できる政党組織が必要となった。このため，従
来の院内政党も，院外の組織政党・大衆政党と対抗するために組織政党に脱皮
していかざるをえなくなる。かくして，政党が個人と並ぶ政治の主体として登
場することになったのである。それに伴い，政党の捉え直しが生ずることにな
る。

(イ) 政党の発展段階

　組織政党の多くは，社会主義政党に典型的にみられたように，通常，明確な
イデオロギーを綱領とし，強固な紀律を行使する。その結果，議員も所属政党

372

の党議に拘束され，院内の行動（発言・投票）も自己の良心のみに従うという
わけにはいかなくなる。こうなると，議会での討論と説得も有効に機能するこ
とが困難となり，近代議会制の理念に執着する立場からは，「議会制の危機」
が叫ばれるようになった。しかし，他方で，政党が民主政の発展に対し積極的
な役割を果たしうることを承認し，政党の存在を前提にした議会制のあるべき
姿を模索する立場も現れる。こうして，現実に政党が政治の主体として活動し
ている以上，それを議会制の理念に反するとして敵視あるいは無視するのでは
なく，議会制のあり方のほうを捉え直し，その中で政党につき承認できる部分
は承認し，議会制の内部へと編入していこうという考えに変わってゆくのであ
る。政党に対するこうした態度の歴史的変遷をドイツの国法学者トリーペル
（H. Triepel, 1868-1946）は，論文「憲法と政党」（1928年）において，①敵視，
②無視，③承認，④憲法的編入の四段階に分けて分析してみせた。現在，ド
イツやフランスの憲法は政党条項をもち，④段階にあるが，日本では法律（公
職選挙法，国会法，政党助成法等）で政党の存在を承認しているものの，憲法に
より特別の地位を与えるには至っていない。ゆえに，憲法上は，結社の自由を
享受する一結社にすぎないが，国民主権・代表民主政の原理を基礎に解釈上憲
法的編入段階とほぼ同様の位置づけを与えうると考えられている。

　法律レベルにおける政党の「編入」としては，まず国会法上，政党は「会
派」として扱われている（国会46条参照）。会派は，通常は一つの政党により
構成されるが，二つ以上の政党が院内では一つの会派を形成して届け出ること
もある。国会運営上，会派として活動するためには，慣行上，所属議員が一定
数以上存在することが要求されることがあるからである。公職選挙法も，政党
本位の選挙制度を導入するという名目の下に，候補者や候補者名簿の届出等
様々な場面で政党に言及する規定を置いている。また，後述のように，政治資
金規正法と政党助成法が政治資金の規制・援助との関連で政党についての規定
を置いている。

(2) 国民意思の統合過程と政党の役割

　政党の存在を前提に議会制を捉え直す場合に重要なのは，現代の代表民主政
治は政党の役割なくしてはうまく機能しえないという事実を承認することであ

第3部　統治のメカニズム

る。国民の多様な意思が統合されて一つの政策体系を生み出すプロセスにおいて，政党はきわめて有用な役割を果たす。たしかに政党は，最初は部分利益を代表するにすぎないかもしれない。しかし，自己の政策を少しでも実現しようとする限り，その政策は多数派の支持する政策体系の中で位置づけを与えられねばならない。ゆえに，政党は自己の政策を掲げて国民に提示して多数派形成の政治プロセスに参入し，国民意思とのフィードバックを行いながら政策の妥協と修正を繰り返し，多数派の支持を獲得しうるような政策体系の中に自己の政策の一部を組み込み，それによって国民が政策体系を選択することに貢献するのである。しかし，政党がこのような役割を十分に果たしうるためには，その組織と運営が国民意思に開かれた柔軟な構造をもつことが必要である。特に，狭いイデオロギーを基礎に内に閉ざされた強固な紀律をもつ政党では，国民の動向に敏感に対応しえず，現代の代表民主政が要求する役割を果たすことは困難である。冷戦の終わりとともに，イデオロギー政党もその性格変化を示してきており，現在，多様な国民意思の一定部分に基礎を置きながら，その外へと開放されプラグマティックに多数派形成の運動を展開する政党の可能性が開かれてきている。国民の特定階層のみを支持基盤とするのではなく，あらゆる階層から一定程度以上の支持を満遍なく獲得する政党を国民政党あるいは「包括政党」(catch-all party) というが，このような性格をもつプラグマティズム政党こそが，現代の民主政治に最も適した政党といえるであろう。政党がこのような性格を目指し，国民意思の統合プロセスで開かれた積極的な役割を果たすことを自覚的に引き受けるとき，代表民主政の良好な機能が期待できることになる。

(3)　政党制の分類

(ア)　二党制と多党制

政党制の分類として最も古典的なものは，二党制と多党制の区別である。二党制とは，単独で多数派を形成する現実的な可能性をもった政党が二つ存在する政党制である。この二党以外に，単独で多数を形成する可能性のない小政党がいくつか存在することが通常であるが，二党制というに妨げない。これに対し，多党制とは，複数の政党が存在するが，単独で多数派を形成しうる政党が

一つも存在しない政党制である。

　二党制と多党制の区別は，議院内閣制の運用を考える場合に重要な意味をもつ。議院内閣制と二党制が結合した代表例はイギリスであるが，この結果イギリスでは，庶民院の議員選挙が同時に首相（政党のリーダー）および政策体系を選択する意味をもつことになった。これに対し，議院内閣制と多党制が結合すると，政権は連立政権とならざるをえず，選挙の際に連立政権構想が示されていない場合には，政権と政策体系の選択を選挙民が直接行うことができず，代表者に委ねることになる。また，連立であるために，政権が不安定になりやすいとの指摘もある。しかし，この点は，多党制のあり方にも依存し，それほど単純ではない。たとえば，政党数が3～6程度の穏健な多党制の場合と，それ以上の極端な多党制の場合では，安定度にも違いがあるといわれる。極端な多党制は第三，第四共和政のフランスやワイマール体制のドイツにみられたが，いずれも安定政権を形成するのに失敗した。これに対し，穏健な多党制の場合は，比較的強固な連立を形成しやすく，安定政権も可能であることが指摘されている。

　(イ)　日本の政党制

　日本では，長期にわたり，単独で多数派を形成しうる政党が一つのみ存在し，その他にいくつかの小政党が存在するという政党システムが存在した。こういう政党制を「支配政党」制と呼んだりするが，一党が長期に政権に居座り，政権交代の可能性も展望しえなかったので，様々な弊害が生じた。しかし，1990年代以降，支配政党が分解する兆しを見せ，単独で多数派を形成することが困難となるに至り，現在，政党の再編過程に入ったと指摘されている。問題は，どのような政党制を目指すべきかであるが，2009年の衆議院議員選挙により政権交代が生じて以降，二党制的性格が強まってきている。しかし，二党制と穏健な多党制のいずれが日本の議院内閣制とよりよく調和するかについて議論のあるところである。

5　政治資金の規制

　政治的な活動を行うには，様々な面で資金が必要となる。自己の主張を訴え

第 3 部　統治のメカニズム

かけるのに，ビラをつくって配布するにも最小限の資金はかかるが，マス・メ
ディアを通じて行おうとすれば莫大な資金が必要となろう。しかし，こうした
行為は表現の自由に属し，ゆえに，その行為に支出する資金を規制すれば表現
の自由の規制という意味をもつことになる。そうだとすれば，表現の自由によ
り保障されるべき行為を金銭の面から規制するのは許されないのではないか，
との疑問も生じる。とはいえ，金銭の支出は表現そのものではないし，表現そ
のものとは独立の弊害をもつことも事実である。たとえば，表現そのものには
何の弊害もないが，その表現を広めるのに法外な資金を投入するとすれば，そ
れができない者との間に放置できない不平等が生じうるが，場合によってはそ
れを弊害と捉える立場も成り立たないわけではない。また，政治的に重要な公
職の担当者に大量の政治資金が流れるとすれば，公共的な決定が資金の力によ
り歪められる危険も増大しよう。そこで，政治資金がもちうる弊害に着目し，
その面からの規制がなされるようになった。国により規制の仕方は様々である
が，日本では，選挙における選挙運動資金の規制と政党等の政治団体の政治活
動資金の規制という二本立てで構成されている。

(1)　選挙運動資金の規制

　日本の選挙法制においては，政治活動と選挙運動が区別され，前者は表現の
自由の下に最大限の保障を受けるが，後者は候補者間の平等で公正な選挙戦を
確保するという口実の下に運動期間や運動方法等に関して厳格にすぎるほどの
規制を受けている。その一環として，資金の面からも制限を課せられており，
合法的な選挙運動を展開するにも，決められた総額の範囲内で行わねばならな
い。その総額は，公職選挙法 194 条において，選挙の種類（参議院比例代表選挙，
参議院選挙区選挙，衆議院小選挙区選挙，地方議会議員選挙，自治体首長選挙の別）ご
とに，一人の候補者が自己の選挙運動に支出する最高額として定められている。
たとえば，参議院比例代表選挙の場合，5200 万円（公選令 127 条 1 項）であり，
衆議院小選挙区選挙の場合は，固定額 1910 万円と当該選挙区の有権者数に 15
円（人数割額）を乗じた額の合計とされている（公選 194 条 1 項 1 号，公選令 127
条 1 項）。なお，衆議院比例代表選挙については，選挙運動の主体は候補者で
はなく，名簿届出政党とされているため，候補者ごとの総額規制はない（公選

376

179条の2）。衆議院議員小選挙区選挙においては候補者届出政党が，衆参両院議員の比例代表選挙では名簿届出政党が，政党としての独自の選挙運動を行うことが認められている（同130条1項参照）が，この選挙運動費用の制限は定められておらず，政治資金規正法の適用対象として処理される。

選挙運動資金規制の管理のために，候補者は一人の出納責任者を選任し管轄選挙管理委員会に届け出ることが義務づけられている（同180条）。選挙運動のすべての収支を出納責任者が一元的に管理し，選挙運動に関する一切の寄附・収入・支出につき，寄附者や支出受領者の氏名・住所・職業・金額等を会計帳簿に記載し，その報告書を領収書を添えて選挙後15日以内に管轄選挙管理委員会に提出しなければならない（同189条1項1号・185条1項）。報告書は何人にも公開される（同192条4項）。

(2) 政治活動資金の規制

選挙運動と区別された政治活動は，表現の自由により保障される。日常的な政治活動も実際には選挙運動と連続しており，両者を区別することは困難を伴う。そのため，アメリカのように両者を一体的に規制する国もある。しかし，日本では両者を区別し，選挙に直接的に関連する活動としての選挙運動には，選挙の公正・平等の確保という観点から詳細な規制を行っているが，それと区別された政治活動には最大限の自由を保障するという考えをとっている。日常的な政治活動は，表現の自由の参政権的側面として保障されるのであり，個人が自己の政治的表現のためにいくら金を使おうと，その表現活動自体が正当なものである限り，そのための金の支出も表現の自由の内容として保障されねばならない。個々人の表現の影響力を均等化するために，個々人が投入しうる資金量を制限しようというような考えは，表現の自由と整合しないであろう。しかし，政治献金は別である。たしかに，政治献金も，見方によっては，他者の表現内容を支持するという意思表示の側面をもつから政治的表現行為である。実際，政治に必要な金は，本来はこうした側面での政治献金により支えられるのが好ましい。しかし，政治献金は，自己の表現を自ら直接行うために必要な支出とは性格を異にする側面をもつし，極端には，裏から金の力で政治を左右しようとするなど，政治的表現を超える側面をもちやすい。ゆえに，あるべき

姿の政治献金を奨励すると同時に，政治献金のもちうる弊害を除去するという観点から，政治資金のあり方に関する一定のルールを定めている。ここでは，その中心的制度である政治資金規正法と政党助成法の概要に触れておく。

(ｱ)　政治資金規正法

政治活動に必要な資金は，公費によるものを別にすれば，活動主体が自ら捻出するか，他者からの提供により獲得するか以外にない。法は，後者の主たる形態として「献金」と「パーティー券」を区別し規律している。その規制にとって必要なことは，第一に，政治を金により歪める危険をもつような政治献金の形態を規制すること，第二に，資金の流れを公開させることである。

a)　形態規制　　民主政治にとって好ましくない政治献金の形態を考える場合，第一に献金をする側と受ける側の性格をどう規制するか，第二に，献金の額をどう規制するか，の二つの観点から見るのが分かりやすいであろう。まず第一の観点であるが，献金する側の主体の種類として，①個人，②会社・労働組合等，③政党等の政治団体が区別され，献金を受ける側の種類として，(a) 公職の候補者（政治家個人），(b) 政党等の政治団体が区別される。ここで政党とは，政治団体（政治上の主義，施策のために活動し，あるいは特定の公職候補者のために活動する団体。その正確な定義は3条1項にある）のうち，国会議員を5人以上有するか，または，前回の衆議院議員総選挙あるいは前回若しくは前々回の参議院通常選挙のいずれかの全国を通じての得票総数が有効投票総数の100分の2以上であるものと定義されている（3条2項）。なお，政治家個々人の後援会や政策研究会等は，政党以外の政治団体に含まれる。

①の個人は，(a)の政治家個人に対しては寄附をしてはならず（21条の2），(b)に対しては，政党（およびその政治資金団体）への寄附については年総額2000万円まで（21条の3第1項1号。「総枠制限」と呼ばれている），政党以外の政治団体への寄附については一団体あたり年150万円（22条2項。「個別制限」と呼ばれている），諸団体総計（総枠制限）1000万円（21条の3第3項）を限度とする。なお，政党以外の政治団体としては，政治家個人の主宰する政治団体が存在する。

②の会社・労働組合等については，(b)のうちの政党（および政治資金団体）以外の者に対する寄附は全面的に禁止され（ゆえに政治家個人やその主宰する政治団体に対する寄附は許されない），政党（およびその政治資金団体）に対する寄附につ

いては，会社の資本金額，あるいは，労働組合の組合員数等に応じて，最高総額が決められている（21条の3第1項2号・3号）。たとえば，資本金50億円以上の会社は年3000万円，10億円未満は750万円，その中間は1500万円，組合員数10万人以上の労働組合は年3000万円，5万人未満は750万円，その中間は1500万円を限度とする。

　③の政党等の政治団体については，政党以外の政治団体が(a)の政治家個人に対して寄附を行うことは禁止されるが，政党が行うことは禁止されない（21条の2第2項）。政党等の政治団体が(b)に対して寄附することには制限はない。以上の規制で注目されるのは，政治家個人への寄附が可能な主体を政党・政治資金団体に限定していることである。特に会社・労働組合から政治家個人への献金を禁じた点は特筆される。ところが，これらの団体から政党・政党支部への献金は一定範囲内で可能であり，政党・政党支部から政治家個人への寄附も可能であるから，実際には，政党・政党支部への寄附に際して，特定の政治家個人を最終的な受取人として密かに指定する「迂回献金」が行われているとの指摘もある。

　以上が寄附の量的制限であるが，他に質的制限として，国や自治体から補助金等を受けている会社や外国人・外国法人などには寄附が禁止されている（22条の3〜22条の5）。

　政治献金のほかに，昨今の重要な収入源として政治資金パーティーがある。政治資金規正法は，パーティー券の購入を寄附とは異なるカテゴリーと捉えて，別個の規制を置いている。まず，パーティーの開催者を政治団体に限定（8条の2）するとともに，同一者が購入しうるパーティー券の総額は150万円を限度としている（22条の8）。

　b）　公　開　　資金の流れを公開するために，政治資金規正法は，政党等の政治団体に対し，寄附を受け支出を行う前提として，綱領・党則等を付して総務大臣もしくは都道府県の選挙管理委員会に届け出ることを義務づけ（6条），政党には一つの団体を政治資金団体として（6条の2），公職の候補者には自己の主宰する政治団体のうちの一つを資金管理団体として指定し届け出ることができることにし（19条。政治家個人は寄附を受けることができないので，資金管理団体を指定して寄附の受け皿にする），すべての政治団体に対し毎年収支の報告書の

提出を命じている（12条）。提出先は，所轄の都道府県選挙管理委員会または総務大臣とされているため，同一者が複数の政治団体をコントロールしている場合，その全体収支が分散され，統一的把握が困難との指摘がある。報告書には，年5万円以上の寄附や20万円以上のパーティー券購入については，その氏名・住所・職業・金額等を記載することになっている。

(イ) 政党助成法

1994年の政治資金規正法の改正により，5年後に会社・労働組合による政治献金を禁止することが予定され（政治家個人に対する寄附は1999年の改正で予定通り禁止されたが，政党に対する寄附の禁止は見送られたまま現在に至っている），その見返りに公費からの政党助成が決定された。それを定めたのが1994年に公布された政党助成法である。

助成を受ける資格をもつ政党は，国会議員5名以上を有するか，あるいは，国会議員を少なくとも1名有し直近の衆議院議員総選挙もしくは参議院議員通常選挙で得票総数が有効投票総数の100分の2以上を獲得した政治団体（正確には2条参照）であり，政党交付金の交付を受けるには法の定める一定事項を総務大臣に届け出なければならない（5条）。政党交付金の総額は，基準日における人口に一人あたり250円を乗じた額であり（7条1項），実際の額としては毎年300億円を超える。これが議員数割と得票数割の二つの部分に等分され，届け出た各政党への配分額は，議員数割と得票数割の合計となる。議員数割部分は，政党所属国会議員総数に対する各政党の国会議員総数の割合に比例して配分される（8条2項）。得票数割部分は，さらに4等分され，それぞれが各政党の前回の衆議院議員総選挙小選挙区得票総数，比例代表制得票総数，前回および前々回（各2等分）の参議院通常選挙比例代表制得票総数，選挙区選挙得票総数に比例的に計算され，その合算額が各政党の得票数割額となる（8条3項各号）。

政党が国庫助成に依存しすぎることを避けるために，当初は各政党が寄附等で獲得した額の3分の2を助成の上限とすることにしていたが，後にこの制限を撤廃する改正が行われた。現在，一部の政党を除き，ほとんどの政党が総活動費の6割以上を国庫助成に依存するに至っている。

政党活動の自由を尊重するために，報告書の提出・公開以外に，助成金の使

途には制限が課されていない。そのため，本来は政党が政策の研究・調査・企画立案等の活動に使うことが期待されているが，実際には各党員に分配され選挙運動に使われることが多いと指摘されている。そうだとすると，既存政党・現職議員を優遇することになり，憲法上問題がないわけではない。

第 13 章

国会と内閣の組織・権限・活動

　国の政治を担当する機関は国会と内閣であり，両者の関係は議院内閣制として構成されていることを見た。本章では，議院内閣制を前提として，国会と内閣がそれぞれどのような地位と権限を授けられ，どのように組織され，活動するかを見る。

I　国　　会

1　国政上の地位と性格

　国会は，憲法により，国民の代表機関であり（43条1項参照），国権の最高機関かつ唯一の立法機関である（41条）とされている。

(1)　国民の代表機関

㈦　代表民主政

　日本国憲法は，「そもそも国政は，国民の厳粛な信託によるものであって，その権威は国民に由来し，その権力は国民の代表者がこれを行使し，その福利は国民がこれを享受する」（前文）と述べ，代表民主政を宣言した。代表者とは，権力を行使するものであり，それは国会議員に限られない。国務大臣も裁判官もここでいう国民の代表者である。しかし，通常，国民代表といえば，国

第3部　統治のメカニズム

会議員を指す。それは，議員が国民により選挙で直接選ばれるからである（43条1項参照）。

　(イ)　全国民代表

　国会を構成する議員は「全国民を代表する」（43条1項）と規定されている。これは，議員が自己の選挙区あるいは支持者のみを代表するのではなく，全国民を代表すべきものであることを表現した重要な規定である。近代議会の前身である身分制議会（等族議会あるいは三部会と呼ばれることもある）においては，議員は自己の選挙区のみを代表し，議員とその選挙区の間には「命令的委任」の契約関係が存在するとされた。つまり，議員は自己の選挙区の意思に法的に拘束されたのである。身分制議会の時代には，政治の中心は全体利益を代表するとされた国王であり，議員は王国内の部分利益を国王に伝達する役割を期待されていたにすぎないから，選挙区の意思・利益に法的に拘束されていても問題はなかった。しかし，近代議会は国王と共同して，あるいは，国王に代わって，国家の一般意思（全国民の利益）を決定・表明する地位を獲得するから，議員はもはや自己の選挙区の意思に拘束されているわけにはいかなくなる。近代議会の議員は，自己の選挙区の意思・利益から独立に，自己の良心に従って全国民の利益を考えることが期待されるのである。ゆえに，命令的委任は禁止されなければならない。一般意思は，自己の良心のみに従って行動する議員たちの間の討論と説得を通じて形成されると考えられているのである。ゆえに，そこでは「討論」は議会の存在根拠そのものと観念される。討論が有効に機能するためには，命令的委任の関係は否定されねばならない。

　(ウ)　社会学的代表

　しかし，現代になると，こうした議会の理解も修正を受ける。普通選挙の実現により納税額等による制限が撤廃され，選挙権が下層の民衆にまで拡大されると，有権者の間の社会階級的な同質性が失われ，利害対立が尖鋭化した。そうなると選挙民は，自分たちが選んだ代表者が全国民利益の代表を標榜して，自分たちの利益を無視して行動することを，もはや許そうとはしない。議員は選挙区や支持者あるいは政党の利益を代表し，それを議会に反映する役割を担うべきだとされる。様々な部分利益が議会に忠実に反映されることを通じて，議会は全国民の利益を反映することが可能となると考えられたのである。こう

384

した代表のあり方，すなわち，個々の議員が部分利益を代表することを通じて，議会が全国民の利益分布を忠実に反映するという代表のあり方は「社会学的代表」と呼ばれるが，この代表観念においては，事実上の「反映」が強調されるのである。ただし，ここでも命令的委任の禁止は維持されている。代表者は法的には「全国民代表」であり，選挙区の意思に法的に拘束されることは許されない。法的にはあくまでも自由であり，選挙民はたとえ代表者の行動が公約に違反したとしても，法的な責任を問うことはできない。唯一，次の選挙でその議員に投票しないということが，可能な責任の問い方である。ゆえに，議員は，一方で選挙区の意思を「反映」しながら，他方で何が一般意思であるかを同僚議員との討論・説得のなかで自己の良心に基づいて判断し，両者の乖離を選挙区民への働きかけ（討論・説得）を通じて埋めてゆくという役割を果たさなければならない。こうして，現代議会政治においては，討論過程はもはや議会内に限定されえず，国民を巻き込んだものとならざるをえない。そして，その過程においてマス・メディアと政党が重要な役割を果たすのである。

　現代民主政治において国民がその意思を議会に「反映」させる通常の方法は，選挙において政党を選択基準の一つとすることによってである。政党なしには現代民主政治はうまく機能しえないといわれるのは，このためである。ところが，代表者は所属政党の決定に拘束されるのが一般である。そうだとすると，それは「全国民代表」の理念に矛盾しないか。しかし，代表者が政党の公約に従わないのでは，「反映」は困難である。ここで現代代表制が必要とする政党と全国民代表の理念とが衝突するのである。この点について，通説は，政党による拘束は法的な拘束ではなく事実上の拘束にすぎないから，憲法違反とまではいえないと解している。もし法律により，政党の決定に反したために除名された場合には代表者の地位を失うと定めれば，これは法的な拘束となり，憲法に反するが，除名されても議員としての地位を保持しうるならば，事実上の拘束にすぎないと考えているのである。このこととの関連で，現行制度には次のような問題がある。一つは，比例代表制における繰上補充に関してであるが，公選法は議員に欠員が生じた場合には名簿上の順位に従って繰上当選をする旨を規定している（112条）。問題は，この名簿上の順位を選挙後に政党の決定により変えることができるかである。名簿に載って当選した議員は，その後に政

党から除名されても議員の地位は失わない。では，当選しなかった者は，その後に政党から除名されると名簿上の順位を失うのか。公選法 98 条は，政党が除名決定を選挙管理委員会に届け出ると，当選人となる資格を失う旨を定めているが，これは憲法に反しないか。最高裁は，政党の内部自治を尊重し合憲とした（最一判平成 7 年 5 月 25 日民集 49 巻 5 号 1279 頁）が，選挙により国民が決定した順位を政党が自治権により自由に変更しうると考えることには疑問がある。少なくとも，除名の適切さについて裁判所のコントロールが及ぶと考えるべきであろう。もう一つは，比例制の名簿に登載されて当選した者は，任期中に所属政党を変更しうるかという問題である。公選法 99 条の 2 は，ある政党の名簿に登載されて当選した者が，その選挙で他の名簿を提出していた政党に所属を変更した場合には，当選を失うと規定している。これは，法的拘束ということにはならないのか。政党本位の選挙という理念の下で，選挙後に選挙で競争した政党へ所属を変更するのは理念に反するし，無所属となり，あるいは，新たに形成された政党に所属することは禁止されていないから，理念を実現するための制度として許容されるべきであろう。

　(エ)　転換型とアリーナ型

　議会における討論も，議会が政策決定過程においていかなる役割を果たすべきかに応じて異なったものとなる。議会が真に政策の立案・調整・決定過程を担うべきだとすれば，そこにおける討論も，妥協と調整を経て立法に至るプロセスとして遂行される。これに対し，議会の役割が，内閣・与党の政策案を批判し，その問題点を指摘し，よりよい代替案の可能性を国民に提示することにあるとすれば，議会での討論は内閣・与党と議会・野党の間の論争の形をとるであろう。前者のあり方を「転換型」（諸利害を調整して法律へと転換することを目指す），後者のあり方を「アリーナ型」（闘技場からの比喩）と呼ぶが，アメリカ議会とイギリス議会がそれぞれの代表例といわれている。

(2)　国権の最高機関

　国会は，権力を行使する代表者の中では，最高の地位を与えられている。そのことは，国会が憲法改正の発議権（96 条 1 項），法律の制定権（41 条・59 条），条約の承認権（61 条），予算の議決権（60 条・86 条）など国政における最重要の

第 13 章　国会と内閣の組織・権限・活動

諸権限を授けられている点に現れている。こうした地位を総称して「最高機関」と表現したのであり，憲法に別途規定の存在しない何らかの権限が「最高機関」性から生じるわけではないし，議院に授けられた「国政調査権」が，「補助的権能」を超えて，司法権を調査・監督しうる「独立権能」となることを根拠づけるわけでもない（後述参照）。もっとも，憲法上いずれの機関の権限に属するか不明な事項については，最高機関とされていることを根拠に国会に属すると推定する効果を認めることはできるであろう。

(3)　唯一の立法機関

(ア)　立法の意味

立法というのは，行政権（65条）および司法権（76条1項）とセットになった言葉であり，三権分立の原理が背後にある。ゆえに，三権分立の理解の仕方によって異なる意味をもちうる。

a)　立憲君主政モデル　　立憲君主政モデルによって理解すれば，そこでの議会の役割は，国民の権利を護るために君主の権力を制限することにあり，そのために立法（法律制定）への同意権を獲得したのであるから，「実質的意味の立法」とは国民の権利を制限し，あるいは，国民に義務を課す法規範（これが「法規」と呼ばれた）の定立として理解される。法規の定立には議会（国民の代表）の同意が必要とすることにより，国民の地位・権利を護ろうとしたのである。もっとも，議会が法規以外の事項について法律を制定することも，君主に異論のない限り可能であった。そこで，内容が「法規」であるかどうかに関係なく，議会による法律制定を「立法」と呼ぶときには，「形式的意味の立法」と称された。

日本国憲法は，国民主権に立脚しており，立憲君主体制を定めるものではないが，明治憲法下で立憲君主政的な考えに親しんだ憲法学は，このモデルをベースにして日本国憲法を解釈した。したがって，法規の定立ということが，実質的意味の立法の基礎に置かれたのである。もっとも，日本国憲法は，国会の地位を飛躍的に高めたから，その反映として，自由主義的観点に加えて，行政の民主的コントロールという観点も強調し，かつては法規に該当せず立法事項に含まれないとされていた行政組織等についても，少なくともその基本的なあり

方は法律で定めなければならないと解釈して，立法事項の範囲を拡大している。しかし，たとえ立法事項の範囲を拡大しても，この発想からすれば，立法事項にあたらない領域については法律に基づく行政の原理は妥当せず，行政権は法律の根拠なしに，憲法を直接の根拠として行動しうるということになる。

b)　国民主権モデル　　立法の観念を国民主権モデル（立憲民主政モデル）で理解すれば，立法君主政モデルの場合とは異なる理解にたどり着く。ここでは主権者国民が憲法を制定し，その中で国会を国民の直接的な代表者にして，かつ，最高機関であると規定し，立法権を授けているのである。しかも，その立法について，憲法は何らの事項的限定も定めてはいない。とすれば，国会は，憲法の下において，いかなる事項についてであれ，まず最初に法的規律を行う権限を授けられたと理解すべきではなかろうか。その，憲法の下において始源的規律を行う最高位の法規範が法律であり（ただし性格の異なる条約と条例の問題はここでは除外する），立法とはかかる意味での法律を制定することなのである。ゆえに，憲法を直接「執行」しうるのは法律であり，行政権は法律のないところで法律の根拠なしに行動することは許されない。その意味で，行政とは，法律の「執行」なのである。

憲法の最初の「執行」は法律により行われるが，この場合の法律は，通常，一般的・抽象的規範として定立される。それに従って行政が行われることにより，予測可能性が担保されるのである。しかし，重要なのは，憲法の始源的執行が法律に独占されることであり，その法律が一般的・抽象的という性質をもつことが憲法上要請されているわけではない。法律の形式で個別具体的な事項を定めることも禁止されるわけではないのである。そのような法律は，処分的法律あるいは措置法と呼ばれるが，他の憲法規定に反しない限り，許容される。他の憲法規定として最も問題となるのは，平等規定であろうが，その場合には「合理的差別」であることが論証されなければならない。

(イ)　国会単独立法の原則と国会中心立法の原則

いずれのモデルから解釈するにせよ，立法事項に関する限りは，国会が唯一の立法機関であるから，第一に，国会のみで立法が可能（国会単独立法の原則）であり，立憲君主政における君主の裁可権や大統領制にみられるような大統領による拒否権は認められていないし，第二に，国会以外の機関が立法を行うこ

とは，議院規則（58条2項）や最高裁判所規則（77条1項）のように憲法が明文で例外を認めていない限り，禁止される（国会中心立法の原則）。ただし，委任立法，すなわち法律により一定事項の定めを命令に委任することは許される（408頁参照）。しかし，その場合でも，基本的な事項は法律で定める必要があり，白紙委任的になってはならない。判例は，委任が白紙的かどうかの判断は，委任規定の文言だけから行うのではなく，立法の経緯や趣旨なども勘案して委任の基準が読み取れればよいという考え方をとっている。退職一時金に付加して返還すべき利子の利率の定めを文言上は白紙的に政令に委任した法律の合憲性が争われた事件で，最高裁は大要このような考え方を述べ，広汎な委任を認めた猿払判決を引用して合憲判断を行っている（最一判平成27年12月14日民集69巻8号2348頁）。しかし，具体的基準の明確な委任の必要を重視する立場からは，疑問の残る解釈方法であろう。なお，既存の法律を修正する権限を命令に委任することは，法形式の混同を犯すもので，許されない。

　以上は委任の仕方に関する問題であるが，逆に委任に基づき制定された命令が法律の授権の範囲を超えるのではないかが問題となることもある。命令が法律による授権の趣旨あるいは範囲を超えると判断した判決として，たとえば，一定の医薬品のインターネットによる通信販売を禁止した薬事法施行規則を委任の範囲の逸脱と判断した最高裁判決（最二判平成25年1月11日民集67巻1号1頁），子が父から認知を受けた場合には児童扶養手当の受給資格を失うと定めた児童扶養手当法施行令を委任の趣旨に反するとした最高裁判決（最一判平成14年1月31日民集56巻1号246頁）などがある。

2　国会の組織と権限

(1)　二 院 制

(ア)　二院制の型

　国会は衆議院と参議院の二院から構成される（42条）。二院制を採用する諸外国を比較すると，通常，下院（衆議院）は国民による直接選挙で選ばれるという点で共通しているが，上院の性格は様々で，その違いに応じて三つのモデルが区別される。第一がイギリスにみられる貴族院型で，身分制議会に存在し

た上院を継承したものである。身分制議会時代には国王をコントロールする役割を果たしたが，下院（庶民院）が成長するとともに，国王の側に立って下院を掣肘することが多くなったので，民主政治の進展とともにその権限を次第に制限されるに至った。イギリス貴族院は 1911 年と 1949 年の法律改正により実質的な政治権力をほとんど剥奪され，今日では諮問機関的性格を強めている。第二がアメリカやドイツにみられる連邦型で，ここでは上院は州を代表する性格を与えられている。連邦制の強度（連邦と州の間の権限分配につき，どちらにより強い権限を与えるかという問題）を反映し，アメリカのように連邦制的性格の強い国では上院が強い地位を確立している。第三が日本の参議院型であるが，ここでは両院とも国民を直接代表するという性格をもつため，なぜ性格の同じ院が二つ必要なのかという問題に直面する。様々な観点からの説明が可能であるがその一つとして，国民の社会学的代表という観点からは，各院が国民意思の異なるレベルあるいは側面を反映することにより，全体として国民意思の立体的構造をより正確に国政に反映させることが可能となるから，二つの院の存在がプラスに機能しうるということが指摘できる。この観点から，憲法は衆議院議員の任期を原則 4 年とし，かつ解散により短縮されることを認め（45 条），参議院議員の任期は 6 年で 3 年ごとに半数改選する（46 条）ことにして，衆議院は国民のその時々に変化する意思を代表し，参議院は国民のより持続的な意思を代表するという構想を示しているが，これを一層具体化するためには両院の選挙制度を異なる性格のものとする必要があろう。もう一つの説明として，権力分立（抑制・均衡）の観点からは，両院の間のチェック・アンド・バランスにより，よりよい立法が可能となるということも指摘できよう。しかし，両院の構成の仕方の差別化と相互の抑制均衡を強調しすぎれば，両院の対立が強くなりすぎて国会に期待された役割を果たすことが困難となる。そこで実効的な任務遂行と抑制均衡との間の適切な調和を実現することが重要となる。

(イ) 国会の権限と衆議院の優越

憲法は，この調和のメカニズムとして，国会の権限に関して衆議院に一定の優越性を与えた。国会の権限を概観する中で，衆議院にいかなる優越性が与えられているかを見ていこう。

a) 衆議院の優越　　まず第一に，内閣総理大臣の指名における衆議院の

第13章　国会と内閣の組織・権限・活動

優位（67条）であるが，この点についてはすでに述べた（357頁）。なお，この優越性と関連するが，衆議院には内閣を不信任する権限が与えられており（69条），これに対応して解散制度が衆議院にのみ認められている（7条3号・45条参照）。

　第二に，予算につき，先に衆議院に提出することになっており（衆議院の先議権），かつ，予算の議決について，衆議院に優越性が認められている（60条）。衆議院が可決した予算を受け取った参議院が，衆議院と異なる議決をしたときには，後述の両院協議会を開かねばならないが，そこで一致できなければ，衆議院の議決が国会の議決となる。また，参議院が予算を受け取ってから30日以内に議決しないときも同様であり，これにより原則的には30日以内に両院の対立に決着をつけうることとなっている。したがって，予算自体は最終的には衆議院のみの多数決で通すことができるが，予算が通っても，それを執行するために新たな法律が必要な場合もある。たとえば，歳入を確保するための租税法律がその典型例である。予算関連法案と呼ばれているが，法律の制定・改正における衆議院の優越は，後述のように，予算の場合ほど強くはないから，政府としては衆議院のみならず参議院の状況をも配慮せざるをえないのが通常である。

　第三に，条約の承認につき，衆議院に優越性が与えられている（61条）。衆議院に先議権がないことを除けば，承認の手続は予算の場合と同様である。なお，条約の締結は内閣の権限とされている（73条3号）。このことに関連して，国会の承認権は修正権を含むか，事後に承認が得られなかった条約の効力はどうなるのかという問題があるが，内閣の権限のところで説明する。

　第四に，法律の制定につき衆議院に優越性が与えられている。法律は，通常，両院が可決することにより成立するが，衆議院で可決した法律案につき参議院が異なる議決をした場合（参議院が60日以内に何の議決もしなかったときは衆議院は参議院が否決したものとみなすことができる）には，衆議院で出席議員の3分の2以上の多数で可決することにより法律とすることができる（59条2項）。それに先立ち衆議院は参議院との対立を調整するために参議院に両院協議会の開催を求めることもできるが，必要的ではない（59条3項）。なお，この衆議院の優越性は，現実にはそれほど強力なものではない。というのは，参議院が政党

391

政治に深く浸透されている現在，現行の選挙制度の下で，参議院で過半数を割る与党が衆議院では3分の2以上を確保しているということは，稀な事態だからである（もっとも，二党制化が進むなかで小選挙区制の効果が現れ，2005年，2009年および2012年の衆議院議員選挙において与党が3分の2を獲得するという事態が生じている）。内閣は法律なくして自己の政策を実行することができないことを考えれば，参議院のもつ立法権限は衆議院のそれと同等といっていいほど強力で，参議院に内閣不信任権はないにもかかわらず，内閣は衆議院のみならず参議院においても過半数を確保しうるような連立（与党形成）を組まざるをえない状況にある。日本の議院内閣制の運用における重大な問題点の一つである。

b） 両院の平等権限　　以上憲法が定める衆議院の優越を除いては，両院は平等であり，特に憲法改正の発議について両院が平等に扱われている点に留意しておこう（96条）。特殊な権限として，国会は，罷免の訴追を受けた裁判官を裁判するための弾劾裁判所を設置する権限をもつ（64条）。憲法は，弾劾裁判所を「両議院の議員で組織する」とのみ述べるが，詳細を定めた国会法は，裁判員および訴追委員ともに各院が同数を選出することにし，両院を平等に扱っている（国会125条以下）。

憲法に規定がない事項につき法律で衆議院に優位を与えることが許されるかどうかは難しい問題であるが，国会法は臨時会・特別会の会期および常会・臨時会・特別会の延長の決定につき衆議院の優越を認めている（国会13条）。会期は決めないわけにはいかないから，衆議院に優越性を与えることにも合理性があるが，延長についてはそのような事情があるわけではないので，衆議院に優越性を与えることに疑問がないわけでもない。しかし，通説は合憲と解している。

なお，憲法は，衆議院の解散中に緊急の必要が生じた場合には，内閣に参議院の緊急集会を求めることを認めている（54条2項・3項）が，これは緊急に際しての一時的な対処方法を定めたにすぎず，参議院に優越性を与えた意味をもつわけではない。

c） 財政に関する権限

（i） 財政民主主義　　国家が活動するための財政的基盤は，近代国家以降においては，基本的には租税に求められる。それゆえに，どのような課税がな

され，その収入をどのように使うかは，国民にとっての重大な関心事である。そこで，財政の処理に対して国民の代表者である国会が広範に関与する体制をとっている。憲法は，特に財政に関する章を設け，その最初の 83 条で「国の財政を処理する権限は，国会の議決に基いて，これを行使しなければならない」と規定して，財政民主主義の基本原則を宣言した（407 頁参照）。

　　(ii)　予算の法的性質　　「国会の議決」の形式として憲法が想定しているのは，法律と予算である。そこで，両者の役割分担をどう考えるかが，一つの問題となる。予算とは，一会計年度における歳入・歳出の見積りであるが，単なる予定というのではなく，特に歳出については，政府を拘束する準則であり，予算の承認なしに支出をすることは許されない。しかし，予算が承認されていれば，政府の支出行為が常に正当化されるかというと，そうでもない。支出行為が国民と関係する場合には，別途法律の根拠が必要ではないかという問題があるからである。予算の法的性質に関して，それが法律とは様々な点で異なること（たとえば，承認手続が法律制定手続と異なること，政府を拘束するだけで一般国民を直接拘束するものではないこと，効力が一会計年度に限られること，法文の形はとっていないことなど）から，多数の学説は法律とは別個の法形式であると解している。この立場からは，「法律に基づく行政」のためには，予算による承認だけでは不十分で，法律が必要ということになるのである。では，フランスなどにみられるように予算も法律の一種とする「予算法律説」に立てば予算の承認だけで十分かといえば，必ずしもそうではないだろう。予算が「法律に基づく行政」の最低限の根拠になりうることは別にして，その予算の中に国民の権利制約に関する根拠までを読みとりうるかは疑問であり，読みとりえなければ，やはり法律の根拠が必要となると思われる。

　他方，歳入については，基本的には予測以上の意味をもちえない。歳入が基本的には国民からの徴収による以上，明確な法律の根拠が必要であり（84 条の租税法律主義），予算法律説に立っても，現実の予算の中にそのための明確な法文的根拠を見いだすことは不可能であろう。ゆえに，歳入予算は，租税法をはじめとする諸法律により国民に課される「租税」（形式的意味の租税に限定されず，手数料等も含みうるが，国・自治体の提供するサービス等の対価として徴収されるものは含まれない〔最大判平成 18 年 3 月 1 日民集 60 巻 2 号 587 頁〕）等からの収入予測

393

第3部　統治のメカニズム

にすぎず，予算の承認により徴収権限が生ずることもないし，現実の収入が予算に計上した以上であれ以下であれ，法的意味はなく，政治責任の問題にすぎない。

なお，予算の編成権は内閣にあり（86条），状況の変化に対応しうるように様々な予算の種類・内容に関するルールが存在するが，内閣の権限のところで説明する。

(iii)　決　算　　予算執行が終わった後の決算についても，国会は審査権を有している。会計年度が終わると，まず会計検査院が決算を検査して報告書を作成し，内閣は，次年度に，その報告書を添えて国会に決算を提出しなければならない（90条1項）。国会が決算を承認しない場合には，内閣の政治責任が生ずる。

(2)　院の構成と権限

(ア)　院 の 構 成

選挙後に国会が招集されると，院は活動に必要な院の組織化を行う。解散選挙後の特別国会（54条1項）における衆議院の場合，まず正副議長の選挙，次いで議席の指定（予め会派間の話合いで決めた通りに議長が指定する），会期の議決，常任委員長の選挙，特別委員会設置の議決といった順序で進行するのが通常である。内閣総理大臣の指名は，「他のすべての案件に先だって」（67条1項）行うことになっているため，議院運営委員会（常任委員会）の委員長を選出して議院運営委員会が活動可能となった時点で行うのが慣例である。なお，常任委員会および特別委員会の委員は，会派に比例的に割り当てられる人数分を会派が推薦し，それに従って決定される。現在，各院の審議は委員会を中心に行われており，審議の主導権を握るためには委員長のポストを獲得すると同時に採決で過半数を維持しうる（委員長は可否同数のときしか投票しない慣例）ことが重要である。それを全委員会で可能とする総議席数が「安定多数」と呼ばれている。なお，各院の常任委員会の種類は国会法41条が，その定数と所管事項は衆議院規則92条・参議院規則74条が，定めている。近時両院に形成された常任委員会で注目されるのは，国家基本政策委員会といわれるもので，この両院の委員会の合同審査会で「党首討論」が行われている。イギリスに学んでア

第13章　国会と内閣の組織・権限・活動

リーナ型の審議方式を導入したもので，国会審議の活性化が期待されている。

　(イ)　院　の　権　限

　a)　自律権　　各院は，他の権力（行政権・司法権）および他の院との関係で自律的・独立的に活動することが保障されなければならない。従属したのではチェック・アンド・バランスは不可能となるからである。このために，①議院規則制定権（58条2項），②議長その他の役員選任権（同条1項。明治憲法下では議長・副議長は院の選んだ3名の候補者中から勅任された。旧議院法3条1項参照），③議員の資格争訟裁判権（55条），④議員の釈放要求・逮捕許諾権（50条，国会33条），⑤議員懲罰権（58条2項）が認められている。このうち特に重要なのは，議院規則制定権である。

　憲法58条2項は「両議院は，各々その会議その他の手続及び内部の規律に関する規則を定め」ることができると規定する。会議手続の決定および内部秩序の維持は各院の権限とされているのである。ところが，その重要な部分は，現在，国会法という法律で定められ，各院の規則はその細則を定めるような形となっている。明治憲法は「議院法」の存在を予定していた（51条参照）が，日本国憲法はそれと異なる考えで制定されていたにもかかわらず，旧慣に引きずられて国会法を制定したのである。しかし，法律には衆議院の優越性が認められているから，国会法により衆議院が参議院にその意思を押しつけることも可能となる。ゆえに，これを避けるために，国会法は便宜のために共通の規則を両院の同意で定めたものにすぎず，国会法と議院規則が抵触する場合には，議院規則が優先すると考えるべきである。

　b)　国政調査権　　各院はその権限を行使するうえで様々な調査を必要とする。ゆえに，憲法上与えられた権限行使に必要な限り，いかなる調査も行いうる。憲法62条は，「国政に関する調査」を行う権限を規定するが，その方法として「証人の出頭及び証言並びに記録の提出を要求する」権限，すなわち，強制的な調査手段を認めた点が重要である。その具体的な方法は，「議院における証人の宣誓及び証言等に関する法律」（略して，議院証言法と呼ぶ）に定められている。

　この権限は，他の諸権限と並ぶ「本来的権限」の一つではなく（本来的権限の一つと捉える見解を「独立権能説」と呼んでいる），本来の権限の「補助的権限」

395

であり，本来の権限のないところで行使することはできない。たとえば，院には現実に進行中の裁判に干渉する権限はないから，進行中の裁判に関する調査を行うことはできない。もっとも，立法の資料とするために，事件の起こった背景などの調査をすることは権限内のことであり，進行中の裁判に干渉することのないような配慮をする限り，許される。また，国会は行政を監督し，その責任を問う権限をもつから，監督・問責に必要な調査は当然許されるが，議院証言法5条は公務員の「職務上の秘密」の調査に制限を加えており，憲法上かかる秘密の保護がどの限度で許されうるのかにつき微妙な問題を残している。進行中の犯罪捜査に関する事項とか，秘密を要する防衛・外交関係などに限定すべきであろう。

　なお，国政調査権の行使も国民との関係では公権力の行使であるから，国民の人権を侵害するような調査が許されないのはいうまでもない。たとえば，特定個人の思想調査やプライバシーの調査は許されない。

　c)　国会の臨時会招集請求権　　国会の臨時会（398頁参照）の招集決定権は内閣にあるが，「いづれかの議院の総議員の4分の1以上の要求があれば，内閣は，その召集を決定しなければならない」（53条）。過去の事例として，請求があったにもかかわらず「相当の期間」内に招集をしなかったことが数回ある。政府見解では，請求に応じる国会の招集は必ずしも臨時会である必要はなく，常会が近く予定されていればその決定で代替できるとされ，請求から2, 3ヶ月以上も先の常会まで招集しなかったこともある。しかし，憲法が招集請求権を規定している以上，速やかに招集する義務があると解すべきであろう。招集しなかった場合の制裁規定が憲法にないことを奇貨として請求を長期間無視するのは許されない。政府にとって不都合な問題が生じているとすれば，国会で説明責任を果たすのがデモクラシーのルールである。

3　議員の地位

⑴　**議員の特典**

㈦　免　責　特　権

国会議員は，「国民代表」として選挙区や支持者（政党を含む）の意思に法的

には拘束されない。このことは，すでに述べたが，これに関連し，憲法は「両議院の議員は，議院で行つた演説，討論又は表決について，院外で責任を問はれない」（51条）と規定する。これは，もともとは政府による干渉を排除して議院における自由な討論・投票を保障したものであったが，今日では，「全国民代表」と結びつけて選挙民からの追及も含めて理解し，誰からも，名誉毀損やプライバシー侵害などの法的責任を追及されないことを意味するものと解されている。ただし，議院による懲罰の対象となりうることは別問題であり，出席議員の3分の2以上が賛成すれば除名もありうる（58条2項）。また，所属会派または政党から院内の発言・投票を理由に紀律違反の責任を問われることも，別問題である。ただし，会派・政党から除名されたとしても，議員の地位を失うことはない。なお，免責特権により，名誉やプライバシーなどを侵害された者は，議員の責任を問うことはできないが，国家に対し賠償あるいは補償を請求することは可能と解すべきである（「新しい人権」の一つに関する160頁の説明参照。なお，賠償請求を退けた判例として最三判平成9年9月9日民集51巻8号3850頁参照）。

(イ) 不逮捕特権

「両議院の議員は，法律の定める場合を除いては，国会の会期中逮捕されず，会期前に逮捕された議員は，その議院の要求があれば，会期中これを釈放しなければならない」（50条）。国会法は，会期中の逮捕が許される場合として，①現行犯の場合と②院が許諾を与えた場合を定めている（国会33条）。

(ウ) 歳費受領権

かつては議員は名誉職と考えられ歳費の保障がなかったために資産に余裕のある者しか議員になることができなかったが，今では歳費を保障するのが通常となっている（49条）。

(2) 議員の権能

議員は院の活動に参加し，議案の発議，動議の提出，質疑，質問，討論，表決等を行う権限を有する。しかし，現代の国会では，会派（政党）が活動主体として重要な役割を承認されており，議員個人の権限行使には，院の自己規律として，様々な制約が課されるようになってきている。たとえば，議案の提出

第3部　統治のメカニズム

に一定数の賛成が必要である（国会56条1項参照）とか，会派の機関承認が必要である（この慣行を院の自律権の行使として認めた東京地判平成8年1月19日訟月43巻4号1144頁参照。最高裁もこれを維持した）などの制約が存在する。その制約に行き過ぎの見られる点もあり，問題によっては会派中心の運営や党による拘束を緩和して，議員のより自由な活動を認めるべきではないかとの指摘もある。

　以上は憲法が想定する議員の権限を議院がその適切な運営を確保するという観点から自律的に制約するという問題であるが，他方で，議員の権限は，刑法の定める贈収賄罪との関連で，その職務権限の範囲はどこまでかという形で問題となる。刑法上の保護法益との関連で確定すべき刑法の解釈問題であり，刑法とは異なる目的から国会法等の組織法が定める職務権限の範囲と一致するとは限らないが，憲法上許容される範囲内のものでなければならないことはいうまでもない。ちなみに，金銭の収受が政治資金規正法上の寄附の形を取ったとしても，刑法の構成要件に該当すれば犯罪となる。

4　国会の活動

(1)　会 期 制

㈦　会期の種類

　日本の国会は，一旦選挙されれば任期の終わるまでいつでも活動できるという「常設制」（通年国会制）ではなく，活動しうる期間を区切る「会期制」をとっている。会期の種類として，憲法は常会・臨時会・特別会の三種を区別した（憲52条～54条，国会2条以下参照）。常会（通常国会）は，毎年1回招集することになっており（52条），国会法によれば，毎年1月中に招集され，期間は原則として150日とされている（国会2条・10条）。臨時会は必要に応じて臨時に招集される国会（53条）であり，原則として内閣が決定権をもつが，国会法2条の3は，衆議院議員の任期満了による総選挙あるいは参議院議員の通常選挙が行われたときは，その任期の始まる日から30日以内に臨時会を招集することを義務づけている。特別会は衆議院の解散総選挙後，選挙の日から30日以内に招集される国会である（54条1項）。会期日数は招集の都度国会が議決す

第 13 章　国会と内閣の組織・権限・活動

る（国会 11 条）。会期の延長は，常会は 1 回，臨時会・特別会は 2 回まで可能
であり（同 12 条），延長につき衆参両院が一致しないときは衆議院の議決が優
越するとされている（同 13 条。390 頁参照）。

(イ)　会期不継続の原則

　日本の会期制の特徴は，会期中の活動（手続の進行）が原則として次の会期
に継続しないという「会期不継続の原則」を採用していることである。これは
憲法の要請ではないが，戦前からの慣行を踏襲したのである（国会 68 条）。こ
のために，野党は反対する法案を審議未了に追い込んで会期終了とともに廃案
にすることをねらって「牛歩戦術」などに訴え，与党は会期末になると審議打
切り・強行採決に訴えるという悪弊を生み出した。国会審議を充実させるため
には，野党に十分な審議時間を保障するとともに，通年国会制を導入するとか，
会期不継続を改めるとかの改革が望まれる。

(2)　委員会中心主義

　明治憲法の下では，イギリス議会に学んで，審議の中心を本会議に置く「三
読会制」を採用していたが，戦後はアメリカ議会の方式をまねて，委員会中心
主義を採用した。ゆえに，審議の中心は委員会に置かれ，本会議は形式化して
いる。ところが，憲法 57 条 1 項が会議の公開原則を規定しているのに，それ
は本会議に関する要請と解し，委員会は原則非公開とされている（国会 52 条）。
実際の扱いでは，報道機関には傍聴を許可している（同条 1 項但書参照）が，委
員会が実質審議の場となっているのであるから原則公開に改めるべきである。

　委員会には常任委員会と特別委員会がある（国会 40 条）が，常任委員会はほ
ぼ省庁に対応する形で 17 委員会が衆参両院に設置されている（同 41 条）。その
うち予算委員会は，国政の最重要事項である予算を審議するということのみな
らず，実際上あらゆる問題を取り上げることが可能でもあるため（予算に関係
しない問題は稀である），その時々の最重要政治課題に関する与野党対決の場と
なり，注目を浴びることが多い。また，議院運営委員会は，議事日程（審議の
順序等）を与野党間で話し合う場であり，会期全体の進行具合を左右する重要
な機能を果たしている。なお，政治改革の一つとして導入された「党首討論」
は，国家基本政策委員会で行われている（394 頁参照）。

第 3 部　統治のメカニズム

(3)　会議に関する原則

(ア)　定　足　数

本会議の議事を開き議決するための定足数は，総議員の 3 分の 1 と定められている（56 条 1 項）。総議員とは，実務の先例では現在数ではなく法定数とされている。

(イ)　表　決　数

決議を行うのに必要な表決数は，通常，出席議員の過半数と定められている（56 条 2 項）。例外的に，出席議員の 3 分の 2 以上の特別多数が要求されているのは，①議員の資格争訟の裁判により議席を失わせる場合（55 条），②本会議を秘密会とする場合（57 条 1 項但書），③議員を除名する場合（58 条 2 項），④衆議院で法律案を再議決する場合（59 条 2 項）である。なお，憲法改正の発議には，各議院の総議員（現在数ではなく法定数と解するのが通説）の 3 分の 2 以上の賛成が要求されている（96 条）。

━━━━　II　内　　閣　━━━━

1　国政上の地位と性格

(1)　政治の中心

現代国家は国際的にも国内的にも複雑かつ緊密な関係を織りなすに至り，その政治は迅速果断な対応を必要とする場面が増大してきているが，それによく応えうるのは，国会よりも内閣である。先に述べたように，政治を「統治―コントロール」図式で捉える場合，「統治」の中心となるのは内閣であり，国会は主としてはコントロールの役割を担うことになる。国会の立法権行使も，国会が統治の主体として法律を制定するというよりは，内閣がその政策を実施していくのに必要な法案に法律としての形式的効力を与えるというプロセスを通じて，内閣をコントロールしているのである。今日では，内閣提出の法律案が全体の 9 割以上を占め，これを国会の地位低下として問題視する見解もあるが，

400

国会によるコントロールを重視して考えれば，内閣提出の法律案の増大自体を特に問題視する必要はない。

とはいえ，国会が法律案を作成することが不必要ということではない。内閣が自己の政策として重視していないものでも，国民の中に強い要望があれば，それに応える法律案を作成して議論を誘発する使命があるし，内閣のコントロールが中心的役割である以上，それを効果的に遂行するのに必要な法制度（たとえば，情報公開制度，諸オンブズマン制度等）を設計し法律化するのは，まさに国会が積極的に行うべきことである。

内閣は政治の中心機関として「統治」を担うが，このことを表現するために「執政」という言葉が使われることもある。明治憲法には「統治権」という言葉が存在した（明憲4条）が，日本国憲法からはそれが消えてしまった。しかし，「統治」の作用がなくなるわけではない。日本国憲法では，内閣が担う権限として「行政権」という言葉が使われている。しかし，後述のように，行政権は，どちらかといえば執行権に近いニュアンスをもっており，政治のリーダーシップを表現するには必ずしも適していない。そのために，日本国憲法の解釈に執政権という概念を導入しようという考えが生じたのである。問題意識としては，私と近いから，特に異論はないが，私自身は「統治」という言葉で捉えている。統治は，明治憲法の統治権を想起させるし，そうでないとしても，法の拘束を受けないとされる「統治」行為を想起させるから，混乱を生む危険はあるが，ここでは日本の憲法学の伝統の中に存在する言葉を使う方がよいのではないかと考えている。

(2) 行政権の担い手

憲法65条は「行政権は，内閣に属する」と規定する。この行政権の意味を立憲君主政モデルで捉えると，全国家作用から立法権と司法権を控除した後に残ったものという理解になる（控除説）。この定義は，君主が主権者として全権力を握っていた絶対君主政を出発点にして，そこから，一方で議会が立法権を獲得し，他方で裁判所が独立性を確立していったという立憲君主政成立の歴史に対応しており，明治憲法の解釈には適合的であった。しかし，国民主権を採用した日本国憲法の行政権には，もはや妥当しない。

第3部　統治のメカニズム

国民主権モデルで立法と行政の性格を考えれば，立法とは憲法の下での始源的法定立（始源的法，すなわち，憲法の定める「法のプロセス」を開始する法としての「法律」の制定）であり，行政とは法律の「執行」である。ここで「執行」とは，行政権のあらゆる行為が究極的には法律に根拠をもたねばならず，行政がケルゼン的意味（6頁参照）で法律の実現として現れるということを表現するものであり，内閣が国会の決定を受動的に執行するにすぎないということではないことに注意が必要である。内閣は，自己の政策をもち，その実現に必要な法律案を国会に提案し，法律制定を獲得して政策を遂行していくことが期待されているが，その政策遂行が，法的には法律の執行という形態をとって現れるということである。行政権が内閣に属するとは，内閣の行う活動のこうした法的性格を表現するものと理解すべきなのである。もちろん，それは権力分立を背景にした規定であるから，単に法的性格を規定するにとどまらず，国会が自ら法律の執行を行ってはならないことをも含意している。しかし，後述のように（410頁参照），それは「行政」を内閣に独占させる趣旨のものと解するべきではない。この規定のポイントは，国会に法律の執行権を否定することと，内閣の活動に法律の根拠を要求することにあり，法律により一定の条件の下に行政を内閣以外の機関に委ねることを否定する意味をもつわけではない。

行政権は，「統治―コントロール」図式との関連では「統治権」を意味し，法の支配との関連では「執行権」を意味することになる。統治は，政治をリードするダイナミックで積極的な活動であるが，法から自由な活動ではない。ゆえに，行政権が行動するときは，常に法の形式をまとい，上位の規範に従わねばならない。

(3)　行政各部の統制

憲法は，内閣の下に「行政各部」（行政組織）の存在を予定しており（72条参照），各部のトップに内閣構成員たる国務大臣が「主任の国務大臣」（各省大臣）として座る行政機構を想定している（74条参照）。その行政組織（省庁の編成）の基本構造は，行政組織法等の法律により定められている。

政治過程を政策決定過程と政策遂行過程に分けてみた場合，国会は前者に，行政各部は後者に属し，内閣は両者を媒介する位置にあるが，従来は内閣はど

ちらかというと政策遂行過程の構成部分と見られてきた。国会が決定し，内閣・行政各部が執行するというイメージである。これは，日本では行政各部を担う官僚が伝統的に強大な力をもち，実質上政策決定まで行ってきたため，各省大臣が省庁の代弁者となってしまい，全体として内閣が単なる調整機関となり政策決定のリーダーシップをとりえなかったことから生じた理解であった。官僚による政策決定という非民主的状態の改善策として，国会に支えられた内閣が政策決定のリーダーシップを発揮するという政治のあり方が期待しえなかったために，国会が政策決定をすべきだという主張となったのである。

　しかし，本来は，内閣は政策決定過程に属す主体であり，議院内閣制の下に国会の多数派の支持を得て政策決定を行い，それを自己の下にある行政各部に遂行させるというのが，憲法の想定する構図である。ゆえに，内閣は政策を企画立案し，国会の承認を獲得し，その遂行を監督し，その全過程で必要となる総合調整を行っていくという役割を期待されており，政治過程の要の位置にあるのである。しかし，従来は内閣が企画立案・総合調整を行っていくのを助ける機構が十分に確立されていなかったということもあり，いわゆる「政官」関係における「官主導」という状況が生み出されていた。これを改善し「政主導」とするために1999年に行政組織の改革が行われ，その中で，内閣官房の強化（内閣法），副大臣制の導入（行組16条），内閣府の設置（内閣府設置法）等が決められたのである。

2　内閣の組織・権限・活動

(1)　**内閣の組織**

　内閣は，「首長たる内閣総理大臣」と「国務大臣」から構成される（66条）。

(ｱ)　**内閣総理大臣**

　内閣総理大臣（「首相」とも呼ばれる）は，国会議員の中から国会が指名する（67条）。国会の指名に際して，衆議院の議決が参議院に優越することはすでに述べた。

　内閣総理大臣は，国務大臣を自由に任命かつ罷免する権限をもつ（68条）。これにより，内閣における首相の優越的地位が確立されている。明治憲法にお

第3部　統治のメカニズム

いては，首相を含めすべての国務大臣は天皇が任免し，相互に平等とされた（明憲55条参照）。内閣官制（勅令）上首相のポストは存在したが，「同輩中の首席」にすぎず，自己のリーダーシップの下に内閣の統一を確保する権限を欠いていた。そのために，陸海軍大臣を統制しえず，軍部の独走を許す原因となった。日本国憲法は，首相が優越する構造の内閣を採用し，首相に国務大臣の任免権を与えると同時に，行政各部を指揮監督する権限（72条）および国務大臣の訴追に同意する権限（75条）を与え，内閣総理大臣が欠けたときには国務大臣すべてが総辞職することを規定した（70条）。内閣は，まさに首相のリードする合議体とされたのである。

　このように憲法は首相の強い地位を定めたが，内閣法は内閣が基本的には合議制の機関であることを重視し，首相が行政各部を指揮監督するには「閣議にかけて決定した方針に基」づかねばならないと規定し（内6条），首相の独走を抑制している。もちろん，首相は「内閣の重要政策に関する基本的な方針その他の案件を発議することができる」（同4条2項）から，必要な方針を予め閣議決定しておくことは可能であるが，指揮監督の基礎として事前の詳細な方針決定を要求すれば，首相が状況に応じて必要なリーダーシップを発揮することが困難となろう。首相の独走の防止と強力なリーダーシップの間の適度なバランスが重要である。判例は，収賄罪の成立との関連ではあるが，首相は内閣の明示の意思に反しない限り行政各部を指揮監督（指示・指導・助言）する権限を有すると解している（最大判平成7年2月22日刑集49巻2号1頁）。

(イ)　国 務 大 臣

　国務大臣は首相が任命するが，その過半数は国会議員でなければならない（68条1項）。国務大臣の数は，内閣法が原則として14人以内と定めている（内2条2項）。国務大臣は，通常，「主任の大臣」として行政各部の「行政事務を分担管理する」（同3条1項）。ただし，行政事務を分担管理しない「無任所の国務大臣」の存在を妨げない（同条2項）。

　なお，「内閣総理大臣その他の国務大臣は，文民でなければならない」（66条2項）。文民とは，英語の civilian の訳語で，従来，通説は職業軍人の経歴のない者と解してきた。現在では，自衛隊に対する「文民統制」（シビリアン・コントロール）を考慮して，自衛隊員（自衛隊が合憲か違憲かの問題は別にして）でな

い者を指すと理解されている。

(2) 内閣の権限

内閣の主要な権限は，憲法73条に定められている。それによれば，内閣は，「他の一般行政事務の外」に，次の事務につき権限を有する。

(ア) 「法律を誠実に執行し，国務を総理すること」（1号）

この規定の中に，内閣の基本性格が凝縮されている。内閣は政治の中心となり，社会が必要とする政策を策定し，政治全体の総合調整を図りながらそれを実施していく立場にあり，その任務を「国務の総理」と捉えている。内閣の政策は，法律に化体され，政策の実施は「法律の執行」として現れるのであり，法律の誠実な執行が要求される所以である。旧来の「決定─執行」図式で解釈すると，国会が決定した法律を誠実に執行し，全体が矛盾なくスムーズに進行するよう配慮・調整するという理解になるが，現代国家の内閣の任務には適さない解釈である。

(イ) 外交関係の処理（2号・3号）

この任務のうち，条約を締結するには国会の承認を必要とする（3号但書・61条）。外国との約束には，条約のほかに協定等様々な形式が存在するが，国会の承認が必要とされる条約は，次の三種の事項を内容とするものとされている（政府見解を整理して大平正芳外相が答弁したもので，「大平三原則」と呼ばれている）。①法律事項を内容とするもの，②予算で認められている以上の財政支出を伴うもの，③他国との基本的関係を取り決める政治的に重要な国際約束であり，その発効のために批准が要件とされているもの。①と②は，国会の権限との関係で当然である。③の例としては，1956年の日ソ共同宣言，1965年の日韓基本関係条約，1978年の日中平和友好条約が挙げられる。

条約の締結は，通常，当事国の事務レベルでの調整と詰めを経た後，両国の全権委員が「調印」（署名）し，両国が「批准」することにより成立する。批准は条約の内容を審査し国の確定的な同意を表明する行為であるが，日本では内閣がその権限を有することになる。憲法は，原則として条約が成立する前に，つまり，批准の前，あるいは，当事国の同意により批准を省略する場合には署名の前に，国会の承認を介在させることを予定しているが，「時宜によっては

第3部　統治のメカニズム

事後」の国会承認も排除はしていない。問題は，事後に承認が得られなかった場合である。その場合に条約の効力をどう考えるかにつき，学説は対立している。

　国際法と国内法はまったく別次元の問題だと考えれば，条約は，国内法上の瑕疵には関係なく，国際法上は有効に成立しているという理解になる。しかし，このような徹底した二元主義をとる学説は，今日では少ない。他方で，これとまったく逆に，国際法と国内法を完全に一元的に捉え，国内的手続に瑕疵があれば，国際法上も無効とするのも，相手国の立場を無視する議論といわざるをえないであろう。そこで，国内法上の手続が，通常どこの国でも必要とされるような重要なもので，相手国も予想しうるものである場合には，その瑕疵は国際法上の効力にも影響すると考えるのがよい。国会の承認は，そのような手続の一つと解されるので，それが得られないときは，国際法上も効力をもたないというべきであろう。

　これに関連して，国会は承認に際して条約の内容を修正しうるかという問題もある。事前の場合には，原案を不承認し，修正案を承認したと解して対処すればよいが，事後の場合には，修正が重大なものであれば不承認と扱い，そうでなければ，原案を一応承認したうえでその修正の政治的責務を内閣に課したと解することになろう。

　㋒　官吏に関する事務の掌理（4号）

　その基準は法律で定めることが要求されており，そのために国家公務員法が制定されている。明治憲法においては，天皇の官制大権（明憲10条）に属したが，日本国憲法は基準の制定権限を法律事項としたのである。

　したがって，国家公務員の人事は法律に従って内閣が行うが，かつては公務員の自律性と非党派性の原則を尊重して，政治が人事に介入することは控えられていた。しかし，1990年代以降，政治主導の確立を標語に，内閣機能の強化を目指した国の行政機構の再編成が進められた。その改革の一つに，省庁の幹部職の人事を内閣の下に一元化して政治主導の行政運営を徹底するということがあった。これが，曲折を経た後2014年に内閣官房への「内閣人事局」の設置（内21条1項）として実現する。この結果，政官関係において「政」の優位は確立されたが，優位となりすぎて逆に「官」の自律性・非党派性を掘り崩

406

第 13 章　国会と内閣の組織・権限・活動

してしまったのではないかとの指摘もある。

　㈢　予算の作成・国会提出（5号）

　予算には国政の基本政策が反映されるから，予算の作成権が内閣に与えられているという点に，国政において内閣が占めるべき地位が表現されている。内閣は，予算を作成して国政をリードするのである。

財政民主主義　しかし，作成した予算は，国会の同意を得なければ執行しえない（衆議院に優越性が認められている点については 390 頁参照）。それが財政民主主義の要請である。憲法 83 条は，「国の財政を処理する権限は，国会の議決に基いて，これを行使しなければならない」と規定し，憲法 86 条は，「内閣は，毎会計年度の予算を作成し，国会に提出して，その審議を受け議決を経なければならない」と定めている（392 頁参照）。

暫定予算　会計年度の開始時までに国会の承認が得られない場合には，どうするか。明治憲法 71 条は政府に前年度の予算を施行する権限を与えていた。これは，議会が予算の不承認を圧力に政府と対決するような場合に対する政府の強力な武器であった。日本国憲法はこれを認めないため，財政法 30 条は，政府にとりあえず「暫定予算」を組んで国会の承認を求めることを要求するという形で財政民主主義の枠内での調整を行っている。

補正予算・予備費　会計年度途中に生じた事情変更に対処するために，予算の修正が必要となることがある。財政法 29 条は，予算の作成手続に準じて「補正予算」を組み国会に提出することを認めている。なお，憲法 87 条は「予見し難い予算の不足に充てるため，国会の議決に基いて予備費を設け，内閣の責任でこれを支出する」ことを認めている（1項）。これに基づき，財政法 24 条は，当初予算に「予備費として相当と認める金額」を組み込むことにしている。予備費の支出は，事後に国会の承諾を得なければならない（憲 87 条 2 項）。

国会による修正　予算の同意権は，修正権を含むか。作成権が内閣にあるからといって，国会に修正が認められないわけではない。特に減額修正は当然許される。不要な支出をチェックすることが国会の重要な役割だからである。問題は増額修正である。予算編成権をもつ政府が自己に課された責務を果たすのに十分な額として組んだ予算を増額するということは，何

407

第3部　統治のメカニズム

を意味するのであろうか。本来，国会は法律により政府の行為を義務づける立場にあり，政府は法律を誠実に執行する責務を負っている（73条1号）から，法律の執行に必要な予算を計上するはずである。国会が期待する法律の執行が，その予算では不十分と考えるのであれば，その点を説明して政府が自ら増額修正することを求めるべきであろう。政府が同意しなければ，法律を制定あるいは改正して国会の求める行為を政府に義務づけるのが筋である。ただ単に増額修正しただけでは，予算法律説に立たなければ，政府を義務づけることはできないと思われる。

(オ)　政令の制定（6号）

内閣は「この憲法及び法律の規定を実施するために」政令を制定することができる。もっとも，憲法を直接実施する権限をもつのは国会のみであるから，政令は直接的には法律を実施するものであり，「憲法及び法律」は一体として読む必要がある。行政権が法制定を行う場合の法形式を一般に「命令」と呼ぶ（命令の種類として，政令のほかに省令・府令などがある）が，命令には法律との関係で四種を区別できる。法律の委任に基づく「委任命令」，法律を執行するための細目を定める「執行命令」，法律に定めのない事項を定める「独立命令」，既存の法律に代替する内容を定める「代行命令」である。このうち後二者は日本国憲法では認められていない。前二者は，両者とも基本的には「法律の執行」にあたり，行政権に当然含まれるものと解される。ゆえに，国会が「唯一の立法機関」であることに対する例外と考える必要はない。なお，罰則の規定は法律で行うのが原則である（31条参照）が，法律の委任がある場合には，政令で定めることが許される（73条6号但書）。

(カ)　恩赦の決定（7号）

恩赦とは，犯罪者を赦免する制度であり，国家の慶事に際して行われるのが普通である。その種類・効果等詳しいことは，恩赦法で定めている。選挙犯罪者の赦免・復権に濫用されることがあるとの指摘もあり，法の威信を傷つけないような慎重な行使が必要である。

以上の他に，内閣は，天皇の国事行為の助言承認権（3条参照），国会との関係では国会の招集権（52条・53条・7条2号），衆議院の解散権（69条・7条3号），

第13章　国会と内閣の組織・権限・活動

議案提出権（72条）などをもち，裁判所との関係では最高裁判所長官の指名・同判事の任命権（79条1項・6条2項），下級裁判所裁判官の任命権を有する（80条）。

(3)　内閣の活動

　憲法は，内閣が権限行使する際の手続等については，国会や裁判所についてと異なり，何も定めていない。内閣の自主的判断に委ねているのである。内閣法は，「内閣がその職権を行うのは，閣議による」（4条1項），「閣議は，内閣総理大臣がこれを主宰する」（同条2項），「各大臣は，案件の如何を問わず，内閣総理大臣に提出して，閣議を求めることができる」（同条3項）と規定している。ここでいう閣議は，一般には内閣構成員からなる会議体をいうが，会合しないで文書を大臣間に持ち回って署名を得る「持ち回り閣議」を排除するものではないと解されている。定足数や表決数の定めはない。慣例上，閣議は非公開とされ，決定は全員一致で行われる。ただし，後述のように，憲法が全員一致を要請しているわけではない。

3　内閣の責任

(1)　連 帯 責 任

　内閣は，その権限行使につき，国会に対し連帯して責任を負う（66条3項）。連帯責任により内閣の統一性を確保しているのである。連帯責任を理由に，閣議の決定は全員一致による慣行となっているが，多数決による決定と連帯責任が矛盾するわけではない。連帯責任が要求するのは，内閣の決定・行為に対し全員が連帯して責任を負うことであり，決定がどのような手続でなされるかとは関係ない。閣内不一致を避けるために全員一致方式が採用されているが，首相のリーダーシップと迅速な閣議決定を確保するには多数決方式の方が好ましいとの指摘もある。

　責任を問う方法として，通常，まず内閣に対して質問が行われるが，最終的には衆議院による不信任決議が最も強力な問責方法であり，その責任の取り方としては，総辞職が最も重大なものである。

409

第3部 統治のメカニズム

なお，個々の大臣の責任を問うこともあるが，憲法上の制度ではなく，法的な効力があるわけではない。しかし，実際には，不信任された大臣は，国会との意思疎通を拒絶されることが通常であり，辞職せざるをえなくなろう。

(2) 独立行政委員会と内閣の責任

特定の行政事務を内閣から独立に行う機関を独立行政委員会と呼ぶ。アメリカで発展した制度であり，政治的中立性が望まれる行政事務を大統領から独立に執行することを任務とし，通常，準立法的権限（規則制定権）および準司法的権限（審判権）をも付与された機関である。日本も，戦後しばらくの間，積極的に取り入れて試みたが，内閣制度の伝統をもつ日本にはなじまないとして，独立後ほとんどが省庁への再編入により廃止され，現在では人事院や公正取引委員会などにいくつか残るのみである。

理論上最も問題とされたのは，独立行政委員会が内閣から独立に職権を行使するため，行政権は内閣に帰属し，その行使につき国会に対し責任を負うという憲法原則に反するのではないかという点であった。しかし，行政権が内閣に属するとは，行政権を内閣に独占させる趣旨ではないこと（402頁参照），国会への責任については，政治的な責任を負うべき事項につき（実際には，委員会の担当する任務は政治的中立性を要し，政治責任になじまないものが多い），行政委員会が直接国会に責任を負う体制になっていれば，内閣責任を介さなくとも国会によるコントロールの目的は達成されることなどから，必ずしも憲法に違反するわけではないと解されている。

第 14 章

地方政治のメカニズム──地方自治

1 地方自治の意義

(1) 沿　革

　日本国憲法は，第 8 章に地方自治の規定を置いた。明治憲法にはなかったものであり，日本国憲法が戦後日本の国家構造として地方自治を重要視したことを表している。もっとも，明治憲法下に地方自治がまったく存在しなかったわけではない。国家の行政を遂行するために地方行政機構は不可欠であるが，それにある程度の自治を付与することが行われていたのである。明治憲法の制定に相前後して，1888 年に市制・町村制，1890 年に府県制・郡制が敷かれたが，その後大正デモクラシー期頃までは少しずつ自治を拡張する方向での改正が続けられ，たとえば市長が市会により選出され，あるいは，府県会議員が直接選挙で選ばれるようになるなどの進展が見られたのである。しかし，この動きも軍国主義の台頭とともに逆転し，自治権の縮小と中央集権化の波にのまれてしまった。

　戦後，占領軍が地方自治の確立を日本の民主化のための重要政策の一つと考えたこともあって，地方制度の改革が日本国憲法の制定と並行しながら進められ，日本国憲法に地方自治の章を挿入するとともに，その具体化を図るために地方自治法が制定されて，憲法と同時に施行された。憲法は，地方公共団体に条例制定権を与え，その議会議員と長の直接選挙を定めて団体自治および住民自治を飛躍的に強化したが，その運用においては，戦前的な，地方組織が自治体というよりは国の地方行政機関にすぎないというあり方が十分克服できず，

411

第3部　統治のメカニズム

「機関委任事務」の蔓延により自治体が国の行政の手足に使われるという地方自治の空洞化に見舞われた。この状況を打開し，真の地方自治を確立するために，機関委任事務の廃止を含む地方自治法の大改革が1999年に断行され，2000年4月より改正地方自治法が施行された。

(2)　国政における地方自治の位置づけ

　中央政府（国）と地方公共団体（自治体）の関係をどう理解するかについては，大きく分けると次のような三つの見解が存在する。第一は，憲法は統治権をまず立法・行政・司法の三権に分割し，次いで，その行政を中央と地方に分けたというものである。ここでは，地方自治は，国の行政を地方において自治的に遂行する制度と理解されることになる。第二の見解は，憲法はまず政治（統治）の領域と法の領域を区別し，次いで，政治の領域を中央と地方に分けたと考える。ここでは，中央と地方の政治領域はそれぞれ立法と行政に分立され，法の領域は中央・地方を通じて統一的に司法権により担当されると解することになる。ゆえに，地方も統治団体として政治を行う主体とされるのである。第三の見解は，憲法はまず中央政治と地方政治を分割し，次いで，それぞれにつき立法・行政・司法を分立すると解する。ここでは，地方自治は司法権をも備えた完全な統治体と捉えられる。

　第一の見解は，自治体を国の地方行政組織の中に組み込む発想で，戦前的な自治の観念と連続的である。このような理解では，日本国憲法が地方自治を重視した意義を捉えることはできない。第三の見解は，日本の統治構造を連邦制的な構造として捉えるもので，地方の地位を最も強く理解する立場である。しかし，「自治体裁判所」の設置可能性を認めるとしても，憲法81条が最高裁判所を憲法判断権をもつ終審裁判所としている以上，自治体の行為について憲法違反が争われた場合には最高裁判所への上訴を否定することはできないであろうし，その意味で自治体裁判所が76条1項のいう下級裁判所であるなら，法律で定める必要があるということになり，自治体が自己組織権を根拠に条例で裁判所を設置することは，憲法解釈としては困難と思われる。ゆえに，日本国憲法の解釈としては，第二の見解が最も適切である。憲法92条にいう「地方自治の本旨」は，かかる理解を基礎にして解釈される必要がある。

412

(3) 地方自治の法的根拠に関する学説

　自治権は憲法により保障されたものであり，憲法解釈論としては憲法が自治権を保障した趣旨・目的を理解すれば十分であるが，従来，学説は，憲法解釈の前理解として，自治権のそもそもの起源をどこに求めるかを議論してきた。そこでは，基本的には固有権説と伝来説（承認説）の二つが対立した。

　固有権説は地域の自治権を個人の人権と同様に憲法以前の自然権的権利と説明する。この説は，歴史的には自治権が国家成立以前に都市に認められていた権利に由来すると考え，国家を自治的地域の連合として構想する立場である。この説からは，国家が自治権を侵害することは許されないことになり，自治権の強い根拠づけが可能となるが，何が自治権の内容をなすかは必ずしも明確ではない。これに対し，伝来説は，近代国家がその主権の単一・不可分性を根拠に中央集権的権力構造として成立したという理解を前提にして，地域が自治権をもつのは，国家により承認された限りにおいてであり，自治権は国家から伝来するものであると説明する。この説からは，自治権の内容は，国家が自由に定めうるということになるが，それでは自治権の憲法的保障が無意味になってしまおう。そこで，この批判に応えて，この説のバリエーションとして，制度保障説が唱えられた。

　制度保障説によれば，地方自治は憲法上制度として保障されているのであり，国家はその制度の本質を空洞化するような自治権の内容規定を行うことはできないとする。この説は近代国家における地方自治の憲法的保障を適切に説明するものとして通説的に受け入れられてきたが，制度保障説の前提はあくまでも中央集権的国家の存在であり，かかる国家を予め前提としてしまうこと自体の問題性を問う必要がある。国家主権の単一・不可分性は対外的関係における論理にすぎず，国家の内部構造は中央集権的である必然性はないことを理解すれば，主権者たる国民は憲法により国家の内部構造を分権的に定めたのであり，憲法のいう地方自治とは国と地方の対等関係における分権的構造を意味するという理解が可能となる。地方自治は憲法上かかる理解を基礎に保障されているのであり，この理解に制度保障の論理を持ち込む必要はない。必要なのは，憲法がなぜこのような構造を規定したのかを解釈し，その理解を前提に自治体に憲法上保障されるべき自治権，「地方自治の本旨」の内容を明らかにすること

第3部　統治のメカニズム

である。

(4)　地方自治の本旨

「本旨」とは，本来の趣旨，本来のあり方，あるべき姿といった意味である。
では，地方自治の本来のあり方とは，どのようなものか。それを考えるには，
憲法がなぜ地方自治を保障したのかを確認する必要がある。「なぜ」への答え
として，次の三点が重要である。

第一に，個人の自律的生にとって，そのアイデンティティーの形成・維持は
きわめて重要であるが，歴史的・文化的特徴を共有する地域的共同体への帰属
意識は個人のアイデンティティーの重要な構成要素であり，「個人の尊重」は
かかる地域的共同体の尊重を要求する。

第二に，個人と国家が対峙する近代の憲法構造において，中間に自治的な地
域団体を組み込むことは，国家の肥大化を抑止し，国家が個人を全面的に捕捉
することを阻止する機能を期待しうる。国家と地域的自治団体との間のチェッ
ク・アンド・バランスにより，個人の自由を護るという意味をもちうるのであ
る。地方自治を垂直的権力分立と捉える見解は，ここに由来する。

第三に，個人に身近な地域共同体は，日常生活に密着しており，その分そこ
で必要な公共事務の意味内容を把握しやすく，公共事務の決定が自己の生活に
及ぼす影響の測定も比較的容易であることから，政治参加への誘因も強い。そ
れゆえに，そこでの住民自治の実践は，個人の自律的生の一つのあり方を構成
すると同時に，個人が共同決定の主体として成熟していくための訓練の場（民
主主義の学校）としても機能しうる。

地方自治により実現を目指す目的が以上のようなものであるとすれば，地方
自治の本旨は，第一に，国家とチェック・アンド・バランスを十分に行いうる
規模と事務権限をもった自治団体の設置を要請する。従来，「団体自治」の要
請として説明されてきたものが，これにあたる。団体自治の原則とは，どのよ
うな規模・権限でも自治を与えれば充足されるというものではない。重要なの
は，国家との適正なチェック・アンド・バランスが可能な構造である。第二に，
それは，個人が共同体意識をもち，あるいは，もつ可能性のある地域において，
個人にその公共事務の共同決定に参加する権利を認めることを要請する。従来，

第 14 章　地方政治のメカニズム――地方自治

「住民自治」の要請といわれてきたものである。

2　地方公共団体

(1)　**地方公共団体の意味**

　憲法は，地方自治の主体を「地方公共団体」と呼び，何がこれにあたるかの決定を法律に委ねた（92 条）。とはいえ，法律がそれをまったく自由に決めうるわけではない。地方自治の本旨に基づくことが要求されており，ここから，何を地方公共団体とするかにつき，一定の制約が生ずる。

　地方自治法 1 条の 3 は，地方公共団体を普通地方公共団体と特別地方公共団体に分け，前者にあたるものとして都道府県および市町村を，後者にあたるものとして特別区，地方公共団体の組合および財産区を定めている。憲法でいう地方公共団体は，地域を基礎にそこにおける一般的・包括的な事務権限を有する団体，すなわち「統治」の主体と理解すべきであり，地方自治法に定める普通地方公共団体（都道府県・市町村）および特別地方公共団体のうち特別区（東京都の区）はこれに該当するが，その他の特別地方公共団体は自治体の特定事務の遂行の便宜のために設置されるもので，憲法にいう地方公共団体ではない。特別区については，かつて最高裁判所は，憲法にいう地方公共団体には該当せず，ゆえに，1952 年に地方自治法を改正して区長の公選制を区議会が都知事の同意を得て選任する制度に変えたことは違憲ではないと判示した（最大判昭和 38 年 3 月 27 日刑集 17 巻 2 号 121 頁）。しかし，その後区民の強い要望といくつかの区における「準公選」の試みもあり，1974 年の地方自治法改正により区長公選制が復活した。今日では，東京都の特別区も憲法上の地方公共団体と解すべきである（地方自治法 281 条の 2 第 2 項は，特別区を市町村に対応する基礎的な地方公共団体としている）。なお，2012 年に制定された「大都市地域における特別区の設置に関する法律」により設置される特別区は，市町村を廃止しそれに代わるものとして設けられるものであり，憲法上の「地方公共団体」に含まれる。

415

(2) 二 層 制

　地方自治法は，市町村を「基礎的な地方公共団体」，都道府県を「市町村を包括する広域の地方公共団体」と位置づけ（2条），地方自治の構造として二層制を採用した。地方自治の本旨における住民自治の要請からは，自治体は比較的小規模の地域団体である必要があり，市町村がこれに対応することになろう。他方で，団体自治における国とのチェック・アンド・バランスの観点からは，市町村は規模が小さすぎて国と十分に対抗しえない危惧が残るため，都道府県を挿入したものと理解することができる。ゆえに，現状においては，両者が相互に補完しつつ住民自治と団体自治の完全を期していると理解されることから，この二層制構造は，地方自治の本旨の要請と考えるべきであろう。もちろん，交通手段や通信手段等の発展，あるいは，住民の行政ニーズの変化は，基礎的自治体としての適正な規模を変動させうるであろうし，それと相関して広域自治体の必要性や適正規模も変動しうる。ゆえに，現行の二層制の維持が憲法の絶対的要請と考える必要はないが，現行制度に修正を加えるには，地方自治の本旨からの厳格な吟味が必要であろう。

(3) 自治体の権限

　憲法94条は「地方公共団体は，その財産を管理し，事務を処理し，及び行政を執行する権能を有し，法律の範囲内で条例を制定することができる」と定める。92条の団体自治の保障から，自治体は地域の政治に必要な権限を当然に保障されているのであり，本条はその権限の内容の重要なものを例示的に規定したものである。特に重要なのは条例制定権と自主財政権である。

(ア) 条例制定権

　条例制定権は，一般には自治体の自主立法権であると理解されている。その行使の主体は，憲法が議会の設置を義務づけていることから考えて，議会と解するのが普通であり，地方自治法も議会に条例制定権を認めている（96条1項1号参照）。しかし，他方で公選の長も存在することから，長が条例制定権の主体となりうるかが問題となる。実際，地方自治法は長に規則の制定権を付与しており（15条），この規則が憲法にいう「条例」の一形式なのか，それとも法律により授権された特別の権限なのかが問題となるのである。この点，通説は，

地方自治法上の条例と規則は，ともに憲法上の条例に含まれると解している。地方自治法は，憲法上の条例制定権を議会と長の両者に認めたと解するのである。

　では，法律は問題によっては細部の定めを「憲法上の条例」（憲法の定める条例）に委任することが許されると考えられるが（法律と条例の関係については428頁参照），ではその場合，「地方自治法上の規則」に直接委任することは許されるか。原則としては，本来的な法定立機関たる議会の制定する条例に委任すべきであり，規則に委任するにはそれを必要とする正当な理由がある場合に限定されると解される。

　地方自治法の定める条例と規則の関係については後述する。

　(イ)　自主財政権

　自治のためには，財政的裏づけも不可欠であり，必要な財源を自ら調達する権能（租税の賦課・徴収権）も財政自治権として地方自治の本旨により保障されていると解される。ただし，国と自治体の間や自治体間で税源の調和的な適正配分が必要であり，それを定める法律には服さなければならない。かかる税源配分を定める法律として地方税法があるが，地方税法は，自治体の賦課・徴収する租税として道府県税（道府県民税，事業税等）と市町村税（市町村民税，固定資産税等）を定めている（4条・5条）。しかし，こうした自主財源としての地方税により財政需要を完全に賄うことのできる自治体は実際上ほとんどなく，大部分の自治体が国からの財政移転により不足を補っている。

　この移転には，主要なものとして①譲与税，②地方交付税，③補助金がある。譲与税は，便宜上国税として徴収されるが，自治体の財源補塡のために自治体に譲与されることが予定されたものであり，そのほとんどの税目につき使途が特定されている。地方交付税は，国税（所得税・法人税・酒税・消費税・たばこ税）収入の一定割合額を自治体の独立財源として交付するものであり，自治体間の自主財源格差を調整する意味の制度である。各自治体に交付される額は一定基準により算出されるので，国の裁量に依存せず，また，自治体が自主予算編成権に基づき自由に使途を決定できる一般財源に編入される。これに対し，補助金は使途が限定された「ひも付き」財源であり，国による自治体のコントロールに利用されやすいことから，地方自治の観点から問題視されることが多

第3部 統治のメカニズム

い。もっとも，補助金にも教育や福祉等の事業費につき国と自治体が分担する負担金（地財10条以下）と，自治体の事業に対し国が奨励的に補助するものとが区別されるが，負担金については国が法律の想定する通りには負担していないのではないかという，自治体の超過負担の問題がある。また，奨励的補助金については，その濫用により自治権の圧迫が生じるとか，効率的予算運用を困難にするなどの問題があり，国策として必要な真に奨励的なものに整理縮小すべきだとの批判が強い。

3 国と自治体の関係

(1) 事務の配分

(ア) 配分の基準

住民（国民）が必要とする公共事務は，国あるいは自治体により引き受けられねばならない。その場合に，公共事務の性質により本来的に国の事務あるいは自治体の事務とされるものも存在する。たとえば，国の防衛や外交，特に国家全体を拘束するような外交関係の処理などは，国が引き受けるべきであるのは当然であるが，国家全体を通じての統一性を必要とする，たとえば貨幣の鋳造・管理なども，国の事務と考えねばならない。他方，特定の自治体のみに関係するような事務は，当該自治体の事務となるのは当然である。しかし，どこでも必要とされる多くの公共事務は，国が責任主体となって行うことも，自治体が責任主体となって行うことも可能である。たとえば，警察・教育・福祉などの通常の行政事務は，ほとんどがこういった性質のものである。ただ，それを国が行えば，全国に統一的な事務処理が可能となるが，画一性の弊害も生じうるのに対し，基礎的自治体が行えば，地方の特殊事情に応じた処理は可能となるが，全国的な統一性は失われる。こういった特性および人口規模に由来する能力差等を考慮して，どの事務を基礎的自治体・広域自治体・国のいずれのレベルに担わせるのが適切かを考えて事務配分を行う必要がある。

もちろん，一つの事務をいずれかのレベルに排他的に配分しなければならないわけではなく，複数のレベルでそれぞれに適した任務を分担しながら競合的・協同的に遂行することも可能である。たとえば，国が全国的に統一的基準

第 14 章　地方政治のメカニズム——地方自治

をナショナル・ミニマムとして法定し，その枠内で自治体が地方の特性に対応した色づけを与えながら執行するという方法である。いずれにせよ，国と自治体が競合しうる事務の配分にあたっては，それを行うのが法律であるために，国レベルに有利な配分となりがちである。そこで，「補充性（subsidiarity）の原理」（「補完性の原理」ともいう）を基礎に原則としては基礎的自治体の事務とし，基礎的自治体の能力を超え，あるいは基礎的自治体によっては効率的に遂行できない事務については，その限度で広域自治体，次いで国の，任務とするという考え方をとる必要がある。地方自治法 1 条の 2 第 2 項が「国においては国際社会における国家としての存立にかかわる事務，全国的に統一して定めることが望ましい国民の諸活動若しくは地方自治に関する基本的な準則に関する事務又は全国的な規模で若しくは全国的な視点に立つて行わなければならない施策及び事業の実施その他の国が本来果たすべき役割を重点的に担い，住民に身近な行政はできる限り地方公共団体にゆだねることを基本として，地方公共団体との間で適切に役割を分担す」べきものと規定したのは，かかる趣旨に理解されるものである。

(イ)　機関委任事務の廃止

地方自治法が 1999 年に改正される前には，多くの事務が国の事務とされ，そのうえで，その執行のみが自治体の機関である長（知事・市町村長）に委任されるという構成をとっていた。これが「機関委任事務」と呼ばれたが，もともと国の事務であるという建前の下に，国が施行細目を通達等で定め，地方の裁量をほとんど認めない形で運用されていた。改正地方自治法 1 条の 2 第 2 項の事務配分原則は，これを改める意味をもつのである。

機関委任事務の廃止に伴い，従来の機関委任事務は自治事務と法定受託事務のいずれかに振り替えられた。そこで，現行法の下では，公共事務は次の四つに分類されることになる。第一に，国の事務として，国が自ら執行するもの，第二に，国の事務であるが，その執行が法律により自治体に委託されるもの（法定受託事務），第三に，自治体の事務であるが，法律の規制を受けるもの（法定自治事務），第四に，自治体が任意に行いうる事務（随意自治事務）である。

(ウ)　法定受託事務と自治事務

地方自治法は，自治体が処理する事務を自治事務と法定受託事務とに分けた。

419

第3部　統治のメカニズム

法定受託事務とは，①「法律又はこれに基づく政令により都道府県，市町村又は特別区が処理することとされる事務のうち，国が本来果たすべき役割に係るものであつて，国においてその適正な処理を特に確保する必要があるものとして法律又はこれに基づく政令に特に定めるもの」（自治2条9項1号），および，②「法律又はこれに基づく政令により市町村又は特別区が処理することとされる事務のうち，都道府県が本来果たすべき役割に係るものであつて，都道府県においてその適正な処理を特に確保する必要があるものとして法律又はこれに基づく政令に特に定めるもの」（同項2号）であり，これ以外が自治事務である。

　要するに，法定受託事務とは，①については，本来は国の事務であるが，その実際の実施が法律により自治体に委ねられたものであり，②については，本来は都道府県の事務であるが，その実際の実施が法律により基礎的自治体（市町村・特別区）に委ねられたものである。本来が国あるいは都道府県の事務であるならば，国や都道府県の地方出先機関が実施すればよいわけであり，実際，事務によっては自治体に委ねず，地方出先機関を通じて処理しているものもあるが，国や都道府県がその事務をすべて自前の組織を通じて行おうとすれば，膨大な行政組織が必要となるなど，コストや効率の点で決して好ましいものではないので，自治体に実施を依頼するという手法をとっているのである。しかし，これは自治体に国の下部機関としての役割を負わせるものであり，行き過ぎれば自治体の自主性・自立性を損ないかねない危険をもつ。そこで，法定受託事務の設定と，その遂行に際しての国の関与の仕方について厳格に法律に基づくことを要求した。

(2)　関与と参加

(ア)　国の自治体に対する関与

　事務配分に関連して重大な問題となるのは，自治体による事務の実施方法について国（あるいは都道府県）がいかなる発言権をもつかである。機関委任事務においては，国・都道府県が実施方法の細部にまで口出しし，自治体の自治を大きく制約していた。この反省に立って，1999年改正地方自治法は，国が自治体の事務処理に，あるいは，都道府県が市町村の事務処理に「関与」する場合の原則を詳細に規定し，自治体の自主性・自立性確保に意を用いた。

第14章　地方政治のメカニズム——地方自治

　関与の種類として，地方自治法245条は，①助言または勧告，②資料の提出の要求，③是正の要求，④同意，⑤許可，認可または承認，⑥指示，⑦代執行，⑧協議，等を挙げ，これらの関与を行うには，法律（またはこれに基づく政令）による根拠を必要とする「関与の法定主義」の原則（自治245条の2）を確立し，かつ関与は「その目的を達成するために必要な最小限度のもの」とし，自治体の「自主性及び自立性に配慮」することを要求した（同245条の3第1項）。そのうえで，たとえば自治事務の処理に関しては原則的に④や⑤や⑦の関与方法はとるべきでない（同条第2項・4項・5項）など，法定受託事務・自治事務のそれぞれにつきどのような関与が許され，あるいは，原則的に禁止されるかの基本原則（同245条の3以下）と関与の手続等について詳細に定めている。

　さらに，国による一定の関与に不服がある場合には，自治体側がその審査を申し出ることのできる機関として，国地方係争処理委員会を総務省に設置し（同250条の7），この委員会が係争処理についての勧告を出しうることにし（同250条の14），自治体が委員会の審査結果・勧告に不服があれば，係争の対象となった国の関与の取消または国の不作為の違法の確認を求める訴訟を高等裁判所に提起できることにした（同251条の5）。従来，自治体の側で国の関与を争う法的手段がほとんどなく，国の指示・命令に一方的に服せしめられてきたことを考えると，最終的に裁判所で争うことを認めたこの改革は，自治体の立場を飛躍的に強化する可能性をもち，今後の運用が注目される。なお，都道府県による市町村への関与についても同種の制度が定められている（同251条の3・251条の6）。

　この係争処理制度は，当初は自治体側からの審査請求・提訴のみを想定しており，国からのそれは規定していなかったが，法律に従った国の関与に対して審査請求・提訴等の適切な応答をせず，いわば無視する態度をとる自治体が出てきたので，係争の解決を法的手続に載せることができるようにするために，国からの提訴を認める法改正が2012年になされている（同251条の7）。なお，市町村が都道府県の関与に対し応答しない場合にも，都道府県に同種の提訴を認めている（同252条）。

第3部　統治のメカニズム

(イ)　自治体による国への参加

　事務配分と国の関与が法律に基づいて行われる以上，法律がいかなる定め方をするかは自治体にとって重大な関心事となる。そこで，関係法令の制定・改廃に自治体の声を反映させるシステムの設置が課題となる。憲法自身はこの点に触れるところはないが，それは憲法がかかる目的の制度を全面的に禁止した趣旨ではない。憲法解釈上許容される範囲内で，法律により規定することは当然許される。地方自治法は，自治体の機関の全国的連合組織（具体的には，知事会，都道府県議会議長会，市長会，市議会議長会，町村長会，町村議会議長会の地方六団体）が，内閣や国会に意見書を提出することを認めている（263条の3）が，このほかに個別法で自治体の意見を聴取することを義務づけている例もある（たとえば，国土利用5条3項，自園5条〜8条）。

(3)　特別法の住民投票

　憲法95条は，「一の地方公共団体のみに適用される特別法は，法律の定めるところにより，その地方公共団体の住民の投票においてその過半数の同意を得なければ，国会は，これを制定することができない」と定める。国会単独立法の原則に対する例外である。これは，国会の多数派が特定の自治体にのみ不利益な立法を押しつけることを防止しようとするものである。ゆえに，特定の自治体を有利に扱う法律は，これに該当しないと解されている。不利に扱われる自治体の同意を，議会の決定ではなく住民投票によるべきことにした点に，団体自治のみならず住民自治の重視が表れている。

　この制度は，戦後初期に数度使われた（たとえば，1949年の広島平和記念都市建設法，長崎国際文化都市建設法等）が，その後ほとんど使われなくなっている。ある法律が特定の自治体を不利に扱っているのか有利に扱っているのか判断が微妙であることが一つの理由であるが，もう一つの理由として，法律の文面上，特定の自治体を対象とするのではなく，すべての自治体を対象とする一般的な書き方にすることにより，特別法となることを回避することが多いということもある。しかし，現実の適用対象が特定の自治体のみという場合には，実態を重視して特別法と考えるべきであろう。

第14章　地方政治のメカニズム——地方自治

4　自治体の統治機構

(1) 住 民 自 治

　日本国憲法は，95条で住民投票を要求し，93条2項では議会議員のみなら
ず長や「法律の定めるその他の吏員」についても住民の直接選挙を要求するこ
とにより，住民が国レベルにおいてよりもより積極的に地方政治に関わること
を想定しており，その方向での制度の採用を法律に委ねていることが窺える。
この趣旨を受けて，地方自治法も憲法の要求するもの以外に住民の様々な参加
方法を創設した。その全体の様相を概観しておく。

(ｱ)　長・議員の直接選挙

　憲法は自治体の長と議会議員の住民による直接選挙を要求した（93条2項）。
明治憲法下では，知事は「官選」であり，市町村長も直接選挙ではなかったこ
とと対比されるべきである。選挙権は「日本国民たる年齢満18年以上の者で
引き続き3箇月以上市町村の区域内に住所を有するもの」（自治18条）が有し，
被選挙権は，議員と市町村長については満25歳以上，知事については満30歳
以上の者と定められている（同19条）。被選挙権には当該地域の住民であるこ
とは要求されていないことに注意しておこう。議員の定数は，自治体の人口に
応じて最高数が地方自治法で定められており（都道府県議会につき90条，市町村
議会につき91条），その範囲内で条例により定めることになっている。区割り
の原則（都道府県については郡市の区域，指定都市は区の区域をもって選挙区とし，市
町村はその全体を一つの選挙区とすることを原則とする，等）は，公選法15条が定
めており，各選挙区の定数は原則として人口に比例して条例で定めることとさ
れている（公選15条8項）。人口比例が要請されているにもかかわらず，実際
には定数不均衡が重大な問題となっている点，国政選挙と同様である（最一判
昭和59年5月17日民集38巻7号721頁参照）。複数の選挙区を持つ地方公共団体
では小選挙区と大選挙区が併存し，大選挙区は単記非移譲式投票制度を採用し
ており，しかも定数が2から多いところでは15を超えるところもあるという
具合で，選挙制度の理念を捉えがたいという問題が指摘されている。

　なお，憲法は「法律の定めるその他の吏員」の直接選挙を想定しており（93

423

第3部　統治のメカニズム

条2項)，当初は教育委員会の委員が直接公選されていたが，1956年に廃止され，長が議会の同意を得て任命する方法に変更された。現在，これに該当する「吏員」(地方公務員) は存在しない。

(イ)　直 接 請 求

a)　条例の制定・改廃請求　　住民は条例の制定・改廃を請求する権利を有する (自治12条1項)。この請求は，有権者総数の50分の1以上の連署をもって長に対して行い，長が議会に付議する (同74条)。これに基づき条例を制定・改廃するかどうかは，議会の判断に委ねられており，議会に拒否されても住民にはそれ以上の手段はない。ゆえに，最終的には住民投票で決着をつける本来のイニシャティヴとは異なる。

b)　事務の監査請求　　住民は，有権者総数の50分の1以上の連署をもって，監査委員に対し自治体事務の執行につき監査の請求を行うことができる (自治12条2項・75条)。この監査請求は，後述の住民監査請求と異なり，財政的問題に限定されない。

c)　議会の解散請求　　住民は，有権者総数の3分の1以上の連署をもって，選挙管理委員会に対し議会の解散請求をすることができ (自治13条1項・76条1項)，これを受けて委員会がこれを選挙人の投票に付し (同76条3項)，解散の投票において過半数の同意があったときは，議会は解散する (同78条)。ただし，一般選挙後あるいは解散投票後の1年間は，解散請求は認められない (同79条)。この制度については，3分の1以上の連署というのは厳しすぎるとの批判が強い。

d)　長・議員等の解職請求　　住民は，(選挙区) 有権者総数の3分の1以上の連署をもって，各議員および長の解職を選挙管理委員会に請求することができ (自治13条2項・80条1項・81条1項)，選挙人による解職投票の結果過半数の同意があったときは，当該議員・長は失職する (同83条)。この解職請求は，議員・長の就職の日あるいは解職投票の日から1年間は認められない (同84条)。なお，副知事・副市町村長，選挙管理委員・監査委員，公安委員会委員についても，同様の解職請求が認められている (同13条2項・86条)。この場合，長が議会に付議し，議会が3分の2以上の出席の下に出席議員4分の3以上で同意したときに失職する (同87条)。

第 14 章　地方政治のメカニズム——地方自治

　e)　法定外「住民投票」の可否　　以上に見た直接請求は，憲法に定めはないが，法律で規定することも合憲であるというのが通説である。しかし，地方自治法は，住民が直接政策決定を行う「住民投票制度」(いわゆるレファレンダム)は採用しなかった。これは，代表民主政を基本とする日本国憲法の下では，直接投票は違憲の疑いがあると判断したためと思われる。しかし，地方自治においては，国レベルとは異なり，直接民主主義的要素を取り入れることも必ずしも否定されていないと考えれば，立法政策の問題と解する余地もある。実際，地方自治法 94 条は，町村に対し，条例により議会に代えて有権者による総会を設けることを認めているが，これは憲法に反しないというのが通説である。もっとも，直接民主制の総会が合憲なら，直接投票も合憲というべきだとは必ずしもいえない。総会は「討論」を前提とする会議体であるのに対し，住民の直接投票は「討論」とは切断されているからである。

　では，法律で採用していない直接制的制度を条例で取り入れることは許されるか。自治体に自己組織権(統治の機構を自主的に定める権利)を認める以上，法律に反しない限り条例で一定の機構を制定することは許される。では，法律は，自らは直接制的制度を規定しなかったことにより，条例で直接制的制度を採用することまで禁止したと解すべきか。今日，原子力施設やゴミ処理施設の設置等にみられるように住民が激しく対立する問題が生じてきており，住民投票によりその決着をつけたいという自治体の要望も強くなってきている。今までにいくつかの自治体で行われた住民投票では，憲法・法律違反の問題を回避するために，投票結果は諮問的あるいは参考意見的効力しかもたないと説明されてきたが，それでも事実上の拘束力は否定できず，代表民主政が憲法上自治体についても要求されていると考える立場からは，諮問的住民投票にも違憲・違法の疑いがあると指摘されている。今後に残された問題である。

　(ウ)　住民監査請求・住民訴訟

　住民は誰でも自治体の長・職員による違法・不当な財務会計処理につき，監査委員に監査を請求することができ(自治 242 条)，監査の結果に不服のある場合には，さらに裁判所に住民訴訟を提起し，適当な救済を求めることができる(同 242 条の 2)。この住民訴訟の制度は，住民に具体的な権利利益の侵害を受けたことを要求しない客観訴訟であり，特に憲法上は，自治体にも当然適用のあ

425

第3部 統治のメカニズム

る憲法89条の公金支出制限と連動して，政教分離原則違反を住民が監視するのに広範に利用されている。

(2) 議 会 と 長

㈦ 両者の関係

a) 大統領制型　憲法は自治体の長と議員を住民の直接選挙で選ぶことにした（93条2項）。国レベルと比較した特徴は，いうまでもなく長の直接選挙にある。国レベルでは議院内閣制を採用しているのに対し，自治体レベルでは大統領制型の機構を採用したのである。議院内閣制と大統領制では依拠する論理が異なるから，細部の具体的制度設計と運用にあたっては，その違いを十分に理解しておく必要がある。大統領制型においては，行政の長は制度上住民の直接選出に基礎を置くから，議会と対等な立場にあり，政治のイニシャティヴをとるには好都合な位置にある。実際，長の選挙においては，自治体の政治の基本政策が争点化され，それを住民が選択する意味をもつので，長が基本政策の実施に積極的なイニシャティヴをとりやすい環境が醸成される。しかし，議会は，議院内閣制の場合と違い，常に長を支持するとは限らない。議会の多数派が，長を選出した住民の多数派と正確に対応する保証はないからである。したがって，この制度の具体化と運用にあたっては，二つの多数派に食い違いが生じた場合の対処手段を考慮に入れておく必要がある。長は基本政策の実施のために予算と条例を必要とするが，議会がその議決を拒否し，あるいは，異なる基本政策の実施のための予算・条例を議決することもありうるのであり，このような長と議会の正面衝突の予防と解決方法を考えておく必要があるのである。

予防の一つとして，多数派の食い違いが生ずるのを最小限にするために，長と議会の選挙を同時期に行うことが考えられる。長と議員の任期はともに4年とされており（自治140条1項・93条1項），もともとは両者の選挙が同時期に行われることが想定されていたと思われるが，今日では長の任期途中の死亡や辞職などの事情により，選挙時期にずれが生じている自治体も少なくない。

もう一つの方法として考えうるのは，議会の構成にイデオロギー的な政党色が強くならないよう選挙制度等を工夫し，長と議会の間の話合いと妥協を容易

426

第 14 章　地方政治のメカニズム──地方自治

にすることである。現行の大選挙区単記投票制は，必ずしも政党色を強調しない点で，この目的に適した面を有している。もっとも，現実には地方議会の多くは「政党化」以前の状況にあり，議論の前提が異なるというべきかもしれない。

　対立の解決方法として，地方自治法は次のような制度を定めている。

　b)　対立の調整メカニズム

　(i)　長による再議要求　　長は，議会の議決に異議があるときには，再議を要求することができ（一般的再議要求）あるいは，しなければならない（特別再議要求）。

　一般的再議要求　長は，議会の条例・予算に関する議決に異議があるときは，その送付を受けた日から 10 日以内に理由を示して再議に付すことができ，これを議会が修正なしに再議決して確定するためには，出席議員の 3 分の 2 以上の同意が必要である（自治 176 条 1 項・3 項）。アメリカの大統領がもつ拒否権に相当するものである。条例・予算に関する議決以外の場合は，議決の日から 10 日以内に理由を付して再議に付すことができ，再議決で確定するための同意は過半数でよい（同条 1 項・2 項）。

　特別再議要求　これには三つの種類が規定されている。一つは，議会が越権・違法な決議あるいは選挙を行った場合であり，このときは長は再議決・再選挙に付すことが義務づけられている。再議決・再選挙がなお越権・違法と判断するときには，知事は総務大臣に，市町村長は知事に，21 日以内に審査を申し立てることができ，その裁定に不服がある場合には，裁定の日から 60 日以内に裁判所に出訴することができる（自治 176 条 4 項〜7 項）。二つは，議会が義務的経費につき削除・減額の決議をした場合である。議会がなお同内容の再議決をした場合には，長は義務的経費にかかる費用を予算に計上してその経費を支出することができる（同 177 条 1 項 1 号・同条 2 項）。三つは，議会が非常災害等のために必要な経費を削除・減額した場合で，同内容の再議決がなされたときには，長はその議決を後述の不信任の議決とみなすことができる（同 177 条 1 項 2 号・同条 3 項）。

　(ii)　議会による長の不信任議決と長による議会の解散　　議会は，議員数の 3 分の 2 以上の出席の下に，出席議員の 4 分の 3 以上の多数により，長の不信任議決をすることができる（自治 178 条 3 項・1 項）。この場合，長は 10 日以

427

第3部　統治のメカニズム

内に議会を解散することができる（同条1項）。解散しなかったときには，期間経過とともに長はその職を失う（同条2項）。解散した場合には，解散の日から40日以内に議会の一般選挙が行われ（公選33条2項），解散後初めて招集された議会において，議員数3分の2以上の出席の下に出席議員の過半数により再び不信任の議決がなされた場合には，長はその職を失う（自治178条2項・3項）。不信任のために4分の3の多数を要求しているのは，大統領制型を基本とし，きわめて例外的な状況の打開方法のみを考慮したためと思われる。前述の解職・解散請求制度との補完・調和関係を考えれば，より低い要件とすることも一考に値しよう。

　(イ)　議会と条例制定権

　a)　総　説　　憲法93条1項は，議会を議事機関と述べるのみでその性格を明確には規定していないが，地方自治が「統治」の自治であると理解し，国レベルの「統治」のあり方とパラレルに考える観点から，議会を国会に対応させ，自治体統治の最高議決機関であると解する。ただし，憲法は自治体の統治機構として大統領制型を採用しているので，議会と長の権限配分は，国会と内閣のそれとは必ずしも同じであるわけではなく，法律で具体化することが予定されている。なお，地方自治法は，地方議会を一院制に定めた。

　議会を構成する議員は，国会議員や他の自治体の議員との兼職を禁止される（自治92条）。また，国会議員と異なり，不逮捕特権や免責特権は認められていない。

　議会の権限として重要なものには，憲法自身が認めた条例制定権のほかには，地方自治法100条の定める調査権が注目される。この規定により，議会は証人を喚問し，証言や記録の提出を請求する強制権限を付与されている。

　b)　条例制定権　　ここでは条例制定権に関する論点を取り上げて概説しておく。

　(ⅰ)　条例事項　　条例制定の範囲につき，かつて機関委任事務に及びうるかが議論されたが，法改正により法定受託事務についても法律の範囲内で条例を制定しうることが明示された（自治14条1項）。

　条例に関する最大の問題は，法律との関係である。条例は「法律の範囲内」（憲94条）で制定することが認められたものであるが，法律を執行するための

428

「命令」ではなく，自治体の事務に関して制定しうる自主的立法であり，法律の根拠を必要とするものではない。したがって，「法律の範囲内」とは「法律の留保」の意味ではなく，合憲的な法律が存在する限り，条例はそれに反してはならないというにすぎない。もっとも，憲法が明示的に法律に留保している事項につき，条例で規定することが許されるかは問題となりうる。第一に，憲法 31 条により刑罰を定めるには法律によらねばならず，条例で定めることは禁止されるのではないかが問題となる。しかし，条例は住民の代表者により制定される自主立法であり，自治体の事務に関する限り法律と同位と見るべきである。地方自治法 14 条 3 項は，条例で「2 年以下の懲役若しくは禁錮，100 万円以下の罰金，拘留，科料若しくは没収の刑又は 5 万円以下の過料を科す」ことができると規定するが，これは罰則の制定権を授権したものというよりは，自治体が憲法上有する罰則の制定権につき上限を設定した規定と解すべきものであろう（最大判昭和 37 年 5 月 30 日刑集 16 巻 5 号 577 頁の垂水補足意見参照）。第二に，憲法 84 条の租税法律主義との関係が問題となる。ここでも，自治権は自主財源としての課税権を当然に含むと解すべきであるから，自治体の課税については租税条例主義と読み替えて理解すべきことになる。判例も，地方公共団体は「課税権の主体となることが憲法上予定されているものと解され」，法律の範囲内で条例により課税することができるとしている（最一判平成 25 年 3 月 21 日民集 67 巻 3 号 438 頁）。第三に，憲法 29 条 2 項との関連で，条例により財産権の規制を行いうるかが問題となる。この点につき最高裁は，財産権の制限を定めた奈良県ため池条例判決（最大判昭和 38 年 6 月 26 日刑集 17 巻 5 号 521 頁）において，条例による規制も合憲と判示した。

　　(ii)　法律との抵触　　法律と条例の関係をめぐるもう一つの問題は，法律と条例の規制が競合するとき，いかなる場合に両者が抵触すると考えるかである。かつては，法律先占論といって，法律がすでに存在する事項については条例による規制は許されないと解されていた。しかし，最高裁判所は，道交法と公安条例の抵触が一つの争点となった徳島市公安条例判決（最大判昭和 50 年 9 月 10 日刑集 29 巻 8 号 489 頁）においてこの考えを否定し，条例が法律に違反するかどうかを判断するには法律と条例の規制対象や規制文言を対比するだけでなく，それぞれの趣旨・目的・内容・効果を比較すべきであり，たとえば両者

第3部　統治のメカニズム

が同一目的の規制であっても，法律の趣旨が自治体の実情に応じて別段の規制を行うことを容認するものであるような場合には，条例は法律に違反しないということもありうると判示している。この問題は，自治体による公害規制条例を契機に論じられたが，法律による公害規制をナショナル・ミニマムと解し，自治体の実情に応じた条例による上乗せ規制も許されるという考えが今日では支配的となっている。なお，法律と条例が競合する場合とは逆に，法律の規制が存在しない場合に，そのこと自体が条例による規制を排除した意味をもつのではないかという問題もあるが，この場合にも法律の不存在の意味を条例により規制される人権の性質や規制方法等を考慮して判断することになる。

　(ウ)　長と規則制定権

　自治体の執行機関のあり方として，憲法は公選の長の存在を要求しているが，長に執行権を独占させるものとは解されていない。地方自治法は法律に基づき特定の事務の執行にあたる委員会の存在を予定しており（自治138条の4），実際，教育委員会，選挙管理委員会，農業委員会等が存在している。しかし，執行機関の中心は，いうまでもなく「長」（市町村長・都道府県知事）である。

　長にも議員と同様の兼職禁止が課されている（自治141条）。

　長は，自治体を「統轄し，これを代表する」（自治147条）地位にあり，自治体の事務を管理・執行する（同148条）が，具体的な権限としては，地方自治法により，規則制定権（同15条），議会への議案の提出権，予算の調製・執行権などが規定されている（同149条）。ここでは特に規則制定権を取り上げ問題点を指摘しておく。

　地方自治法15条1項は「普通地方公共団体の長は，法令に違反しない限りにおいて，その権限に属する事務に関し，規則を制定することができる」と定める。この規則は議会の制定する条例とどのような関係に立つのであろうか。地方自治法14条2項は「普通地方公共団体は，義務を課し，又は権利を制限するには，法令に特別の定めがある場合を除くほか，条例によらなければならない」と規定する。「法規」の定立は条例によらねばならないという趣旨の規定であるが，逆にいえば，それ以外は規則で定めてもよいという趣旨に解される。法律と命令の関係の場合よりも規則事項を広く捉えていることになるが，大統領制型の特徴が反映されたということであろう。

430

第 15 章

法の支配と裁判所

1 法の支配と司法権

⑴ 法の支配の目的と構造

　法の支配は，支配者の恣意的で気まぐれな支配を意味した「人の支配」を否定するために主張された観念であった。人の支配は，権力がどのように行使されるかの予測を困難にし被治者の地位を不安定にする。そこで，被治者の安定した地位と権利を保障することを目的に，法の支配が求められたのである。支配者の意思からは独立に予め存在する法に従って支配（権力の行使）が行われること，これが法の支配の要求であった。ゆえに，法の支配を制度として確立するためには，まず第一に，権利を保障した内容をもつ「法」の確立が必要であり，第二に，支配が法に従って行われているかどうかを裁定する中立的な機関が必要である。立憲君主政において立法権（議会）と司法権（裁判所）が君主の権力から分離・独立したのは，権利保障のための法の支配の確立という観点からはきわめて自然な展開であり，18 世紀イギリスの立憲君主政がモンテスキューの三権分立論の基礎となったのもこの観点から理解できる。国民主権モデルにおいては，この論理はさらに発展し，法の支配の制度化の論理として「法の段階構造」が形成される。つまり，法はその定立機関との関連でいくつかの法形式に分化され，法形式間に効力の上下関係が設定されて，下位の法形式は上位の法形式に自己の根拠をもたねばならず，上位の法形式に違反してはならないとの原則が確立されるのである。日本国憲法においては，基本的には，「憲法→法律→命令（政令→府・省令，規則）」という段階構造が形成されている。

431

第3部　統治のメカニズム

それぞれの法形式は法定立機関の違いに対応しており，下位の法形式を上位の法形式の「執行」と捉えると，法定立機関と法執行機関が分離されていることが重要である。そして，下位の法形式が上位の法形式に違反していないかどうかを，中立的な第三者機関としての裁判所が審査することにより，法の支配の実現が期されているのである。

　支配（政治）を法に服せしめるには，政治活動を法的行為・法形式へと「翻訳」しなければならない。法の言葉に移し換えることにより，政治を法の論理の中に取り込み法による枠づけが可能となるのである。政治は，法の衣をまとい，法の段階構造の中で法の論理を使って自らを正当化しなければならず，その正当化が受け入れられうるものかどうかが中立的な裁判所により判断される。これが法の支配の基本構造である。それは，ある意味では，「目的─手段」思考の政治を「要件─効果」へと枠づける操作ということができよう。

(2)　司法権の意味

㋐　定　　義

　法の支配が要請するのは，正しい法を制定し，それを忠実に執行することであった。その目的は，国民の権利の保障であり，日本国憲法はこれを「裁判を受ける権利」（32条）として表現している。何人も，「法」に違反する権力行使により権利を侵害された者は，裁判所において裁判を受ける権利を有するのである。そして，その裁判所は，今見たように法の支配の構造において，要の位置を占めている。そのことが「司法権」の観念に反映されなければならない。

　憲法76条1項は「すべて司法権は，最高裁判所及び法律の定めるところにより設置する下級裁判所に属する」と定める。この司法権は，立法権（41条）および行政権（65条）との関連（三権分立）において使われている用語であり，三権分立との関連において定義されなければならない。三権分立は，法の支配の制度化のための原理であり，そうだとすれば，立法が法定立（法律の制定）作用であり，行政が法律の執行であるのに対し，司法とは法の「執行」における争い（下位規範が上位規範に反していないかどうかの争い）を裁定することを核心とする作用と捉えるべきことになる。もちろん，裁判所の役割は国民の権利を保護することにあり，そのために「裁判を受ける権利」に応えなければなら

432

ないが，それに付随して必要な「裁定」を行うのであり，この裁定こそが「司法」の核心なのである。

そのうえで，司法作用は次のような性質も併せもつと考えなければならない。第一に，立法や行政が上位規範の枠内で自らの判断に基づき行動を起こしうるのに対し，司法は権限の自己増殖を避けるために受動的作用でなければならず，適法な提訴があって初めて活動を開始しうると解さねばならない。第二に，司法は争いを裁定する中立的な機関であり，その手続も当事者を公正に扱う適正なものでなければならない。第三に，司法による裁定には終局性が与えられねばならない。

以上より，司法とは「適法な提訴を待って，法律の解釈・適用に関する争いを，適切な手続の下に，終局的に裁定する作用」と定義することができる。この定義で司法作用の核心をなすのは，「法律の解釈・適用に関する争いの裁定」であり，「適法な提訴」は司法の発動条件，「適切な手続」は司法権行使の態様，「終局性」は効果を表現している。

(イ)　事件性の要件との関係

従来の通説は，司法を具体的事件の解決という点に重点を置いて理解してきた。司法権の本来の役割は，国民の権利義務に関する具体的な争いを解決することにあると考えてきたからである。たしかに，国民の権利利益の侵害を救済することは，裁判所の重要な任務である。憲法は国民に裁判を受ける権利を保障しており，それに応えることが裁判所の権限の範囲に含まれることは疑いない。しかし，司法の観念自体は，立法・行政との，いわば横の関係における任務分担として決まるべきものであり，国民の裁判を受ける権利との関係という，いわば縦の関係における任務規定とは区別して考察すべきと思われる。司法権の発動には具体的事件の存在が必要だという意味での「事件性の要件」は，後者に関係するものであり，私の定義では「適法な提訴を待って」という表現で捉え直されている。

司法権の概念が事件性を要件としないとすると，事件性を欠く，個人の権利義務に関する具体的な争いではない，いわば抽象的な争いの裁定も司法権に属するということになる。しかし，それは，あくまでも潜在的にそうだというにすぎない点に注意が必要である。司法権への帰属が顕在化するのは，「適法な

提訴」があったときである。憲法は人権を保障しているから，自己の人権を侵害されたと主張する者は，人権規定を直接的根拠として，あるいは，裁判を受ける権利を媒介にして，当然出訴が許される。ゆえに，人権侵害の場合は，司法権は憲法上顕在化しているのであり，その争いを裁判所以外が裁定することは原則として許されない。また，国会は法律により個人に具体的な権利を与えることができ，この法律上の権利が侵害された場合にも，裁判を受ける権利を根拠に出訴が保障される。ゆえに，法律上の権利についての争いが生じたときも，司法権は顕在化する。

　問題は，憲法上も法律上も実体的な権利が与えられていないときである。特定個人の権利利益ではなく，国民・住民全体の利益に関係する法適用の争いがその例であるが，このような場合に法律により出訴権を与えることは許されるであろうか。司法権に事件性の要件を要求する通説の立場からは，これは司法権に属さない権限を法律により裁判所に与えることは許されるかという問題になる。しかも，行政についての控除説の立場からは，司法権（および立法権）に属さない権限は行政権に属するから，これは法律により憲法上の権限分配を変更しうるかという重大な問題となる。それに対し，私の立場からは，この問題は，憲法上潜在的に司法権に属し，それを顕在化させるかどうかは国会に属する権限を国会が行使するかどうかという，国会の裁量の問題と捉えることになる。国会は，憲法上，行政が法律に従って行われているかどうかチェックする権限を，自ら執行すると同じにならない限度内で，有している。その権限行使の一態様として，それを必要かつ適切な限度内で裁判所に委任することは許されてよいであろう。もちろん，その裁量の範囲を逸脱してはならないが，それは委任を受けた裁判所自身が判断しうることであるから，問題は生じないと思われる。実際，住民訴訟（自治242条の2）や選挙訴訟（たとえば公選204条の定める選挙無効訴訟）のような民衆訴訟などの「客観訴訟」が，法律により認められている。これらは，権利侵害を理由として出訴する「主観訴訟」とは異なり，住民とか選挙人という一般的な立場で行政の違法を争う訴訟と説明されており，裁判所法3条1項が裁判所の権限として掲げた「法律上の争訟」と「その他法律において特に定める権限」の二種のうち，後者に該当すると理解されてきたが，まさに法律によって出訴権を認めたものなのである。

第 15 章　法の支配と裁判所

(3)　司法権の限界

司法権の限界とは，司法権を行使しうる範囲はどこまでかの問題であるが，それには，司法権の性格（定義）自体からくるもの（内在的限界）と憲法上の他の規定との調整からくるもの（外在的限界）がある。内在的限界として最も重要なものは，出訴権との関連で生ずるものである。つまり，前述のように，司法権が顕在化し，現実に行使しうるに至るためには，適法な出訴が必要であった。司法権は出訴権の存在により現実的範囲を画されているのである。出訴権については，法律によりどの限度まで付与しうるかという問題があり，一般的には立法裁量の問題と解するが，これとの関連で抽象的な違憲審査を求めるための出訴権付与が許されるかどうかという特殊な問題がある。しかし，これについては違憲審査制度を説明するところで述べることにし（456 頁以下参照），ここでは外在的限界を中心に見ておくことにする。

(ア)　憲法が明文規定で設定した例外

国会議員の資格について疑問が生じた場合には，その議員の帰属する議院が裁判権をもつ。この裁判で議員の議席を失わせるには，出席議員の 3 分の 2 以上の多数による議決が必要である（55 条，なお国会 111 条〜113 条参照）。その結果に不満があっても，裁判所に訴えることはできない。ただし，選挙争訟において候補者の資格を争うことを法律で認めても，議院の権限を侵害するわけではない。

もう一つの例外は，弾劾裁判所である（64 条）。これについては後に触れる（446 頁参照）。弾劾を受け罷免された裁判官は，それを裁判所に訴えることはできない。

(イ)　立法権・行政権との関係における限界

a)　自律権　権力分立が機能するためには，各権力の自律権が必要である。ゆえに，各院や内閣の自律的判断に委ねられた事項には，司法権は介入できない。たとえば，法律が成立したのかどうかとか，内閣決定があったかどうかなどの問題は，原則的にはそれぞれが自律的に判断したところを尊重しなければならない（警察法改正無効事件・最大判昭和 37 年 3 月 7 日民集 16 巻 3 号 445 頁，苫米地事件・最大判昭和 35 年 6 月 8 日民集 14 巻 7 号 1206 頁参照）。

b)　立法裁量・行政裁量　司法権は下位規範が上位規範に適合している

435

かどうかを判断する作用であった。つまり，立法が憲法の枠内にあるのか，行政が法律の枠内にあるのかを裁定するのである。その場合に，上位規範が唯一の下位規範しか許容していないということは稀で，多くの場合，上位規範の枠内で複数の下位規範の可能性が存在する。そのうちどれを選択するかは，第一次的には立法権あるいは行政権の裁量権に属し，司法権はそこで選択された規範が上位規範の枠内にあるかどうかを判断することを中心的な役割とし，第一次的判断権者に代位して自らが最善と考える選択肢を押しつける権限は原則的にはない。しかし，第一次判断権者がその権限行使の機会をもったにもかかわらず，それを行使せず，または不十分にもしくは誤って行使した場合には，司法権は当該権力に代位して，実効的救済に必要な選択肢を命ずることができると解すべきである（たとえば，定数不均衡訴訟の場合を考えよ）。

(ウ)　人権その他の憲法規定との調整からくる限界

司法権も権力の一つとして憲法に服する。ゆえに，司法権の行使は人権等の憲法規定に反しないように行われなければならない。その場合よく問題となるのは，政教分離および結社の自由との関係である。

a)　政教分離原則に由来する限界　　宗教に関係する紛争の解決を求められたとき，その紛争の解決のためには宗教上の教義に関する争いを解決する必要があるという場合には，裁判所は介入してはならない。政教分離により，裁判所は教義に関して一方の立場に与することが禁止されているからである。最高裁は，教義についての争いは法を適用して解決しうる問題ではないから，法律上の争訟とはいえないとして（板まんだら事件・最三判昭和56年4月7日民集35巻3号443頁参照。この事件では，「板まんだら」を安置すべき正本堂の建立資金を寄付した原告が，「板まんだら」が偽物であることを理由に要素の錯誤を主張し寄付金の返還を求めたが，偽物かどうかは教義の理解に依存すると解された），これを内在的限界の問題と捉えている。しかし，教義の問題を法的に解決することは法技術的に不可能とはいえないから，むしろ政教分離の原則からくる外在的限界と解するのがよい。

b)　結社の自由に由来する限界　　憲法は結社の自由を保障しているが，結社の自由は結社内部の問題を国家から干渉されることなく自治的に処理する権利を内包している。自治的処理に関して争いが生じた場合，不満のある側は

裁判を受ける権利を有しているが，他方の側は自治的処理の権利を有しており，両者の調整が必要となる。裁判所としては，結社内部のルールが公序良俗の観点から許容しうるものかどうか，および，許容しうるとして，内部処理がそのルールに従って行われたという主張は尊重しうるものかどうかについては，判断しうると考えられる（結社の自由，260頁参照）。

部分社会論　我々は社会の中で様々な小集団（部分社会）に帰属して生活しているが，部分社会は通常その目的に適した自生的ルールを有している。社会の自治・自律を尊重する立場からは，国家はできる限りそのルールを尊重するのがよいということになり，かかる観点から司法権の限界を説く議論が「部分社会論」と呼ばれる（部分社会論をとったとされる判例として，地方議会の議員懲罰に関する最大判昭和35年10月19日民集14巻12号2633頁，国立大学における単位認定に関する最三判昭和52年3月15日民集31巻2号234頁参照）。しかし，他方で，憲法は「裁判を受ける権利」を保障している。この権利は，社会における平和と秩序の維持のために紛争の自力救済を禁止した見返りであり，紛争の解決を求める者に部分社会論という憲法上明示の根拠のない理論を安易に持ち出して救済を拒否するのは，憲法上問題があろう。少なくとも，裁判を受ける権利を制限しうるような憲法上の根拠を示す必要があると思われる。それが上で述べた他権力の自律権や政教分離，結社の自由等であり，地方議会に関しては地方自治，国立大学に関しては大学の自治が援用できるであろう。こうした憲法上の論拠により説明できる場合に，「部分社会」というような包括的な概念を持ち出して説明することは必要ないし，好ましくもない。

2　裁判所の組織と権限

　裁判所の組織に関して憲法が定める原則は，①最高裁判所と下級裁判所の存在，②特別裁判所の禁止である。陪審制や参審制についての言及はない。

　権限の中心は「裁判」（社会的紛争を法を適用して解決すること）であるが，その際に生じる法的争いを裁定するのが司法ということになる。なお，裁判所は裁判以外の機能も果たすが，ここでは立ち入らない。

(1)　特別裁判所の禁止

憲法は，裁判所の種類として，最高裁判所と下級裁判所を予定し（76条1

項），この審級関係により同一系統を形成する裁判所に司法権のすべてを委ねた。最高裁判所を頂点とするこの系列に属する裁判所を「通常裁判所」あるいは「司法裁判所」と呼び，この系列から独立して自己完結する裁判所を「特別裁判所」という。明治憲法下に存在した軍事法廷や行政裁判所が特別裁判所の例であるが，日本国憲法は特別裁判所の設置を禁止した（同条2項）。もっとも，最高裁判所の系列下に，下級裁判所として特別の事件を専門的に扱う裁判所を設置することは，この禁止に反するものではない。裁判所法は，家庭や少年に関する事件を専門的に扱う家庭裁判所を設置しているが，この家庭裁判所は最高裁判所の系列下に地方裁判所と同列の位置づけがなされており，特別裁判所ではない。同様に，知的財産に関する事件を専門的に扱うために，東京高等裁判所の特別支部として設置された知的財産高等裁判所も，特別裁判所ではない。

　特別裁判所の禁止に関連して，憲法は行政機関が終審として裁判を行うことを禁止している（76条2項）。逆にいえば，前審としてなら行政機関が裁判を行うことも許容されるということである。電波法の定める不服申立てに対する裁定案の電波監理審議会による議決の手続や土地利用調整法（鉱業等に係る土地利用の調整手続等に関する法律）の定める公害等調整委員会の設ける裁定委員会による不服申立ての裁定手続は，その例とされている。いずれの場合も，裁定に対して出訴する場合の専属管轄は東京高等裁判所とされており（電波97条，土地利用調整57条），行政機関による裁定手続としての審判が，訴訟における第一審としての位置づけを与えられているのである。なお，独占禁止法の定めていた公正取引委員会による審判制度も，この例とされていたが，2013年の改正により廃止され，公正取引委員会の処分に対する不服の申立ては，通常の行政処分取消訴訟で争うこととなった。

　行政機関による前審としての裁判（審判）は，裁判所への出訴が認められている限り，憲法に違反するものではない。とはいえ，行政機関による事実認定が裁判所を拘束する場合には，問題が生ずる。上記二例の場合，「電波監理審議会が適法に認定した事実」（電波99条1項）あるいは「裁定委員会の認定した事実」（土地利用調整52条1項）は，「これを立証する実質的な証拠があるときは，裁判所を拘束する」と定めている。改正前の独占禁止法80条1項も「公正取引委員会の認定した事実は，これを立証する実質的な証拠があるとき

には，裁判所を拘束する」と定めていた。このルールは「実質的証拠法則」と呼ばれているが，憲法に違反しないであろうか。日本では伝統的に，裁判は事実認定と法の解釈・適用の両者を含む作用であると考えられてきた。ゆえに，裁判所が行政機関による事実認定に拘束されて独自の事実認定権を失うとすると，その限りで行政機関による終審裁判を認めることにならないか，さらには，裁判所による裁判を受ける権利の侵害にならないか，裁判官の独立（76条3項）に反しないかなどの問題が生じるのである。

　たしかに，裁判は事実の認定と法の解釈・適用の両者を含むものであるが，裁判所の最も得意とするのは後者であり，前者については問題に精通した専門家の判断を尊重することも，裁判所の態度として一概に否定すべきものでもない。とはいえ，事実の認定権を完全に委ねてしまうことは問題であり，少なくとも事実認定に実質的な根拠があるのかどうかの判断権は裁判所が留保している必要があろう。この点を考慮して，電波法99条2項も土地利用調整法52条2項も「実質的な証拠の有無は，裁判所が判断する」と規定しており，また独占禁止法80条2項もそう定めていた。この条件の下に，合憲と解してよいであろう。

(2) 最高裁判所

(ア) 構　成

　最高裁判所の裁判官は，「長たる裁判官」と「法律の定める員数のその他の裁判官」から成る（憲79条1項）。前者は「最高裁判所長官」，後者は「最高裁判所判事」と呼ばれ（裁5条1項），後者の員数は14人と定められている（同条3項）。最高裁長官は内閣の指名に基づき天皇が任命し（憲6条2項），最高裁判事は内閣が任命し（憲79条1項），天皇が認証する（憲7条5号，裁39条3項）。最高裁判所裁判官の任命資格は裁判所法41条が定めており，「識見の高い，法律の素養のある年齢40年以上の者」の中から，同条の定める一定の要件を満たす者を任命することにしている。

　最高裁判所は，15名全員で構成する大法廷と5名で構成する三つの小法廷に分かれており（裁9条，最事規1条），事件をどの法廷で扱うかは最高裁判所規則で定めるところによるが，最高裁判所が「一切の法律，命令，規則又は処

第3部　統治のメカニズム

分が憲法に適合するかしないかを決定する権限を有する終審裁判所」（憲81条）とされていることから，新たな憲法判断を行うとき，違憲判断を行うとき，あるいは，憲法判例その他の先例を変更するときには，大法廷で行わなければならないとされている（裁10条）。なお，最高裁判所の判決には，下級裁判所の判決の場合と異なり，「各裁判官の意見を表示」（同11条）することになっている。これは，最高裁の裁判官が国民審査に服することになっている（憲79条2項・3項・4項）ために，国民に審査の資料を提供する必要があるからである。裁判官の意見には，多数意見，補足意見（多数意見に賛成の立場から，それを補足するもの），意見（多数意見の結論には賛成するが，理由を異にするもの），反対意見（多数意見の結論に反対のもの）の区別がなされている。

　(イ)　権　　限

　a)　裁判権　　最高裁は，下級裁判所からの上告，および，訴訟法において特に定める抗告につき裁判する権限を有する（裁7条）。最高裁の重要な役割は，上告や抗告の裁判を通じて，憲法問題について終審としての判断を行うことと，下級審で対立を示した法令の解釈を統一することである。なかでも前者が最も重要かつ特徴的な任務であるが，後者の任務に時間と精力を取られて前者の任務を期待通りに果たすことができなくなっているのではないかと指摘されている。

　b)　規則制定権　　「最高裁判所は，訴訟に関する手続，弁護士，裁判所の内部規律及び司法事務処理に関する事項について，規則を定める権限を有する」（77条1項）。この権限は，他権力との関係における裁判所の自律性の保障と，裁判に関する専門的知識の尊重を根拠に認められたものであるが，これらの事項に関する専属権を保障したものではなく，法律で定めることを妨げない。のみならず，国民の権利・義務と直接関係するような事項については，法律で定めるのが原則と考えるべきであろう。現に民事訴訟法・刑事訴訟法等の法律が存在する。法律と規則が矛盾した場合には，原則的には法律が優位するが，裁判所の自律に関係する定めについては，規則が優先すると解すべきである。なお，「最高裁判所は，下級裁判所に関する規則を定める権限を，下級裁判所に委任することができる」（同条3項）。

　c)　司法行政権　　裁判を行うために必要な諸施設の管理・運営，裁判官お

およびの支配と裁判所

および裁判所職員の人事管理などに関する権限を司法行政権という。明治憲法の下においては司法大臣に帰属したが，日本国憲法の下では，司法の独立を強固にするために，最高裁判所以下の裁判所に帰属し，最高裁がその最高権限および監督権を有すると解されている。最高裁判所による司法行政権の行使は，「裁判官会議の議によるものとし，最高裁判所長官が，これを総括する」（裁12条）。なお，司法行政上の「監督権は，裁判官の裁判権に影響を及ぼし，又はこれを制限することはない」（同81条）。

d) **下級裁判所裁判官の指名**　裁判官の任命権自体は内閣に属するが，最高裁判所が指名した者の名簿の中から行わねばならない（憲80条1項）。これにより，内閣と裁判所の間の抑制・均衡が図られているのである。

(3) 下級裁判所

裁判所法は，下級裁判所として，高等裁判所，地方裁判所，家庭裁判所，簡易裁判所の四種を定め（裁2条），裁判官としては，「高等裁判所の長たる裁判官」と「その他の裁判官」を区別し，前者を高等裁判所長官と呼び，後者の官名としては判事・判事補・簡易裁判所判事を区別している（同5条2項）。

高等裁判所は，現在，東京，大阪，名古屋，広島，福岡，仙台，札幌，高松の8か所に設置されている。各高裁は長官および判事で構成され（裁15条），3人または5人の合議体で事件を扱う（同18条）。扱う事件の中心は，地裁，家裁あるいは簡裁からの控訴である。なお，知財高裁は，東京高裁の特別の支部として設置されており，知的財産権に関する控訴を専属的に扱う。

地方裁判所は，各都府県に一つと北海道に四つの合計50か所に設置されている。各地裁は，判事および判事補から構成され（裁23条），原則としては1人の裁判官（判事が原則）で事件を扱うが，例外的に3人の合議制（判事補が2名まで加わりうる）で審理することもある（同26条・27条）。扱う事件の中心は，簡裁からの控訴，あるいは，それ以外の訴訟の第一審である。

家庭裁判所は，主として家庭事件の審判・調停および少年保護事件の審判を扱う裁判所で，判事および判事補から構成され，地裁と同格扱いで全国50か所に設置されている。

簡易裁判所は，少額軽微な民事・刑事の事件を第一審として扱う裁判所で，

第3部　統治のメカニズム

全国に多数設置されている。簡易裁判所判事により構成され，1人で事件を扱う（裁35条）。

　現行法上は第一審（事実審）・控訴（第二の事実審への上訴）・上告（法律審への上訴）の三審制を原則としているが，高裁が上告審となる民事事件では，憲法違反を理由とする場合に限り最高裁への特別上告が認められる（民訴327条）。なお，刑事事件では，控訴裁判所となるのは常に高等裁判所である。

(4) 陪審制・参審制と裁判員制度

㈦ 陪 審 制

　陪審制とは，法律の素人である一般人が訴訟に関与し，主としては事実認定の役割を担当する制度である。歴史上イギリスで発展し，その後諸外国にも形を変えつつ継受された。裁判官が身分を保障されず国王の圧力に屈しやすかった時代においては，陪審制が公正な裁判と自由を保障するうえで大きな役割を果たしたが，裁判官の身分保障の確立と民主主義の発展とともに，今日では陪審制は，権力から自由を護るというよりは，国民参加により国民意識から遊離しがちな職業裁判官による裁判をコントロールするという観点から理解されるようになってきている。

　日本国憲法は陪審制については何も規定していないが，法律により陪審制を導入することは可能であろうか。国民は「裁判所において裁判を受ける権利」（32条）を保障されている。この裁判所を裁判官のみによって構成されるものと解すれば，当事者が同意しない限り陪審制による裁判は許されないことになろう。「裁判」を司法の観念と同様に法解釈の争いの裁定に限定し，事実の認定は含まれないと解釈すれば，陪審制も可能だといえようが，法の解釈と事実の認定は現実には区別が困難であるうえ，伝統的に裁判はその両者を含むと考えられてきたことから，無理な解釈というべきであろう。ゆえに，裁判は裁判官が陪審員の判断に拘束されることなく独立に事実認定と法解釈・適用を行うことを内包するといわざるをえず，そのためには裁判官が陪審員に対する指導・教示権をもち，事実認定が最終的には裁判官の統制下に行われたという実質を伴った制度でなければ，当事者の同意のない陪審制は許されないことになろう。これに対し，憲法にいう裁判所は，陪審制を伴ったものも含むと解釈す

第 15 章　法の支配と裁判所

れば，当事者の同意がなくとも陪審制による裁判を行うことが可能となろう。

(イ)　参 審 制

　参審制とは，職業裁判官と一般人とが合議体を構成して裁判を行う制度で，ドイツで発展した。目的は，陪審制と同様，裁判に一般国民の考え方を反映させることにあるが，裁判官に欠けることの多い特定分野の専門知識を導入するという方向での運用も可能であり，その方向が強調されれば，国民参加と国民の「市民教育」という機能は後退する。参審制の場合は，参審員は事実認定と法解釈・適用の両面に関与するので，それが「裁判所による裁判」といえるのかなどの問題が生じるが，裁判を受ける権利や裁判官の良心の独立との抵触問題を回避するために，参審員には表決権を与えないという考えもある。

(ウ)　裁判員制度

　日本も戦前，大正デモクラシーの流れのなかで陪審制を導入した（1923年の陪審法）。しかし，陪審による裁判を受けるかどうかは被告人の選択とされ，また，陪審員の評決は裁判官を拘束しないとされていたこともあって，あまり活用されないまま，戦争に突入して1943年に停止されてしまった。戦後も停止された状態が継続したが，司法への国民参加等の観点から時々議論の対象となってきた。そうした経緯を踏まえて，司法制度改革審議会が，2001年6月の答申において，「裁判員」制度の導入を勧告した。それを受けて，2004年に「裁判員の参加する刑事裁判に関する法律」が制定され，2009年5月より実施されている。この制度は，陪審制と参審制の中間的なものであるが，基本的には参審制に近い。その問題点については304頁を参照。

3　裁判所の活動上の原則

(1)　司法権の独立

(ア)　職権行使の独立

　裁判所が立法権や行政権を法的にコントロールし国民の人権を保障するには，その職権を外部の圧力に屈することなく独立に行使することができなければならない。このことを憲法は，「すべて裁判官は，その良心に従ひ独立してその職権を行ひ，この憲法及び法律にのみ拘束される」（76条3項）と定めた。裁

443

第3部　統治のメカニズム

判官が「憲法及び法律」に拘束されることは，裁判官の役割が法の支配の実現にあることから，当然のことである。ここにいう法律は，形式的意味の法律に限定されず，より一般的に法令を意味すると解すべきである。もちろん，裁判官は下位規範が上位規範に反しないかどうかを判断する権限をもつから，ここでいう法令とは，上位規範に反しないと自らが判断した法令のことである。上位規範に反せず合憲・合法と判断する限り，裁判官はあらゆる法令に拘束されるのである。合憲・合法かどうかの判断は，自己の良心に従って行う。この場合の良心は，裁判官としての「客観的な良心」か，それとも自己の「主観的な良心」かの対立があるが，第一次的には客観的良心と考えるべきであろう。とはいえ，裁判官としての良心に従ってとことん法の意味を探求した結果，それでも最善と考えうる唯一の意味には到達できず，複数の可能な意味が残ったときには，いずれをとるかは主観的良心に従って決する以外にない。

　司法権の独立の究極の担保は，この職権行使の独立にあり，これを外部の圧力・干渉から護ることが重要であるが，その場合の「外部」とは，個々の裁判官の外部のことであり，裁判所の外部（国会・内閣等）に限られない。むしろ今日では，裁判所機構の内部での，司法行政権等を通じた「介入」の方がより重大な問題を投げかけるようになってきている。

　司法権の独立が問題となった事件として，戦前の大津事件が有名である。1891 年に来日中のロシア皇太子が日本の巡査に切りかかられ傷害を負ったという事件であるが，政府は外交上の考慮から死刑に処すように大審院に圧力をかけた。これに対し，大審院長の児島惟謙が法に基づく判断をするよう担当裁判官を説得し，無期徒刑に処せられたというもので，外部からの介入に抗して司法権の独立を守った事件として記憶されている。しかし，大審院長が担当裁判官を「説得」した点に問題がなかったわけではない。戦後の事件としては，浦和事件（1949 年に参議院法務委員会が国政調査権を発動し，裁判所が下した具体的判決の量刑を軽すぎるとして批判），吹田黙禱事件（1953 年に吹田騒擾事件の法廷で被告人らが朝鮮戦争戦死者に黙禱を捧げたのを制止しなかった裁判官の訴訟指揮を問題にして，国会の裁判官訴追委員会が調査を行う決定をし，最高裁もその訴訟指揮につき遺憾の意を表明），平賀書簡事件（1969 年に長沼訴訟第一審に関して地裁所長が頼まれもしないのに担当裁判官に私的な書簡を送り，自衛隊の違憲判断は避けるべきだとの

444

助言をした）がある。

(イ) 身 分 保 障

裁判官の職権行使の独立を担保する制度として最も重要なのは，裁判官の身分保障である。ここで，裁判官の身分の得喪等，身分保障に関係する憲法上の原則を概観しておこう。

a）裁判官の任命と任期　最高裁長官および判事の実質的任命権は内閣に属し，議会の関与がまったくない点が我が国の一つの特徴である。任命に対する民主的コントロールは後述の国民審査によることとされたためであるが，実質的なコントロールのためには議会が関与する制度の方が実効性があるのではないかとの指摘もある。

下級裁判所裁判官の任命は，最高裁の指名した名簿から内閣が行う。任期は10年とされているが，希望すれば再任は可能である（80条1項）。しかし，伝統的に職業裁判官制度（最初から裁判官として任用され，定年まで裁判官を続けるというあり方で，キャリアー・システムとも呼ばれ，弁護士経験者から裁判官を任用し，法曹内部での交流が容易な法曹一元制と対比される）をとってきた日本では，ほとんどが再任を希望するにもかかわらず，最高裁は再任をまったく新たな採用と同じという理解の下に運用しており，再任拒否についても一切その理由を知らせてこなかった。このため，再任されるかどうかの不安を感ずる裁判官もいて，このことが在任中の裁判に微妙な影響を与えているのではないかとの指摘もあった。学説は，再任拒否は実質上免職と同視すべきであり，少なくとも理由を本人に知らせるのが憲法上の要請ではないかと批判してきたが，2001年の司法制度改革審議会答申が改善を希望したのを受けて，最高裁も本人が求めれば本人に対して開示することにした。

なお，裁判官の定年は，最高裁の裁判官および簡易裁判所の裁判官が70歳，その他の裁判官は65歳と定められている（裁50条）。

b）罷免および懲戒処分　裁判官が罷免されるのは，次の場合に限定される。これ以外の場合には，「その意思に反して，免官，転官，転所，職務の停止又は報酬の減額をされることはない」（裁48条）として身分が保障されている。

(i)　「裁判により，心身の故障のために職務を執ることができないと決定

された場合」（78条）　裁判機構内部での自己規律からくる罷免である。この決定は裁判により行わねばならず，その手続は裁判官分限法により定められている。裁判により決定されると，任命権者（通常は内閣）が罷免する（裁限1条）。なお，憲法は裁判官の懲戒処分を行政機関が行うことを禁止している（78条）が，逆にいえば，裁判所内部での懲戒処分自体は禁じていないということである。ただし，罷免について憲法が特に規定していることから，懲戒処分としての罷免は許されないと解される。裁判所法49条は，「裁判官は，職務上の義務に違反し，若しくは職務を怠り，又は品位を辱める行状があったときは，別に法律で定めるところにより裁判によつて懲戒される」と規定し（他の裁判官の扱った民事事件につき，原告の訴訟提起行為を揶揄するものともとれる表現を用いてツイートしたことが「品位を辱める行状」に該当するとされた最大決平成30年10月17日民集72巻5号890頁参照），裁判官分限法が懲戒処分の内容を「戒告又は1万円以下の過料」（裁限2条）と定めている。これに関連し，裁判所法52条は裁判官に「積極的に政治運動をすること」を禁止しており，この違反は懲戒処分の対象となりうるし（もっとも，この規定は明確性を欠くきらいがある。最大決平成10年12月1日民集52巻9号1761頁参照），次に見る弾劾の対象ともなりえよう。懲戒による罷免はないが，弾劾が成立すれば，罷免される。

　　(ii)　弾劾裁判所による罷免　　裁判所の外部からの裁判官に対するチェック・メカニズムとして，憲法は国会による弾劾裁判所の設置を規定した（64条）。詳しくは国会法125条以下および裁判官弾劾法で定められている。両院議員から各7名ずつ選出された裁判員が弾劾裁判所を構成し，同じく両院議員から各10名ずつ選出された訴追委員が訴追委員会を構成する（国会125条・126条，裁弾5条・16条）。罷免の訴追により裁判が開始するが，罷免事由は「職務上の義務に著しく違反し，又は職務を甚だしく怠つたとき」（裁弾2条1号）と「その他職務の内外を問わず，裁判官としての威信を著しく失うべき非行があったとき」（同条2号）とされている。

　国会が裁判所・裁判官をコントロールする方法として憲法が予定するのは，弾劾裁判のみであるが，内閣による裁判官の任命につき内閣の責任を問うことは，当然許される。しかし，国政調査権を裁判所への圧力行使の手段として悪用することは許されない。

第 15 章　法の支配と裁判所

(iii)　最高裁判所裁判官の国民審査　　憲法は，国民が裁判所を直接コントロールするための制度として，最高裁判所裁判官の国民審査制度を設けた。最高裁裁判官の任命は，「その任命後初めて行はれる衆議院議員総選挙の際国民の審査に付」され，その後 10 年経つごとに同様の国民審査に付される（79 条2 項）。国民審査で投票者の多数が罷免を可としたときには，その裁判官は罷免される（同条 3 項）。現行制度では，罷免を可とする裁判官に×印をつける投票方法を採用しているが，内閣による任命を審査する制度であるから，任命を可とする裁判官に〇印をつける投票方法を採用すべきではないかとの主張もある。しかし，最高裁は，国民審査の性格を基本的には解職制度（リコール制度）であると理解し，現行制度も合憲であると判示した（最大判昭和 27 年 2 月 20 日民集 6 巻 2 号 122 頁）。

c)　報酬の保障　　裁判官は，「すべて定期に相当額の報酬を受ける。この報酬は，在任中，これを減額することができない」（79 条 6 項・80 条 2 項）。ただし，公務員給与一般の減給に関連して裁判官の報酬が減額されるのは，ここでの問題ではない。

d)　司法行政権を通じての事実上の圧力　　裁判官は上に見たように手厚い身分保障を受けている。しかし，下級裁判所の裁判官にとっては，上述のように 10 年の任期は無視しえない圧迫となりうる。さらに，補職（どの裁判所に配属するかという問題）は最高裁判所の権限であり（裁 47 条），魅力のあるポストに就きたいというのも人情である以上，ここからの心理的圧力も無視しえないであろう。裁判官が真に独立に職権を行使しうるためには，こうした問題の解決も視野に入れて考えていく必要がある。

(2)　裁判の公開

(ア)　意　　義

裁判の公開は，公正な裁判の担保として重要な意味をもっている。政治的弾圧が秘密裁判により行われたという過去の経験からその重要性が認識され，近代裁判の基本原則と考えられてきた。日本国憲法もこれを採用している（82 条1 項）。裁判の公開は，当事者にとっての権利であるのみならず，一般国民にとっても権利として要求しうるものと解すべきである。最高裁は，裁判の公開を

447

第3部　統治のメカニズム

一般国民との関係では制度保障と解し，権利性を否定した（レペタ事件・最大判平成元年3月8日民集43巻2号89頁）が，国民は主権者として裁判について知る権利を有するのであり，たとえ憲法上の知る権利一般はいまだ抽象的な権利にすぎないとしても，裁判の公開については82条により具体的権利となっていると解すべきである。

(イ)　訴訟当事者の権利

当事者にとっての裁判公開の権利は，82条以前に「裁判を受ける権利」（32条，刑事については37条も参照）により保障されたものと解される。もっとも，裁判を受ける権利からすれば，事件の種類によっては非公開の審理こそ公正な裁判だという場合もあろう。そのような類型の事件については，対審構造をとらず非公開で審理する手続を定めることも許されると解すべきであろう。82条は「裁判の対審」の公開を要求しているが，これは，対審構造こそが正当な裁判であるような類型の事件について，その対審の公開を要求したものと解するのである。判例は，憲法にいう裁判とは権利義務の存否を確定する「純然たる訴訟事件」を対象とするものを指し，そのような裁判の公開が82条で要求されていると解している（最大決昭和35年7月6日民集14巻9号1657頁）が，訴訟か非訟かは実体法の定め方に依存し，今日では「訴訟の非訟化」といわれる現象が広範に見られるようになっているから，実体法によって非訟化を進めれば裁判公開の原則は空洞化してしまうと批判されている。むしろ裁判を受ける権利からアプローチし，非訟事件でも公開が適正な場合もあるし，訴訟事件でも非公開が適正な場合があることを承認して再検討する必要があろう（334頁参照）。

(ウ)　傍聴の自由

一般国民にとっての公開裁判の権利は，傍聴の自由として現れる。傍聴の自由は，メモをとる自由も原則的には含むと解される（上掲レペタ事件判決参照）。

裁判の公開も例外があり，「裁判官の全員一致で，公の秩序又は善良の風俗を害する虞があると決した場合には，対審は，公開しないでこれを行ふことができる」（82条2項）。プライバシーや営業秘密，情報公開に関する訴訟で，公開裁判がかえってプライバシーや営業の秘密を侵害し，あるいは，秘密とすべき情報を公開してしまう危険を伴う場合には，公開が「公の秩序」を害するお

第15章　法の支配と裁判所

それのある場合と解される。ここでの「公の秩序」とは，人権規定を含む憲法の諸原理により形成されているものであり，公開がこれらの諸原理と抵触する場合には，「公の秩序」を害すると解されるのである。

　ただし，次の場合には，絶対的公開が要求されており，例外的に非公開にすることさえ禁止される。すなわち，「政治犯罪，出版に関する犯罪又はこの憲法第3章で保障する国民の権利が問題となつてゐる事件〔人権の行使を犯罪としている刑事事件を指すと解している―筆者注〕の対審は，常にこれを公開しなければならない」（82条2項但書）。秘密裁判による処罰の危険を避けるのが趣旨であることから，すべて刑事事件の場合をいうものと解される。

449

第 16 章

憲法の保障と違憲審査制

　いかに立派な憲法を制定しても，それが権力行使者により遵守されなければ画餅に帰す。ゆえに，立憲的憲法は，通常，憲法の遵守を担保するメカニズムを憲法自体の中に組み込んでいる。権力者に憲法を護らせるためには，一方で，その違反に対して違反者の処罰とか違反行為の無効化といったサンクションを科す必要がある。それを通じて憲法規範の内容の維持・回復が図られねばならないのである。しかし，同時に，他方で，憲法規範の内容を時代の変化に適合したものに修正し，遵守の強制が合理性をもつよう配慮することも必要である。憲法の維持（憲法保障）と変化への適応（憲法適応）との均衡のとれた運用を行っていくことが重要なのである。

Ⅰ　憲 法 保 障

　憲法の名宛人は権力行使者であった。権力行使者に憲法を護らせることが問題なのである。憲法 99 条は「天皇又は摂政及び国務大臣，国会議員，裁判官その他の公務員は，この憲法を尊重し擁護する義務を負ふ」と規定するが，ここには「国民」は注意深く除外されている。これは，国民が憲法を護らなくてもよいということをいっているのではない。何人も他者の人権（自然権）を尊重すべきなのはいうまでもないことで，仮に国民が他者の人権を侵害するような行為を行えば，通常何らかの法律に違反し，国家権力により制裁を科される

第3部　統治のメカニズム

のである。しかし，権力行使者が憲法に違反する行為を行うときには，これに制裁を科すのは容易ではない。だからこそ，権力行使者の憲法尊重擁護義務を明文で宣言し，注意を喚起しておく必要があると考えられているのである。のみならず，それと同時に，違反行為を予防し除去する論理とメカニズムも必要である。まず第一に，権力を国民が監視することを可能とする制度が必要である。国民の政治参加，表現の自由，情報公開制などが，この目的に動員されよう。第二に，権力が権力を阻止する制度が必要である。一つの権力が憲法違反を犯したならば，他の権力がそれを阻止するというメカニズムを組み込むことにより，これを可能とすることができる。なかでも，ここで取り上げる裁判所による違憲審査制は，その最も重要な制度である。しかし，第三に，こういったメカニズムがついに機能しえなかった場合，究極の憲法保障として抵抗権が問題となる。それと関連して国家緊急権の問題もここで見ておくことにしよう。

A）　違憲審査制

1　司法審査型と憲法裁判所型

　法律が憲法に違反するかどうかを裁判所が審査する制度には，二つのモデルが区別される。

⑴　アメリカ型司法審査

　憲法は国の最高法規であり，これに違反する国家の行為は，法律であれ命令であれ，効力を有しない（98条1項）。問題は，憲法に違反するかどうかを誰が判断するかである。最終的には主権者たる国民が判断するといえようが，それに至る前段階ではいずれかの国家機関が判断せざるをえない。近代立憲主義においては，法律の合憲性の判断権は議会に与えられるのが通常であった。議会が憲法解釈の最終的権限をもち，議会が合憲と判断して法律を制定した以上，実定法上はこれに異議を唱えることはできなかったのである。唯一例外をなしたのは，アメリカ合衆国であった。アメリカにおいては，憲法に明文の規定は

452

第 16 章　憲法の保障と違憲審査制

ないが，合衆国最高裁判所は，1803 年のマーベリー対マディソン事件の判決において，裁判所には法律が憲法に違反しないかどうかを判断する権限があると述べて審査を行い，その結果法律を違憲と判断してその適用を拒否した。以後，これが先例となって裁判所による違憲審査権が確立されたのである。それを根拠づけた論理は，次のようなものであった。すなわち，裁判所は具体的な紛争に法を適用して解決することを任務とするが，適用すべき法の間に矛盾があれば，どの法を適用すべきかを決定しなければならず，憲法と法律が矛盾している場合には当然憲法が優先するから，憲法に反する法律は適用から排除される，というのである。実は，この論理が成立するには，法の間（憲法と法律の間）に矛盾があるかどうかの判断権を裁判所がもつという前提が認められねばならない。議会の判断が最終的だという考えは，この判断権は議会がもつという前提に立つのであるが，アメリカの最高裁は，憲法の明文の根拠なしに，それを裁判所がもつとしたのである。ともあれ，かかる論理によって，裁判所が具体的事件の解決に際して，つまり，解決に付随して，必要ならば違憲審査を行いうるという制度をいち早く確立したのである。これを「付随審査制」と呼ぶ。

(2)　ドイツ型憲法裁判所

　これに対し，ヨーロッパ大陸諸国においては，①人権を護る砦は議会であるという考えが強く，反面，通常裁判所に対する信頼が弱かった，②憲法を裁判所を通じて執行する法規範としてよりは，政治的に担保すべき政治規範とみる考えが強かった，などの理由から，通常裁判所による違憲審査という観念は浸透しなかった。第二次世界大戦後，法律により独裁政治を行ったナチスの経験を反省して，法律を裁判所がコントロールする必要が痛感されるに至るが，近代以来の通常裁判所に対する信頼の欠如から，審査機関として特別の「憲法裁判所」を設立する方向に向かった。ドイツの憲法裁判所がその典型である。この制度の特徴は，第一に，違憲審査の権限は原則的に憲法裁判所に集中され（そのため「集中型」と呼ばれる），他の裁判所には違憲判断をする権限は認められない。第二に，ここでは違憲審査が，具体的事件の解決に付随してではなく，違憲か合憲かを直接の審査対象とする独立審査として行われる。その意味で，

453

第3部　統治のメカニズム

「抽象的規範統制」としての性格をもつ。具体的事件を前提としないので，ここでは，通常，特定の出訴権者が憲法上定められている。もっとも，憲法問題が他の裁判所で具体的事件を契機に提起され，その憲法判断を求めて憲法裁判所に移送されてくることはあるが，この場合でも，憲法裁判所は，その具体的事件を離れて，憲法問題のみを抽象的に判断するのである。

2　日本の違憲審査制度の性格と運用の仕方

(1)　性　格

　憲法 81 条は，「最高裁判所は，一切の法律，命令，規則又は処分が憲法に適合するかしないかを決定する権限を有する終審裁判所である」と規定する。これにより授けられた違憲審査権は，いかなる型に属する権限であろうか。日本国憲法がアメリカ合衆国憲法の影響を受けてつくられたことから，それが付随審査制の性格をもつことについては，学説上争いはなく，ゆえに，最高裁判所のみならず下級裁判所も事件の解決に付随して審査権を行使しうると解されている。問題は，最高裁判所が，それに加えて，さらに憲法裁判所としての性格も認められたのかどうかである。通説はそれを否定するが，少数説として，これを肯定し，法律が憲法に反すると考える者は誰でも 81 条を根拠に最高裁判所に審査を求めることができるとする説（A 説），あるいは，81 条のみを根拠に提訴することはできないが，法律で出訴権者や手続等を定めて憲法裁判所として機能する条件を整えれば可能であり，憲法はそれを禁止してはいないと解する説（B 説）が存在する。最高裁判例は，自衛隊の前身である警察予備隊が創設されたとき，A 説に基づき社会党委員長がこの違憲確認を求めて直接最高裁判所に出訴した取消訴訟において，「わが現行の制度の下においては，特定の者の具体的な法律関係につき紛争の存する場合においてのみ裁判所にその判断を求めることができるのであり，裁判所がかような具体的事件を離れて抽象的に法律命令等の合憲性を判断する権限を有するとの見解には，憲法上及び法令上何等の根拠も存しない」と判示した（警察予備隊違憲訴訟・最大判昭和 27 年 10 月 8 日民集 6 巻 9 号 783 頁）。これは一般には通説の立場を表明したものと解されているが，しかし，「現行の制度の下において」と述べている点を重視

454

第 16 章　憲法の保障と違憲審査制

し，憲法裁判所としての条件を整備する法律の存在しない現状においては許されないというのが，その真意であり，A 説を否定しただけで B 説まで否定したものではないと解する立場もある。

(2)　権利保障型とその憲法保障型運用

　付随審査制においては，法的紛争の解決に付随して必要な限度で違憲審査が行われる。法的紛争は，普通，権利侵害に対する救済を求めて始まるので，この型の違憲審査を権利保障型という。ここでは，権利保障が直接の目的で，憲法の保障はその結果にすぎない。これに対し，独立審査制においては，憲法違反の有無が審査の直接的な目的とされ，権利の保障はその結果として実現されるものである。ゆえに，これを憲法保障型という。このように，両者は何を直接の目的と考えるかの点で異なるが，しかし，権利の保障と憲法の保障は密接な関係にあり，両面を視野に入れて問題を考えていく必要がある。実際，憲法裁判所を採用するドイツにおいても，権利侵害の救済を求める「憲法異議」の制度が導入されているし，司法審査型のアメリカにおいても，事件性の要件を拡大して抽象的な規範統制に近い審査の仕方をする場合も見られ，両型のこういった展開に着目して両者の「合一化傾向」が語られている。

　したがって，日本の制度が基本的には権利保障型であるとしても，その憲法保障的な運用も考慮に入れて考えていく必要がある。そのための方法として，憲法裁判所的な制度を取り入れるという意見もあるが，憲法改正なしにそれがどこまで可能かという問題もあり，むしろ付随審査制を前提にして，事件性の要件の再検討等を通じて違憲審査を行いうる場面を拡大していく方向を追求するのが生産的であろう。

3　違憲審査権行使の限界

(1)　司法権からくる限界

　違憲審査権は裁判所がその本来の権限を行使するのに付随して必要な場合に行使される権限である。ゆえに，その本来の権限により限界を画定される。そこで，通説のように，本来の権限を司法権であり，司法権とは具体的事件を解

455

決する作用であると解すると，審査権は事件性の要件が存在する場合でなければ行使しえないことになり，審査権の拡大には事件性の要件の緩和が必要ということになる。アメリカの最高裁は，事件性の要件を相当緩やかに解しており，有権者や納税者の立場で訴訟を提起することも認められることが多いが，日本の最高裁は事件性の要件を厳格に解しており，いわゆる客観訴訟を事件性の要件との関係でどう理解するかにつき問題をはらんでいる。客観訴訟が事件性の要件を満たさず，法律により特別に認められた訴訟類型であるとすれば，それは憲法に違反しないであろうか。仮に司法権には属さない訴訟類型を法律で認めることも憲法上許されないわけではないと解したとしても，そのような「抽象的な訴訟」において違憲審査を行うことは，抽象的規範統制となり憲法に違反するのではないかという疑問も提起されている。

　こうした疑問に答える一つの方法は，日本の制度が付随審査制であることを基礎に置いて，裁判所の権限行使に付随して行われる違憲審査は合憲であることをまず確認し，そのうえで裁判所の権限として司法権の範囲を拡大するか，あるいは，司法権以外の権限を承認することである。その際に，裁判所の権限あるいは職責として「裁判を受ける権利」に応える責務があり，それは司法権の概念とは理論上別問題だと考えれば，従来の事件性の要件がカバーしたものは，すべて裁判を受ける権利で説明できる。そのうえで，司法権の観念から事件性の要件を排除し，それに代えて「適法な出訴」があれば裁判所は司法権を行使しうると考えれば（433頁参照），法律で出訴権が認められている限り，司法権の行使の要件は成立し，その権限行使に付随して違憲審査権を行使することに憲法上何の問題もないことになる。最高裁の先例（前出警察予備隊違憲訴訟判決）も，このような理解と必ずしも矛盾しないと思われる。

　では，法律の違憲性を直接争うための出訴権を法律で認めること，つまり，独立審査制を法律で導入することは許されるか。国会は行政のコントロール権を有するから，その具体的あり方を法律で定めることは許され，その際に「法律に基づく行政」の担保として客観訴訟を制度化することも憲法の禁ずるところではない。しかし，法律が合憲かどうかを直接に判断する権限は，憲法上国会に授けるというのが日本国憲法の立場と思われる（憲法自身が出訴権者に関する規定を置かなかったこと等の反対解釈）から，その権限・責務を放棄することは

第 16 章　憲法の保障と違憲審査制

許されず，ゆえに独立審査制は憲法改正なしに導入することは許されないと解される。

(2)　違憲審査の対象からくる限界

㋐　条　　約

憲法 81 条は，審査の対象として法律・命令・規則・処分を挙げるが条約は掲げていないし，98 条も 1 項で憲法に反する「法律，命令，詔勅及び国務に関するその他の行為」は無効と規定し，条約については 2 項で「日本国が締結した条約及び確立された国際法規は，これを誠実に遵守」することを命じて，明らかに条約を別扱いにしている。このため，条約は違憲審査の対象となりうるのかについて疑問が生じる。

条約については，そもそも条約は憲法の下位にあるのかという問題がある。憲法の下位になければ，違憲審査という問題も生じようがないのである（17 頁参照）。この点につき，条約の締結権限とその手続は憲法に規定されており（61条・73 条 3 号），それを根拠として締結される条約が自己の授権規範の下位にあることは，法論理的にみて疑いない。また，条約締結の手続と憲法改正の手続を比較しても，改正手続の方がはるかに重いものとされているから，条約により憲法を改正するのと同じ結果を生み出すことを認めるのは困難である。ゆえに，通説は憲法優位説をとっている。しかし，条約の中には，日本国憲法を実施しうる前提そのものを取り決めたものもある。たとえば，ポツダム宣言（その受諾を条約と解した場合）や講和条約がそれにあたる。こういった条約は，憲法の上あるいは外にあるものと考えるべきで，その限りで違憲審査の対象とはなりえない。また，一般的に条約が憲法に優位するという条約優位説に立てば，すべての条約について違憲審査は問題にならない。これに対し，通常の条約は憲法の下にあるという立場からは，その違憲審査は論理上可能である。しかし，憲法が条約について慎重な規定の仕方をしているのをみると，特に条約については違憲審査の対象から外したのではないかが問題となる。この点につき，判例は，砂川事件判決（最大判昭和 34 年 12 月 16 日刑集 13 巻 13 号 3225 頁）において，条約も審査の対象となりうることを承認した。学説も，審査の対象になるという点では，ほぼ一致している。

457

第3部　統治のメカニズム

(イ)　統 治 行 為

　国家統治の基本に関わる高度に政治的な問題の審査には，裁判所は関わるべきでないという考え方があり，これを統治行為あるいは政治問題の理論と呼んでいる。裁判所がなぜ関わるべきでないかの説明としては，権力分立論に重点を置くものと，民主主義論に重点を置くものがある。前者によれば，裁判所が扱いうる政治的問題は，法的言語に翻訳しうるものに限られ，政治性が強度で法的問題に翻訳するとかえって問題の本質を見失い適切な解決ができなくなるようなものは，もともと裁判所の権限外のものと考えるべきだとされる。これに対し，後者によれば，政治性が強度でも法的に構成することは可能であり，その限りで裁判所の権限に属するが，しかし，政治性の強度な問題の解決は政治部門に委ね，最終的には主権者国民が政治プロセスを通じて解決するのが最適であるから，裁判所は権限行使を抑制すべきであるとされる。両者の説明は，相互に排他的と考える必要はないであろう。事案によって，いずれの説明がより適切かを考えればよい。

　具体的に何が統治行為に該当するかを考える場合には，統治行為の理論が違憲審査の例外を認めるものであることから，安易な拡大を許さないよう気をつけなければならない。したがって，他の理論で説明のつくものについては統治行為の理論を援用すべきでない。たとえば，議院や内閣の自律性を理由とする審査の限界については，それぞれの自律権により説明すれば十分である（警察法改正無効事件・最大判昭和37年3月7日民集16巻3号445頁，苫米地事件・最大判昭和35年6月8日民集14巻7号1206頁参照）。もっとも，それは違憲審査の限界以前に司法権の限界であろう（435頁参照）。最高裁は，アメリカ軍の駐留と安保条約の合憲性が争われた砂川事件において，この問題は「わが国の存立の基礎に極めて重大な関係をもつ高度の政治性を有する」ものであり，それが「違憲なりや否やの法的判断は，純司法的機能をその使命とする司法裁判所の審査には，原則としてなじま」ず，「一見極めて明白に違憲無効であると認められない限りは，裁判所の司法審査権の範囲外のもの」であると述べた。これが統治行為論の先例となっているが，理論上はここには統治行為論と裁量論の混同があると指摘されている。これに対し，衆議院の解散の違憲を争った苫米地事件判決では，「直接国家統治の基本に関する高度に政治性のある国家行為のご

458

第 16 章　憲法の保障と違憲審査制

ときはたとえそれが法律上の争訟となり，これに対する有効無効の判断が法律上可能である場合であつても，かかる国家行為は裁判所の審査権の外」にあると判示した。ここには裁量論との混同はないが，裁判所による介入を留保した砂川事件判決とまったく留保しない苫米地事件判決でどちらが優れているかは，一概にはいえない。

　(ウ)　立法不作為

　憲法81条が違憲審査の対象として定める「法律，命令，規則又は処分」は，国家の作為のみを掲げているように読める。では，不作為は違憲審査の対象とはならないのであろうか。一般に，憲法上作為義務がある場合の不作為は，憲法問題を提起し，違憲審査の対象となると解されている。憲法訴訟上最も問題となるのは，立法不作為である。

　憲法の保障する人権の中には，それを行使・享受するには，その具体的内容が法律により一定の制度として定められることが必要であるものが存在する。そうした人権を，保障の具体的内容が法律により形成されることに着目して「内容形成型人権」と呼び，憲法上保障内容が確定されており法律による具体化は必要ないと想定されている「内容確定型人権」と対比するが，前者の例が生存権であり，後者の例が精神的自由権である。内容形成型人権の場合には，憲法上立法義務が存在すると解されているが，法律制定を憲法が明示的に定めている場合（たとえば17条・26条1項）もあれば，明示の規定はないが解釈上当然と解されているものもある（たとえば25条1項）。内容形成型人権については，憲法が立法義務を課していると解されるから，立法府が必要な法律を制定しないで放置する場合には，立法不作為の違憲という問題が生じることになる。しかし，現在では，必要な立法は出そろっており，この意味で立法不作為となっているものは存在しない。とはいえ，内容形成型人権も憲法で保障している以上，その内容が全面的に法律に委ねられていると解することはできないのであり，憲法の想定する最低限は憲法上確定されていると解すべきである。その場合には，かりに法律の定めがその最低限を実現し得ていない場合には，憲法の想定する最低限に達していない限度において，立法不作為が存在すると解することができる。これが，立法不作為の問題として現実に生起する一つの型である。

459

第3部 統治のメカニズム

　立法不作為の違憲が問題となるもう一つの型として，制定当初は合憲であった法律がその後の立法事実の変化により違憲状態に変わったにもかかわらず，その法律を合憲的な内容に改正あるいは廃止しないで放置する場合があり，今日ではこの型の立法不作為が憲法訴訟としては重要となってきている。後に詳しく見る定数不均衡の問題はその典型である。違憲状態に変わった場合には，それを合憲的に是正する義務が立法者には生じる。立法者は憲法99条により憲法尊重義務を課されているからである。したがって，この立法義務に反する立法不作為は，違憲となりうるのである。

　このように立法不作為は違憲審査の対象となりうるが，問題は違憲である場合の救済方法である。というのは，現行法制上，立法不作為を訴訟で争う訴訟形態が明確ではないからである。立法不作為の違憲確認訴訟は，抽象的違憲審査となり許されないという主張と，必ずしもそうとはいえないという主張が学説上は分かれているが，判例にこの訴訟形態を認めたものは存在しない。立法不作為の違憲を理由とする国家賠償請求訴訟は，訴訟形態として可能ではあるが，判例は立法不作為の違憲と国賠法上の違法とを区別し，違憲であることが明白である場合しか国賠法上違法とはならないとしており（在外国民選挙権制限を違憲と判断した最大判平成17年9月14日民集59巻7号2087頁参照），ハードルは高い。しかし，この判決は，立法不作為の違憲を争う方法として，権利を行使しうる地位の確認請求という訴訟形態を認めたので，これを今後どのように発展させることができるか注目されている。

4　憲法判断の方法

(1)　司法消極主義と司法積極主義

　これは，裁判所は違憲審査権の行使を抑制的に行うべきか，積極的に行うべきかという問題である。裁判官は議員のように直接国民から選出されるわけではない。その裁判官が，国民を代表する議員が合憲と判断した法律を覆すのは民主主義に反するのではないか。こう考えれば，審査権の行使は謙抑的に行うべきだということになる。もっとも，問題は裁判所が国会の判断を覆すことにあるから，合憲判決を出すことは民主主義に反しない。合憲判決でも政治部門

の多数派の判断を正当化するという政治的効果をもつから，それを積極的に行うのは司法積極主義であるという捉え方もあるが，違憲審査の役割を考える場合に最も重要なのは裁判所が国会と対立する判断を行う場合であるから，そこに焦点を当てて消極主義・積極主義を考えるのがよいであろう。そこで，民主主義を強調すれば，司法消極主義こそが裁判所の原則的な態度であるべきもののように見える。しかし，政治部門による民主的判断は尊重すべきであるという考えが妥当するのは，政治プロセスの民主性が確保されているときに限られ，仮に民主的プロセス自体を形骸化するような立法がなされたときには，その審査に際して立法府の判断を尊重するという論理は成り立たないであろう。さらに，そもそも違憲審査権は主権者国民が憲法制定により裁判所に授けた権限であり，その際の制憲者の意図が，国民からさえもある程度独立した，その意味で民主的性格のより小さい独立の裁判所こそが立法府をコントロールするのにふさわしいというものであったとすれば，この意図こそ，それが改正により変更されない限り，より民主性の強いものとして尊重されるべきではないかという議論もありうる。この立場に立てば，裁判所の基本的な態度としては，憲法により与えられた権限を職務として忠実に果たすということでなければならないであろう。それが，憲法問題を立法事実を基礎に具体的に審査し，説得的な理由を付すという「通常審査」の考えの基礎にあるものである。それを原則にし，事件の類型により特に理由がある場合には，より「厳格な審査」あるいはより「緩やかな審査」も認められると考えていこうというのが本書の立場である。

(2) 憲法判断の回避と合憲解釈のアプローチ

(ア) 憲法判断の回避

付随審査制を基本とすれば，違憲審査は紛争の解決に必要な場合に行うものであり，憲法判断に立ち入らないで紛争を解決する方法が他にあるならば，その方法を援用することにより憲法判断を回避することは許される。たとえば，自衛隊の演習用通信線を切断して自衛隊法121条の「武器，弾薬，航空機その他の防衛の用に供する物」の損壊罪に問われた恵庭事件において，裁判所は通信線を「その他の防衛の用に供する物」には該当しないと判断して無罪とし，

第3部　統治のメカニズム

自衛隊法121条が憲法9条に反しないかどうかという問題の判断は回避した（札幌地判昭和42年3月29日下刑集9巻3号359頁）。裁判所としては，本件の解決方法として，自衛隊法121条の憲法判断を行い，合憲判断をしたうえで構成要件に該当せずという論理をとることもありえたであろうし，あるいは，違憲の判断をして本件への適用を排除するという論理をとることもありえたであろう。しかし，本判決のように憲法判断を回避することも可能であり，どの筋道をとるかは基本的には裁判所の裁量に委ねられるものと考えられる。これに反対する立場には，構成要件に該当せずという判断は，自衛隊法121条を「適用」したうえでの判断であり，合憲性が前提となっているという理解を示す見解もあるが，そのように理解すべきでない。構成要件に該当しないとは，本条項は「適用できない」という意味に理解すべきであり，そこでは法律に関するいかなる憲法判断も前提にはなっていないと解すべきである。

　判断回避の特殊な事例として，第三者の憲法上の権利の援用という問題がある。アメリカでスタンディング（standing）の問題として論じられているが，そこでは「訴訟を提起する原告適格」（standing to sue）と「第三者の権利を援用する当事者適格」（standing jus tertii）が区別されている。前者は，訴訟を提起するには訴訟の結果に本人独自の利益（personal stake）が関わっていなければならないという問題であり，その存在の主張がなければ適法な提訴とはならず，裁判所の判断はなされえない。これに対し，後者は，訴訟が適法に係属したことを前提に，その訴訟において自己の主張の根拠として自己の権利ではなくて訴訟外の第三者の権利の侵害を援用しうるかという問題であり，通常被告にとっての問題として生じる。権利保障を目的とする付随審査制においては，他人の権利の侵害の主張は許されないのが原則であり，裁判所は通常はその主張を取り上げて判断することはないが，例外的に判断が許されることがあるとされる。第三者の権利の侵害に関する判断を事件の解決の基礎に取り入れたからといって，付随審査制に反するわけではないので，判断するかどうかはある程度裁判所の裁量に属することになろうが，どのような場合に判断し，あるいは，判断を回避するかのルールが問題となるのである。たとえば，第三者が自ら訴訟を提起することが困難である場合や，早期に争点についての裁判所の判断を示すことが望ましい場合などには，判断することが許されるのではないか

第 16 章　憲法の保障と違憲審査制

といわれている。このことが問題となった事例に，第三者没収事件がある。そこでは，密輸に関係した貨物が第三者の所有に属していたので，その没収を，本人に防御の機会を与えないまま，被告人に対する附加刑として科すことができるかどうかが問題となった。最高裁は，最初，第三者の権利（所有権侵害）を援用することは許されないとして主張を退けたが（最大判昭和 35 年 10 月 19 日刑集 14 巻 12 号 1574 頁），すぐ後に判例を変更して主張を認めた（最大判昭和 37 年 11 月 28 日刑集 16 巻 11 号 1593 頁）。没収により所有権が確定的に国家に帰属するのであれば，第三者は別訴で争うことはできないから，裁判所は違憲かどうかを判断すべきであろう。

この問題は，たとえば教科書訴訟で教科書執筆者の原告が生徒の教育を受ける権利の侵害を主張しうるのかとか（杉本判決〔236 頁〕参照），宗教団体が信者の権利を援用しうるか（観光税訴訟〔199 頁〕，オウム解散命令訴訟〔200 頁〕）といった形でも現れている。

　(イ)　合憲限定解釈

憲法上違憲の疑いのある条文を適用する場合にも，その条文の意味を憲法に適合するように解釈することにより，違憲判断を回避する「合憲限定解釈」という手法もある。全逓東京中郵事件判決や都教組事件判決がこの手法を用いた代表例である。法律を違憲とするわけではないので，立法府との真正面からの対立を避けうる点に利用価値があるが，そのために無理な解釈をすれば，事実上法文を書き換えるのと同じになり，司法の権限を逸脱する危険が生ずるから，「解釈として許容される範囲内」にとどまらねばならない。最高裁は，公務員の争議権の制限規定については，不明確な合憲限定解釈によりかえって刑罰の明確性の要請に反する結果となっているとして，それまでの合憲限定解釈をした判例を変更した（最大判昭和 48 年 4 月 25 日刑集 27 巻 4 号 547 頁）が，表現の自由を規制する法律については，「限定解釈をすることが許されるのは，その解釈により，規制の対象となるものとそうでないものとが明確に区別され，かつ，合憲的に規制し得るもののみが規制の対象となることが明らかにされる場合でなければならず，また，一般国民の理解において，具体的場合に当該表現物が規制の対象となるかどうかの判断を可能ならしめるような基準をその規定から読みとることができるものでなければならない」と述べ，「風俗を害すべき書

463

籍，図画」を「猥褻な書籍，図画」と合憲限定解釈することも許されるとしている（最大判昭和 59 年 12 月 12 日民集 38 巻 12 号 1308 頁）。この基準の前段部分は，合憲限定解釈の結果が明確かつ合憲的内容でなければならないことを示したものであり，当然のことである。これに対し，後段部分は，やや曖昧ではあるが，元の規定からは一般国民が読みとりえないような内容に解釈することは許されないことを示したものと解されるので，ここでいう「解釈として許容される範囲内」を判示したものと理解できる。「風俗を害する」とは「猥褻な」という意味だと一般国民が読みとりうるかについては，反対意見も存在した。

　なお，合憲限定解釈という解釈手法は，条文に合憲的部分と違憲的（違憲の疑いのある）部分が含まれている場合に，違憲的部分を解釈により切り落とす手法であり，通常の解釈手法（文理解釈・目的論的解釈・体系的解釈等）により違憲の疑いのない意味に解釈しうる場合には，合憲限定解釈とは呼ばない（最二判平成 24 年 12 月 7 日刑集 66 巻 12 号 1337 頁の千葉補足意見参照）。したがって，徳島市公安条例判決（最大判昭和 50 年 9 月 10 日刑集 29 巻 8 号 489 頁）は，「交通秩序を維持する」という構成要件に違憲の疑いを認定することなく解釈により条文の意味を限定しているから，合憲限定解釈を採用したとはいえないが，税関検査事件判決は「風俗を害する図画」という要件に違憲の疑いを認定したうえでその意味を「猥褻な図画」と限定したから合憲限定解釈を採用したということになる。しかし，両者の違いは現実には相対的であるので，税関検査事件判決は合憲限定解釈が許される場合の先例として徳島市公安条例事件判決に依拠している。いずれにせよ，合憲限定解釈が許されるためには，合憲的部分と違憲的部分とが「可分」でなければならない（次頁以下参照）。不可分であれば，全体として違憲とするか，あるいは，後述の適用上判断をすることになる。

(3)　適用上判断と文面上判断

　「法律」を「事実」に適用するに際して，「事実」に着目してその憲法的評価をする場合と，「法文」に着目してその憲法的評価をする場合がある。前者の場合，事実が憲法上保護されたものであるときには，これを規制する法律を適用すれば違憲となるので，「本件に適用する限りにおいては違憲」（適用上違憲）と判断して事件を解決することが可能となる。逆に，事実が憲法上保護された

ものでないときには，たとえ法律自体に疑問があっても，「本件に適用する限りにおいては合憲」（適用上合憲）という判断が可能となる。このアプローチにおいて注目されるのは，法律自体の憲法的評価は直接にはなされず，いわば法律そのものの憲法判断が回避されることである。これに対し，文面上判断とは法律そのものを直接審査し，それが違憲である場合には，「違憲であるから本件に適用できない」として事件の解決を行う方式である。では，文面上判断をすれば法律が違憲となる可能性があるが，適用上判断をすれば本件事実は憲法上保護されたものではなく適用上合憲となりうるという場合，どちらのアプローチをとるべきか。たとえば，法律の規制対象が広汎にすぎ，憲法上保護された行為まで規制対象に含まれているが，本件の行為自体は憲法上保護されたものではないとか，あるいは，規制の文言が漠然不明確で規制対象のコアの部分は分かるものの周辺部がどこまで及ぶのか分からないが，本件の行為自体はコアの部分に該当するというような事件において，この問題が生じる。これは，本人に適用する限りでは合憲であるが，訴訟外の第三者に適用する場合には違憲となりうるということであるから，前述の第三者の権利の援用の一例でもある。一般論としていえば，規制の「畏縮効果」を懸念すべき表現の自由等の領域については，法律の違憲性を早期に確定するために文面上判断を優先すべきであるが，畏縮効果を必ずしも懸念する必要のない経済的自由等の領域については，適用上判断をとるのがよいと考えられる。

5 違憲判決の種類と効力

(1) 違憲判決の種類

　違憲審査は，法令そのものを対象とする場合と，法令の適用の仕方を対象とする場合があり，この区別は，基本的には文面上判断と適用上判断の区別に対応している。そして，この区別から文面上違憲（法令違憲）と適用上違憲が生じることになる。

　文面上違憲は，法令そのものを違憲と判断するものであるが，関連条文を全面的に違憲とする場合と，その一部だけを違憲とする場合がある。関連条文のなかで違憲である部分が他の部分と「可分」であれば，その部分だけを違憲と

第3部　統治のメカニズム

判断し，不可分であれば全体を違憲とすることになる。全部違憲となるか部分違憲となるかは，可分かどうかによるが，その判断は，基本的には，その違憲部分がなかったならば立法者はこの立法をしたのかどうかを基準になされる。全部違憲も部分違憲も法令違憲である点では同じであり，立法者がこれに対応しようとする場合，何が違憲とされたかは判決理由から判断する以外にないから，両者の区別自体に意味があるわけではなく，重要なのは可分かどうかの判断だといえよう。

　適用上違憲は，適用の仕方を審査の対象とするが，法令の適用には，通常，適用する行為と適用される側の状況とが存在し，そのいずれに着目するかにより議論の仕方が異なる面がある。適用上判断の本来的なあり方は，適用される側の状況を憲法により評価するものであり，その状況が憲法により保護されていると評価された場合に適用上違憲の判決となる。この場合には，適用されるべき法令についての憲法判断は回避される。これに対して，法令の執行者がそれを適用する行為に着目するときには，通常は，適用行為が法令に従っているかどうかが問題となる。従っていなければ違法であり，憲法判断の必要はない。適用法令が違憲かどうかが問題とされるなら，それは適用上違憲ではなく法令違憲の問題である。したがって，適用行為に着目して審査する場合には，憲法判断は必要ないはずである。ところが，適用行為を法令に照らして評価して違法性を判断するのではなく，直接憲法に照らして評価し，違憲かどうかを判断するという手法も理論上は可能であり，これも一般的には適用上判断と呼ばれている。何を適用上違憲と呼ぶかという用語法の問題にすぎないともいえるが，視点を異にする違いがあることは意識しておく必要がある。いずれにせよ，適用上違憲は個別的な事例についての判断であり，法令そのものについての判断ではないので，当該事例への適用が違憲であることは判断されたが，それ以外に適用違憲となる場合があるのかどうかは，不明なままに残される。この点で，法令違憲である部分違憲とは，法令の適用の一部を違憲とする点では似ているようではあるが，法的効果を異にする。

　判例の中には「運用違憲」という手法を採用したものも存在した（東京地判昭和42年5月10日下刑集9巻5号638頁）。東京都公安条例に関する事件であったが，公安条例自体の合憲性は最高裁判決で確定しているため，文面上判断は

466

第16章　憲法の保障と違憲審査制

回避してその運用の仕方を問題にした。その際，当該事件における運用を問題にする（その場合には適用上判断となる）のではなく，それまでの他の事例を含めた運用全体を評価して違憲と判断し，そのうえで本件もその全体としての運用の一環としてなされたものであるから違憲であるとした。しかし，本件の適用の仕方を評価するのに他の事例と一体として評価するのは，付随審査制の論理と必ずしも整合しない（本件の高裁判決である東京高判昭和48年1月16日判タ289号171頁参照）。もし全体としての運用が違憲であるというなら，そのような運用を許容している法令そのものを違憲とすべきであろう。

　いかなる種類の違憲判断を行ったかにつき見解の対立がある判例に，第三者没収判決（最大判昭和37年11月28日刑集16巻11号1593頁）がある。この判決は，関税法の定める没収規定（犯罪行為の用に供した船舶・貨物の没収を規定していた当時の関税法118条1項）自体は合憲であるが，その船舶・貨物が第三者の所有に属する場合には，所有者に防御の機会を与える手続のないままに没収刑を宣告するのは違憲であると判断した。この判例の理解につき，手続規定を置く法律改正をしない限り合憲とはならないのであるから，法令違憲と同視しうるという見解，関税法の没収規定を手続規定のないまま本件に適用するのは違憲であるということであるから適用違憲の判決であるとする見解，手続規定がないことを違憲としたのであるから立法不作為の違憲判決であるとする見解などが対立しているが，没収を判示した判決が違憲であり，その判決は憲法81条の「処分」に該当するから処分違憲の判決と理解すべきであろう。「処分」は行政処分としてなされることが通常であろうが，裁判所の判決も憲法81条の「処分」に含まれる。処分を行うには法令の根拠が必要であるが，授権の実体規定には問題がないのに憲法の要求する手続を定めた法令が存在しないというような場合には，その処分が実体的には合法であるが手続的には違憲ということが起こりうるのである。その場合には，違憲の手続でなされた処分そのものが違憲であると理解することができる。上に述べた適用上判断における適用行為に着目した適用違憲も処分違憲と理解する場合が多いであろう。

(2)　違憲判決の効力

　付随審査制においては，憲法判断はその事件の解決に必要な限りで行われる

から，法律が違憲と判断されても，それは当該法律をその事件では適用しないということにすぎず，一般的に法律が無効となるわけではない。一般的に法律が無効となるとすれば，法律を廃止したと同じ意味をもち，裁判所が消極的な立法権をもつことになろう。これは，国会が唯一の立法機関（41条参照）であることに反するのではないか。このように考える立場を「個別的効力説」という。違憲判決の効力は，法律をその事件に適用しないということに尽きると考えるのである。もちろん，最高裁の判決は判例（先例）として機能するから，最高裁が判例変更を行わない限り，法律が違憲であるということは後の事件でも踏襲される。しかし，それは，当該法律が一般的に無効となったからではなくて，先例のもつ効果にすぎない。

　これに対し，違憲と判断された法律も，国会が廃止しない限り法律として存在し続けるとするならば，内閣はその「法律を誠実に執行」（73条1号）しなければならないことになり，不合理な結果を生み出すことになるから，違憲とされた法律は一般的に効力を失い，法律が廃止されたと同じ効果をもつと考えるべきだとの見解もあり，「一般的効力説」と呼ばれている。しかし，法律の憲法適合性の最終的判断権を有する最高裁が違憲と判断した以上，その後に特別考慮すべき事情が生じない限り，内閣は最高裁の判断を尊重する義務を負うのであり，その限りにおいて「法律の誠実な執行」義務は解除されると考えるべきであろう。

　憲法は違憲判決の効力に関する規定を置いていないから，法律の定めに委ねているという第3の説もある（法律委任説）。この説の場合，法律の定めがないときどうするのか困るから，個別的効力説を基にした上で，特に法律で定めることも許されているという説と理解すべきであろう。

　違憲判決の効力に関しては，その効果が遡及するのかどうか，遡及するのが原則とした場合に遡及しないという判決を書くことは許されるか（将来効判決の可否）という問題も議論されている。遡及するかどうかについては，個別的効力説の立場からは，違憲であるという判断は以降の事件においても先例として踏襲されるであろうから，判決以前に生じた事例にも遡及するのが原則である。では，判例変更で違憲と判断された場合（たとえば，尊属殺違憲判決を考えよ），以前の合憲判断の下で確定した判決はどうなるか。再審理由として認め

られれば，それで救済されるが，そうでなければ恩赦による救済しかない。判例変更で合憲となった場合はどうか。その事例は存在しないが，公務員の争議権の禁止に関する合憲限定解釈が変更された事例は，この場合に似る。合憲限定解釈は違憲部分の存在を前提にした解釈であり，その違憲部分が合憲に変更されたからである。この場合，合憲限定解釈判決後に生じた事例に合憲判決の判断が遡及するとすれば，改正法律を遡及させるのに似るから，改正法律を遡及させることが許されるかどうかの問題とパラレルに考えるべきであろう。こうした遡及に伴う困難に対処するために，違憲判決のなかでその判断は将来の事例にしか適用しないと判示する（「本件を除いては」という条件を付す場合と付さない場合がありうる）ことが考えうる。たとえば，選挙無効訴訟で定数不均衡を違憲と判断しながら，その効果は本件には適用せず将来の事例にのみ適用する，あるいは，将来の一定時点において本件の違憲の効力を発生させるという判決は許されるかが議論されている。日本の裁判所は法律に規定のない救済方法は回避する傾向が強い。しかし，行為が許されるかどうかを定めるいわゆる第一次規範については裁判所による法創造は慎重であるべきだが，違反行為に対する救済方法に関しては柔軟な法創造により適切な救済を図るべきだという見解も有力である。

B)　抵抗権と国家緊急権

1　抵　抗　権

ヨーロッパ中世においては，国王も法に服し，国王が法を犯し臣民の権利を侵害すれば，抵抗権の発動が正当視された。抵抗権が法の支配の担保だったのである。しかし，抵抗権の行使は多くのコストを伴うから，日常的に訴えることのできるものではない。むしろ抵抗権に訴える必要のないように，権利侵害の予防や救済方法が整備されることの方が好ましい。立憲主義的制度の発展は，まさにこのような要請に応えるものとして展開してきたのである。しかし，いかに立憲主義的制度が整備され，抵抗権の出番が極小化されたとしても，権力

第3部　統治のメカニズム

は制限されねばならないという立憲主義の論理が維持される限り，権力が制限を無視した場合に対する抵抗権の論理も存続し続ける。抵抗権は立憲主義のエートスなのである。

　抵抗権を正当化する論理は，自然法・自然権である（自然法上の抵抗権）。抵抗権が問題となるのは，実定法上の救済手段が尽きたときであることを考えれば，自然法に訴えて正当化するのは自然な論理である。しかし，抵抗権を実定法上の権利として捉えようという見解もある（実定法上の抵抗権）。立法権や行政権の憲法破壊的行為に抵抗して刑事罰に問われたとき，裁判所が抵抗権を援用して無罪とすることが認められてよいのではないかと考えるのである。しかし，通常は正当防衛・緊急避難等の刑法上の理論で対処可能であり，抵抗権に訴えなければならないような問題は想定しがたいし，抵抗権としてしか正当化しえない状況が生じたとき，裁判所が正常な機能を保ちえていると想定することも困難であろう。

2　国家緊急権

　外敵の侵入や内乱のような緊急事態が起こり国家の存立そのものが脅かされたとき，これに対処するために行政権に権力を集中し財産権や表現の自由などの人権を制約する必要が生じることがある。しかし，これを認めることは人権保障と権力分立を中心とする立憲主義と衝突するから，立憲主義憲法の下においては許されないのではないかが問題となる。この点につき，立憲主義も国家の存立を必要とするのであるから，それを護るために一時的に立憲主義を停止することは，立憲主義と矛盾しないはずだ。こう主張して，国家緊急権を国家の自然法的な権利として承認しようとする見解もある。抵抗権が権力による立憲主義への攻撃に対する国民の権利であるのに対し，国家緊急権は権力の側が立憲主義の防御を口実に発動する権利である点で，同じく立憲主義の擁護を唱えながらも，対照的構造をもつ。

　自然法上の国家緊急権という考えは，濫用の危険が大きく支持する見解は少ないが，憲法自体の中に一定の要件の下に緊急権の発動を許す規定を予め書き込んでおき，万一の必要に応えるとともにその濫用を阻止しようという

470

考えもあり，フランス第五共和政憲法 16 条やドイツ基本法 115a 条にその例が見られる。明治憲法の戒厳大権（14 条）や非常大権（31 条）もその一種であるが，日本国憲法は明治憲法下における濫用を反省して規定を置くのを避けた。しかし，有事に対処するための法制を法律で定めることまで禁止したと解すべきではなく，人権保障や権力分立を完全に停止するような内容でない限り，特定の場合の人権制限や行政権の強化を法律で定めることは許されよう。いわゆる「有事法制」は，かかる観点から吟味すべきものである（59 頁参照）。

　地震や台風などの大規模自然災害，テロリズムの発生，我が国に対する武力攻撃などの「緊急事態」に対応するために必要な法律を制定しようとしても，人権保障等の憲法の制約があって不可能であるから，日本も憲法に緊急事態条項を入れるべきであるという議論もある。その場合には，前提として，必要とされるいかなる法律条項が憲法に違反することになるのかを具体的に明確化する必要がある。そうでないと，緊急事態条項が何を目的としているのかが不明確となり，規定しても抽象的で歯止めのない条文となり濫用の危険が増大するからである。その前提を明らかにした上で，法律によりそれに対処しえない不都合と緊急事態条項の濫用の危険との利益衡量を行うことになろうが，おそらく法律で対処しえないとされる想定事態の生起する可能性は極めて小さいであろうから，濫用の危険を冒してまで憲法に規定する実益は疑わしい。生起した場合には，国民のために法律違反の責任（懲戒や賠償責任のみならず，刑事責任もありうる）を覚悟して非常措置をとり，事態が沈静化した後で国会あるいは裁判所で責任追及に応答する為政者の存在を期待する以外にないだろう。そのような為政者が存在しないとすれば，緊急事態条項を悪用しないと期待することも困難ではなかろうか。

Ⅱ　憲法適応

　絶えず発展し変化する社会は，憲法に対して適応を迫る。憲法の基本価値と

第3部　統治のメカニズム

して護るべきものは，社会がいかに変化しようと，それに抗して護っていかねばならないが，基本価値を実現するための手段的憲法規範は，時代の変化に適応してつくりかえていく方が真に憲法を護ることにつながろう。変化への適応は，まず第一に，憲法解釈の変更を通じて行われる。憲法条文が担いうる意味には幅がある。その幅の枠内で，変化と調和しうる意味へと解釈を変更するのである。しかし，枠内での適応が不可能となれば，条文自体の変更が必要となる。それが憲法改正である。ところが，ときには，解釈の枠内には収まりきらない憲法運用が憲法改正を経ないまま実行されることもある。これは，本来は憲法違反であり，違憲審査等の憲法保障のメカニズムにより除去されるべきものである。しかし，何らかの事情でその機会をもちえないままそのような憲法運用が長期にわたって継続あるいは反復され，そのうち次第に多くの国民に受け入れられていくということも起こりえないわけではない。これが「憲法変遷」と呼ばれる現象である。

1　憲 法 改 正

(1)　改正の手続

　憲法96条1項前段は，「この憲法の改正は，各議院の総議員の3分の2以上の賛成で，国会が，これを発議し，国民に提案してその承認を経なければならない」と定め，憲法改正に(ｱ)国会による発議と(ｲ)国民による承認の二段階の手続を予定している。通常の法律の制定に必要とされるものより重い手続を要求しており，日本国憲法が硬性憲法であることを示している。

(ｱ)　国会による発議

　発議には「各議院の総議員の3分の2以上の賛成」が必要である。総議員とは，法定数か，それとも欠員を引いた現在数かの争いがあるが，憲法改正の重大性を考えれば，偶然的要素の介入する現在数ではなく，法定数と解すべきであろう。議院への発案（原案あるいは修正案の提出）については，憲法に定めはないが，各議院の議員が発案権をもつのはいうまでもない（ただし，国会68条の2・68条の4参照）。問題は，内閣に憲法改正案を提案する権限が認められるかどうかである。法律案については，内閣法が提案権を認めており（内5条参

第16章　憲法の保障と違憲審査制

照），通説もそれを合憲と解しているが，憲法改正案については，憲法上内閣には認められないとする説も有力に唱えられている。

(イ)　国民による承認

国民による承認には，「特別の国民投票又は国会の定める選挙の際行はれる投票において，その過半数の賛成を必要とする」（96条1項後段）。過半数とは，総投票数の過半数か，無効投票を差し引いた有効投票数の過半数かの対立があるが，いずれにするかは法律で定めることができると解する。特に定めがない場合には，有効投票数が極端に低い場合に対処するために，総投票数の過半数と解すべきであるが，2007年に制定された「国民投票法[＊]」（正式名称は「日本国憲法の改正手続に関する法律」）では，改正案に対する賛成票と反対票の合計の過半数と定められている（126条1項・98条2項）。

＊　2007年に制定され2010年に施行された国民投票法の概要は，次のようである。国会による改正の発議がなされると，その後60日から180日の間に国民投票が行われる（2条1項）。その間に国民への広報事務を担当する機関として国会に国民投票広報協議会が設置される（国会102条の11，国民投票11条以下）。改正案に対する賛成・反対の「国民投票運動」は，選挙運動と比較すると相当規制が緩和されており，文書図画の規制，運動費用の規制，戸別訪問やインターネット上の運動の禁止もないが，公務員による運動や放送広告による運動は規制される。改正原案の発議は「内容において関連する事項ごとに区分して行う」（国会68条の3）ことになっており，区分された案つき個別的に国民投票を行うことになる。そして，投票総数の2分の1を超えたとき国民の承認があったとされる（国民投票126条1項）が，その場合の投票総数とは「憲法改正案に対する賛成の投票の数及び反対の投票の数を合計した数」（同98条2項）とされている。承認の通知を受けると総理大臣は直ちに公布の手続をとる（同126条2項）。公布を行うのは天皇である（憲7条1項）。国民投票に関し異議のある投票人は30日以内に東京高裁に訴訟を提起できるが（国民投票127条），訴訟の提起があっても国民投票の効力は停止しない（同130条）。なお，投票権者は「満18年以上の者」（同3条）とされているが，そのために必要な法制上の措置が取られない限り，20歳以上の者とされていたところ，2015年に選挙権年齢を満18年以上とする公選法の改正がなされた。

国民による承認が成立すると，「天皇は，国民の名で，この憲法と一体を成すものとして，直ちにこれを公布する」（憲96条2項・7条1号）。

473

第3部　統治のメカニズム

(2)　改正の限界

　憲法改正の手続さえ践めば，いかなる内容の改正も許されるか。たとえば，憲法の基本価値（個人の尊厳とそこから演繹される人権保障および国民主権がその核心を構成する）を変更するような改正さえ許されるのか，という問題である。事実としては，そのような改正も起こりうる。ここでの問題は，法理論としてそのような改正を「憲法改正」として認めうるのかという問題である。もしそのような改正は改正権の限界を超えるものであると考えるなら，それは，法的な説明としては，新たな憲法制定権力の発動であり，改正ではなくて「革命」であると捉えることになる。この問題は，憲法制定権力と憲法改正権の関係をどう理解するかとも関連し，改正に限界なしとする無限界説と限界ありとする限界説が対立している。

(ア)　改正無限界説

　この立場の代表的な説は，憲法改正権は憲法制定権力が実定憲法の中に形態変化をとげて入り込んだものであるから，その本質は憲法制定権力と同じであり，憲法上の改正権に変身する際に自らに課した手続的な拘束以外には縛られない，と説く。また，憲法制定権力の観念を法的には認めない法実証主義の立場からは，憲法規範の間に価値の序列はないから，改正手続さえ守ればどの条文も改正しうると説明する。

(イ)　改正限界説

　この立場は，憲法改正権は「憲法により設立された権力」（pouvoirs constitués）の一つであり，憲法制定権力（pouvoir constituant）とは質的に異なるという理解を前提とし，憲法改正権は自己の存立の根拠となっている憲法制定権およびそれと密接に結びついた諸規範を否定することは法論理上許されない，と説く。憲法制定権と密接に結びついた諸規範とは，憲法制定権そのものの法的根拠となる個人の尊厳と人権保障・国民主権，すなわち憲法の基本価値を定める規範であるが，これを根本規範と呼ぶとすれば，この立場は憲法の中に「根本規範→憲法改正規定→その他の憲法規範」の序列を設定し，憲法改正権は法論理上自己の上位に位置する根本規範を改正することはできないと主張する説と合流する。なお，この説のバリエーションとして，改正権を制定権の変身と認めつつ，その制定権自身が自然法に由来する根本規範に拘束されている

のだと説く立場もある。いずれにせよ，改正の限界を超えた場合には，それは法的には改正ではなく「革命」（あるいは「反革命」）と説明されることになる。

　この限界説からは，いかなる規定が限界に該当するかが問題となるが，通常，個人の尊厳（人権尊重主義），国民主権および平和主義（ただし，現状において軍隊の保有が直ちに平和主義に反するというわけではなく，9条2項の改正は可能）が改正権の範囲外とされる。問題は，改正規定（96条）自体の改正が許されるかであるが，少なくとも国会による改正の議決要件を加重することなく国民投票を廃止することは国民主権に反すると解すべきであろう。国民投票制は維持しつつ国会による発議の要件を「各院の3分の2」から「各院の過半数」に変更することはどうか。改正の国民投票を国民が直接「決定」する制度という趣旨に解すれば，最終的決定権は国民に保持されているから，改正の発議の変更は決定的意味をもたず，国民主権に反しないといいうるかもしれない。しかし，発議権が権力行使者の側に独占された国民投票は，運用の仕方によっては，真に「国民が決定する」というのではなく，独裁的権力行使を正当化する方向でプレビシット的に機能する危険をもつ制度であることも忘れてはならない。発議に3分の2の賛成という過重要件を課しているのは，この危険を小さくしようという意図も込められているのである。また，このことと密接に関連するが，かかる改正は，日本国憲法の統治原理の基本をなしている代表制の精神と整合するか，疑問なしとしない。国会の各院の3分の2という特別多数を要求したのは，国会による発議こそが憲法改正の最も重要な局面だという趣旨を表現していると思われるからである。この理解からは，国民投票は国民が「決定」する制度というよりは，たとえ代表者の3分の2が賛成しても，国民がそれを「拒否」しうる歯止めを組み込んだものと理解することになる。代表制における国民の主要な役割は，日常的な政治を「政治のプロ」に委託し，その時々に「同意」や「拒否」を通じて代表者が提案し遂行する政治を監視することだからである。

2　憲法変遷論

　憲法変遷とは，事実を叙述する「社会学的概念」として用いる場合には，憲

法に違反する事態が生み出され，かつそれが国民の広範な支持を受けている事実状態を指す。この意味での憲法変遷は，長年にわたる憲法運用の過程でほとんど不可避的に生起するものであり，そのことの認識自体に学説上の対立はない。問題は，この概念を解釈論上の概念として，すなわち違憲状態の正当化の論理として使う場合である。これを安易に許すことになれば，本来は憲法改正の手続を経なければ許されないはずの行為が，国民の支持等を口実に正当化されることになり，立憲主義は空洞化の危険にさらされる。しかし，他方で，国民の支持を完全に失い，その意味で「実効性」を喪失した憲法規範をいつまでも援用し，憲法違反の主張を続けるならば，逆に憲法自体に対する国民の信頼を動揺させ，かえって立憲主義の基礎を掘り崩しかねない。この両面を睨みつつ，立憲主義を護るためにはどのように考えるのがよいかが，憲法変遷論の中心問題なのである。

憲法を社会の変化に適応させるには，通常，条文解釈の変更を用いる。条文が担いうる意味には幅があり，その幅の枠内ならば解釈を変更しても憲法違反とはならない。憲法変遷が問題となるのは，この枠を超えた場合である。しかし，枠自体も不変とは限らない。長い年月の間には，条文の担いうる意味の幅が変遷するということも起こりうる。この場合には，当初の枠から判断すれば憲法違反というべき行為が，枠そのものが変遷した結果，今では枠内にあるという捉え方になる。枠内であるから，解釈の変更で対応しうるということになるが，ここでは枠の変遷を承認するかどうかが争点となろう。枠の変遷を認めてしまえば，あとは難しい理論上の問題は生じない。

これに対し，枠外の行為の憲法変遷の場合には，憲法規範とそれに違反する事態が対立しているから，両者の関係をどう説明するかが困難な問題として残る。この問題は，日本では，憲法慣習法の問題との関連で議論されてきた。違憲の状態は，当初は違憲というにすぎなかったが，期間の経過のなかで国民の法的確信により支持されて法的効力を獲得し，この慣習法規範が実効性を喪失した憲法規範に取って代わったというのである。慣習法に関する日本法の原則では，慣習法が制定法を改廃することは許されない。そうすると，憲法変遷論は憲法慣習法が制定憲法を改廃することを例外的に認めるかどうかという問題となる。この点で，それを認める説（規範説）と認めない説（事実説）とが対立

第 16 章　憲法の保障と違憲審査制

してきた。しかし，憲法慣習法が憲法規定に「取って代わる」という捉え方は，
ミスリーディングであろう。憲法慣習法が憲法規定を押しのけて自らが形式的
意味の憲法の位置につくかのような印象を与え，その憲法慣習法の改正には，
憲法の定める改正手続を必要とするかの誤解を与えるからである。むしろ，実
効性を喪失した憲法規定はいわば「仮眠」に入り，法の欠缺と同じ状態が生じ，
その欠缺を慣習法が埋めている状態と理解するのがよい。こう解すれば憲法慣
習の改正は法律でも可能であるし，憲法規定が眠りから覚めることもありうる
ことが無理なく説明できる。この理解を前提として，憲法慣習法の成立を認め
るには，長期間の経過と国民の圧倒的な支持（憲法改正も不要とするほどの）を
必要とすると考えるべきであろう。

事 項 索 引

あ 行

アクセス権　227
「悪徳の栄え」事件判決　240
上尾市福祉会館事件判決　262
旭川学力テスト事件判決　343, 345
朝日訴訟　339
芦田修正　**53**, 55
アダムズ方式　175, 364
新しい人権（権利）　102, 128, 145, 146, **150**,
　160, 298
アメリカ合衆国憲法　77
アメリカ権利章典　264
アメリカ大統領　325
アメリカ独立宣言　9, 164
アリーナ型　386, 394
安定多数　394
安保条約　61, 67

委員会中心主義　399
家制度　82
イェリネック　5, 6, 84
意　見　440
違憲審査権　86, 108, 138, 165, **453**, **455**,
　460
違憲審査制（度）　25, **33**, 37, 79, 435, **452**,
　472
違憲性の推定　165, 170
違憲判決の効力　467
違憲判決の種類　465
石井新聞記者事件判決　230
「石に泳ぐ魚」事件判決　245
畏縮効果（chilling effect）　139, 218, 238,
　240, 241, 243, 252, **465**
泉佐野市民会館事件判決　252, 262
板まんだら事件判決　200, 436
一院制　428
一元型議院内閣制　**27**, 37, 359
一元的外在制約説　127

一元的内在制約説　128
一事不再理の原則　315
一般意思　26, 372, 384
一般的許可制　262
一般的行為自由説　147, 148
一般的効力説　468
一般的再議要求　426
イデオロギー政党　32, 374
移転の自由　276
イニシャティヴ　424
意に反する苦役　300
委任命令　**132**, 408
委任立法　132, 389
違法収集証拠の排除　306
イラク支援特別措置法　56, 65
岩手教組学テ事件判決　350
イン・カメラ審理　223, 334
インターネット　154, 228, 241
院内政党　372
院の構成　394

ヴァージニア権利宣言（章典）　9, 76
疑わしい分類　170
「宴のあと」事件判決　150, 245
訴えの利益　58
上乗せ条例　430
運用違憲　466

営　業　273, 279
営業の自由　31, 265, **275**, 279, 348
営業の秘密　334, 448
営利団体　265, 266
営利的言論（commercial speech）　238, **245**
恵庭事件判決　58, 461
愛媛玉串料事件判決　204, 207
LRA（より制限的でない他の手段）基準
　139
「エロス＋虐殺」事件決定　245
援助（人権に対する国家の）　253, 256, 295

479

エンドースメント・テスト　　205

王位継承法　　10
王権神授説　　20
王国の基本法　　9
押収令状　　307
近江八幡市新穀献納祭事件判決　　207
大きな財産　　293
大阪国際空港公害訴訟判決　　158
大阪地蔵像事件判決　　207
大津事件　　444
大平三原則　　405
尾高・宮沢論争　　42
穏健な多党制　　375
恩赦　　45, **408**
オンブズマン制度　　330, 401

か 行

害（harm）　　255
海外移住　　275
海外渡航　　277
海外派遣　　56, 64, 65
海外派兵　　63, 64
会期　　394
　　――の延長　　399
会期制　　398
会期不継続の原則　　399
会計検査院　　394
戒厳大権　　471
外見的立憲主義　　**10**, 11, 35
外国移住の自由　　277, **278**
外国人　　94
　　――の人権　　95
　　定住――　　97
外国渡航の自由　　278
解散　　45, **357**, 390, 392, 394
解散権　　359
解散権論争　　359
解散請求　　356
解釈改憲　　**55**, 67
解職請求　　356, **424**, 428
解職制度　　355, 447
改正権　　33

改正限界説　　474
改正の限界　　43, 44, **474**
改正無限界説　　474
介入（人権に対する）　　122, 136
会派　　**373**, 394, **397**
外務省秘密漏洩事件決定　　220
下級裁判所　　412, 437, **441**, 447
下級裁判所裁判官　　445
閣議　　409
学習権　　**343**, 348
革命　　21, 43, **474**
学問の自由　　90, 187, 211, 212, 280
駆けつけ警護　　65
加持祈禱　　199
過小包含（underinclusive）　　170
家族　　81, 82
過大包含（overinclusive）　　170
家庭裁判所　　438, **441**
過度の広汎性ゆえに無効の理論　　219, 264
川崎民商事件判決　　308
簡易裁判所　　441
簡易裁判所判事　　442
環境権　　158
慣習憲法　　9
慣習法　　476
官制大権　　406
間接差別　　169, 183, 184
間接選挙　　323, **325**
間接適用説　　111, **112**, 113, 116
完全補償説　　296
観点（viewpoint）　　254
関与（国の）　　420
　　――の法定主義　　421
官僚　　403

議員　　396
　　――の歳費受領権　　397
　　――の除名　　400
　　――の地位　　396
　　――の特典　　396
　　――の不逮捕特権　　397
　　――の免責特権　　160, 297, **396**, 428
議院運営委員会　　394, 399

事項索引

議院規則　389
議院規則制定権　395
議院証言法　395
議員懲罰権　395
議院内閣制　27, 33-36, 353, **356**, 375, 403,
　426
　一元型――　**27**, 37, 359
　二元型――　**27**, 359
議　会　354, 356, 359, 372, **386**, **401**, **416**,
　424, 431, 452
　――の解散　427
　――の解散請求　424
議会制の危機　373
議会制民主主義　351
議院統治制　**27**, 359
機会の平等　**161**, 162
機　関　5
機関委任事務　412, **419**, 428
帰国の自由　278
規　制　295
規制目的二分論　**280**, 284
規　則　**8**, 12, **430**
貴族院　26, 35, 37
規則制定権　410, 416, **430**, 440
貴族制度　164, **169**
帰属ルール　**286**, 296
基礎的自治体　**416**, 418
議　長　50
喫煙の自由　133
岐阜県青少年保護条例事件判決　255
基本権的法益　115
基本権保護義務論　115
基本権を確保するための基本権　329
基本的人権（基本権）　**75**, 80, 83, 86
君が代　47, 190, 192
記名投票　325
逆差別　164
客観訴訟　425, **434**, **456**
客観的価値秩序　114
客観法　114, 115, 339, 340
宮中祭祀　209
宮廷費　49, 210
救貧施策　341

教育権　345
教育勅語　345
教育の義務　130
教育の自由　213
教育を受ける権利　86, 213, 336, **343**
教科書検定制度　236, **347**
教科書訴訟　236, 347
行　政　387, 412, 432, 433
　――の法律適合性　33
行政各部　**354**, 402, 403, 404
強制加入団体　**105**, 191, 192, **265**
行政機関　438
行政機構　354
行政権　25, **30**, 32, 33, 86, 235, 353, 356,
　387, **401**, 408, 432, 436, 443, 470
行政国家　32
強制採血　158
強制採尿　158
行政裁判所　25, **333**, **438**
行政裁量　435
行政事件　332
行政調査権　266
行政手続　**159**, 300, 302, 306
強制投票　**322**, 323, **325**
行政秘密　220
京都市古都保存協力税条例事件判決　199
共和政　28
許可制　**233**, 262, 281, **285**
極端な多党制　375
居住・移転の自由　125, 127, 133, 157, 273,
　275, **276**
拒否権　**24**, 388, **427**
距離制限　**281**, 284
紀律権　103, 106, 192
儀礼的行為　46
緊急事態　59, 60, 471
緊急集会　392
緊急逮捕　305
近代議会　384
近代議会制　372
近代憲法　23
近代立憲主義　19, **21**, 29, 32, 195, 452
勤労し搾取されている人民の権利宣言　78

481

勤労者　350
勤労の義務　130
勤労の権利　86, 335, **347**

苦役からの自由　112
具体的権利　149
具体的権利説　337
具体的事件　433
クック　10
宮内庁　50
国地方係争処理委員会　421
国の関与　420
軍事法廷　438
君主国体　41
君主主権　**11**, 30, 78
君主主権論　5, 28
君主政原理　**11**, 30
群馬司法書士会事件判決　105, 192

傾向経営団体　266
経済活動の自由　86, **273**, 280, 286, 335
経済的自由権　32, 77, 86, 87, 98, 127, 130,
　139-141, 157, 265, **275**, 284, 465
警察的規制　261
警察法改正無効事件判決　435, 458
警察目的　280, **295**
警察予備隊　54
警察予備隊違憲訴訟判決　54, 454, 456
形式　12
形式的意味の憲法　**12**, 14, 477
形式的意味の立法　387
形式的効力　**12**, 16, 400
形式的平等　162
形式的法治国家　**26**, 35
形式秘　220
刑事事件　332
刑事収容施設被収容者（在監者）　132
刑事手続　**302**, 306, 325
刑事補償請求権　84, 297, 329, **331**
敬譲審査　171　→緩やかな審査
契約の自由　301, 347, 348
結果の平等　161
結果の不平等　162

月刊ペン事件判決　243
結婚の自由　→婚姻の自由
決算　394
結社　260, 264, 348
結社の自由　31, 81, 86, 98, 104, 166, 200,
　260, **264**, 348, 354, 373, 436
「決定─執行」図式　354, 405
血統主義　91, 92
ゲリマンダーリング　362
ケルゼン　4, 5, 402
ゲルマン法思想　19
検閲　133, **234, 235**, 270
見解（viewpoint）規制　237
厳格審査　87, **139**, 142, 170, 179, 188, 199,
　233, 237, 238, 246, 251, 255, 282, 285,
　322, 327, 329, **461**
　ベースラインとしての──　293
厳格な合理性基準　**139**, 171, 293
現行犯　305
現行犯逮捕　307
献穀祭　210
原告適格　462
検察官　305
検察官面前調書　310
現実の悪意（actual malice）　243
元首　45
兼職禁止　428, 430
憲政の常道　35
現代憲法　23
現代立憲主義　37, 39
剣道授業不受講事件判決　198, 211
憲法　**8**, 109, 118, 319
　──の名宛人　110, **131**
　慣習──　9
　近代──　23
　形式的意味の──　**12**, 13, 14, 477
　現代──　23
　硬性──　13, 472
　固有の意味の──　8, **12**
　実質的意味の──　**12**, 14
　軟性──　13
　不文──　13
　立憲的意味の──　8, **12**

事項索引

憲法異議　455
憲法改正　35, 37, 41, 45, 54, **67**, 320, 386, 392, 400, 455, 457, **472**
　──の限界　43, 44, **474**
憲法改正権　474
憲法改正草案　37
憲法改正草案要綱　37
憲法慣習法　**14**, 476
憲法裁判所　34, **453**
憲法上の人権（権利）　**23**, **83**, 95, 110, 118, 119, 149, 150, 273, 319, 348
憲法制定権（力）　6, 28, 33, 319, **474**
憲法尊重擁護義務　**131**, 452
憲法適応　451, **471**
憲法典　9, 10, **12**, 14
憲法判断の回避（判断回避）　58, 68, **461**, 465
憲法判例　14, 15
憲法変遷　14, 472, 475
憲法変遷論　68, **475**
憲法保障　**451**, 472
憲法保障型　455
憲法問題調査委員会　36
憲法優位説　457
権利章典　10
権利請願　10
権利保障型　455
権力からの自由　**22**, 32, 85, 163, 223, 286, 319, 344
権力による自由　**23**, 31, 85, 319
権力分立　8, 9, 11, 15, 21, 24, **26**, 33, 39, 357, 390, 402, 435, 458, 470　→三権分立
　垂直的──　**353**, 414
　水平的──　353
権力への自由　**22**, 32, 85, 319
言論市場　250
言論の自由　265

公安条例　239, **262**, 263
広域自治体　416, 418
皇位継承　48
公開裁判　312, 333
公開投票　325

高価値表現　238
合議制　404, 441
公教育　344
公共の福祉　120, 122, **123**, 131, 145, 159, 274, 289, 293, 299
　社会国家的──　**128**, 293
　自由国家的──　**128**, 129, 293
皇居前広場　261
拘　禁　305
公金支出制限　425
合　区　366, 367
合憲解釈　278
合憲解釈のアプローチ　461
合憲限定解釈　70, 135, 240, 264, 270, 278, 350, 370, **463**, 464
合憲性審査制度　79
合憲性の推定　87
合憲性判断回避　58
皇室会議　49, 50
皇室経済会議　50
皇室経済法　49
皇室財産　49
皇室典範　48, 50
皇室費用　49
高次の法　**9**, 25, 26
麹町中学内申書事件判決　193
公　序　275
公職選挙法　369
公職追放　193
控除説　**401**, 434
公序良俗　112
公人（public figures）　**244**, 245
「公人」理論　243
硬性憲法　**13**, 472
公正取引委員会　410
公正な裁判　**230**, 447
交戦権　51-55
控　訴　442
皇　族　90, 91, 164, 169
皇族費　49
拘束名簿式比例代表制　325, **365**, 366
高等裁判所　421, **441**
高等裁判所長官　441

483

広汎かつ曖昧　240
公　布　45
幸福追求権　73, **83**, 145
公平な裁判所　303, 311
後方支援　56, 63, 65, 70
公務員　**134**, 350
　──の選定・罷免　320
公務就任　164
公務就任権　**99**, 321
拷　問　121, 308, **313**
公用収用　291, **294**
小売市場判決　280
合理性審査　171
合理性の基準　**139**, 142, 293
合理的関連性　140
合理的差別　**165**, 169, 388
勾　留　305
講和条約　457
国　王　384
国王顧問会議　19
国際協調主義　95
国際人権規約　95, 99
国際平和共同対処事態　66
国際平和支援　63
国際平和支援法　57, 66
国際法　17
国際法優位説　17
国事行為　45, 210, 408
　──の代行　49
国政調査権　387, **395**, 446
国　籍　92, **94**, 99, 179, 279
国籍法　92
国籍法違憲判決　179
国籍離脱の自由　275, **279**
国籍留保制度　93
国選弁護人　305
　──に対する権利　312
国　体　5, 35, **40**, 42, 45
　君主──　41
　民主──　41
国体論争　41
国内法優位説　17
国　民　4, 20, 29, 90, 451

国民（住民）投票制度　354
国民主権　8, 9, 11, 24, **28**, 37, 39, 41-43, 78,
　99, 223, 304, 319, 320, 322, 325, 327, 354,
　359, 373, 387, 401, 474
国民主権モデル　29, **30**, 35, 77, 388, 401,
　431
国民主権論　32
国民審査　320, 356, 440, 445, **447**
国民政党　374
国民代表　**29**, 384, 396
国民投票　320, **473**, 475
国民投票法　473
国民の義務　130
国民保護法　60
国務請求権　86, 302, **329**
国務大臣　45, 354, 356, 383, **404**
　主任の──　354, 402, 404
　無任所の──　404
国務大臣訴追同意権　404
国連軍　66
国連平和維持活動　64　→PKO
個人識別符号　153
個人主義　79, **80**, 82, 83, 123
個人情報　220
　──の保護　150, 151
　要配慮──　153
個人情報保護制度　224
個人情報保護法　152
個人として尊重　73, **83**, 86, 123, 129, 145,
　146, 155, 159, 160, 166, 187, 274, 291,
　295, 343
個人の尊厳　15, 16, 39, 44, 45, 73, **80**, 103,
　119, 123, 125, 138, 145, 218, 274, 279,
　300, 335, 360, 474
個人の尊重　84, 103, 156, 169, **414**
国　家　**3**, 23, 44, 81, 103, 201, 319, 413
　──の三要素　4
　行政──　32
　社会──　**287**, 291
　自由──　**287**, 291
　消極──　31, 125, **273**, 280
　積極──　31, 79, 125, 151, **274**, 280, 329,
　335

484

事項索引

法治―― 25
法律適合性―― 26
国 歌 47, 192
国 会 149, 330, 356, **383**, 400, 402, 409,
 410, 434, 444
国会主権 25, 28
国会単独立法の原則 **388**, 422
国会中心立法の原則 388
国会の召集 408
国会法 392, 395, 397, 398
国家基本政策委員会 394, 399
国家緊急権 59, 452, **470**
国家作用 26
国家主権 29
国家神道 195, 209, 345
国家による自由 23
国家賠償請求権 84, 297, 329, **330**
国家秘密 220
国家法人論 **4**, 322
国 旗 47, 192
国 教 196, 201
国教樹立禁止 204
個別的衡量（ad hoc balancing） **137**, 206,
 232
個別的効力説 468
個別的自衛権 55, 56, 60, 69
戸別訪問 251, 369
コモンズ 290
コモン・ロー 10, 26
コモン・ロー裁判所 25
固有権説 413
固有の意味の憲法 8, 12
婚姻年齢 167
婚姻の自由 156, 183, 184
婚外子 168
――差別 180
コンスタン 21
根本規範 **6**, 41, 474

さ 行

在外選挙人名簿 326
裁可権 **24**, 30, 388
在監者（刑事収容施設被収容者） 132

再議要求 427
 一般的―― 427
 特別―― 427
罪刑法定主義 219, 301
最高機関 383, 387
最高裁判所 356, 437, **439**
最高裁判所規則 389
最高裁判所裁判官 447
最高裁判所長官 45, 50, 439, 441, 445
最高裁判所判事 439, 445
最高法規 16
再婚禁止期間 167, 183
財 産 300
 大きな―― 293
 生存―― 293
 小さな―― 293
 独占―― 293
財産権 22, 32, 77, 79, 90, 102, 125, 127,
 159, 273, 275, 284, **286**, 287, 349, 470
財 政 392
財政自治権 417
財政民主主義 392, **407**
在宅投票制度 327
再 任 445
再任拒否 445
裁 判 333, **437, 439**, 442, 446, 448
裁判員制度 303, 443
裁判官 303, 304, 356, 383, 440, 441, 442,
 443, 460
 ――の独立 439
 ――の身分保障 445
裁判権 24, 26, 30, **440**
裁判所 149, 303, 330, 353, 401, 409, 412,
 421, 427, 431, **437**, 442, 452, 453, 455
 公平な―― 303, 311
裁判の公開 447
裁判を受ける権利 23, 86, 200, **302**, 312,
 319, 329, **332**, 432, 437, 439, 442, 443,
 448, 456
歳費受領権 397
在留資格 97
裁量統制 342
裁量論 458

485

佐々木・和辻論争　41

差　別
　　間接——　169, 183, 184
　　逆——　164
　　合理的——　**165**, 169
　　婚外子——　180
　　信条に基づく——　117
　　性に基づく——　49, 94, 183, 184
差別的表現（hate speech）　238, **247**
猿払基準　264
猿払事件判決　134, 143, 251
参議院　368, **389**, 392, 395
参議院規則　394
残虐な刑罰　313
サンケイ新聞事件判決　103, 227
三権分立　387, 431, 432　→権力分立
参審制　303, 437, **443**
三審制　442
参政権　23, 29, 32, 79, 80, 83, 85, 86, 94, 96,
　　98, 99, 141, 167, 171, 319, **320**, 329, 355,
　　377
暫定予算　407
三読会制　399
参入規制　285
三部会　20, 384

GHQ（総司令部）　35
GPS捜査　307
自衛権　52, 55
　　——の発動要件　57
　　個別的——　55, 60, 69
　　集団的——　**55**, 56, 61, 63, 65
自衛隊　**54**, 58, 64, 68, 404
自衛隊違憲訴訟判決　58
自衛のための戦争，戦力　53, 55
自衛力　55, 56
ジェンダー　167
私学助成　208
資格争訟裁判　400
資格争訟裁判権　395
資金管理団体　379
事件性の要件　433, 434, 455, 456
自己決定権　79, 86, 102, 141, **155**, 254, **275**,
　　280
自己実現　**218**, 220, 238
自己（個人）情報コントロール権　102, 151,
　　159, 213
自己組織権　412, **425**
自己統治　**218**, 220, 238
自己負罪拒否特権　308
事後法（ex post facto law）　315
事後抑制　233
事実認定　438, 442
事実の規範力　6
自主財政権　416, **417**
自主立法権　416
事情判決　174
私人間適用（私人間効力）　103, 106, 107,
　　109, 111, 114, 192, 243, 266
自然権　9, **21**, 23, 76-80, 109, 110, 118, 119,
　　286, 319, 413, 451, 470
自然権思想　11, 16
事前差止め　**235**, 244, 245
自然状態　21
自然法　**110**, 470, 474
自然法上の抵抗権　470
事前抑制　233, 262
思想・信条の自由　105
思想調査　194
思想・良心の自由　47, 111, 116, 166, 187,
　　188, 211
事態対処法　60
自治権　413
自治事務　**419**, 421
自治体　→地方公共団体
自治体裁判所　412
執　行　432
執行権　**24**, 26, 30, 353
執行命令　408
実質的意味の憲法　**12**, 14
実質的意味の立法　387
実質的証拠法則　439
実質的平等　162
実質秘　220
執　政　401
執政権　401

486

事 項 索 引

実体的デュー・プロセス　301
実定法　110
実定法上の抵抗権　470
指定されたパブリック・フォーラム　252
私的自治　31, 113, 117, **273**, 274, 286, 335, 347
私的領域　22
児童ポルノ禁止法　241
支配政党制　375
自　白　308, 314
　——の証拠能力　309
　——の証明力　309
　——の補強証拠　309
シビリアン・コントロール（文民統制）　53, **404**
司　法　412, 432, 433, 437
　——の独立　441
司法官憲　305
司法行政権　**440**, 444, 447
司法権　353, 387, 401, 431, **432**, 438, 455, 456
　——の限界　435, 458
　——の独立　443
司法裁判所　25, 34, **438**
司法消極主義　460
司法審査型　34, 452, 455
司法積極主義　460
市　民　**20**, 22, 29, 94
市民権　23
事務の監査請求　424
指紋捺印　159
社会学的代表　**384**, 390
社会契約　76, 95
社会契約論　**21**, 23, 109
社会権　23, 31, 79, 80, 83, 85, 86, 96, 99, 275, 320, 329, **335**, 336, 347
社会国家　**287**, 291
社会国家的公共の福祉　**128**, 129, 293
社会的権力　110
社会的身分　**168**, 173
ジャコバン憲法　77
謝罪広告　**189**, 227
シャルト　164

自　由　161, 273
集　会　260
集会の自由　98, 260, **261**, 265, 354
衆議院　35, 37, **390**, 395, 409
　——の解散　357, 408, 458
　——の優越　389, 395
衆議院規則　394
衆議院総選挙　37, 43, 54
宗教団体　**200**, 203, 209
宗教的活動　204
宗教的結社の自由　197, **200**
宗教的行為の自由　197, **198**
宗教的実践の自由　197
宗教の中立性　**202**, 203
宗教の自由　196
宗教法人オウム真理教解散命令事件決定　200
住居の不可侵　150, 298
自由権　22, 77, **80**, 84, 96, 98, 276, 336, 347
自由国家　287, 291
自由国家的公共の福祉　**128**, 129, 293
私有財産　296
私有財産制　89, 90, 287
自由主義　161
終審裁判　439
自由選挙　323, **325**, 362
集団示威行進　261, 263
集団的自衛権　52, **55**, 56, 61, 63, 65, 69, 70
自由の観念　21
周辺事態　62
周辺事態法　62, 63
住民監査請求　424, 425
住民自治　411, 415, 422, **423**
住民訴訟　206, **425**, 434
住民投票　320, 422, 424
収　用　159, 297
重要影響事態　57, 63, 66, 70
受益権　85, 86, 98, **329**
主観訴訟　434
主観的権利　146, 339, 340
主　権　4, 20, **28**, 42, 99, 413
授権規範　6, 13, 16
主権国家　4, 28

487

主権免除　330
取材源　230
取材の自由　220, 230, 307
首　相　27, 33, 46, 206, **356**, 360, 375, 403
受信料支払拒否　226
主題（subject-matter）規制　237
手段審査　130, **138**, 139, 142, 246, 280, 294
出訴権　**434**, 435, 454, **456**
出版メディア　224, 228
主任の国務大臣　354, 402, 404
守秘義務　220
シュミット　88
酒類販売業免許制　284
準司法的権限　410
殉職自衛官合祀事件判決　116, 204
純粋法学　6
純然たる訴訟事件　448
準立法的権限　410
常　会　392, **398**
商業広告　230, **245**
消極国家　31, 125, **273**, 280
消極・積極二分論　294
消極目的　130, **280**, 282, 287, 291, 295
消極目的規制　280
証　言　189, 194
上　告　442
召　集　45
常設制　398
小選挙区制　324, 327, **361**, 363, 365
小選挙区比例代表並立制　174, **362**
肖　像　150
象徴的言論（symbolic speech）　229
象徴天皇制　37, **40**, 43, 44, 50, 164
常任委員会　394, 399
証人喚問権　310
証人審問権　310
小陪審　303
情報公開制度　**223**, 401, 448, 452
情報公開法　219, 223
小法廷　439
条　約　45, 386, 391, **405**, **457**
条約優位説　457
将来効判決　468

条　例　12, 94, 223, 261, 263, 412, 416, 424, 426, **428**, 430
　　──の制定・改廃請求　424
条例制定権　411, 416, 428
昭和女子大事件判決　117
職業裁判官制度　445
職業遂行の自由　279
職業選択の自由　100, 125, 127, 157, 254, 273, 275, **279**, 294, 321
職務上の秘密　396
助言承認権　408
女子差別撤廃条約　168
女子若年定年制事件判決　117
食管法事件判決　338
女　帝　49
処分的法律（措置法）　388
除　名　397
所有権　286
白山比咩神社　208
自力救済　333, 437
自律権　395, 435, 458
自律的生　81-84, 149, 274, 275, 277, 292, 336, 414
知る権利（right to know）　219, 220, 223, 448
侵害原理　158
人格権　102, 158, 241, 307
人格的利益説　147, 148
人格の自由な発展　113, 148
信教の自由　90, 187, **195**
人　権　10, 75, **76**, 80, 84, 274, 292
　　──制限の正当化　120, 188, 246
　　──の限界　107, 119
　　──の正当化　120, 246
　　憲法上の──　**23**, **83**, 95, 110, 118, 119, 149, 150, 273, 319, 348
　　法律上の──　118
人権規定の名宛人　119
人権宣言　76, 195
人権尊重主義　475
信仰の自由　197
審　査　170
　　高められた──　142

488

事項索引

審査基準論　136, 139, 142, 148, 184
人事院　410
人　種　166
信　条　166
　──に基づく差別　117
人身（身体）の自由　86, 299
人身保護法　10
迅速な裁判　311
信　託　21
神勅天皇制　195
神　道　196, 205
神道指令　196
審　判　438
臣　民　4, 11, **20**, 35, 196
　──の権利　131
人民主権　**21**, 319, 322
人民主権論　5, **28**, 32
森林法違憲判決　284, 293

推知報道　258
垂直的権力分立　**353**, 414
水平的権力分立　353
スタンディング　103
スティグマ効果　186
ステイト・アクション（state action）　111,
　116
砂川事件判決　61, 457, 458

政官関係　354, 403
請願権　320, **329**, 354
税関検査事件判決　**234**, 236
正規の法　26
政教分離　89, 196, 197, **201**, 211, 253, 426,
　436
制限規範　16
制限君主制　**27**, 34
制限選挙　23, 29, 32, 322
政見放送　371
制限連記制　37
政策決定過程　**354**, 402
政策遂行過程　**354**, 402
政策体系　**361**, 374, 375
性差別（性に基づく差別）　49, 94, 183, 184

生産管理　349
政治活動資金　377
政治活動の自由　**98**, 104, 105, 134, 280
政治献金　104, 191, **377**
政治参加　414
政治資金　104, 356, 375
政治資金規正法　377, 378
政治資金団体　378, 379
政治スト　349
政治責任　394, 410
政治団体　378, 379
政治的言論　238
政治的表現の自由　241
政治（統治）の領域　353, 412
政治部門　460
政治プロセス　458, 461
政治問題の理論　458
青少年の保護　254
青少年保護条例　241, 255
精神活動の自由　86, **187**, **217**, 274, 277, 280
精神的自由権　32, 86, 87, 139–141, 170,
　187, 195, 281
生存権　23, 31, 86, 109, 127, 275, **336**
生存権的基本権　86
生存財産　293
生存の自由　274
生地主義　91, 92
制定法　26, 476
制定法主義　14
政　党　32, 265, 267, 354, 356, 358, 361,
　365, **372**, 378, 379, 385, 397
　イデオロギー──　32, 374
　院内──　372
　国民──　374
　組織──　372
　大衆──　372
　プラグマティズム──　32, 374
　包括──　374
　名望家──　372
性同一性障害　156
政党交付金　380
政党国家　32
政党条項　267, 373

489

政党助成（法）　267, 378, 380
政党制　33, 374
正当補償　159, 295, **296**
制度保障　**88**, 202, 287, 413, 448
制度保障論　84
性に基づく差別（性差別）　49, 94, 183, 184
政府言論　**195**, 253
政府利益　137, 139
成文法　12
成文法源　14
性　別　167
政　令　12, 45, 408
積極国家　31, 79, 125, 151, **274**, 280, 329,
　335
積極的差別是正措置（affirmative action,
　positive action）　164, 171
積極目的　130, **280**, 282, 287, 291, 294, 295
積極目的規制　280
接見指定　313
摂　政　49, 50
絶対王政　**4**, 8, **20**, 21, 25, 27
絶対君主政　**10**, 35, 330, **401**
説明責任　253
選　挙　320, 355, 356, **360**, 394
　——に関する報道・評論　370
　間接——　323, **325**
　自由——　323, **325**, 362
　制限——　23, 29, 32, 322
　直接——　323, **325**, 362, 365, 423, 426
　等級——　324
　秘密——　323, **325**, 362
　平等——　323, **324**, 362
　複数——　324
　普通——　29, 32, 167, **323**, 362, 372, 384
選挙運動　**376**, 377, 381
選挙運動資金　376
選挙活動　368
選挙権　32, 86, 105, 179, 319, **321**, 355, 366,
　423
選挙権の価値の平等　324
選挙制度　178, 322, 358, **360**, 390, 392, 426
選挙訴訟　434
選挙人名簿　326

在外——　326
全国民代表　372, **384**, 397
戦争放棄　40, **50**, 67, 109, 300
全体主義　79, **80**, 82, 123, 129
全体的評価方法　240
全逓東京中郵事件判決　350, 463
全逓名古屋中郵事件判決　350
せん動　238
1791 年憲法　77
1793 年憲法　77
全農林警職法事件判決　350
戦　力　51, 53–55, 58, 61, 62

草　案　43
草案大綱　43
ソヴィエット社会主義共和国同盟憲法　79
総　会　425
争議権　349
総合判断手法　136, 183, 185
捜索令状　307
総辞職　**357**, 409
総司令部（GHQ）　35
総選挙　45, 358
相対的平等説　165
相当補償説　296
遡及処罰　315
組織政党　372
訴訟事件　**334**, 448
　純然たる——　448
租　税　393
租税法律主義　393, 429
措置法（処分的法律）　388
空知太神社事件判決　207
尊属殺重罰規定　314
尊属殺重罰規定違憲判決　168, 173
存立危機事態　57, 60, 70

た 行

退　位　49, 210
大学の自治　89, 212, **213**
対抗言論　195, **244**
代行命令　408
第五共和政憲法（フランス）　107, 267, 471

事項索引

第三共和政（フランス）　25, 264, 375
第三共和政憲法（フランス）　107
第三者効力（論）　111, 115
第三者没収事件判決　463, 467
ダイシー　26
大衆政党　372
大嘗祭　210
大正デモクラシー　35
大臣助言制　34
大選挙区単記投票制　427
大統領　325, 410
大統領制　27, **33**, 354, **356, 426**, 428, 430
大日本帝国憲法　→明治憲法
大陪審　303
代表機関　383
代表者　361, 372, 375, 383, 388
代表制　319
代表制論　29
代表民主政　321, 355, 360, 373, **383**, 425
大法廷　439
逮捕許諾権　395
第四共和政（フランス）　375
第四共和政憲法（フランス）　51, 107
高田事件判決　311
高められた審査　142
滝川事件　212
多国籍軍　66
多数意見　440
多党制　33, **374**
　穏健な——　375
　極端な——　375
弾劾裁判所　392, 435, **446**
団結権　348
男女雇用機会均等法　168
団　体　**81**, 90, **102**, 260, 264, 266
　営利——　265, 266
　強制加入——　**105**, 191, 192, **265**
　傾向経営——　266
　中間——　31
　任意的——　81
　非任意的——　81
　法人格なき——　200
団体交渉権　349

団体自治　411, **414**, 416, 422

小さな財産　293
チェック・アンド・バランス（抑制・均衡）
　24, 26
知的財産高等裁判所　438, 441
地方議会　356, 428
地方区選挙　327
地方公共団体（自治体）　352, 411, 415
　特別——　415
　普通——　415
地方交付税　417
地方裁判所　441
地方自治　353, 411
地方自治の本旨　412, **414**, 417
地方分権　344
チャタレー事件判決　240
中間審査（基準）　**139**, 142, 171, 236, 246,
　250, 251
中間団体　31
抽象的な違憲審査　435
抽象的規範統制　**454**, 456
抽象的憲法訴訟　54
抽象的権利　149
抽象的権利説　337
中世立憲主義　19
中選挙区制　174, 365
中選挙区単記投票制　362
長　416, 417, 419, 423, 424, **426**, 427, 430
　——の不信任決議　427
懲戒処分　445
調査権　428
懲　罰　397
重複立候補制度　365
徴兵制　300
直接規制　251
直接請求　424
直接選挙　323, **325**, 362, 365, 423, 426
直接的規制　199
直接適用説　111, **112**, 117
直接民主政　22, 360
著作権　248, 290
沈黙の自由　194

491

通常国会　398
通常裁判所　25, 438, 453
通常審査　93, **138**, 141, 158, 171, 236, 250,
　　251, 254, 282, 283, **285**, 293, 340, 342,
　　461
通信の秘密　150, **268**, 298, 306
通信傍受　270
通年国会制　398
津地鎮祭事件判決　89, 202, 204, **205**

TBS 事件　230
低価値表現　237
定義づけ衡量 (definitional balancing)
　　137, 184
抵抗権　19, 21, 452, **469**
　　自然法上の──　470
　　実定法上の──　470
帝国議会　34, 37
定住外国人　97, 98
定数不均衡　**173**, 324, 363, 367, 423
定数不均衡訴訟判決　173, 436
定足数　400, 409
敵意ある聴衆 (hostile audience)　262
適合性の原則　142
適正処遇権　85, 86
適正手続　159, 160, 299, **300**, 331, 333
適正手続権　85, 86
適用上違憲 (適用違憲)　135, 192, 199, 251,
　　464, 466
適用上合憲 (適用合憲)　465
適用上判断　465
デモクラシー　253
デュー・プロセス (適正手続) 条項　301
テロ対策特別措置法　56, 65
転換型　386
伝統的なパブリック・フォーラム　252
天　皇　40, **44**, 90, 91, 164, 169, 196, 359,
　　408, 439
天皇機関説　5, 35
天皇機関説事件　212
天皇コラージュ事件判決　48
天皇主権　40, 42
天皇制　37

天皇統治　34, **40**, 41
伝聞証拠　310
伝来説　413

ドイツ基本法 (ドイツ連邦共和国基本法)
　　51, 191, 267, 471
ドイツ帝国憲法　11, 78
党議拘束　373
等級選挙　324
東京都公安条例判決　262
党首討論　394, 399
統帥権の独立　34
同性婚　156
等族議会　19, 384
統　治　415, 428
統治契約　20
統治権　8
統治行為　58, 458
統治行為論　62, 68
「統治─コントロール」図式　**354**, 400
投票価値の平等　174, 363
投票権　170
投票の秘密　112
討　論　425
時・場所・態様 (time place and manner) の
　　規制　250
都教組事件判決　350, 463
徳島市公安条例判決　263, 429
独占財産　293
特定秘密保護法　221
特定枠制度　366
特別委員会　394, 399
特別永住者　97
特別会　392, 398
特別区　415
特別権力関係論　120, **132**, 350
特別国会　394
特別再議要求　427
特別裁判所　437, 438
特別上告　442
特別地方公共団体　415
特別の犠牲　159, 295
特別法　422

事項索引

匿名加工情報　153
独立行政委員会　134, 410
独立審査制　**453**, 455, 456
独立命令　408
特　権　203, 211
届出制　262
苫米地事件判決　435, 458
囚われの聴衆（captive audience）　158, 195
奴隷的拘束　299, 300
奴隷的拘束からの自由　112
ドント式　365

な　行

内　閣　27, 34, 330, 356, 359, 361, 386, **400**,
　　402, 439, 441, 444
内閣官制　34, 404
内閣人事局　406
内閣総理大臣　45, 50, 356, **403**
　──の指名　**357**, 394
内閣の助言と承認　**45**, 46, 49
内閣の責任　446
内閣不信任権　392
内閣不信任制度　**357**, 391
内閣法　403, 409
内在・外在二元的制約説　128
内申書　193
内廷費　49, 210
内容確定型人権　**87**, 120, 136, 459
内容規制　139, 232, 236, **237**, 255
内容形成型人権　87, 120, 459
内容中立規制　232, 236, 237, **250**
長沼訴訟判決　58, 68
中野民商事件判決　266
奈良県ため池条例判決　429
奈良県文化観光税条例判決　199
軟性憲法　13, 262

二院制　24, 35, 368, **389**
二元型議院内閣制　**27**, 35, 359
二重国籍　93
二重の危険の禁止　315
二重の基準論　**140**, 141
二大政党制　33

日米安保条約　59, 61, 67
日曜日授業参観事件判決　198
日中旅行社事件判決　266
二党制　374
日本テレビ事件決定　230
入国の自由　278
任意的団体　81
人間宣言　196
人間の尊厳　**80**, 81, 113
認　証　45

納税の義務　130
農地改革　296
ノモス　42
ノモス主権論　42
ノンフィクション「逆転」事件判決　245

は　行

ハード・コア・ポルノ　240
陪審制　303, 437, **442**
配分原理　88
破壊活動防止法　264, 266
博多駅事件決定　103, 230
漠然かつ不明確　278
漠然性のゆえに無効の理論　218
パターナリズム　**124**, 158
裸の利益衡量論　285
八月革命説　41, 43
パブリシティ（publicity）の権利　151
パブリック・フォーラム　232, **252**, 261
　指定された──　252
　伝統的な──　252
　非──　252
判決理由　15
犯罪報道　242
判　事　441, 445
判事補　441
反対意見　440
反対尋問　310
判断回避（憲法判断の回避）　58, 68, **461**,
　　462, 465
判　例　76
判例法　26

493

反論権　103, 227

PKO　64, 66
PKO 協力法　64
PKO 五原則　64
比較衡量　135, 229
非核三原則　56
被疑者　305, 312
非拘束名簿式比例代表制　326, 365, **366**
被告人　305, 312
非識別加工情報　153
批　准　405
非訟事件　**334**, 448
非常大権　471
ビスマルク憲法　78, 107
被選挙権　105, 321, **327**, 328, 423
ビッグデータ　153
必要性の原則　142
ビデオリンク　310, 312
人及び市民の権利宣言（フランス人権宣言）
　　9, 77, 80, **107**, 110, 161, 164, 264, 286
一人別枠制度　174, 363
ビニール本事件判決　240
非任意的団体　81
日の丸　192
非パブリック・フォーラム　252
秘密会　400
秘密選挙　323, **325**, 362
罷　免　445
百里基地訴訟判決　**59**, 68, 117
表決数　400, 409
表現の自由　32, 48, 98, 102, 134, 137, 140,
　　187, 211, **218**, 254, 320, 329, 354, 376,
　　452, 465, 470
　　──の優越的地位　218
　　選挙制度と──　368
　　表現する自由　219
　　表現を受け取る自由　**219**, 223, 230
平　等　49, **160**
　　機会の──　**161**, 162
　　形式的──　162
　　結果の──　161
　　実質的──　162

　　投票価値の──　174
　　法の下の──　145
平等権　77, 85, 86, 96, 100, 111, 145, **160**,
　　324, 328, 341
平等原則　145
平等選挙　323, **324**, 362
比例原則　**141**, 148
比例代表制　324, 361, 366
比例代表選挙　327

夫婦同氏強制　184
フェミニズム　167, 241
武器使用　63, 64
福祉国家　280
服従契約　20
複数選挙　324
複選制　325
不　敬　48
父系優先主義　92
不在者投票制度　326
不信任決議
　　長の──　427
　　内閣の──　409
付随審査制　**453**, 454, 461, 467
付随的規制　199, 250, 257
付随的支援　208
不戦条約　**51**, 53, 55
不逮捕特権　397, 428
普通選挙　29, 32, 167, **323**, 362, 372, 384
普通地方公共団体　415
不当逮捕　304
部分規制論　225
不文憲法　13
部分社会論　437
不文法　12
不文法源　14
父母両系平等主義　92
プライバシー　79, 224, 230, 235, 238, **244**,
　　268, 300, 306, 334, 397, 448
プライバシーの権利　86, 128, **150**, 194, 298
プラグマティズム政党　32, 374
フランクフルト憲法　78
フランス人権宣言（人及び市民の権利宣言）

494

事 項 索 引

9, 77, 80, **107**, 110, 161, 164, 264, 286
フランス大革命　　77
ブランデンバーグ原則　　239
不利益供述強要の禁止　　308
不利益変更　　342
武力攻撃事態　　57, 59, 60
武力攻撃事態法　　59
武力攻撃予測事態　　57, 60
武力行使　　56, 63, 65, 70
プリント・メディア　　228
プレビシット　　475
プロイセン欽定憲法　　78
プログラム規定　　68, 79, 87, **109**
プログラム規定説　　108, **337**, 338
プロシャ憲法　　11, 164
プロバイダー責任制限法　　154
分節判断（利益衡量における）　　136
文　民　　404
文民統制（シビリアン・コントロール）　　53,
　　404
文面上違憲　　240, **465**
文面上判断　　464

兵役義務　　300
併給禁止　　340
ヘイト・スピーチ（差別的表現）　　238, **247**
平和安全法制整備法案　　57
平和維持活動　　→PKO
平和維持軍　　64
平和主義　　39, **50**, 61, 300, 475
平和的生存権　　51, 65
弁護人依頼権　　312
編集権　　227

法学的国家論　　4
包括政党（catch-all party）　　374
法規（Rechtssatz）　　**30**, 131, 387, 430
法規命令　　131
法形式　　393, 408, 431
法　源　　14
　成文──　　14
　不文──　　14
法執行　　33

法執行機関　　432
法実証主義　　78, 85, 110, 112, **474**
法　人　　102
法人格なき団体　　200
法制定　　33
放　送　　228
法曹一元制　　445
放送メディア　　224
法治国家　　25
　形式的──　　26, 35
法治主義　　120, 132, 253
傍　聴　　312, 399
法定受託事務　　**419**, 421, 428
法定立機関　　432
報道の自由　　103, **220**, 224, 230
法の解釈・適用　　439, 442
法の欠缺　　477
法の支配　　19, 21, **24**, 33, 39, 332, 351, 353,
　　431, 432, 444, 469
法の段階構造　　**6**, 431, 432
法のプロセス　　1, 16, 118, 402
法の下の平等　　145
法の領域　　353, 412
防貧施策　　341
法　律　　8, 12, 16, 23, 25, 30, 45, 110, 112,
　　118, 131, 132, 224, 227, 253, 261, 263,
　　287, 290, 320, 337, 362, 386, **387**, 388,
　　391, 393, 402, 405, 408, 416, 419, 422,
　　423, 425, 428, 434, 435, 440, 444, 452,
　　456, 477
法律案の再議決　　400
法律委任説　　468
法律事項　　406
法律上の人権　　118
法律上の争訟　　434, 436
法律先占論　　429
法律適合性　　25
法律適合性国家　　26
法律適合性の原理　　26
法律に基づく行政　　25, 388, 393, 456
法律の執行　　**405**, 408
法律の留保　　**30**, 35, 78, 79, 90, **131**, 429
傍　論　　15, 104, 339

495

保護義務　115
保護領域　122, 136
補充性（subsidiarity）の原理　419
ポスト・ノーティス（post notice）命令
　190
補正予算　407
補足意見　440
牧会活動　199
ポツダム宣言　17, 35, 40, 43, 196, 457
北方ジャーナル事件判決　235
ポポロ事件判決　214
堀木訴訟判決　170, 340, 341
本会議　399

ま　行

マーベリー対マディソン事件判決　453
マグナ・カルタ　10
マクリーン事件判決　96
マス・メディア　**219**, 224, 227, 260, 354,
　376, 385
マッカーサー三原則　36
マッカーサー草案　36, 52
マッカーサー・ノート　52
松本委員会　36
松本四原則　36, 41

三菱樹脂事件判決　116, 194
南九州税理士会政治献金事件判決　105, 191
箕面忠魂碑事件判決　207
美濃部達吉　**5**, 35, 85, 196
身分会議　19, 20
身分制　45, 49, **161**, 164, 273, 321
身分制議会　384, 390
民事事件　333
民衆訴訟　206, 434
民主国体　41
民主主義　458, 460
　議会制――　351
民主政治　241, 253, 267, 322
民主的プロセス　141, 461
民法 90 条　59, **112**, 117, 119
民法 709 条　113, 119

無適用説　111, 117, **118**
無任所の国務大臣　404

明確性　218, 301, 463
明治憲法（大日本帝国憲法）　**11**, 34, 39-41,
　43, 44, 78, 131, 164, 195, 212, 229, 277,
　303, 330, 333, 387, 399, 401, 403, 406,
　411, 438, 441, 471
明白かつ現在の危険（clear and present dan-
　ger）　239
明白性の基準　140
明白性の原則　280, 294
名望家政党　372
名誉毀損　158, 189, 227, 230, 235, 238, **241**,
　397
　事実摘示型――　242
　論評型――　242
命　令　8, 12, 16, 30, **408**, 429, 430
　委任――　132, 408
　執行――　408
　代行――　408
　独立――　408
　法規――　131
命令的委任　**29**, 32, 325, **384**, 385
メディア・アクセス　**219**, 228, 244, 250
免責特権　160, 297, **396**, 428

目的・効果基準　204, 207
「目的―手段」審査　170, 283
目的審査　**130**, 137, 139, 142, 246, 280
目的の範囲　192
黙秘権　308
持ち回り閣議　409
モデル小説　150, 245
森川キャサリーン事件判決　98
門　地　169
モンテスキュー　26, 77

や　行

靖国神社　203
靖国神社公式参拝　206
薬局開設距離制限違憲判決　143, **281**, 284,
　294

事 項 索 引

野　党　**358**, 386, 399
八幡製鉄政治献金事件判決　104
やむにやまれぬ利益　139

有害図書　235, 255
夕刊和歌山事件判決　242
有事法制　54, 59, 471
優先処遇　164
郵便投票制度　326, 327
ユニオン・ショップ　349
緩やかな基準　142
緩やかな審査　87, **139**, 171, 246, 251, 282,
　285, 340, **461**

要配慮個人情報　153
抑制・均衡（チェック・アンド・バランス）
　24, 26
抑　留　305
予　算　253, 386, 391, **393**, **407**, 426
　暫定——　407
　補正——　407
予算委員会　399
予算関連法案　391
予算編成権　407
予算法律説　393, 408
与　党　358, 386
よど号ハイジャック記事抹消事件判決　133,
　235
予備費　407
予防接種事故補償判決　297
より制限的でない他の手段（LRA）　280

ら 行

吏　員　424
利益衡量（論）　122, 135, 232, 264, 285
　基準に基づく——　143
　裸の——　143, 285
リコール制度　355, 447
利己主義　22
立憲君主政　27, 164, 431
立憲君主政モデル　**30**, 34, 387, 401
立憲主義　1, **9**, **19**, 34, 40, 50, 67, 73, **76**,
　112, 113, 118, 123, **131**, 164, **319**, 470,

476
　外見的——　**10**, 11, 35, 36
　近代——　19, **21**, 29, 32, 195, 452
　現代——　37, 39
　中世——　19
立憲的意味の憲法　9, **12**
立憲民主政モデル　**29**, 388
立候補制　328
立候補の自由　328
立　法　**387**, 412, 432, 433
　委任——　132, 389
　形式的意味の——　387
　実質的意味の——　387
立法機関　383, **387**, 408, 468
立法権　24, 26, 30, 33, 86, 353, **388**, 401,
　431, 432, 436, 443, 468
立法裁量　88, 283–285, 323, 331, 340, **435**
立法事項　387
立法事実　130, **138**, 180, 283, 285
立法の不作為　327, 337, 459
立法目的　137, 294
留　置　305
両院協議会　357, 391
良心的兵役拒否　191, 198
領　土　4
旅　券　278
臨時会　392, 398

類型的アプローチ　137
ルール・オブ・ロー　26
ルソー　22, 77

令状逮捕　307
レーモン・テスト　204
レッド・パージ　193
レファレンダム　355, 425
レペタ事件判決　231, 448
連帯責任　409
連邦国家　9
連邦制　412
連立政権　33, 361, **375**

労働基本権　31, 86, 111, 112, 134, 265, 276,

497

335, **348**
労働協約　349
労働組合　265, 348
労働三権　348
ローマ法思想　20
ロック　9, 76, 290

わ 行

わいせつ　230, 238, **239**
ワイマール憲法　79, 88, **108**, 165, 167, **335**
ワイマール体制　375
忘れられる権利　154

判 例 索 引

最高裁判所

最大判昭和 23 年 3 月 12 日刑集 2 巻 3 号 191 頁 ‥‥‥‥‥‥‥‥‥‥‥‥‥‥‥‥‥‥‥314

最大判昭和 23 年 5 月 26 日刑集 2 巻 6 号 529 頁‥‥‥‥‥‥‥‥‥‥‥‥‥‥‥‥‥‥‥‥‥47

最三判昭和 23 年 6 月 1 日民集 2 巻 7 号 125 頁‥‥‥‥‥‥‥‥‥‥‥‥‥‥‥‥‥‥‥‥‥325

最大判昭和 23 年 6 月 30 日刑集 2 巻 7 号 777 頁 ‥‥‥‥‥‥‥‥‥‥‥‥‥‥‥‥‥‥‥314

最大判昭和 23 年 7 月 29 日刑集 2 巻 9 号 1012 頁‥‥‥‥‥‥‥‥‥‥‥‥‥‥‥‥‥‥‥310

最大判昭和 23 年 9 月 29 日刑集 2 巻 10 号 1235 頁‥‥‥‥‥‥‥‥‥‥‥‥‥‥‥‥‥‥338

最大判昭和 24 年 11 月 2 日刑集 3 巻 11 号 1737 頁 ‥‥‥‥‥‥‥‥‥‥‥‥‥‥‥‥‥‥313

最大判昭和 25 年 9 月 27 日刑集 4 巻 9 号 1805 頁‥‥‥‥‥‥‥‥‥‥‥‥‥‥‥‥‥‥‥316

最一判昭和 25 年 11 月 9 日民集 4 巻 11 号 523 頁‥‥‥‥‥‥‥‥‥‥‥‥‥‥‥‥‥‥‥325

最大判昭和 25 年 11 月 15 日刑集 4 巻 11 号 2257 頁‥‥‥‥‥‥‥‥‥‥‥‥‥‥‥‥‥349

最大判昭和 27 年 2 月 20 日民集 6 巻 2 号 122 頁‥‥‥‥‥‥‥‥‥‥‥‥‥‥‥‥‥‥‥449

最大判昭和 27 年 8 月 6 日刑集 6 巻 8 号 974 頁‥‥‥‥‥‥‥‥‥‥‥‥‥‥‥‥‥‥‥‥230

最大判昭和 27 年 10 月 8 日民集 6 巻 9 号 783 頁‥‥‥‥‥‥‥‥‥‥‥‥‥‥54, 456, 458

最大判昭和 28 年 12 月 23 日民集 7 巻 13 号 1523 頁‥‥‥‥‥‥‥‥‥‥‥‥‥‥‥‥‥296

最大判昭和 28 年 12 月 23 日民集 7 巻 13 号 1561 頁‥‥‥‥‥‥‥‥‥‥‥‥‥‥‥‥‥261

最二判昭和 29 年 7 月 16 日民集 8 巻 7 号 1151 頁‥‥‥‥‥‥‥‥‥‥‥‥‥‥‥‥‥‥309

最大判昭和 29 年 11 月 24 日刑集 8 巻 11 号 1866 頁‥‥‥‥‥‥‥‥‥‥‥‥‥‥‥‥262

最大判昭和 30 年 1 月 26 日刑集 9 巻 1 号 89 頁‥‥‥‥‥‥‥‥‥‥‥‥‥‥‥‥‥‥‥284

最大判昭和 30 年 4 月 27 日刑集 9 巻 5 号 924 頁 ‥‥‥‥‥‥‥‥‥‥‥‥‥‥‥‥‥‥307

最大判昭和 30 年 12 月 14 日刑集 9 巻 13 号 2760 頁‥‥‥‥‥‥‥‥‥‥‥‥‥‥‥‥305

最大判昭和 31 年 7 月 4 日民集 10 巻 7 号 785 頁 ‥‥‥‥‥‥‥‥‥‥‥‥‥‥‥‥‥‥189

最大判昭和 32 年 3 月 13 日刑集 11 巻 3 号 997 頁‥‥‥‥‥‥‥‥‥‥‥‥‥‥‥‥‥‥240

最大判昭和 32 年 6 月 19 日刑集 11 巻 6 号 1663 頁‥‥‥‥‥‥‥‥‥‥‥‥‥‥‥‥‥‥97

最大判昭和 33 年 4 月 30 日民集 12 巻 6 号 938 頁‥‥‥‥‥‥‥‥‥‥‥‥‥‥‥‥‥‥317

最大判昭和 34 年 12 月 16 日刑集 13 巻 13 号 3225 頁‥‥‥‥‥‥‥‥‥‥‥‥62, 459–461

最大決昭和 35 年 4 月 18 日民集 14 巻 6 号 905 頁‥‥‥‥‥‥‥‥‥‥‥‥‥‥‥‥‥‥193

最大判昭和 35 年 6 月 8 日民集 14 巻 7 号 1206 頁‥‥‥‥‥‥‥‥‥‥‥‥‥437, 460, 461

最大決昭和 35 年 7 月 6 日民集 14 巻 9 号 1657 頁‥‥‥‥‥‥‥‥‥‥‥‥‥‥‥334, 450

最大判昭和 35 年 7 月 20 日刑集 14 巻 9 号 1243 頁 ‥‥‥‥‥‥‥‥‥‥‥‥‥‥‥‥262

最大判昭和 35 年 10 月 19 日民集 14 巻 12 号 1574 頁‥‥‥‥‥‥‥‥‥‥‥‥‥‥‥465

最大判昭和 35 年 10 月 19 日民集 14 巻 12 号 2633 頁‥‥‥‥‥‥‥‥‥‥‥‥‥‥‥439

最大判昭和 36 年 2 月 15 日刑集 15 巻 2 号 347 頁‥‥‥‥‥‥‥‥‥‥‥‥‥‥‥‥‥‥247

最大判昭和 37 年 3 月 7 日民集 16 巻 3 号 445 頁‥‥‥‥‥‥‥‥‥‥‥‥‥‥‥437, 460

最大判昭和 37 年 5 月 2 日刑集 16 巻 5 号 495 頁‥‥‥‥‥‥‥‥‥‥‥‥‥‥‥‥‥‥309

最大判昭和 37 年 5 月 30 日刑集 16 巻 5 号 577 頁‥‥‥‥‥‥‥‥‥‥‥‥‥‥‥‥‥429

最大判昭和 37 年 11 月 28 日刑集 16 巻 11 号 1593 頁‥‥‥‥‥‥‥‥‥‥‥‥‥465, 469

最大判昭和 38 年 3 月 27 日刑集 17 巻 2 号 121 頁‥‥‥‥‥‥‥‥‥‥‥‥‥‥‥‥‥‥415

最大判昭和 38 年 5 月 15 日刑集 17 巻 4 号 302 頁‥‥‥‥‥‥‥‥‥‥‥‥‥‥‥‥‥‥199

最大判昭和 38 年 5 月 22 日刑集 17 巻 4 号 370 頁……………………………214

最大判昭和 38 年 6 月 26 日刑集 17 巻 5 号 521 頁……………………………429

最大決昭和 40 年 6 月 30 日民集 19 巻 4 号 1089 頁……………………………334

最一判昭和 41 年 6 月 23 日民集 20 巻 5 号 1118 頁……………………………242

最大判昭和 41 年 10 月 26 日刑集 20 巻 8 号 901 頁…………………………350, 465

最大判昭和 42 年 5 月 24 日民集 21 巻 5 号 1043 頁……………………………339

最大判昭和 43 年 11 月 27 日刑集 22 巻 12 号 1402 頁……………………………297

最大判昭和 43 年 12 月 4 日刑集 22 巻 13 号 1425 頁……………………………328

最大判昭和 44 年 4 月 2 日刑集 23 巻 5 号 305 頁………………………………350, 465

最大判昭和 44 年 6 月 25 日刑集 23 巻 7 号 975 頁……………………………242

最大判昭和 44 年 10 月 15 日刑集 23 巻 10 号 1239 頁……………………………240

最大決昭和 44 年 11 月 26 日刑集 23 巻 11 号 1490 頁………………………103, 230

最大判昭和 44 年 12 月 24 日刑集 23 巻 12 号 1625 頁……………………………151

最大判昭和 45 年 6 月 24 日民集 24 巻 6 号 625 頁……………………………104, 105

最大判昭和 45 年 9 月 16 日民集 24 巻 10 号 1410 頁……………………………133

最大判昭和 47 年 11 月 22 日刑集 26 巻 9 号 554 頁……………………………308

最大判昭和 47 年 11 月 22 日刑集 26 巻 9 号 586 頁……………………………280

最一判昭和 47 年 11 月 30 日民集 26 巻 9 号 1746 頁……………………………190

最大判昭和 47 年 12 月 20 日刑集 26 巻 10 号 631 頁……………………………311

最大判昭和 48 年 4 月 4 日刑集 27 巻 3 号 265 頁………………………168, 173, 314

最大判昭和 48 年 4 月 25 日刑集 27 巻 4 号 547 頁………………………350, 465

最大判昭和 48 年 12 月 12 日民集 27 巻 11 号 1536 頁………………………116, 194

最三判昭和 49 年 7 月 19 日民集 28 巻 5 号 790 頁……………………………117

最大判昭和 49 年 11 月 6 日刑集 28 巻 9 号 393 頁…………………134, 143, 251, 264, 389

最大判昭和 50 年 4 月 30 日民集 29 巻 4 号 572 頁…………………141, 143, 281, 284, 285, 294

最大判昭和 50 年 9 月 10 日刑集 29 巻 8 号 489 頁…………………263, 429, 466

最大判昭和 51 年 4 月 14 日民集 30 巻 3 号 223 頁…………………170, 174, 324

最大判昭和 51 年 5 月 21 日刑集 30 巻 5 号 615 頁……………………………345

最大判昭和 51 年 5 月 21 日刑集 30 巻 5 号 1178 頁……………………………350

最三判昭和 52 年 3 月 15 日民集 31 巻 2 号 234 頁……………………………439

最大判昭和 52 年 5 月 4 日刑集 31 巻 3 号 182 頁……………………………350

最大判昭和 52 年 7 月 13 日民集 31 巻 4 号 533 頁……………………89, 202, 204, 205

最一決昭和 53 年 5 月 31 日刑集 32 巻 3 号 457 頁……………………………220

最大判昭和 53 年 10 月 4 日民集 32 巻 7 号 1223 頁……………………………96, 97

最一判昭和 54 年 12 月 20 日刑集 33 巻 7 号 1074 頁……………………………370

最三判昭和 55 年 3 月 28 日民集 34 巻 3 号 244 頁……………………………250

最三判昭和 56 年 3 月 24 日民集 35 巻 2 号 300 頁……………………………117

最三判昭和 56 年 4 月 7 日民集 35 巻 3 号 443 頁……………………………200, 438

最三判昭和 56 年 4 月 14 日民集 35 巻 3 号 620 頁……………………………151

最一判昭和 56 年 4 月 16 日刑集 35 巻 3 号 84 頁……………………………243

最二判昭和 56 年 6 月 15 日刑集 35 巻 4 号 205 頁……………………………135, 251

最三判昭和 56 年 7 月 21 日刑集 35 巻 5 号 568 頁……………………………370

最大判昭和 56 年 12 月 16 日民集 35 巻 10 号 1369 頁 ……………………………158

判例索引

最大判昭和 57 年 7 月 7 日民集 36 巻 7 号 1235 頁………………………………172, 340
最一判昭和 57 年 9 月 9 日民集 36 巻 9 号 1679 頁…………………………………59
最三判昭和 58 年 3 月 8 日刑集 37 巻 2 号 15 頁……………………………………240
最大判昭和 58 年 4 月 27 日民集 37 巻 3 号 345 頁…………………………………367
最大判昭和 58 年 6 月 22 日民集 37 巻 5 号 793 頁………………………………133, 235
最一判昭和 59 年 5 月 17 日民集 38 巻 7 号 721 頁…………………………………423
最大判昭和 59 年 12 月 12 日民集 38 巻 12 号 1308 頁…………………234, 240, 466
最三判昭和 59 年 12 月 18 日刑集 38 巻 12 号 3026 頁……………………………252
最大判昭和 60 年 7 月 17 日民集 39 巻 5 号 1100 頁………………………………174
最一判昭和 60 年 11 月 21 日民集 39 巻 7 号 1512 頁……………………………327
最大判昭和 61 年 6 月 11 日民集 40 巻 4 号 872 頁…………………………………235
最大判昭和 62 年 4 月 22 日民集 41 巻 3 号 408 頁………………………………284, 293
最二判昭和 62 年 4 月 24 日民集 41 巻 3 号 490 頁………………………………103, 227
最大判昭和 63 年 6 月 1 日民集 42 巻 5 号 277 頁………………………………116, 204
最二判昭和 63 年 7 月 15 日判時 1287 号 65 頁……………………………………193
最三判昭和 63 年 12 月 20 日判時 1302 号 94 頁…………………………………159
最三判昭和 63 年 12 月 20 日判時 1307 号 113 頁…………………………………267
最二判平成元年 1 月 20 日刑集 43 巻 1 号 1 頁……………………………………284
最二決平成元年 1 月 30 日刑集 43 巻 1 号 19 頁…………………………………230
最大判平成元年 3 月 8 日民集 43 巻 2 号 89 頁…………………………………231, 450
最三判平成元年 6 月 20 日民集 43 巻 6 号 385 頁…………………………………59, 117
最三判平成元年 9 月 19 日刑集 43 巻 8 号 785 頁………………………………236, 255
最二判平成元年 11 月 20 日民集 43 巻 10 号 1160 頁………………………………47
最三判平成 2 年 3 月 6 日判時 1357 号 144 頁……………………………………190
最三判平成 2 年 4 月 17 日民集 44 巻 3 号 547 頁…………………………………371
最二決平成 2 年 7 月 9 日刑集 44 巻 5 号 421 頁…………………………………230
最二判平成 2 年 9 月 28 日刑集 44 巻 6 号 463 頁…………………………………239
最二判平成 3 年 4 月 19 日民集 45 巻 4 号 367 頁…………………………………160
最三判平成 3 年 5 月 10 日民集 45 巻 5 号 919 頁…………………………………313
最一判平成 4 年 11 月 16 日集民 166 号 575 頁……………………………………98
最一判平成 4 年 11 月 16 日判時 1441 号 57 頁……………………………………207
最三判平成 4 年 12 月 15 日民集 46 巻 9 号 2829 頁………………………………284
最三判平成 5 年 2 月 16 日民集 47 巻 3 号 1687 頁………………………………207
最三判平成 5 年 3 月 16 日民集 47 巻 5 号 3483 頁………………………………236, 347
最三判平成 6 年 2 月 8 日民集 48 巻 2 号 149 頁…………………………………245
最大判平成 7 年 2 月 22 日刑集 49 巻 2 号 1 頁…………………………………404
最三判平成 7 年 2 月 28 日民集 49 巻 2 号 639 頁…………………………………99
最三判平成 7 年 3 月 7 日民集 49 巻 3 号 687 頁………………………………252, 262
最一判平成 7 年 5 月 25 日民集 49 巻 5 号 1279 頁………………………………386
最一判平成 7 年 6 月 8 日民集 49 巻 6 号 1443 頁…………………………………174
最大決平成 7 年 7 月 5 日民集 49 巻 7 号 1789 頁………………………………168, 180
最三判平成 7 年 12 月 5 日判時 1563 号 81 頁……………………………………167
最三判平成 7 年 12 月 15 日刑集 49 巻 10 号 842 頁……………………………102, 159

501

最一決平成 8 年 1 月 30 日民集 50 巻 1 号 199 頁 ……………………200, 465

最二判平成 8 年 3 月 8 日民集 50 巻 3 号 469 頁…………………………198

最二判平成 8 年 3 月 15 日民集 50 巻 3 号 549 頁…………………………262

最三判平成 8 年 3 月 19 日民集 50 巻 3 号 615 頁………………105, 106, 192

最大判平成 8 年 9 月 11 日民集 50 巻 8 号 2283 頁…………………………176

最大判平成 9 年 4 月 2 日民集 51 巻 4 号 1673 頁…………………204, 207

最三判平成 9 年 8 月 29 日民集 51 巻 7 号 2921 頁…………………………347

最三判平成 9 年 9 月 9 日民集 51 巻 8 号 3850 頁…………160, 294, 397

最大決平成 10 年 12 月 1 日民集 52 巻 9 号 1761 頁…………………135, 448

最大判平成 11 年 11 月 10 日民集 53 巻 8 号 1441 頁…………………174, 363

最大判平成 11 年 11 月 10 日民集 53 巻 8 号 1577 頁…………………………365

最大判平成 11 年 11 月 10 日民集 53 巻 8 号 1704 頁…………………………371

最三判平成 12 年 2 月 29 日民集 54 巻 2 号 582 頁………………………158

最二決平成 12 年 10 月 27 日判例集未登載……………………………………48

最三判平成 13 年 12 月 18 日民集 55 巻 7 号 1603 頁……………………224

最一判平成 14 年 1 月 31 日民集 56 巻 1 号 246 頁………………………389

最大判平成 14 年 2 月 13 日民集 56 巻 2 号 331 頁………………………285

最一判平成 14 年 4 月 25 日判時 1785 号 31 頁………………………105, 192

最一判平成 14 年 7 月 11 日民集 56 巻 6 号 1204 頁………………………211

最大判平成 14 年 9 月 11 日民集 56 巻 7 号 1439 頁………………………331

最三判平成 14 年 9 月 24 日判時 1802 号 60 頁………………………………245

最二判平成 15 年 3 月 14 日民集 57 巻 3 号 229 頁………………………258

最二判平成 15 年 9 月 12 日民集 57 巻 8 号 973 頁………………………152

最大判平成 16 年 1 月 14 日民集 58 巻 1 号 1 頁…………………………366

最大判平成 16 年 1 月 14 日民集 58 巻 1 号 56 頁…………………176, 367

最三判平成 16 年 4 月 13 日刑集 58 巻 4 号 247 頁………………………309

最一判平成 16 年 7 月 15 日民集 58 巻 5 号 1615 頁………………………243

最一判平成 16 年 11 月 25 日民集 58 巻 8 号 2326 頁……………………228

最大判平成 17 年 1 月 26 日民集 59 巻 1 号 128 頁………………………101

最一判平成 17 年 4 月 14 日刑集 59 巻 3 号 259 頁…………………310, 312

最一判平成 17 年 7 月 14 日民集 59 巻 6 号 1569 頁…………………254, 343

最大判平成 17 年 9 月 14 日民集 59 巻 7 号 2087 頁………………141, 327, 462

最大判平成 18 年 3 月 1 日民集 60 巻 2 号 587 頁………………………393

最一判平成 18 年 3 月 23 日判時 1929 号 37 頁………………………………235

最二判平成 18 年 6 月 23 日判時 1940 号 122 頁……………………………206

最一判平成 18 年 7 月 13 日判時 1946 号 41 頁………………………………327

最三決平成 18 年 10 月 3 日民集 60 巻 8 号 2647 頁………………………231

最大判平成 18 年 10 月 4 日民集 60 巻 8 号 2696 頁…………………176, 367

最三判平成 19 年 2 月 27 日民集 61 巻 1 号 291 頁…………………191, 193

最大判平成 19 年 6 月 13 日民集 61 巻 4 号 1617 頁………………………174

最三判平成 19 年 9 月 18 日刑集 61 巻 6 号 601 頁…………………135, 263

最一決平成 20 年 3 月 5 日集刑 293 号 689 頁………………………………312

最一判平成 20 年 3 月 6 日民集 62 巻 3 号 665 頁………………………152

判例索引

最二判平成 20 年 4 月 11 日刑集 62 巻 5 号 1217 頁 ……………………………251

最大判平成 20 年 6 月 4 日民集 62 巻 6 号 1367 頁 …………………92, 172, 180

最三判平成 21 年 7 月 14 日刑集 63 巻 6 号 623 頁 ………………………334

最大判平成 21 年 9 月 30 日民集 63 巻 7 号 1520 頁 ……………………177

最二決平成 21 年 9 月 30 日家月 61 巻 12 号 55 頁 ………………180, 181

最二判平成 21 年 11 月 30 日刑集 63 巻 9 号 1765 頁 …………………251

最大判平成 22 年 1 月 20 日民集 64 巻 1 号 1 頁 …………………………207

最三判平成 22 年 2 月 23 日判時 2076 号 40 頁 …………………………295

最一決平成 22 年 3 月 15 日刑集 64 巻 2 号 1 頁 …………………………244

最一判平成 22 年 7 月 22 日判時 2087 号 26 頁 …………………………208

最大判平成 23 年 3 月 23 日民集 65 巻 2 号 755 頁 ……………175, 176, 363

最大判平成 23 年 11 月 16 日刑集 65 巻 8 号 1285 頁 …………………304

最一判平成 24 年 1 月 16 日判時 2147 号 127 頁 ………………………193

最一判平成 24 年 2 月 2 日民集 66 巻 2 号 89 頁 …………………………151

最二判平成 24 年 4 月 2 日民集 66 巻 6 号 2367 頁 ……………………343

最大判平成 24 年 10 月 17 日民集 66 巻 10 号 3357 頁 ………………177

最二判平成 24 年 12 月 7 日刑集 66 巻 12 号 1337 頁 …………135, 466

最二判平成 25 年 1 月 11 日民集 67 巻 1 号 1 頁 …………………………389

最一判平成 25 年 3 月 21 日民集 67 巻 3 号 438 頁 ……………………429

最大決平成 25 年 9 月 4 日民集 67 巻 6 号 1320 頁 ……………………181

最一判平成 25 年 9 月 26 日民集 67 巻 6 号 1384 頁 …………………182

最大判平成 25 年 11 月 20 日民集 67 巻 8 号 1503 頁 …………………175

最一判平成 26 年 1 月 16 日刑集 68 巻 1 号 1 頁 …………………………257

最大判平成 26 年 11 月 26 日民集 68 巻 9 号 1363 頁 ………177, 178, 367

最三判平成 27 年 3 月 10 日民集 69 巻 2 号 265 頁 ………………………93

最大判平成 27 年 11 月 25 日民集 69 巻 7 号 2035 頁 ……………175, 363

最一判平成 27 年 12 月 3 日刑集 69 巻 8 号 815 頁 ……………………316

最一判平成 27 年 12 月 14 日民集 69 巻 8 号 2348 頁 …………………389

最大判平成 27 年 12 月 16 日民集 69 巻 8 号 2427 頁 ……………167, 184

最大判平成 27 年 12 月 16 日民集 69 巻 8 号 2586 頁 …………………185

最大判平成 28 年 12 月 9 日刑集 70 巻 8 号 806 頁 ……………………308

最一判平成 28 年 12 月 15 日集民 254 号 81 頁 …………………………247

最三決平成 29 年 1 月 31 日民集 71 巻 1 号 63 頁 ………………………155

最大判平成 29 年 3 月 15 日刑集 71 巻 3 号 279 頁 ……………………307

最三判平成 29 年 3 月 21 日集民 255 号 55 頁 …………………………186

最大判平成 29 年 9 月 27 日民集 71 巻 7 号 1139 頁 …………………177

最大判平成 29 年 12 月 6 日民集 71 巻 10 号 1817 頁 …………………226

最三決平成 29 年 12 月 18 日刑集 71 巻 10 号 570 頁 …………………306

最大決平成 30 年 10 月 17 日民集 72 巻 5 号 890 頁 ……………………448

最大判平成 30 年 12 月 19 日民集 72 巻 6 号 1240 頁 ……………176, 364

最二決平成 31 年 1 月 23 日集民 261 号 1 頁 ……………………………157

高等裁判所

東京高判昭和 31 年 5 月 8 日高刑集 9 巻 5 号 425 頁･････････････････214

東京高決昭和 45 年 4 月 13 日高民集 23 巻 2 号 172 頁･･････････････245

名古屋高判昭和 46 年 5 月 14 日行集 22 巻 5 号 680 頁･･････････････206

東京高判昭和 48 年 1 月 16 日判タ 289 号 171 頁 ･････････････････469

大阪高判昭和 50 年 11 月 10 日行集 26 巻 10＝11 号 1268 頁 ･････････341

札幌高判昭和 51 年 8 月 5 日行集 27 巻 8 号 1175 頁･････････････58, 68

東京高判昭和 57 年 6 月 23 日行集 33 巻 6 号 1367 頁･･････････････････92

大阪高判昭和 60 年 11 月 29 日行集 36 巻 11＝12 号 1910 頁 ･･････････465

大阪高判平成 4 年 7 月 30 日判時 1434 号 38 頁･･･････････････････206

東京高判平成 4 年 12 月 18 日判時 1445 号 3 頁･････････････････297

大阪高判平成 7 年 3 月 9 日行集 46 巻 2＝3 号 250 頁 ･････････････210

福岡高宮崎支判平成 10 年 12 月 1 日判例地方自治 188 号 51 頁････････210

大阪高判平成 10 年 12 月 15 日判時 1671 号 19 頁･････････････207, 210

名古屋高金沢支判平成 12 年 2 月 16 日判時 1726 号 111 頁･･････････48

大阪高判平成 12 年 2 月 29 日判時 1710 号 121 頁･･････････････258

大阪高判平成 17 年 9 月 30 日訟月 52 巻 9 号 2801 頁･･････････････206

名古屋高判平成 20 年 4 月 17 日判時 2056 号 74 頁････････････････65

東京高判平成 21 年 1 月 30 日判タ 1309 号 91 頁 ･･･････････････244

大阪高判平成 25 年 9 月 27 日判時 2234 号 29 頁･･･････････････323

地方裁判所

東京地判昭和 29 年 5 月 11 日判時 26 号 3 頁･････････････････214

東京地判昭和 34 年 3 月 30 日判時 180 号 2 頁････････････････62

東京地判昭和 39 年 9 月 28 日下民集 15 巻 9 号 2317 頁 ･･･････150, 245

札幌地判昭和 42 年 3 月 29 日下刑集 9 巻 3 号 359 頁･･････････58, 464

東京地判昭和 42 年 5 月 10 日下刑集 9 巻 5 号 638 頁 ･･･････263, 468

東京地決昭和 42 年 6 月 9 日行集 18 巻 5＝6 号 737 頁････････････263

東京地判昭和 43 年 1 月 31 日下民集 19 巻 1＝2 号 41 頁･･･････････266

奈良地判昭和 43 年 7 月 17 日行集 19 巻 7 号 1221 頁 ････････････199

大阪地判昭和 44 年 12 月 26 日労民集 20 巻 6 号 1806 頁･･････････266

東京地判昭和 45 年 7 月 17 日行集 21 巻 7 号別冊･･･････････236, 465

札幌地判昭和 48 年 9 月 7 日判時 712 号 24 頁･････････････････58

水戸地判昭和 52 年 2 月 17 日判時 842 号 22 頁 ････････････････68

京都地判昭和 59 年 3 月 30 日行集 35 巻 3 号 353 頁･･････････････199

東京地判昭和 59 年 5 月 18 日判時 1118 号 28 頁 ･･････････160, 297

熊本地判昭和 60 年 11 月 13 日行集 36 巻 11＝12 号 1875 頁 ････････158

東京地判昭和 61 年 3 月 20 日行集 37 巻 3 号 347 頁･･････････････198

東京地判平成 8 年 1 月 19 日訟月 43 巻 4 号 1144 頁･････････････398

神戸地判平成 8 年 8 月 7 日判時 1600 号 82 頁 ･････････････329

東京地判平成 11 年 3 月 24 日判時 1673 号 3 頁･･･････････････210

福岡地判平成 16 年 4 月 7 日判時 1859 号 76 頁･････････････206

京都地判平成 23 年 4 月 21 日判例集未登載 ･･････････････････248

判例索引

東京地判平成 25 年 3 月 14 日判時 2178 号 3 頁··········323

簡易裁判所
神戸簡判昭和 50 年 2 月 20 日判時 768 号 3 頁 ··········199

著者紹介

高橋和之（たかはし・かずゆき）

東京大学名誉教授

専攻　憲法学

主な著書として

現代憲法理論の源流（有斐閣，1986年）

国民内閣制の理念と運用（有斐閣，1994年）

憲法判断の方法（有斐閣，1995年）

現代立憲主義の制度構想（有斐閣，2006年）

憲法ⅠⅡ〔第5版〕（共著，有斐閣，2012年）

体系　憲法訴訟（岩波書店，2017年）

立憲主義と日本国憲法　第5版
Constitutionalism and the Constitution of Japan, 5th ed.

2005年10月20日　初　版第1刷発行
2010年 5 月20日　第2版第1刷発行
2013年 9 月20日　第3版第1刷発行
2017年 3 月30日　第4版第1刷発行
2020年 4 月15日　第5版第1刷発行

著　者　　高橋和之

発行者　　江草貞治

郵便番号 101-0051
東京都千代田区神田神保町2-17

発行所　　株式会社　有斐閣
電話（03）3264-1314〔編集〕
　　（03）3265-6811〔営業〕
http://www.yuhikaku.co.jp/

印刷・株式会社理想社／製本・大口製本印刷株式会社
© 2020, TAKAHASHI Kazuyuki. Printed in Japan
落丁・乱丁本はお取替えいたします。
★定価はカバーに表示してあります。
ISBN 978-4-641-22784-2

JCOPY　本書の無断複写（コピー）は，著作権法上での例外を除き，禁じられています。複写される場合は，そのつど事前に，（一社）出版者著作権管理機構（電話03-5244-5088，FAX03-5244-5089，e-mail：info@jcopy.or.jp）の許諾を得てください。

本書のコピー，スキャン，デジタル化等の無断複製は著作権法上での例外を除き禁じられています。本書を代行業者等の第三者に依頼してスキャンやデジタル化することは，たとえ個人や家庭内での利用でも著作権法違反です。